应用型本科会计人才培养系列教材

YINGYONGXING BENKE KUAIJI RENCAI PEIYANG XILIE JIAOCAI

财务共享服务

（第二版） CAIWU GONGXIANG FUWU

主 编○陈 平

副主编○周思达 蔡花艳 刘 倩

西南财经大学出版社

Southwestern University of Finance & Economics Press

中国·成都

应用型本科会计人才培养系列教材
YINGYONGXING BENKE KUAIJI RENCAI PEIYANG XILIE JIAOCAI

总 序

会计学院是广州华商学院最早成立的院系之一，现开设会计学、财务管理、审计学和税收学四个专业。其中，会计学专业设会计师、注册会计师、管理会计师、金融会计、会计智能化和国际注册会计师（ACCA）六个专业方向；财务管理专业设公司理财和财务分析师（CFA）两个专业方向；审计学专业设审计师和信息技术（IT）审计两个专业方向；税收学专业设注册税务师专业方向。经过多年的探索，会计学院逐步形成以下办学特色：一是以ACCA和CFA为代表的国际化教学特色，二是以管理会计师（GAMA）卓越班为代表的协同育人特色，三是以线上线下混合教学实验区为代表的建构教学特色，四是将会计与投融资融为一体的多学科融合特色，五是以华商云会计产业学院为代表的产教融合特色。目前，会计学专业为国家一流专业建设点，财务管理专业为省级一流专业建设点，会计学科为广东省会计类特色重点学科。

在长期的教学实践中，广州华商学院一直秉承优质的教学理念，优选国内同类教材中最受欢迎的教材作为各专业课程的指定教材。教材选定的一般原则是：若有多种同类教材，首选教育部规划教材；若有多种教育部规划教材，首选其中的获奖教材；若没有教育部规划教材，优先选择国内知名高校的教材。这种教材筛选方式保证了会计学科各专业教学的高质量，但也不可避免地带来了一些问题。首先，所选教材难以满足应用型高校会计人才培养的需要。财政部出台的《会计行业中长期人才发展规划（2010—2020年）》明确指出，适应经济社会发展对高素质应用型会计人才需求，加大应用型高层次会计人才培养力度。广州华商学院作为一所民办应用型高校，不论是从办学分工，还是从社会需求角度考虑，都必须以培养应用型人才为主要目标，但现有的教育部规划教材或名校教材大多偏重理论教学，鲜有明确为培养应用型人才而打造的教材。其次，各专业教材之间的衔接度不高。现有教材大多是各专业教师根据各学科教学要求选择的高规格知名高校教材，导致所选各学科教材之间的衔接度不高，有的内容重复讲授，有的内容则被遗漏，教学内容缺乏系统安排。最后，所选教材知识陈旧，跟不上相关会计准则与制度的变化。近年来，我国会计准则及税法、审计等相关法规制度均发生了较大变化，如新的《企业会计准则》的持续发布和重新修订、《管理会计基本指引》和《管理会计应用指引》的发布与实施，以及增值税法规和《中华人民共和国企业所得税法》的相继修订，导致现有教材内容跟不上制度的变化，学生无法系统地学习最新专业知识。在这一背景下，及时编写一套实践性和系统性强、体系完整、内容新颖、适用于应用型高校会计人才培养的会计系列教材就显得极为必要。

本系列教材的特点主要表现在以下几方面：第一，实践性强。本系列教材知识体系的构建、教学内容的选择以应用型人才培养为主要目标。第二，系统性强。本系列教材之间互有分工、各有重点、密切配合，共同构建了一个结构合理、内容完整的知识体系。第三，通用性强。本系列教材力求同时满足会计学、财务管理、审计学和税收学四个专业，多个专业方向同类课程的教学和学习要求，既方便了教师的教学安排，又增加了学生跨专业选课的便利性。第四，新颖性强。本系列教材根据最新发布的会计准则、税收法规，以及相关规章制度编写，以确保学生所学专业知识的新颖性。第五，可读性强。本系列教材力求做到通俗易懂、便于理解和使用，以方便学生自主学习、自主探索。

本系列教材包括会计学、财务管理、审计学和税收学四个专业的专业基础课、专业必修课和专业选修课教材。首批教材包括《初级财务会计》《中级财务会计》《高级财务会计》《成本会计》《管理会计》《财务管理》《审计学》《会计学》。第二批教材包括《财务共享服务》《会计信息系统》《企业行为模拟》《资本市场运作》《高级财务管理》。第三批教材包括《会计职业道德》《金融会计》《税法》《税收筹划》等。

本系列教材由广州华商学院的教授或教学经验丰富的教师担任主编，并由广州华商学院特聘教授或特聘讲席教授负责审稿，从而为所编教材的质量提供了保证。鉴于本系列教材涉及面较广，相关会计准则、制度处于不断的变动之中，加之编者学识有限，难免存在不当之处，真诚希望各位读者批评指正。

2021 年 6 月

第二版重印前言

党的十二大报告指出："我们要坚持教育优先发展、科技自立自强、人才引领驱动，加快建设教育强国、科技强国、人才强国，坚持为党育人、为国育才，全面提高人才自主培养质量，着力造就拔尖创新人才，聚天下英才而用之。"教材是学校教育教学、推进立德树人的关键要素，是国家意志和社会主义核心价值观的集中体现，是解决"培养什么人、怎样培养人、为谁培养人"这一根本问题的核心载体。我们始终坚持充分发挥教材的铸魂育人功能，为培养德智体美劳全面发展的社会主义建设者和接班人奠定坚实基础。

随着大数据、云计算、智能化时代的到来，全球商业格局持续发生变化，其商业模式、消费方式、社会经济结构也随之不断变化。面对企业的快速扩张和经济业务的日趋复杂，传统财务管理模式略显疲态，远远落后于企业的发展。由此，一部分运营稳健、目光长远的企业开始寻求财务转型，一场采用全新技术手段的财务变革应运而生。财务共享服务正是财务转型的"第一步"，为财务转型提供组织基础、管理基础和数据基础，并且已成为现阶段财务转型的热点。企业在划分好业务职能权限的基础上，将单位的会计核算、会计报表、资金支付等工作统一处理，经过财务组织和流程的再造，挖掘完整信息、优化资源配置、降低财务成本、提高财务管理效率，从而帮助财务职能实现从会计核算型向价值创造型转变，进而更长远地提升企业价值。

在共享服务的支持下，财务转型已从复杂模糊的概念逐渐落实成为清晰可操作的路径，形成共享服务建设—财务管理模式雏形—矩阵式全球财务管理架构三个阶段的转型路径。根据一些研究报告的分析，我国对共享服务的应用范围还较为局限，共享服务普遍以单一职能为主，主要集中于财务领域的共享服务，且对财务流程的服务外包接受度较低。中国企业财务共享服务中心正在从通过流程再造和标准化作业的方式全力支撑企业业务的快速扩张，逐步向第三方服务供应商转变。共享服务建设的发展途径及国内现阶段的应用趋势对财务共享服务中心的建设和运营人才提出了更多的需求。财务工作人员在进行岗位转型时对信息化建设仍缺乏敏感性，同时由于对共享平台的认知不足、学习不够系统，从而导致企业的财务共享服务中心的初期建设工作往往开展艰难，难以有效地为企业提供业务支持。

本书以金蝶EAS系统平台作为依托，以一家制造业企业——环球日化集团为例，系统地讲述了财务共享服务中心建设过程的理论、方法以及可操作的实施方案与实施步骤，旨在展现模拟企业的财务管理系统从上线实施到财务共享服务实践的全过程，供读者操作学习。读者可以通过模拟系统管理员、总账会计、出纳员等不同身份，体验不同功能角色在信息化建设过程中的工作流程及工作内容，完成环球日化集团从系统初始化到不同模块的业务实训操作。其中，财务共享的实践部分包括费用共享、应收共享、应付共享、固定资产共享以及出纳总账报表共享。在实训过程中，读者可以结合视频及教材中的指导步骤进行系统操作，独立完成实训任务。本书根据财务共享专业人才培养需求编写，提供完整的业务操作流程，为财务共享服务中心的规划与建设过程提供战略眼光和全局视角，希望能提高读者对于财务共享平台的综合应用能力，从而进一步帮助企业成功实施财务共享服务，进而实现财务转型。

本书由陈平担任主编，周思达、蔡花艳、刘倩担任副主编，各编写人员的具体分工如下：第一篇由庄淇编写，第二篇由瞿祥文编写，第三篇由蔡花艳编写，第四篇由周思达编写，第五篇由陈平编写。广州华商学院副校长、会计学院院长陈美华教授，会计学院巴雅尔副院长，刘歆郁老师，刘倩老师，罗艳老师等对本书的编写与修改提出许多建设性意见；金碟精一信息科技服务有限公司提供了财务共享服务平台的协助。在此，编者对大家的大力支持与无私帮助表示衷心感谢！

由于编者水平所限，书中难免存在不足之处，恳请专家、读者批评指正，该平台始建于2017年年初，增值税还未更新，我们将在再版修订时不断完善。

编　者

2023年8月

目 录

第一篇　财务共享服务中心概述

第二篇　集团财务体系规划

第三篇　企业财务集中

第四篇　建立财务共享

第五篇　实践任务

第一篇

财务共享服务中心概述

第一章
财务共享服务中心的介绍

第一节　财务共享服务中心的相关概念

一、财务共享服务中心的定义

随着经济全球化的加速发展以及企业跨国经营、企业兼并浪潮、科技革命影响和信息技术飞速发展，财务共享服务已经成为企业集团财务管理转型升级和实现“数字化财务”的必然趋势。财务共享服务，并非由财务部门主动发起，而是随着集团公司的管理变革产生的。

财务共享服务中心（financial shared service center，FSSC）是近年来出现并流行起来的一种会计和报告业务方式。它是通过将易于标准化的财务业务进行流程再造与标准化，把不同国家、不同地域实体的会计业务拿到一个共享服务中心来进行统一处理的一种财务模式。财务共享服务中心可以使集团公司通过网络系统软件，获得异地子公司的数据，并将集团内所有数据在同一个平台里集中体现、自动控制和自动完成账务处理。财务共享下的企业集团模式如图 1-1 所示。

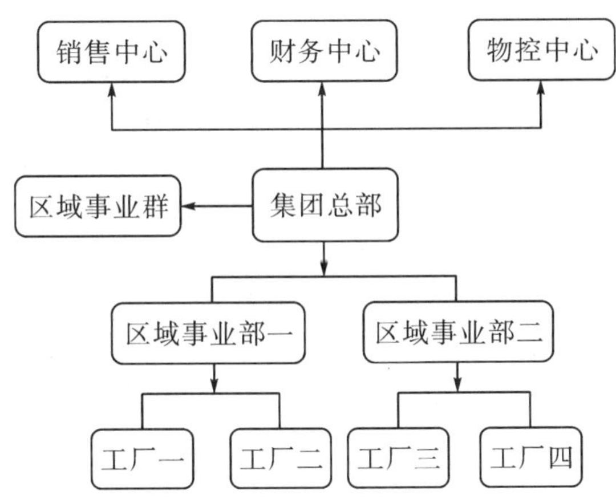

图 1-1　财务共享下的企业集团模式

财务共享是个系统工程，本质上是组织、流程、系统的再造，更是财务人思想观念的再造。财务共享服务中心是企业集中式管理模式在财务管理上的最新应用，其目的在于通过一种有效的运作模式来解决大型集团公司财务职能建设中的重复投入和效率低下的弊端。作为一种新型的管理模式，共享服务的本质是由信息网络技术推动的运营管理模式的变革与创新。在财务领域，财务共享服务是基于统一的系统平台、统一的会计核算方法、科学标准的操作流程等来实现的。财务数据中心模式如图 1-2 所示。

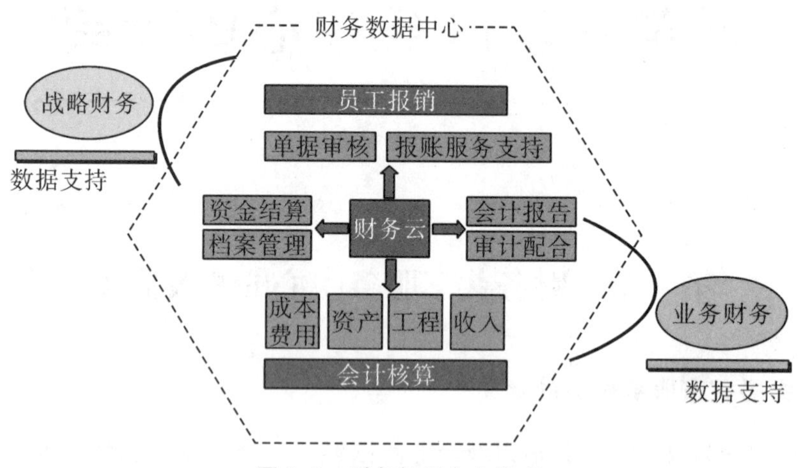

图 1-2 财务数据中心模式

财务共享可以将财务模块和业务模块结合在一起，财务模块给业务模块提供服务支持的同时，业务模块也与财务模块沟通和向其反馈。战略财务参与战略的制定与推进，进行预算资源管理和绩效控制，为公司经营决策提供经营信息分析，支持集团公司扩张发展战略。财务共享服务中心使公司的整个流程得到优化，使信息系统更加透明，在提高财务核算质量、提升财务运行效率的同时，创造更多的企业价值，降低公司系统运行成本以及提高内外部客户满意度。

二、财务共享服务中心的业务模式

按照传统的业务模式，每个法人单位都会按照各个国家或地区的要求建立功能齐全的各个职能部门，每个职能部门直接向公司的总经理或法定代表人汇报。但财务共享服务中心作为一个独立的职能部门，不再直接横向汇报给公司总经理或企业法定代表人，而是按各职能部门纵向管理，直接汇报给该业务的直接领导。财务共享服务中心是集团内独立的一个组织，表现形式可以是集团的一个部门、一个事业部或一个独立的公司。建立财务共享后，子公司可以实现零出纳、零会计、零账簿，由原来子公司财务人员审批处理，改变为由财务共享服务中心的财务人员分别审批处理。一般财务共享服务中心会包括以下职能部门：总账报告部门、费用报销部门、应收应付部门、资金管理部门、税务管理部门、档案管理部门等。财务共享服务中心职能部门如图 1-3 所示。

通常，财务共享服务中心的业务按循环可以分为总账、应付账款、应收账款和其他四大类。下面以财务共享服务中心的应付账款业务循环为例来介绍财务共享服务中心的运作流程。

在财务共享服务中心内，应付账款循环一般设有三种职位：出纳，负责共享服务中心所有本外币付款；费用报销专员，负责所有员工日常费用报销；供应商付款会计。财务共享服务中心的应收账款循环通常可以分为申报、审批及入账和付款三大块。

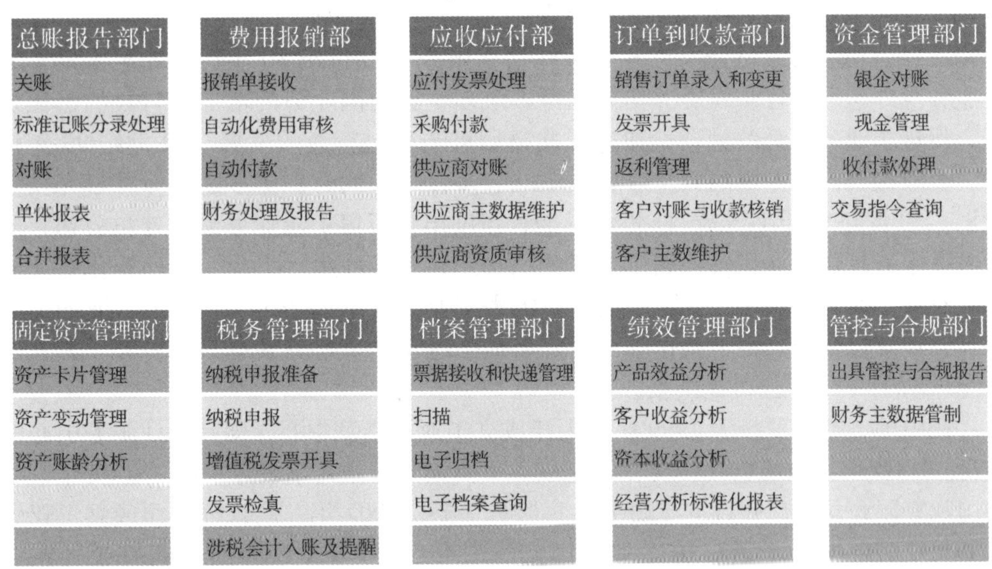

图 1-3　财务共享服务中心职能部门

第一，申报。各分公司员工将实际业务中发生形成的业务票据进行初步整理，并按照集团要求填写报销申请单，在由该分公司相关业务负责人审批后上报财务共享服务中心复核。财务共享服务中心由专门管理部门进行初核，原始单据和影像扫描资料需要通过条形码一一匹配，便于识别和控制。

第二，审批及入账。财务共享服务中心在收到分公司单据后，应付账款小组（AP Team）需要进行逐一确认并在公司的财务系统中进行审核。审核通过后生成文档导入财务模块，自动生成相关凭证；如果审核不通过，应付账款小组人员需要通知分公司相应人员，并沟通确认信息的准确性和完整性。在确认完信息后，在应付账款小组人员可直接修改情况下，其应该要求分公司员工发送一份书面修改请求。对于不能够由应付账款小组直接修改的情况，应付账款小组将会在公司财务信息系统中将报告驳回并要求相关人员对报销进行重新批复。

第三，付款。出纳可以对通过审批的单据利用网银将货款打给供应商账户，付款会计可以对相关凭证进行审核归档。付款业务流程如图 1-4 所示。

图 1-4　付款业务流程

第二节　财务共享服务中心的发展过程

财务共享服务中心起源于 20 世纪 80 年代的西方发达国家，在 20 世纪 90 年代开始推广，并在 21 世纪初加快了推广步伐。20 世纪 60 年代，国际商业机器公司（IBM）及美国电子数据系统公司（EDS）开始提供信息技术外包服务。1981 年，福特公司在底特律创建了第一家财务共享服务中心。随后，通用电气公司（GE）、百特医疗公司和科尔尼公司也开始实施共享服务。20 世纪 80 年代中期至末期，共享服务及外包行业逐步发展并初见规模。众多企业跨国业务的增加与科技的迅猛发展，促进了业务流程的融合，加速了共享服务与外包行业的发展。20 世纪 90 年代初，企业集团内部专属的共享服务在东欧起步，与此同时，更多的企业将目光投向亚洲。20 世纪 90 年代末至 21 世纪早期，印度出现了第一批业务流程外包公司，此后共享服务外包行业以每年超过 10%的增速迅猛发展壮大。当前，国外石化行业的壳牌石油、埃克森美孚、英国石油等，零售行业的沃尔玛公司等，金融行业的美国银行、德意志银行、汇丰银行等跨国公司都已经建立了财务共享服务中心，为其遍布全球的子（分）公司提供服务。

在中国，摩托罗拉于 1999 年在天津成立了亚洲结算中心，即其会计服务中心的前身。2000 年，通用电气公司在大连成立了亚太区财务共享服务中心。2001 年，牛奶国际有限公司在广州设立了财务共享服务中心。2003 年，埃森哲公司成立了亚太财务共享服务中心，服务 10 个亚太国家的 1.4 万名员工。2004 年，惠普公司在大连建立了财务共享服务中心，服务北亚区的韩国、日本、中国机构。2005 年，中兴通讯成为第一家建立财务共享服务中心的中国企业，随后中国平安、海尔、长虹等公司紧跟其步伐。2010 年后，越来越多的大型央企开始进行财务变革，规划建设财务共享服务中心。截至 2019 年 9 月底，国务院国有资产监督管理委员会（简称国资委）直属央企有半数已经建立或正在建立财务共享服务中心。

截至目前，世界 500 强中 90%以上的企业、欧洲半数以上的跨国公司都已经建成或正在建设财务共享服务中心。在中国，越来越多的大型企业也开始探索成立财务共享服务中心，包括中国移动、中国联通、中国石化、万科、万达、海尔、伊利、宝钢、苏宁、中铁建等。财务共享服务的发展历程如图 1-5 所示。

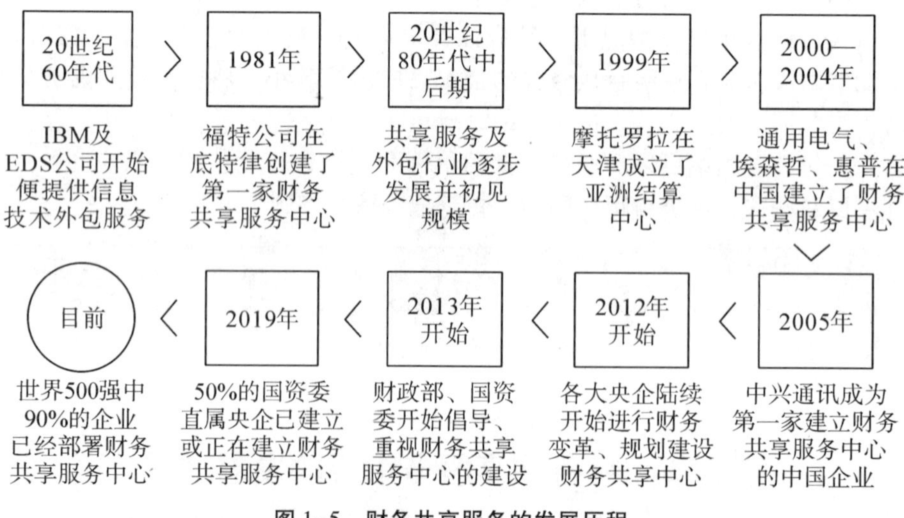

图 1-5　财务共享服务的发展历程

第三节　财务共享服务中心的发展现状

目前，大部分国内集团公司已经尝试了共享服务并取得了成功，这些企业遍布多个行业和领域。共享服务能主动引导公司战略支撑、整合优势资源、降低运营成本等。

国外实施共享服务较早，共享服务的应用领域也较为广泛，主要包括财务、人力资源、信息技术、税收、法律、采购等方面的共享（见表1-1），但是共享服务最早应用的领域是会计和财务领域，这也是目前应用最广的领域。共享服务不仅在企业集团广泛使用，也用于公共管理领域的政府部门。目前来看，制造业对共享服务的使用最为广泛，其次是技术与电信业、金融服务业、消费品业、生命科学、零售业等。财务共享服务可以共享的财务业务类型有很多种，通常实施财务共享服务的企业会首先选择实施应付账款的共享服务，其次为总账、固定资产、应收账款等。

表1-1　国外集团公司常见的共享服务领域和服务内容

服务领域	服务内容
财务	总账及财务报告、应付账款、费用报销处理、应收账款、固定资产、内部稽核、税费的计算或核算、财务现金管理、外汇汇兑交易
人力资源	工资计算和发放、薪酬管理、员工档案记录、雇佣到退休、福利管理、培训或教育、人员调动服务、人力资源旅行或费用报销、自助服务
信息技术	信息标准、技术评估、桌面系统维护、应用程序开发、应用程序维护、数据中心运营、网络通信、信息硬件或软件采购
法律	法律协调、法律支持、公司员工、投资者交流、媒体关系、健康、安全和环保、保险、法律及公司事务、法律合规
采购	采购及物流管理、战略性资源规划、采购及供应链管理、仓储安排、存货管理、运输

根据一些研究报告的分析，国内共享服务普遍以单一职能为主，主要集中于财务领域的共享服务，39.5%的企业已将信息技术纳入共享服务中心，35.3%的企业实现了人力资源的共享服务，而法律、销售、市场支持等职能实现共享服务的比例较低。

由于我国的财务共享服务中心发展起步较晚，相较于国外对财务共享服务中心的应用来讲，应用范围较窄，对财务共享服务的职能使用也较为单一。近几年我国十分重视财务信息化的发展，在国家政策的大力支持下以及为了适应经济和市场环境的变化，财务共享服务中心在我国发展迅速，越来越多的企业开始进行财务共享服务中心建设。当前，我国企业在建设财务共享服务中心的过程中虽然经历了十几年的发展，部分大型企业能够结合日常生产经营的特点，有效利用财务共享服务进行企业内部管理，提高经济效率，完善内部控制机制，扩大对财务业务、采购业务的监督范围，但是还有很多企业在开展工作的过程中，存在定位不清、管理意识不足、信息化技术落后、流程环节断链等现象，还需要不断地进行改进。

第四节　财务共享服务中心的优势和局限性

财务共享服务中心的优势在于其规模效应下的成本降低、财务管理水平及效率提高和企业核心竞争力上升。财务共享服务中心在具有以上优势的同时，不可避免地存在一些局限性，如财务共享服务中心不具有普遍的适用性，企业在实施财务共享的同时会带来一定的税收风险，不利于员工的综合发展等。

一、财务共享服务中心的优势

（一）提高了服务质量和工作效率

传统的财务管理模式会由于各个企业业务、地方特色以及管理风格的不同而略有差异，集团在数据报告的一致性、真实性方面会存在一定的偏差，因此这会拖延集团尤其是上市公司报告的出具时间。财务共享服务中心可以使所有的财务职能归集在同一个职能部门，由同一个管理团队管理，对所有的子公司采用相同的标准化流程。财务共享服务中心可以直接拥有相关子公司的所有财务数据，使整个集团的业务数据更加统一和真实，及时给管理层和股东在进行战略决策时提供数据支持。财务共享服务中心统一进行核算，有效防止了下属企业财务与下属企业高管之间的串通舞弊，提高了集团总部的管控能力。财务共享服务中心建立新型的组织机构和制定合理的激励制度，能显著提高员工的工作效率，并形成不断进取的文化。

（二）有效降低了运营成本

财务共享服务中心的建设使得流程更加规范统一，流程的精益化、信息化也会减少简单重复的核算工作，并将各业务单位聚集到更高附加价值的核心业务上，从而降低了后台运营成本并提高了整体效益和服务质量。传统的财务部门仍用超过80%的资源进行简单的交易记录和活动控制，造成了人力资源的严重浪费。财务共享服务可以有效降低人工成本，实现人力资源效用的大化。建立新的财务共享服务中心，集团总部会选择新的办公地点，减少中间管理层级，降低管理成本。通常选择新的地点，当地的薪资水平会较低，这样就能达到大幅降低成本的目的。财务人员只需要按照日常工作流程操作处理数据，这在某种程度上降低了对财务人员专业性和数量的要求，某些岗位对人员的学历、技能等要求也会有所降低，这就能通过降低整体薪资的支付从而降低成本。

（三）提升了企业的整合能力与核心竞争力，促进企业的发展战略得到实现

企业集团将其他的辅助业务交由财务共享服务中心来完成，使管理人员能够集中更多的精力在公司的核心业务上，从而更好地为公司创造主营业务价值，提高核心竞争力，而更多的财务人员从会计核算中解脱出来，能够为公司业务部门的经营管理和高层领导的战略决策提供高质量的财务决策支持，促进核心业务发展。企业实施财务共享服务模式，可以将分散在不同子（分）公司的共同业务集中起来，置于财务共享服务中心完成，使得很多人在不同的子（分）公司完成的工作，在财务

共享服务中心由个别人完成，从而提高了财务核算的效率，确保了整个企业业务处理的规范化，支持了企业的战略发展。财务共享服务中心的建立可以使企业在收购和兼并其他企业时操作更为容易，企业在新的地区建立子公司或收购其他公司，财务共享服务中心能马上为这些新建的子公司提供财务服务，为其财务交接免除了会计处理的后顾之忧。

二、财务共享服务中心的局限性

（一）财务共享服务并不适合所有的企业

财务共享服务目前来看并不适用于所有企业，只是企业集团当前的一种最佳实践，有些小型企业并不需要耗费成本建设财务共享服务中心。因为建立财务共享服务中心，首先要考虑成本效益的对比，企业的规模、量级不够，信息化建设所产生的成本可能高于原有的管理模式。此外，企业还需要考虑人员的因素、地域文化的因素等。对于通过实施兼并重组战略以实现全球化经营的大型企业集团来说，其建立财务共享服务中心，可以降低跨国经营管理方面的难度，有利于促进集团内部不同业务之间的资源整合。对于中小型企业来说，其较为关注的是成本能否降低，而建立财务共享服务中心并不是简单地降低成本，只有企业规模足够大才能体现出规模效应，才能最大限度地减少人员数量，从而降低人力成本。

（二）企业将面临高额的信息建设、管理成本，巨大的税务风险以及税务机会成本

企业建设财务共享服务中心，需要功能全面的企业资源计划（ERP）系统来支持账务处理，如员工报账系统、票据影像系统等。财务共享服务中心的一台普通影印机往往够原财务人员一年的薪资，这些设备都需要高额投入，在开创初期会给企业带来一定的经济负担。企业建立财务共享服务中心会考虑节约成本，选择新的办公地点，但原工作人员的安置、新员工的招聘、组织架构的变化，都需要一定的时间来适应和规范，企业达到盈亏平衡点的耗时也会较长。同时，为了配合财务共享服务中心的需要，企业必须指派专人负责设计财务共享服务中心的信息管理模式及提升信息系统管理功能，其花费巨大，甚至给企业造成严重的负担，更有一些企业因为盲目推崇昂贵的国外大型信息系统而导致破产。

财务共享服务中心要求不同国家、地区的财务业务聚集在同一个地方进行统一处理，但不同地方可能会涉及不一样的税务、外汇管理政策。一方面，财务人员不再直接接触子公司及分支机构所在地税务局，对税务风险的敏感性极大地降低；同时，为了配合税务人员的约谈、询问、审计等工作而疲于奔命。另一方面，财务人员在具体处理业务时，有可能因为与当地政府沟通得不及时和不全面，导致各项税收优惠政策申请的困难程度不断加大，使得企业失去大量税收优惠的机会，或者增强某些地区对当地政策的风险管控。

（三）财务共享服务中心降低了员工的积极性，不利于财务人员的综合发展

对于企业集团而言，财务共享服务中心极大地支持了企业集团的低成本扩张，使企业集团提高了效率。但是由于高度的分工细化，对于会计个体而言，财务共享

服务中心的业务处理涵盖面过窄，长期来看对个人和组织都会造成不利影响。企业实施财务共享服务中心模式后，财务人员不再与企业的业务部门直接接触，并且工作是按照标准工作流程只负责业务处理过程的某一环节，单一、专业的细分会计岗位将个人定格为“会计操作工”，降低了财务人员的工作积极性，使得员工产生消极情绪或干脆选择离开组织。高度细化的职责分工使得财务人员过分关注自身的业务流程，视野必然受到局限，业务的敏感性降低且容易忽视客观实际的变化，无法从企业整体价值链的角度看待问题，难以满足客户的需求，不利于财务人员的综合发展。

第五节　财务共享服务中心的发展趋势

在全球化和新一轮信息化浪潮的大背景下，中国企业不断加快全球化布局，积极实施全球化战略，大数据、移动互联网、云计算、人工智能等信息技术的日新月异，使共享服务朝着更加自动化、智能化的方向发展。因此，结合国内外共享服务发展现状以及技术、经济和市场环境的变化，全球共享服务模式（global business service，GBS）将是财务共享服务中心的发展趋势。

一、单一财务功能向多种服务功能转变

财务共享服务中心定位从传统的财务共享服务中心转变为全球企业服务中心，实现由单一财务功能向多种服务功能（人力、技术、法律、采购、客服等）转变，将多种共享中心进行集成和融合，从提供本土服务向提供全球服务转变，从提供本企业集团服务向同时提供外包服务转变。随着财务共享服务中心发展的深入，一方面，财务共享服务中心与其他共享中心从多共享中心演变成单个综合中心的趋势越来越为明显；另一方面，财务共享服务中心的服务内容除传统的标准性流程工作（如应收、应付、资产、费用报销、库存现金、总账管理等）之外，还会扩展到更多的高价值流程工作（如计划分析、全面预算、税收筹划、资金运作、风险管理、公司治理、投融资管理等），而这些高价值流程工作更需要与管理会计和业务的融合。

二、服务对象向中小企业扩充

由于建立财务共享服务中心较为复杂、建立时间较长、成本较高，财务共享服务中心的服务对象目前主要是大型企业集团。在未来，财务共享服务中心向中小企业发展将成为必然趋势，财务共享服务中心的部分工作可以整体外包给其他组织和个人。财务共享服务中心的任务分解后，企业可以根据实际需求将其外包给某大众网络的成员完成。这种方式主要是通过第三方给中小企业提供财务共享服务平台实现的，并不由中小企业直接建立财务共享服务平台。这种外包或分包模式将会给财务共享服务中心的内部管理，特别是质量管理、风险控制等带来挑战。当然，随着未来信息技术的发展，财务共享服务中心将得到进一步的开发和优化，在适合大型

企业集团使用的同时也适合中小企业使用，中小企业也能拥有自己的财务共享服务中心。

三、由基础核算向数据管理中心升级

当前，绝大多数财务共享服务中心的数据无论从内容、结构还是体量上看都不具有大数据的特点，财务共享服务中心的服务内容还局限在基础业务核算，并未充分发挥财务共享服务中心的管理职能，给企业提供战略支持。随着财务共享服务中心的推广，越来越多的业务数据得以采集整理，财务共享服务中心可以利用这些数据进行深入分析，发现问题，优化流程与服务。财务共享服务中心的服务内容从基础性核算向高级管理咨询服务升级，财务部门将由核算型向管理型、战略型转变。财务共享服务中心利用大数据进行管理会计活动，提供深入价值链的业务支持与决策支持，将财务共享服务中心转变为数据管理中心。在未来的发展中，我国财务共享服务中心的运营将能够从单一的成本中心直接转变为利润中心，逐渐加强企业的抗风险能力。

四、财务人员由单一核算人员向复合型人才转型

财务共享服务中心能使整个企业集团的财务工作流程变得简单，传统的财务管理模式需要大量的人力，并且工作重复频率较高。企业集团建立财务共享服务中心可以优化内部员工的结构，减少不必要的人力，从而减少这部分员工的开支，提升内部员工的工作效率。财务共享服务中心的建立会使企业集团整体员工结构和财务管理结构进行调整，对企业财务人员有很大的影响。同时，财务共享服务中心对财务人员的能力提出新的要求，财务人员需要具备财务业务判断能力、财务业务分析能力、前端业务了解能力以及问题解决能力。财务共享服务中心重点关注和培训具有较强业务技能、财务知识和沟通能力的“关键员工”。

由此可见，财务共享服务中心向全球企业服务中心的转变不仅会给已建立财务共享服务中心的企业带来新的机遇和挑战，也会为尚未建立财务共享服务中心的企业带来新的战略思考。

第二篇

集团财务体系规划

第二章
企业集团的建立

第一节　实践企业背景资料

本书模拟一家制造企业——环球日化集团的财务管理系统从上线实施到财务共享服务实践的全过程。

环球日化集团创始于 1993 年，是中国日用消费品公司的巨头之一。公司性质为股份制。公司总部位于广东省深圳市，拥有员工近 80 000 人。环球日化集团在日化用品市场上知名度相当高，以卓越管理、科学创新、体贴服务和优良业绩著称于业界。其产品包括洗发、护发、护肤用品，婴儿护理产品，妇女卫生用品，织物，家居护理产品，个人清洁用品等。

随着信息技术的快速发展，环球日化集团面临的竞争日趋激烈。在这种形势下，该公司的管理模式必须转变，即从部门管理向企业级协同管理转变，其财务管理工作的思路也应当与时俱进。环球日化集团决定采用统一的 ERP 系统来管理企业的财务业务数据。

按照软件供应商的要求，环球日化集团在上线前要先行整理一些资料，如组织架构、人员等。环球日化集团下设环球日化集团本部、环球洗涤用品深圳有限公司和环球日化深圳销售有限公司三个法人组织。环球日化集团本部（简称集团本部）负责处理所有相关业务，下设集团总经办和日化研发中心两个部门；环球洗涤用品深圳有限公司（简称洗涤用品深圳有限公司）主要负责原材料采购和产品生产，下设采购部、生产部、计划部；环球日化深圳销售有限公司（简称深圳销售有限公司）作为环球日化集团的主要直销渠道，负责销售业务，下设营销中心、人事部、行政部。环球日化集团的组织架构如图 2-1 所示。

随着环球日化集团的高速成长，如何降低财务成本和规避财务风险成为其关注的重要问题。根据世界 500 强企业的成功经验，财务共享服务中心的构建可以帮助企业通过提高财务运作效率，降低财务成本，优化、细化财务流程，实时监控子（分）公司的财务状况和经营成本，最终支持企业集团扩张战略的实现。因此，环球日化集团在学习世界 500 强企业先进管理理论和经验的基础上，决定于 2020 年开启财务共享服务中心模式。

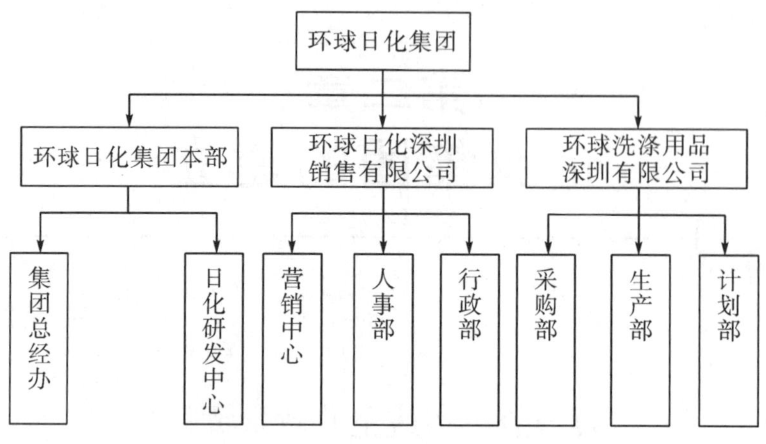

图 2-1　环球日化集团组织架构

第二节　建立集团

一、案例一：搭建组织

（一）应用场景

为了处理环球日化集团和各个下属公司的业务，财务共享服务中心需要先在系统中进行管理单元和组织单元的搭建。用户使用 administrator 登录金蝶 EAS 系统，在环球集团下创建环球日化集团，并新建管理员用户。

（二）实验步骤

（1）新建管理单元。

（2）维护超级管理员组织范围。

（3）维护管理单元属性。

（4）维护管理员。

（5）新建组织单元。

（三）实验前准备

学生使用教师提供的数据中心。

（四）实验数据

实验数据如表 2-1 至表 2-6 所示。

表 2-1　管理单元信息

管理单元编码	管理单元名称
h01.学号	环球日化集团+姓名

表 2-2 管理员信息

用户账号	用户实名	所属管理单元	缺省组织	用户类型
学生姓名首字母拼音缩写+学号后四位	学生姓名	环球日化集团+姓名	环球日化集团+姓名	系统用户

表 2-3 环球日化集团组织单元信息

<table>
<tr><td rowspan="7">选中环球集团
新建环球日化集团
编码：h01.学号
名称：环球日化集团+姓名</td><td>行政组织</td><td>上级行政组织：环球集团。
组织层次类型：集团。
独立核算：勾选</td></tr>
<tr><td>财务组织</td><td>上级财务组织：环球集团。
基本核算汇率表：基本核算汇率表。
会计期间类型：大陆会计期间类型。
本位币：人民币</td></tr>
<tr><td>采购组织</td><td>上级采购组织：环球集团</td></tr>
<tr><td>销售组织</td><td>上级销售组织：环球集团</td></tr>
<tr><td>库存组织</td><td>上级库存组织：环球集团</td></tr>
<tr><td>成本中心</td><td>上级成本中心：环球集团</td></tr>
<tr><td>利润中心</td><td>上级利润中心：环球集团</td></tr>
</table>

表 2-4 环球日化集团本部组织单元信息

<table>
<tr><td rowspan="4">环球日化集团本部
编码：h0101.学号
名称：环球日化集团本部+姓名</td><td>行政组织</td><td>上级行政组织：环球日化集团+姓名。
组织层次类型：公司。
独立核算：勾选</td></tr>
<tr><td>财务组织</td><td>财务实体组织：勾选。
基本核算汇率表：基本核算汇率表。
本位币：人民币</td></tr>
<tr><td>成本中心</td><td>上级成本中心：环球日化集团+姓名</td></tr>
<tr><td>利润中心</td><td>上级利润中心：环球日化集团+姓名</td></tr>
<tr><td rowspan="2">选中环球日化集团本部
新建集团总经办
编码：h0101. 01.学号
名称：集团总经办+姓名</td><td>行政组织</td><td>上级行政组织：环球日化集团本部+姓名。
组织层次类型：部门。
记账委托财务组织：环球日化集团本部+姓名</td></tr>
<tr><td>成本中心</td><td>上级成本中心：环球日化集团本部+姓名。
成本中心实体组织：勾选</td></tr>
<tr><td rowspan="2">选中环球日化集团本部
新建日化研发中心
编码：h0101. 02.学号
名称：日化研发中心+姓名</td><td>行政组织</td><td>上级行政组织：环球日化集团本部+姓名。
组织层次类型：部门。
记账委托财务组织：环球日化集团本部+姓名</td></tr>
<tr><td>成本中心</td><td>上级成本中心：环球日化集团本部+姓名。
成本中心实体组织：勾选</td></tr>
</table>

表 2-5　环球日化深圳销售有限公司组织单元信息

<table>
<tr><td rowspan="7">选中环球日化集团
新建环球日化深圳销售有限公司
编码：h0102.学号
名称：环球日化深圳销售有限公司+姓名</td><td>行政组织</td><td>上级行政组织：环球日化集团+姓名。
组织层次类型：公司。
独立核算：勾选</td></tr>
<tr><td>财务组织</td><td>财务实体组织：勾选。
上级财务组织：环球日化集团+姓名。
基本核算汇率表：基本核算汇率表。
会计期间类型：大陆会计期间类型。
本位币：人民币</td></tr>
<tr><td>采购组织</td><td>上级采购组织：环球日化集团+姓名</td></tr>
<tr><td>销售组织</td><td>上级销售组织：环球日化集团+姓名</td></tr>
<tr><td>库存组织</td><td>上级库存组织：环球日化集团+姓名</td></tr>
<tr><td>成本中心</td><td>上级成本中心：环球日化集团+姓名</td></tr>
<tr><td>利润中心</td><td>上级利润中心：环球日化集团+姓名</td></tr>
<tr><td rowspan="4">选中环球日化深圳销售有限公司
新建营销中心
编码：h0102. 01.学号
名称：营销中心+姓名</td><td>行政组织</td><td>上级行政组织：环球日化深圳销售有限公司+姓名。
组织层次类型：部门。
记账委托财务组织：环球日化深圳销售有限公司+姓名</td></tr>
<tr><td>销售组织</td><td>销售实体组织：勾选。
上级销售组织：环球日化深圳销售有限公司+姓名。
记账委托财务组织：环球日化深圳销售有限公司+姓名</td></tr>
<tr><td>成本中心</td><td>成本中心实体组织：勾选。
上级成本中心：环球日化深圳销售有限公司+姓名</td></tr>
<tr><td>利润中心</td><td>上级利润中心：环球日化深圳销售有限公司+姓名</td></tr>
<tr><td rowspan="2">选中环球日化深圳销售有限公司
新建人事部
编码：h0102. 02.学号
名称：人事部+姓名</td><td>行政组织</td><td>上级行政组织：环球日化深圳销售有限公司+姓名。
组织层次类型：部门</td></tr>
<tr><td>成本中心</td><td>成本中心实体组织：勾选。
上级成本中心：环球日化深圳销售有限公司+姓名</td></tr>
<tr><td rowspan="2">选中环球日化深圳销售有限公司
新建行政部
编码：h0102. 03.学号
名称：行政部+姓名</td><td>行政组织</td><td>上级行政组织：环球日化深圳销售有限公司+姓名。
组织层次类型：部门。
记账委托财务组织：环球日化深圳销售有限公司+姓名</td></tr>
<tr><td>成本中心</td><td>成本中心实体组织：勾选。
上级成本中心：环球日化深圳销售有限公司+姓名</td></tr>
</table>

表 2-6　环球洗涤用品深圳有限公司组织单元信息

选中环球日化集团 新建环球洗涤用品深圳有限公司 编码：h0103.学号 名称：环球洗涤用品深圳有限公司+姓名	行政组织	上级行政组织：环球日化集团+姓名。 组织层次类型：公司。 独立核算：勾选
	财务组织	财务实体组织：勾选。 上级财务组织：环球日化集团+姓名。 基本核算汇率表：基本核算汇率表。 会计期间类型：大陆会计期间类型。 本位币：人民币
	采购组织	上级采购组织：环球日化集团+姓名
	销售组织	上级销售组织：环球日化集团+姓名
	库存组织	上级库存组织：环球日化集团+姓名
	成本中心	上级成本中心：环球日化集团+姓名
	利润中心	上级利润中心：环球日化集团+姓名
选中环球洗涤用品深圳有限公司 新建采购部 编码：h0103. 01.学号 名称：采购部+姓名	行政组织	上级行政组织：环球洗涤用品深圳有限公司+姓名。 组织层次类型：部门。 记账委托财务组织：环球洗涤用品深圳有限公司+姓名
	采购组织	采购实体组织：勾选。 上级采购组织：环球洗涤用品深圳有限公司+姓名
	成本中心	成本中心实体组织：勾选。 上级成本中心：环球洗涤用品深圳有限公司+姓名
选中环球洗涤用品深圳有限公司 新建生产部 编码：h0103. 02.学号 名称：生产部+姓名	行政组织	上级行政组织：环球洗涤用品深圳有限公司+姓名。 组织层次类型：部门。 记账委托财务组织：环球洗涤用品深圳有限公司+姓名
	库存组织	上级库存组织：环球洗涤用品深圳有限公司+姓名。 库存实体组织：勾选
	成本中心	成本中心实体组织：勾选。 上级成本中心：环球洗涤用品深圳有限公司+姓名
选中环球洗涤用品深圳有限公司 新建计划部 编码：h0103. 03.学号 名称：计划部+姓名	行政组织	上级行政组织：环球洗涤用品深圳有限公司+姓名。 组织层次类型：部门。 记账委托财务组织：环球洗涤用品深圳有限公司+姓名
	成本中心	成本中心实体组织：勾选。 上级成本中心：环球洗涤用品深圳有限公司+姓名

（五）操作指导

1. 新建管理单元

学生双击软件安装后生成的桌面快捷图标“金蝶 EAS 系统”，打开 EAS 系统登录界面。如图 2-2 所示，学生切换语言至简体中文，选择数据中心（老师提供，实训平台练习任务可查看数据中心），用户名为 administrator，默认密码为 kdadmin，点击【登录】，进入金蝶 EAS 系统管理界面。本案例以学号为 S01、姓名为华商的学生为例进行操作（学生在练习时注意替换学号和姓名）。

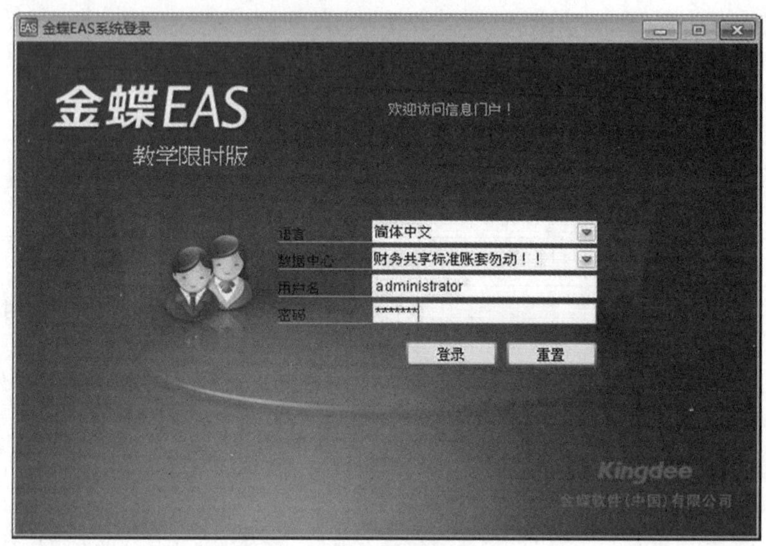

图 2-2　EAS 系统登录界面

学生点击【应用中心】→【企业建模】→【组织架构】→【管理单元】→【管理单元】，进入管理单元查询界面，如图 2-3 所示。

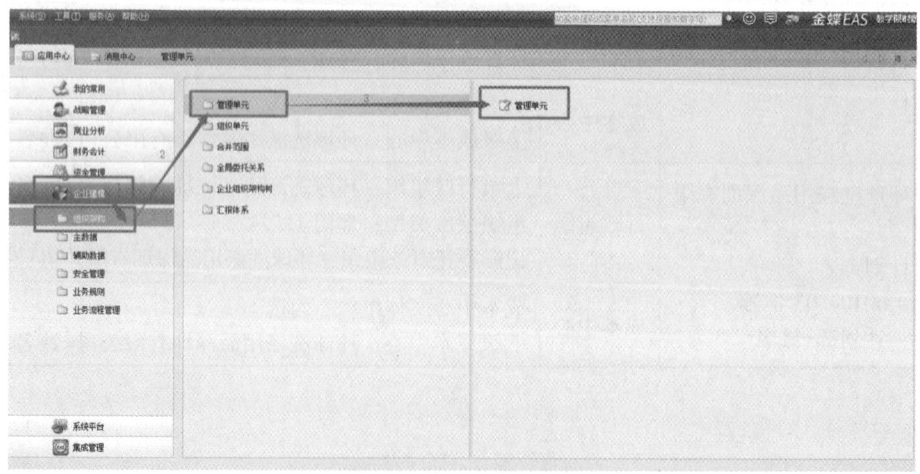

图 2-3　管理单元查询

学生选择环球集团，点击【新增】，打开管理单元新增页面。学生根据实验数据新建环球日化集团，管理单元编码为 h01.学号，管理单元名称为环球日化集团+姓名。学生点击【保存】，如图 2-4 所示。

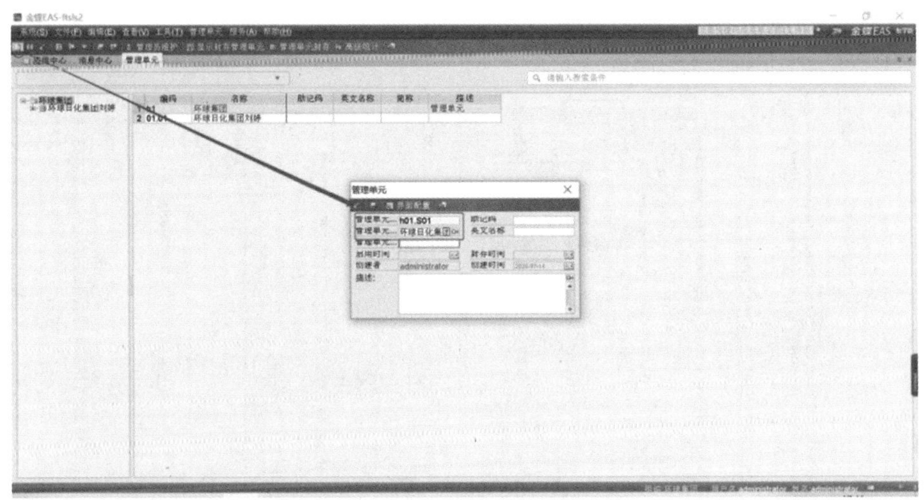

图 2-4　管理单元新增

2. 维护超级管理员组织范围

超级管理员 administrator 只有在维护新建的管理单元的组织范围之后，该管理单元的建立才能生效。学生点击【企业建模】→【安全管理】→【权限管理】→【用户管理】，进入用户管理界面，选择用户 administrator，点击【维护组织范围】，进入组织范围维护查询界面，如图 2-5 所示。

图 2-5　组织范围维护查询

学生点击【增加组织】，打开组织单元维护——管理单元界面。学生在管理单元选择环球日化集团+姓名（姓名=学生姓名）的组织，点击【加入】，添加到下方的已选列表中，如图 2-6 所示。学生点击【确定】，退出界面。

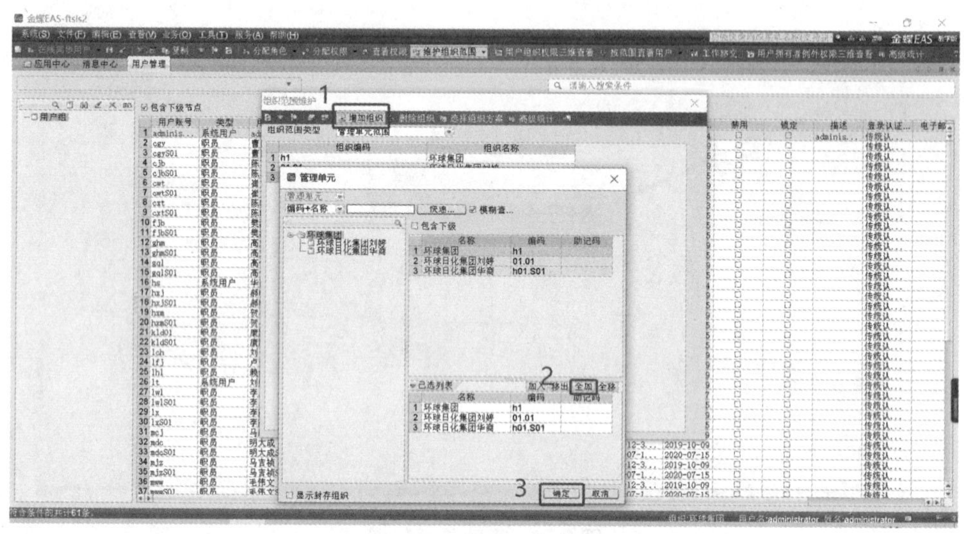

图 2-6　组织范围维护

3. 维护管理单元属性

超级管理员 administrator 维护下属集团管理单元的组织属性。学生点击【企业建模】→【组织架构】→【组织单元】→【组织单元】，进入组织单元查询界面，如图 2-7 所示。

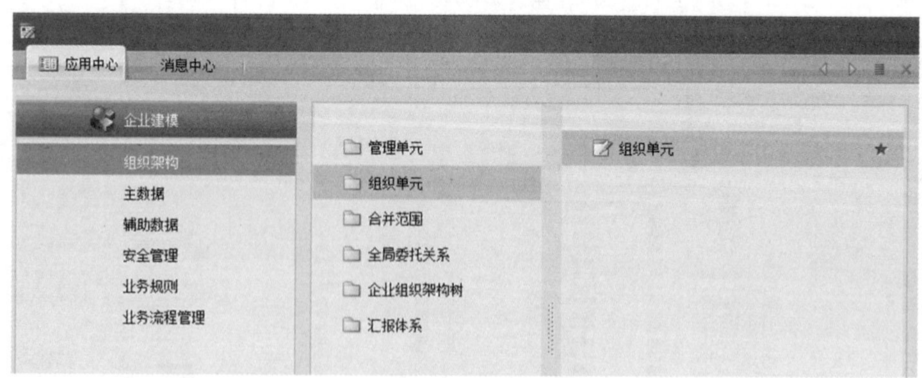

图 2-7　组织单元查询

学生点击管理单元右边的环球集团放大镜，切换管理单元为新建好的环球日化集团+姓名，如图 2-8 所示。学生点击【修改】，如图 2-9 所示。学生按照实验数据表 2-3（环球日化集团组织单元信息），维护管理单元——环球日化集团+姓名的组织属性（见图 2-10 至图 2-17）。

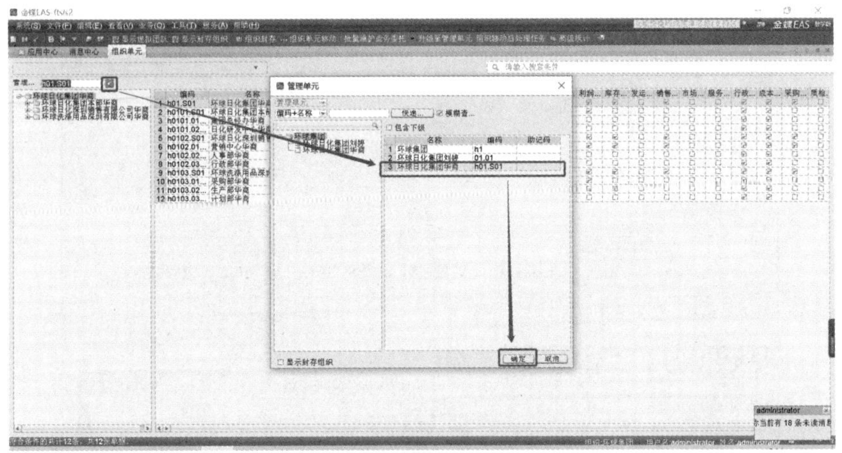

图 2-8 切换管理单元

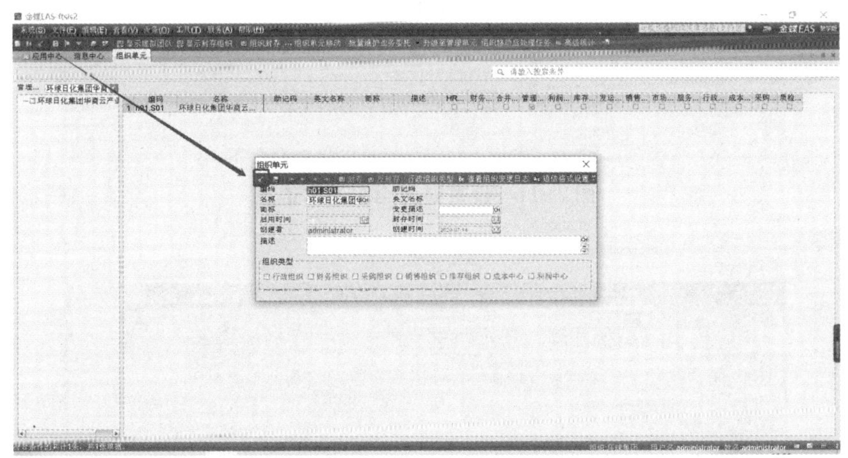

图 2-9 打开修改界面

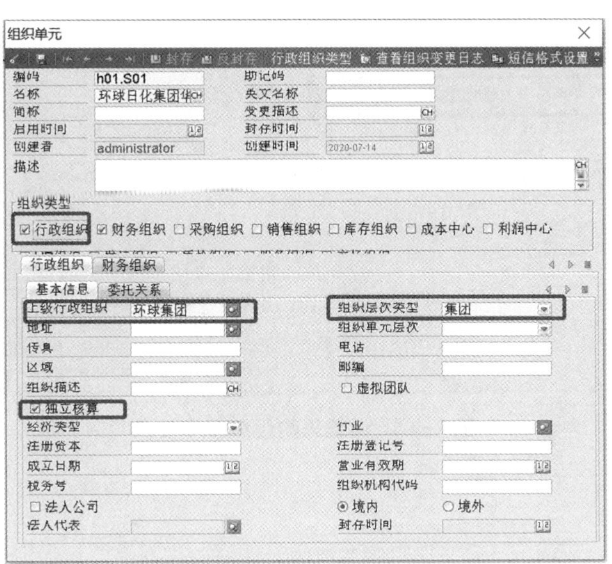

图 2-10 设置行政组织基本信息

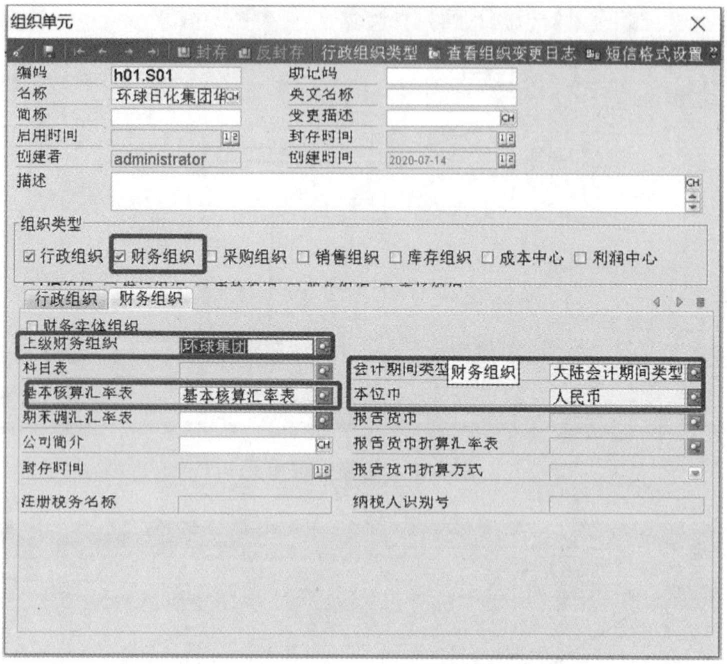

图 2-11　设置财务组织基本信息

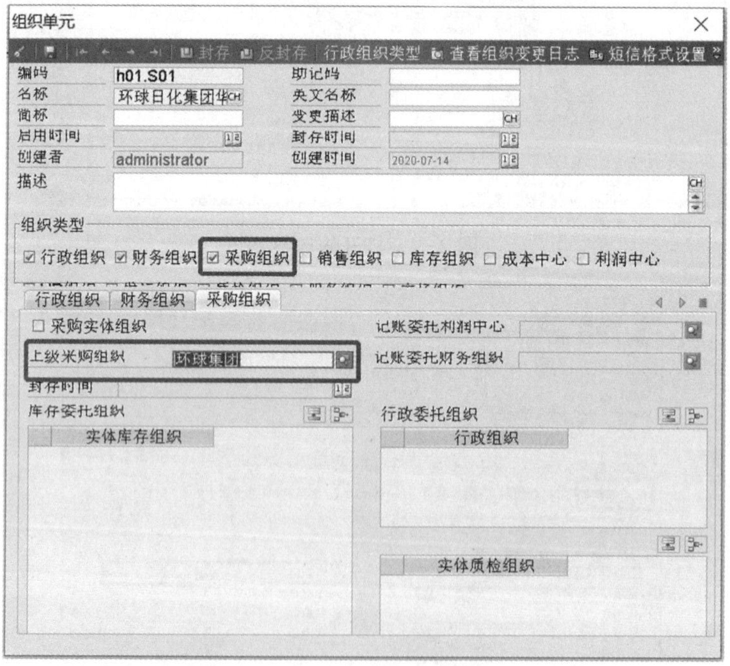

图 2-12　设置采购组织基本信息

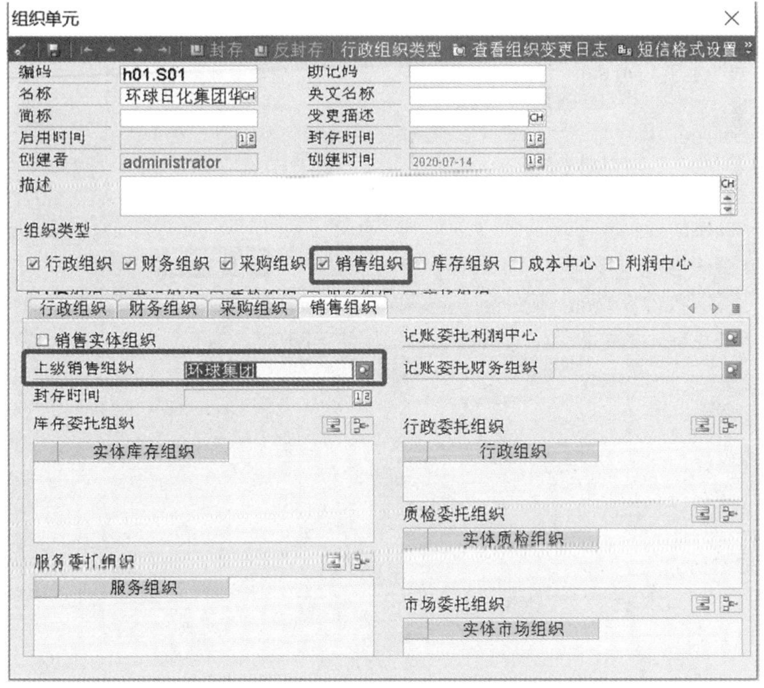

图 2-13　设置销售组织基本信息

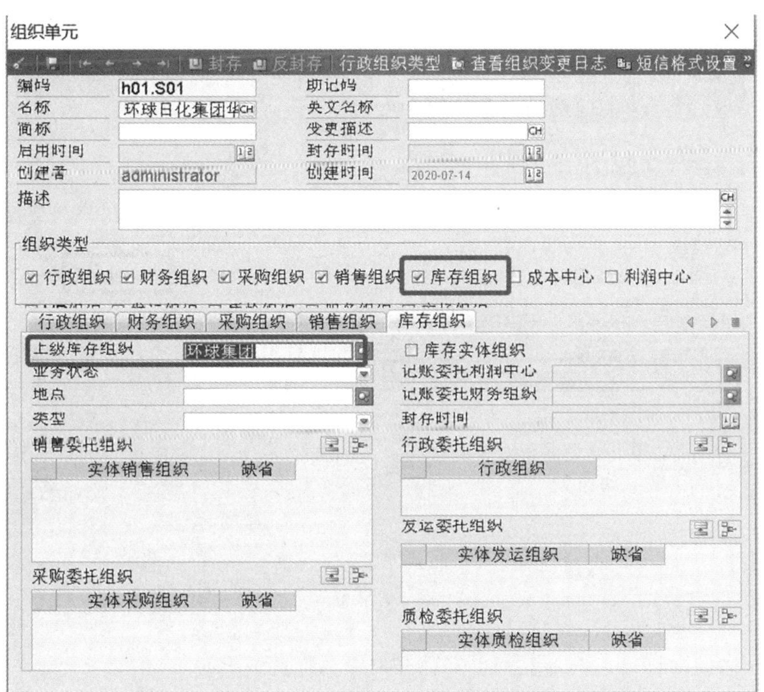

图 2-14　设置库存组织基本信息

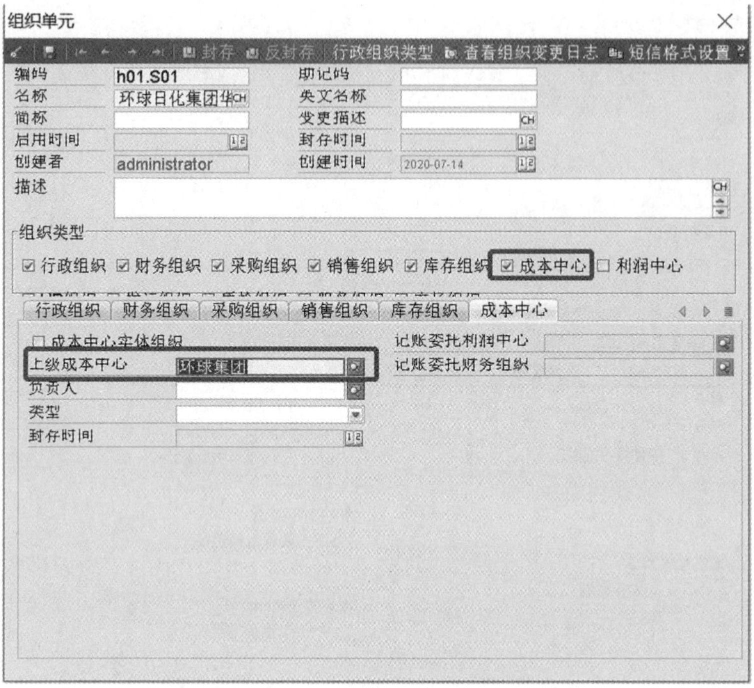

图 2-15　设置成本中心基本信息

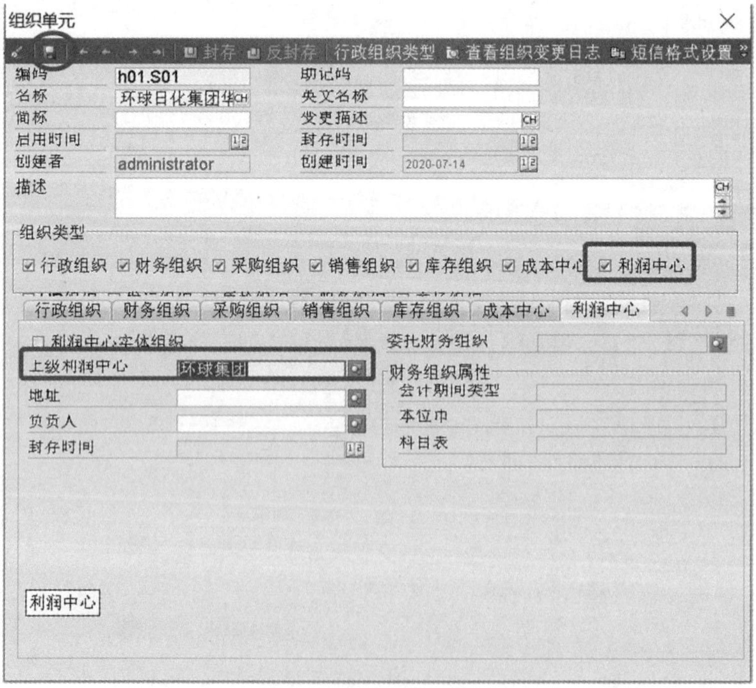

图 2-16　设置利润中心基本信息

组织单元

封存　反封存　行政组织类型　查看组织变更日志　短信格式设置

编码 h01.S01　助记码
名称 环球日化集团华　英文名称
简称　变更描述
启用时间　封存时间
创建者 administrator　创建时间 2020-07-14
描述

组织类型
☑ 行政组织 ☑ 财务组织 ☑ 采购组织 ☑ 销售组织 ☑ 库存组织 ☑ 成本中心 ☑ 利润中心

行政组织 | 财务组织 | 采购组织 | 销售组织 | 库存组织 | 成本中心 | 利润中心

基本信息 | 委托关系

上级行政组织 环球集团　组织层次类型 集团
地址　组织单元层次
传真　电话
区域　邮编
组织描述　☐ 虚拟团队
☑ 独立核算
经济类型　行业
注册资本　注册登记号
成立日期　营业有效期
税务号　组织机构代码
☐ 法人公司　◉ 境内　○ 境外
法人代表　封存时间

图 2-17　组织属性维护完毕

接下来，学生在引入组织文件之后（见图 2-67 至图 2-74 的操作），仍需根据表 2-4、表 2-5 和表 2-6 的信息分别设置环球日化集团本部+姓名组织单元信息（见图 2-18 至图 2-24）、环球日化深圳销售有限公司+姓名组织单元信息（见图 2-25 至图 2-45）、环球洗涤用品深圳有限公司+姓名组织单元信息（见图 2-46 至图 2-63）。

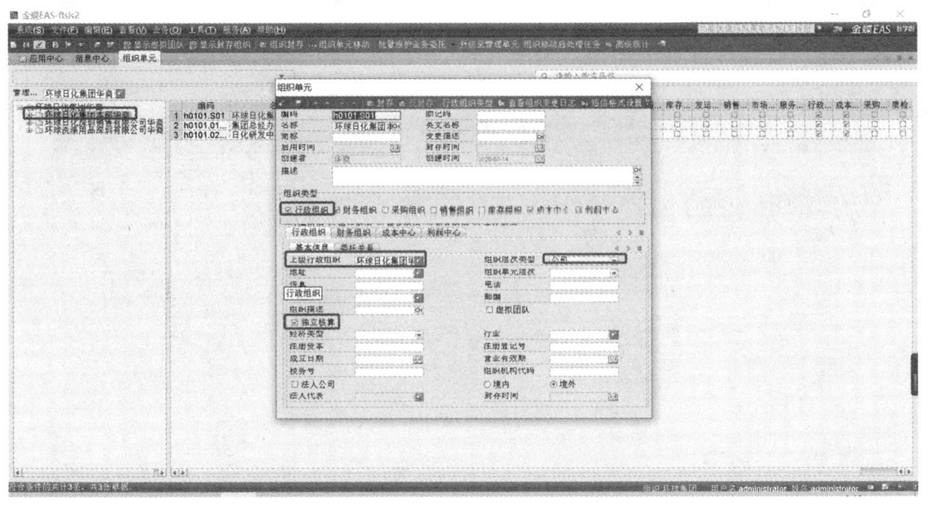

图 2-18　设置集团本部行政组织信息

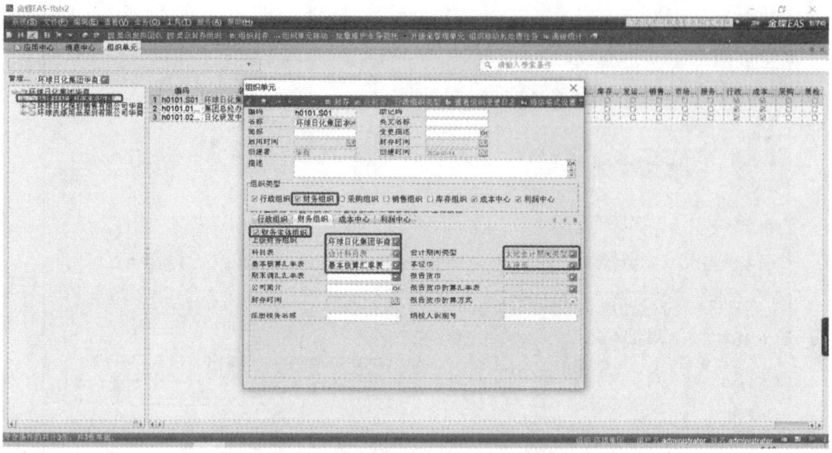

图 2-19　设置集团本部财务组织信息

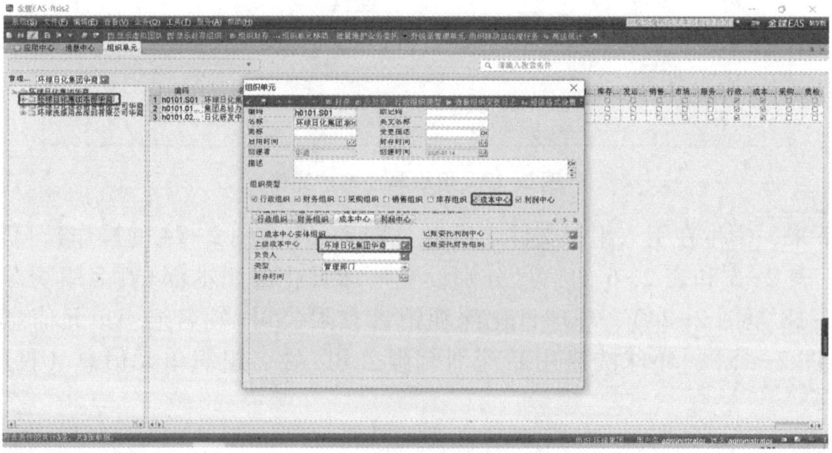

图 2-20　设置集团本部成本中心信息

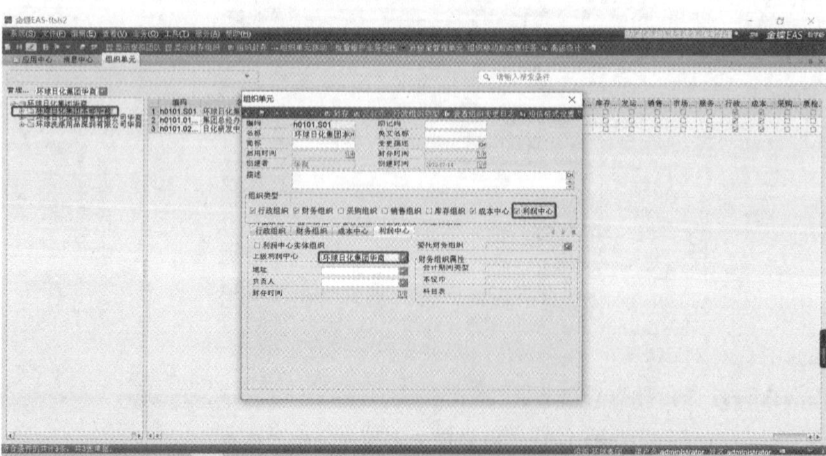

图 2-21　设置集团本部利润中心信息

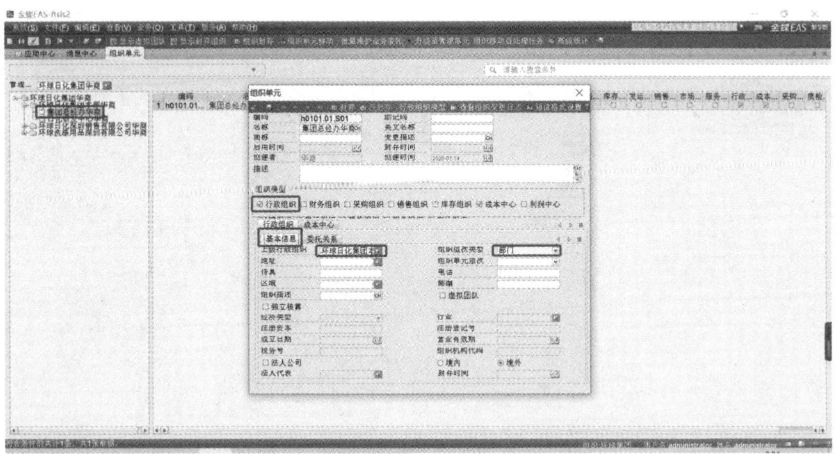

图 2-22　设置集团总经办行政组织信息

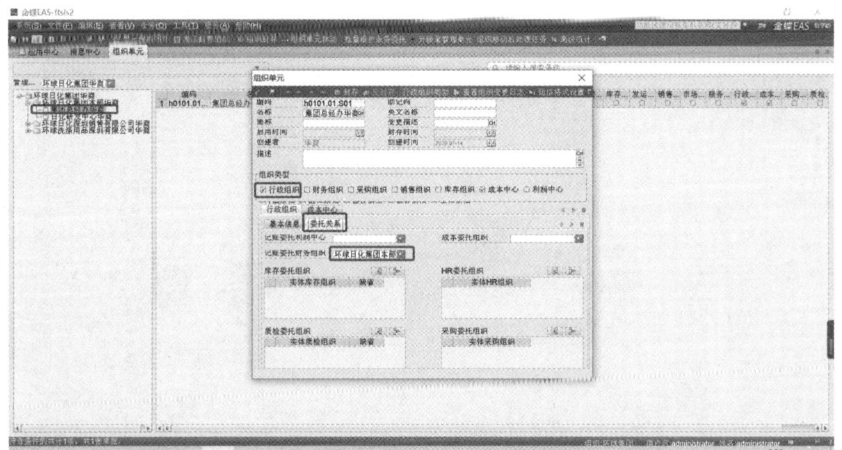

图 2-23　设置集团总经办行政组织信息

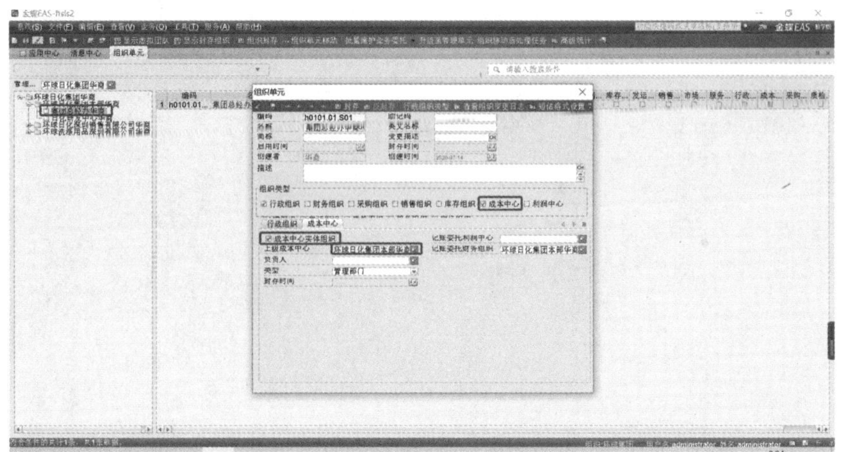

图 2-24　设置集团总经办成本中心信息

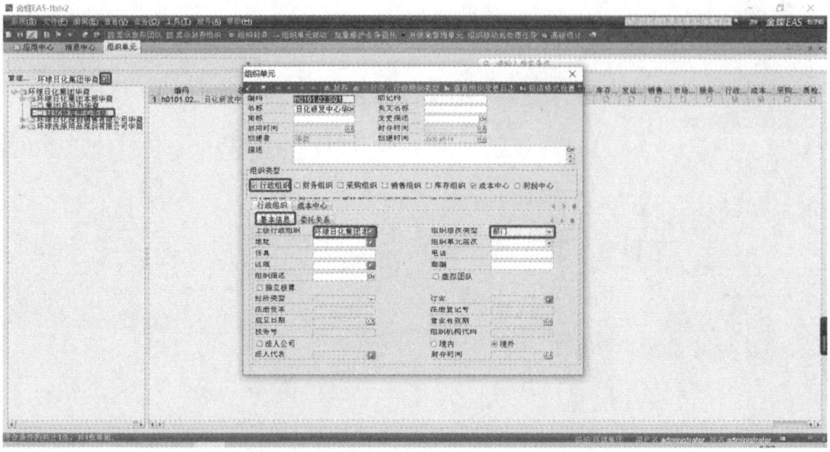

图 2-25　设置日化研发中心行政组织信息

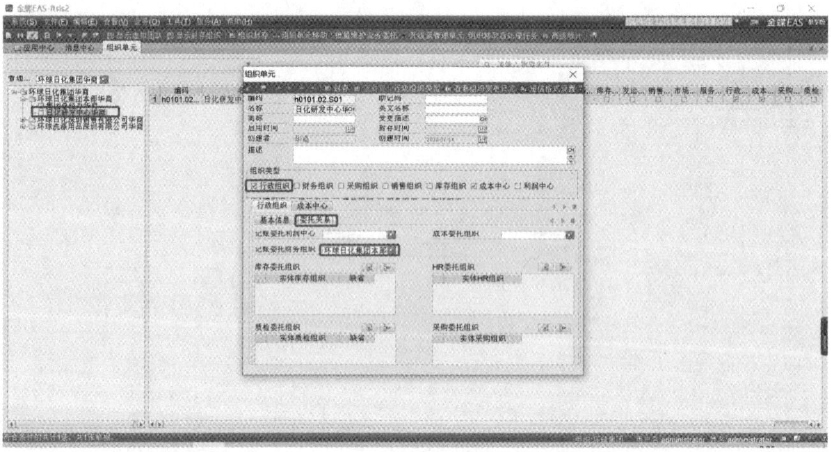

图 2-26　设置日化研发中心行政组织信息

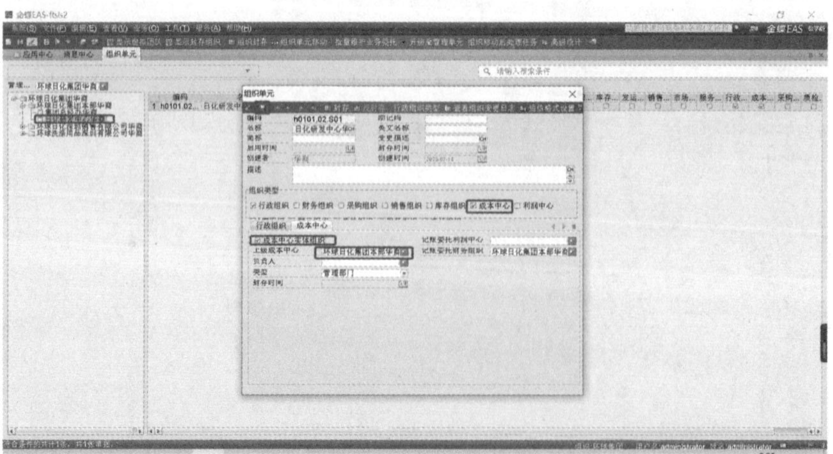

图 2-27　设置日化研发中心成本中心信息

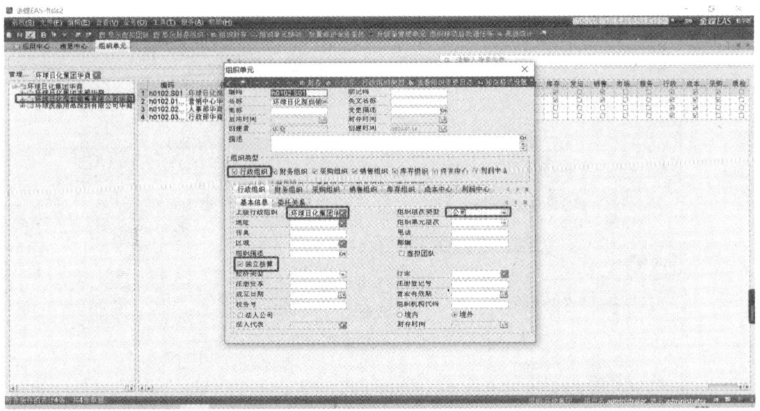

图 2-28　设置深圳销售有限公司行政组织信息

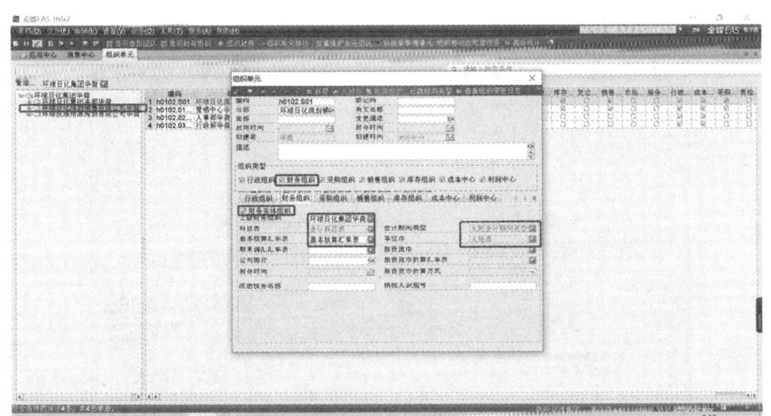

图 2-29　设置深圳销售有限公司财务组织信息

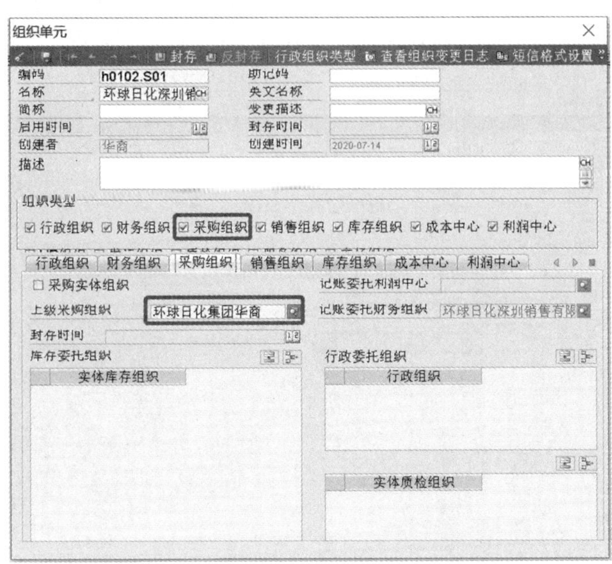

图 2-30　设置深圳销售有限公司采购组织信息

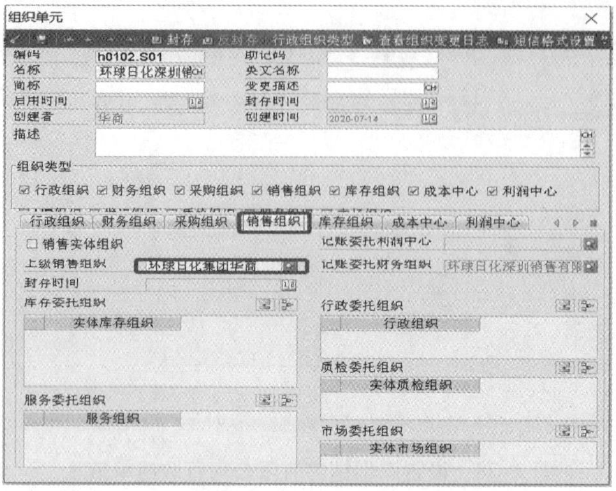

图 2-31 设置深圳销售有限公司销售组织信息

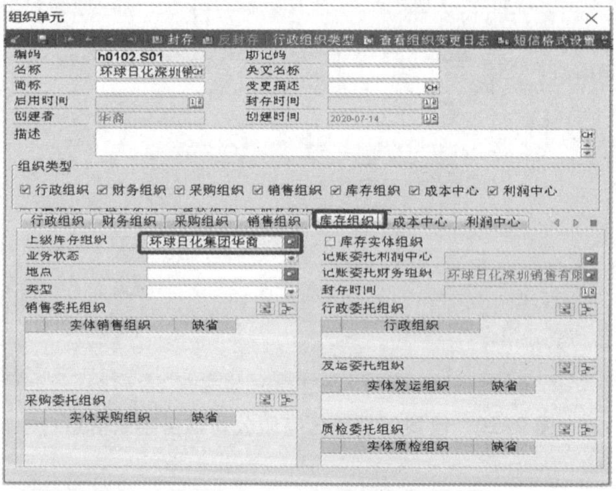

图 2-32 设置深圳销售有限公司库存组织信息

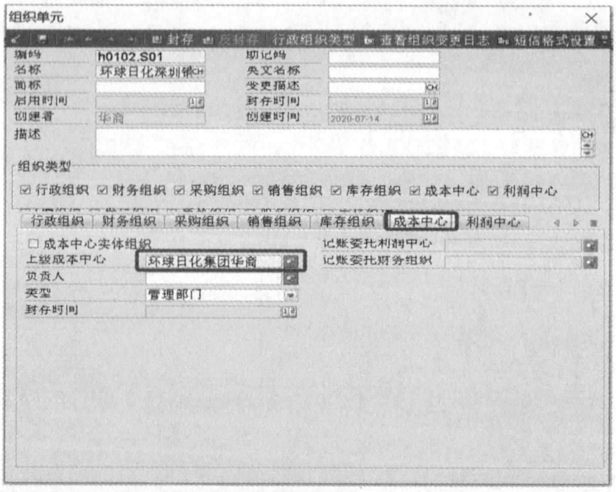

图 2-33 设置深圳销售有限公司成本中心信息

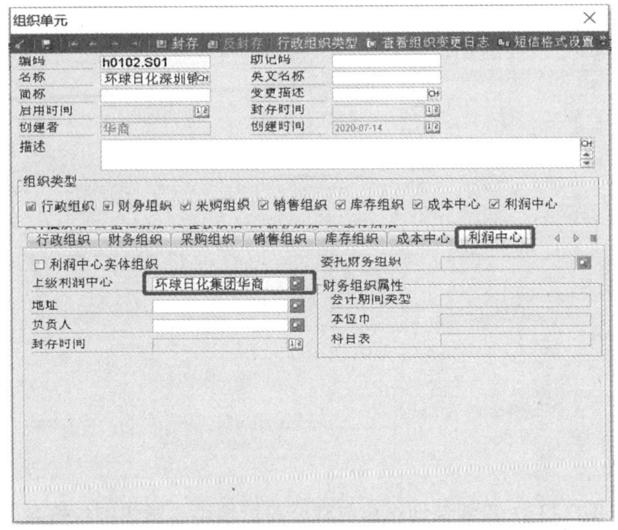

图 2-34　设置深圳销售有限公司利润中心信息

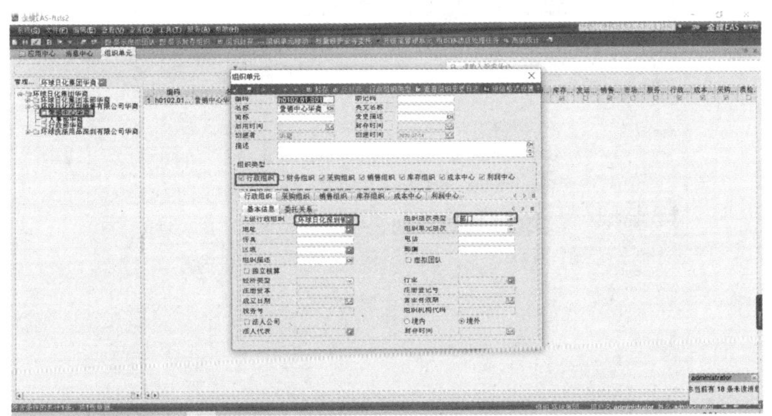

图 2-35　设置深圳销售有限公司营销中心行政组织信息

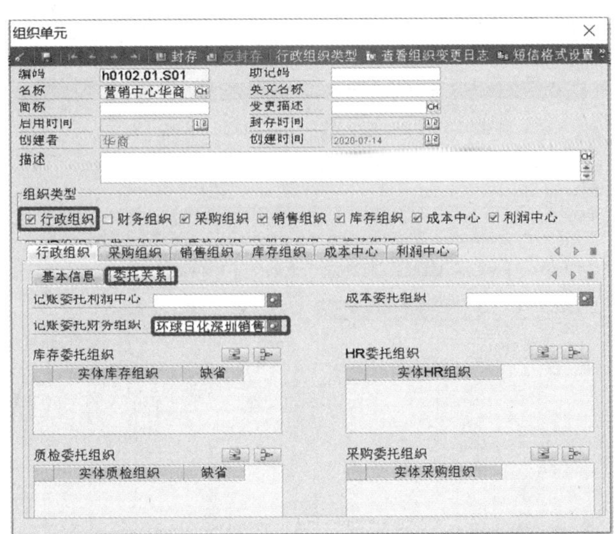

图 2-36　设置深圳销售有限公司营销中心行政组织信息

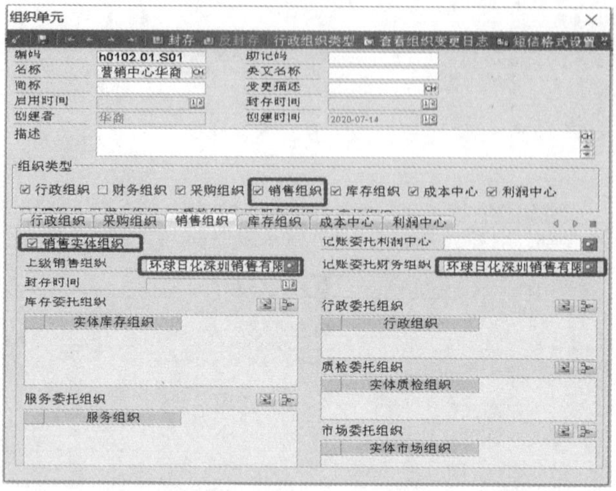

图 2-37　设置深圳销售有限公司营销中心销售组织信息

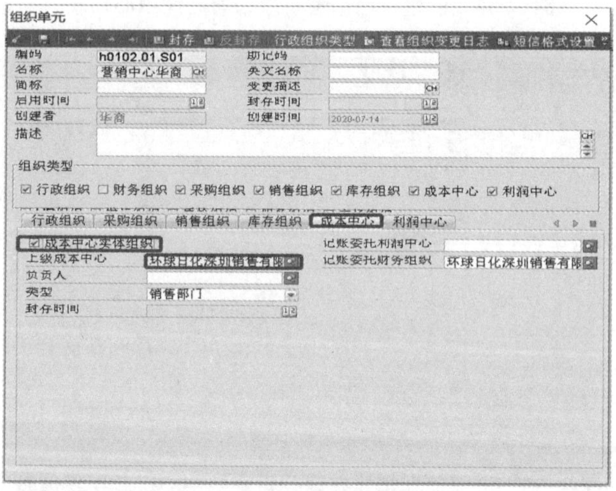

图 2-38　设置深圳销售有限公司营销中心成本中心信息

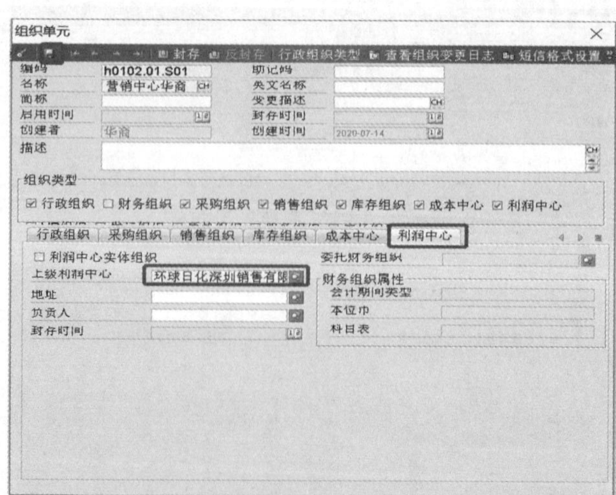

图 2-39　设置深圳销售有限公司营销中心利润中心信息

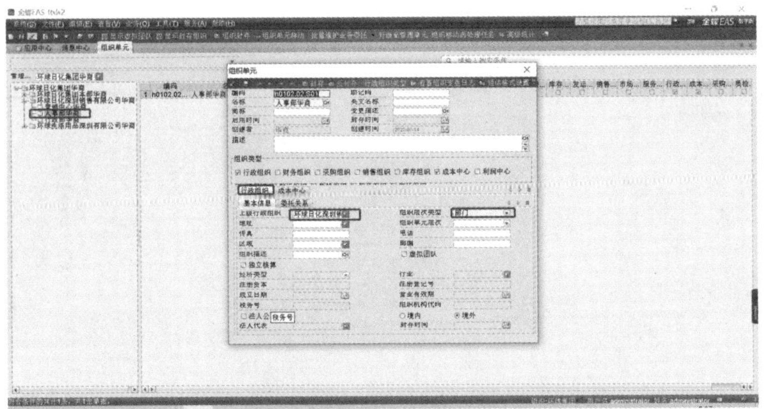

图 2-40　设置深圳销售有限公司人事部行政组织信息

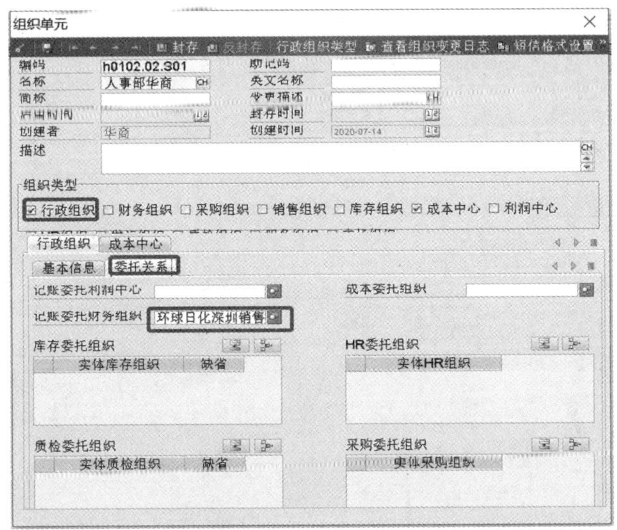

图 2-41　设置深圳销售有限公司人事部行政组织信息

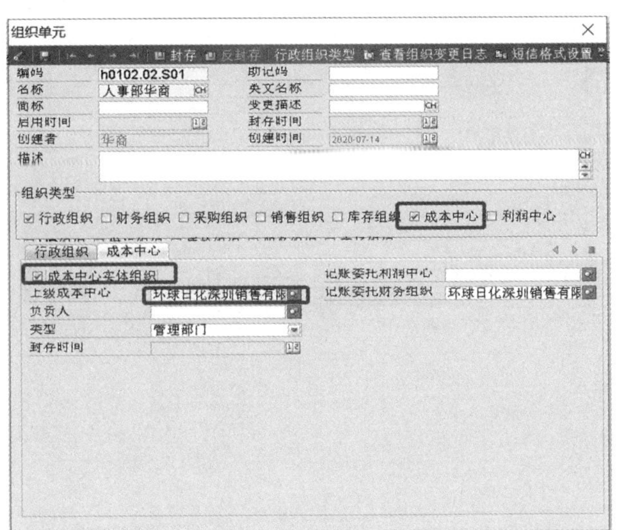

图 2-42　设置深圳销售有限公司人事部成本中心信息

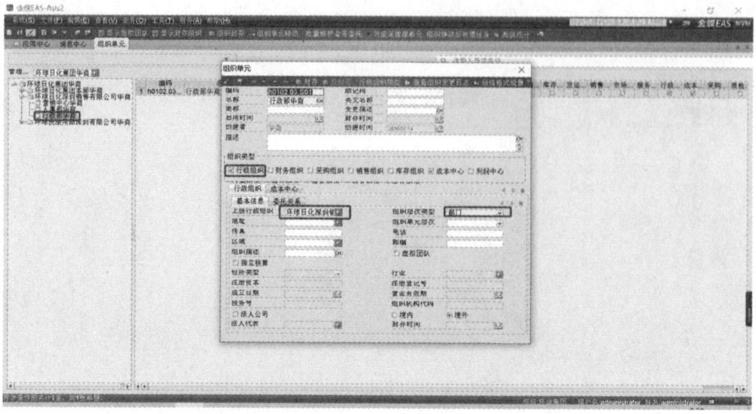

图 2-43　设置深圳销售有限公司行政部行政组织信息

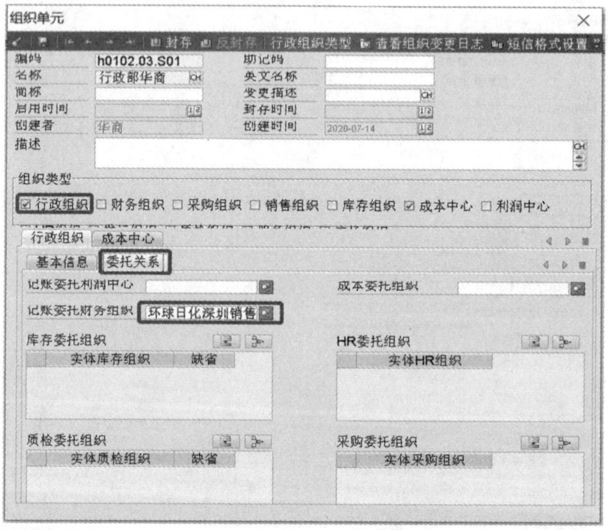

图 2-44　设置深圳销售有限公司行政部行政组织信息

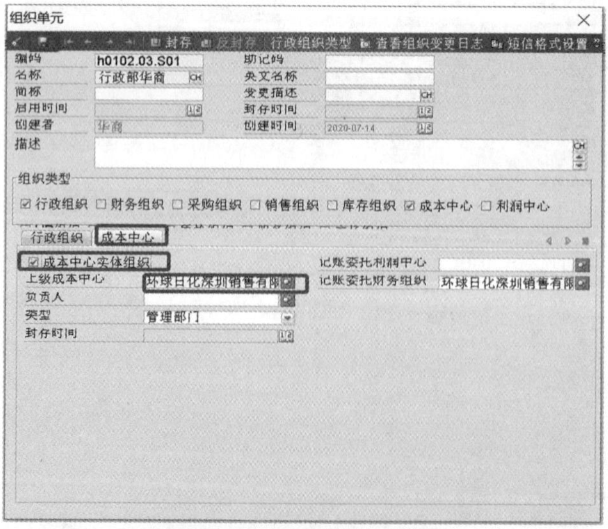

图 2-45　设置深圳销售有限公司行政部成本中心信息

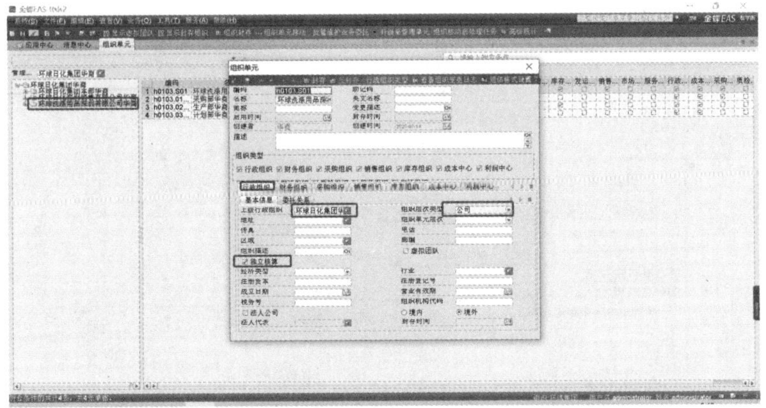

图 2-46　设置洗涤用品深圳有限公司行政组织信息

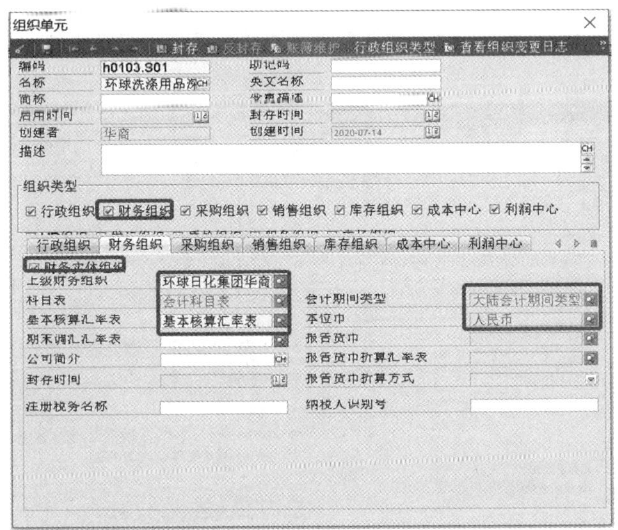

图 2-47　设置洗涤用品深圳有限公司财务组织信息

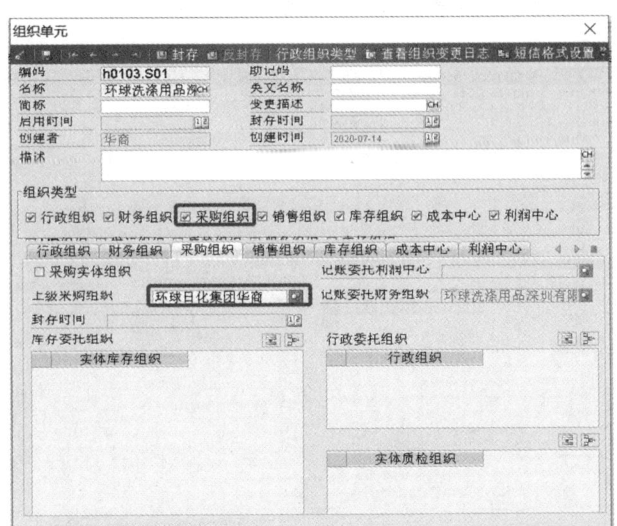

图 2-48　设置洗涤用品深圳有限公司采购组织信息

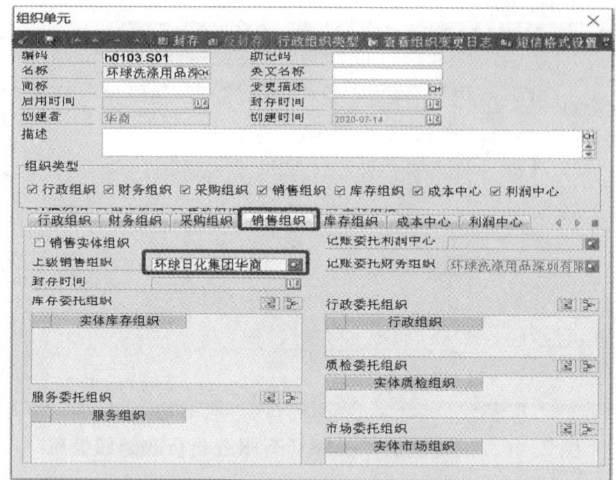

图 2-49　设置洗涤用品深圳有限公司销售组织信息

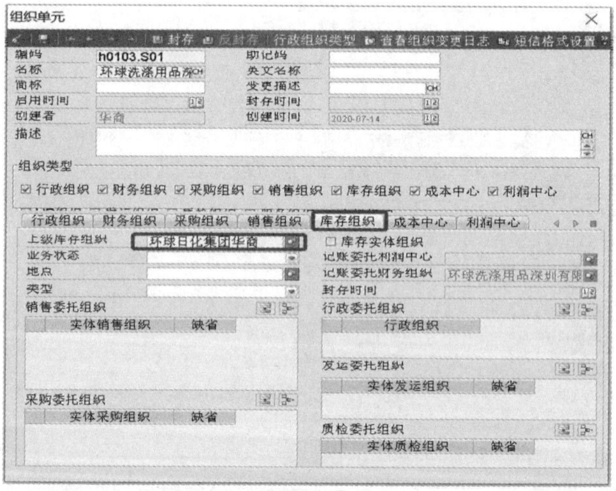

图 2-50　设置洗涤用品深圳有限公司库存组织信息

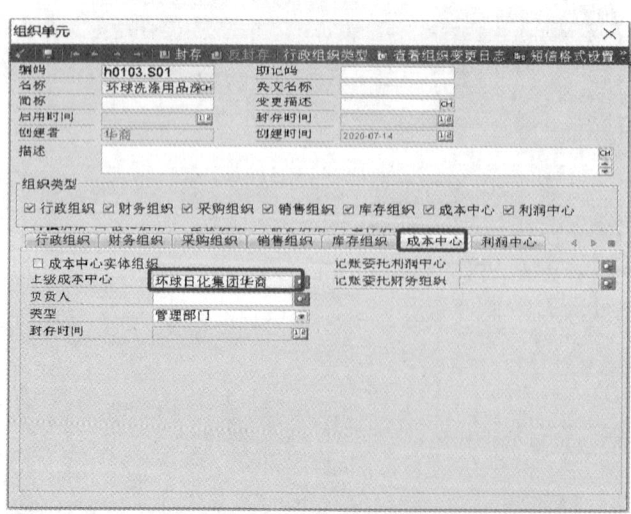

图 2-51　设置洗涤用品深圳有限公司成本中心信息

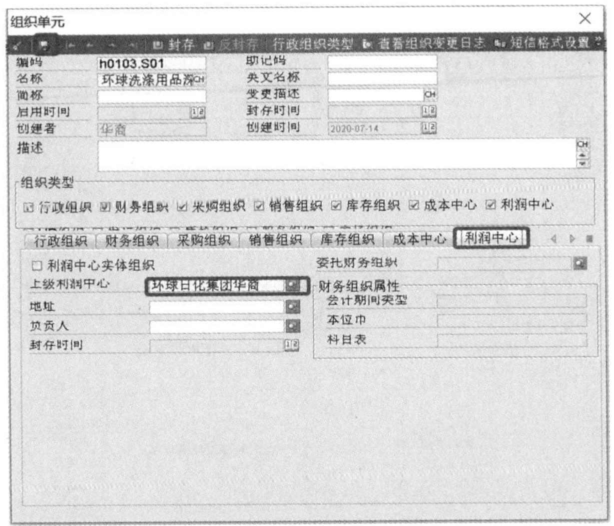

图 2-52　设置洗涤用品深圳有限公司利润中心信息

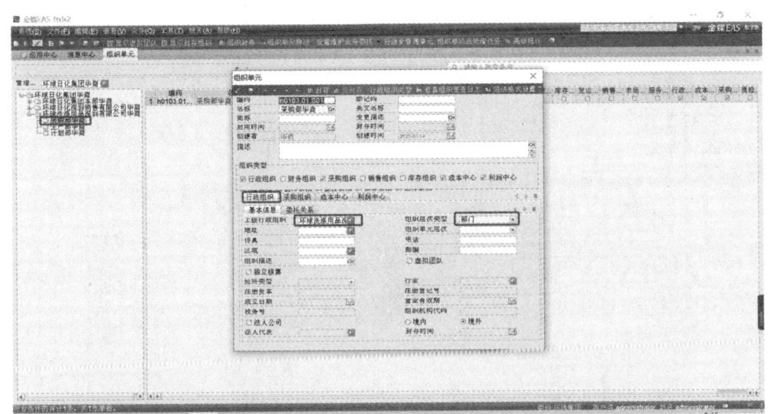

图 2-53　设置洗涤用品深圳有限公司采购部行政组织信息

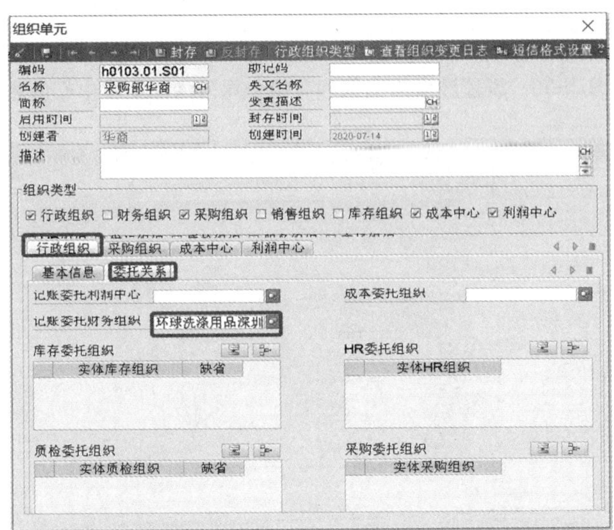

图 2-54　设置洗涤用品深圳有限公司采购部行政组织信息

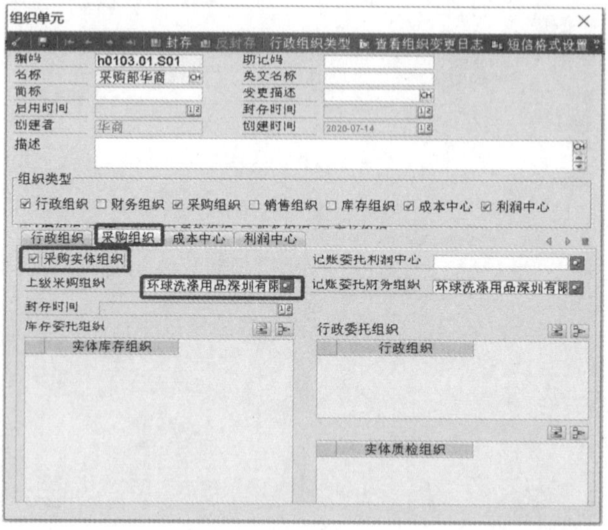

组织单元

封存 反封存 行政组织类型 查看组织变更日志 短信格式设置

编码 h0103.01.S01 助记码
名称 采购部华商 英文名称
简称 变更描述
启用时间 封存时间
创建者 华商 创建时间 2020-07-14
描述

组织类型
☑ 行政组织 □ 财务组织 ☑ 采购组织 □ 销售组织 □ 库存组织 ☑ 成本中心 ☑ 利润中心

行政组织 采购组织 成本中心 利润中心
☑ 采购实体组织 记账委托利润中心
上级采购组织 环球洗涤用品深圳有限 记账委托财务组织 环球洗涤用品深圳有限
封存时间
库存委托组织 行政委托组织
实体库存组织 行政组织
实体质检组织

图 2-55　设置洗涤用品深圳有限公司采购部采购组织信息

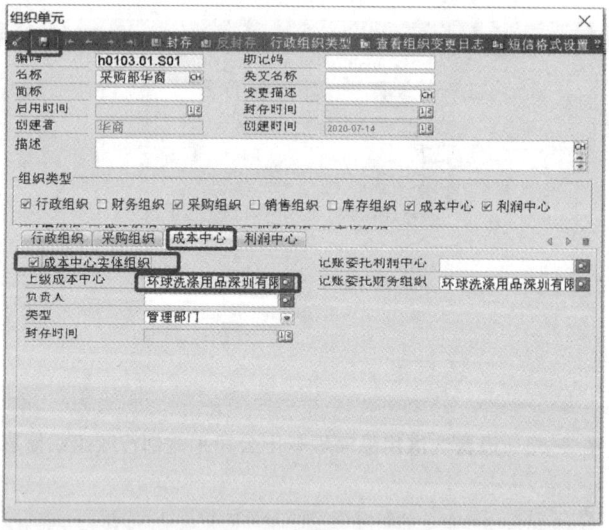

组织单元

封存 反封存 行政组织类型 查看组织变更日志 短信格式设置

编码 h0103.01.S01 助记码
名称 采购部华商 英文名称
简称 变更描述
启用时间 封存时间
创建者 华商 创建时间 2020-07-14
描述

组织类型
☑ 行政组织 □ 财务组织 ☑ 采购组织 □ 销售组织 □ 库存组织 ☑ 成本中心 ☑ 利润中心

行政组织 采购组织 成本中心 利润中心
☑ 成本中心实体组织 记账委托利润中心
上级成本中心 环球洗涤用品深圳有限 记账委托财务组织 环球洗涤用品深圳有限
负责人
类型 管理部门
封存时间

图 2-56　设置洗涤用品深圳有限公司采购部成本中心信息

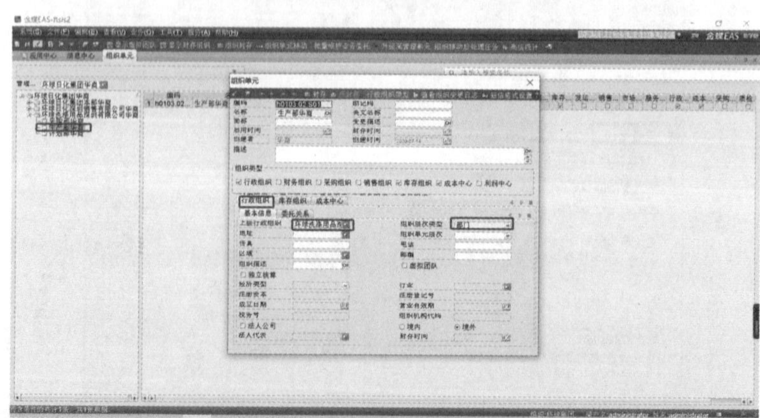

图 2-57　设置洗涤用品深圳有限公司生产部行政组织信息

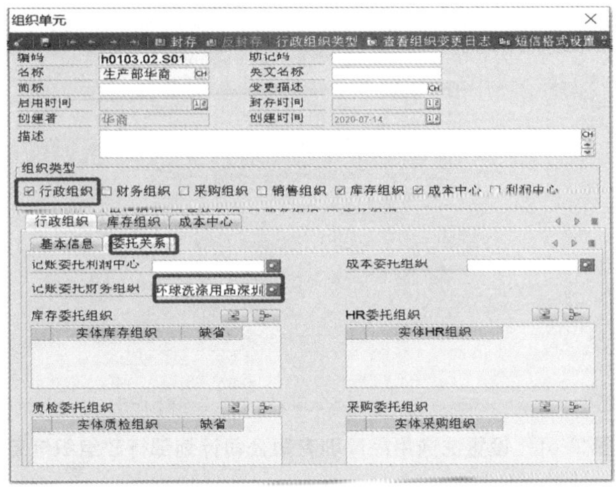

图 2-58　设置洗涤用品深圳有限公司生产部行政组织信息

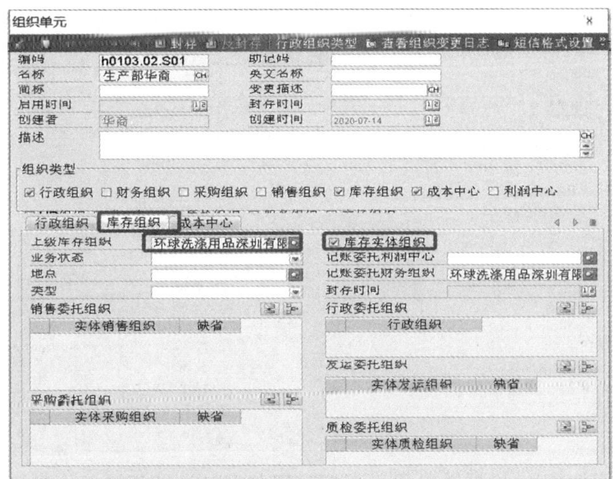

图 2-59　设置洗涤用品深圳有限公司生产部库存组织信息

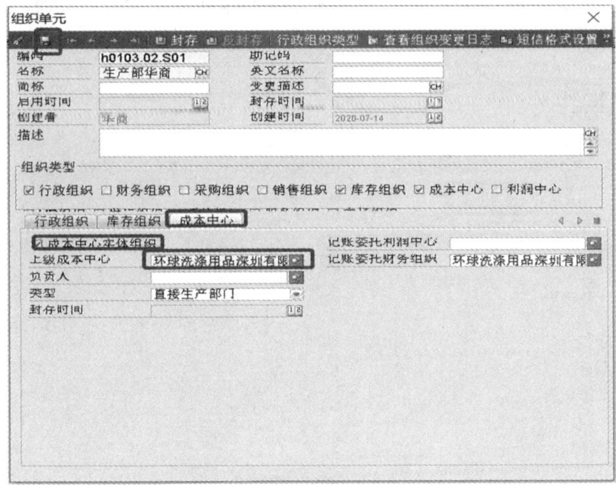

图 2-60　设置洗涤用品深圳有限公司生产部成本中心信息

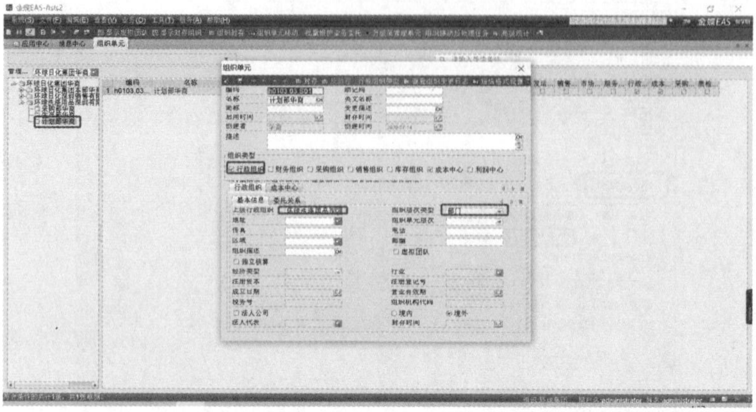

图 2-61　设置洗涤用品深圳有限公司计划部行政组织信息

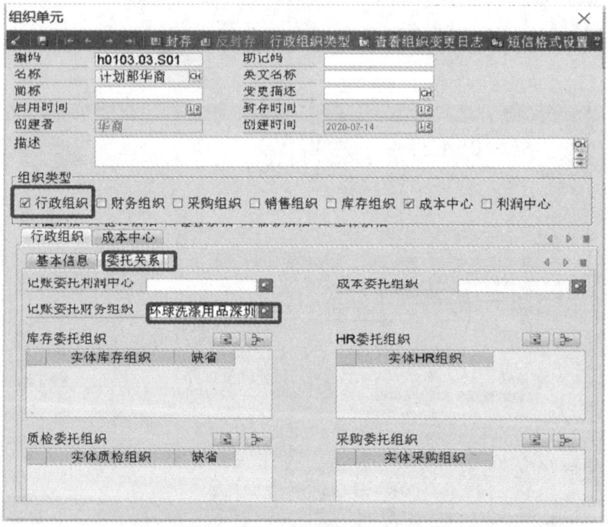

图 2-62　设置洗涤用品深圳有限公司计划部行政组织信息

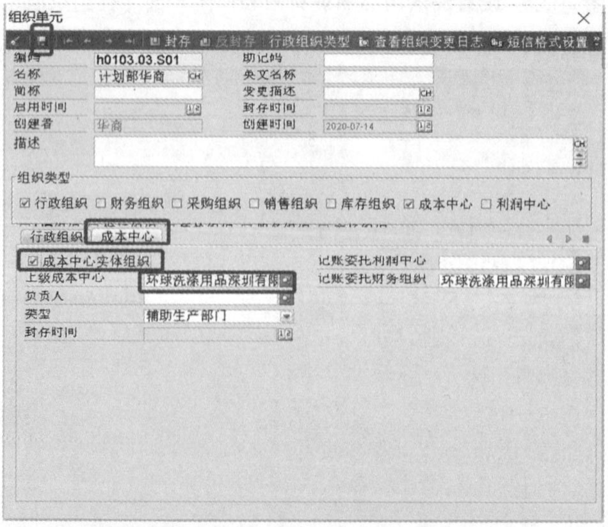

图 2-63　设置洗涤用品深圳有限公司计划部成本中心信息

4. 维护管理员

超级管理员可以为每个管理单元创建不同的管理员。管理员的职责为用户维护、权限管理、用户监控等。学生点击【企业建模】→【组织架构】→【管理单元】→【管理单元】，进入管理单元查询界面，如图 2-64 所示。

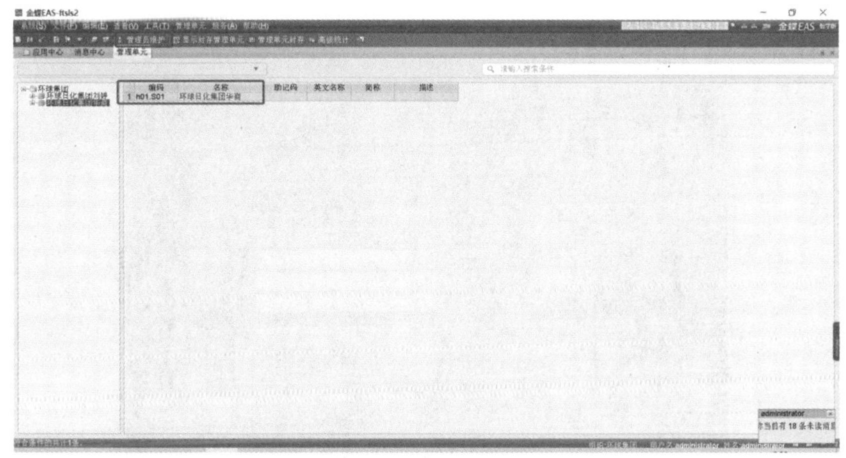

图 2-64 管理单元查询

学生选择新创建的管理单元——环球日化集团+姓名，点击【管理员维护】。用户账号为学生姓名首字母拼音缩写+学号，用户类型为系统用户，所属管理单元为环球日化集团+姓名，用户实名为学生姓名，缺省组织新增时默认为所属管理单元，其他默认。学生点击【保存】，如图 2-65 所示。

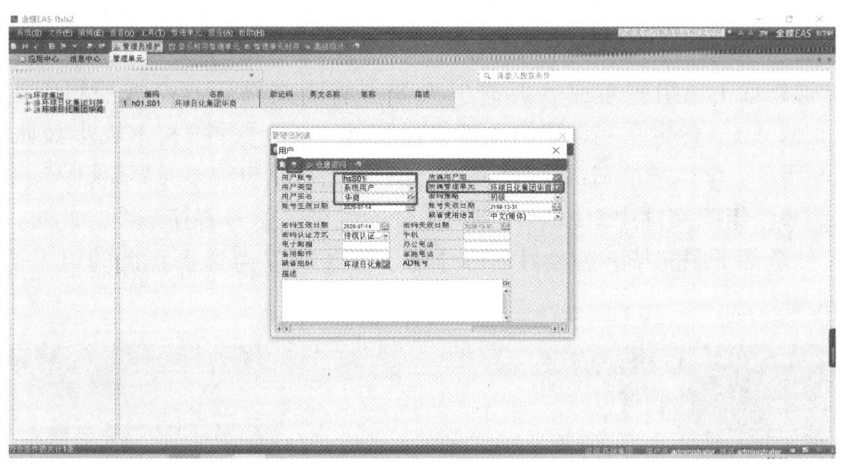

图 2-65 管理员维护

5. 新建组织单元

管理单元搭建完成后，学生开始搭建组织单元，从上往下一层层搭建组织机构，组织机构将作为后续业务的重要基础。学生点击电脑桌面的“金蝶 EAS 系统”，使用新建的管理员账号（学生姓名首字母拼音缩写+学号）登录，密码默认为空，进入新建的管理单元——环球日化集团+姓名，如图 2-66 所示。

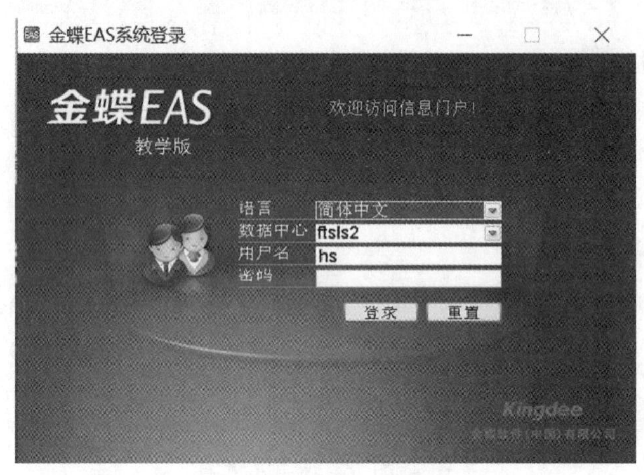

图 2-66　EAS 系统登录界面

学生点击【应用中心】→【企业建模】→【组织架构】→【组织单元】→【组织单元】，进入组织单元列表。学生按照实验数据表 2-4（环球日化集团本部组织单元信息）、表 2-5（环球日化深圳销售有限公司组织单元信息）、表 2-6（环球洗涤用品深圳有限公司组织单元信息），新建环球日化集团+姓名下的其他组织单元，并维护组织属性。

具体操作如下：组织单元（共需引入 8 个组织文件）支持按照组织类型引入（无需手工录入）。学生从实训平台下载教学资源（8 个文件），下载步骤如图 2-67 和图 2-68 所示。学生替换 xlsx 文件内的学号和姓名后从组织单元界面引入。图 2-69、图 2-70 为 8 个组织文件中组织单元引入文件的姓名、学号替换截图。此时，学生要把 8 个文件全部下载完毕并替换姓名和学号。学生要注意选择正确的组织类型和文件执行引入。

图 2-67　练习一：实验数据

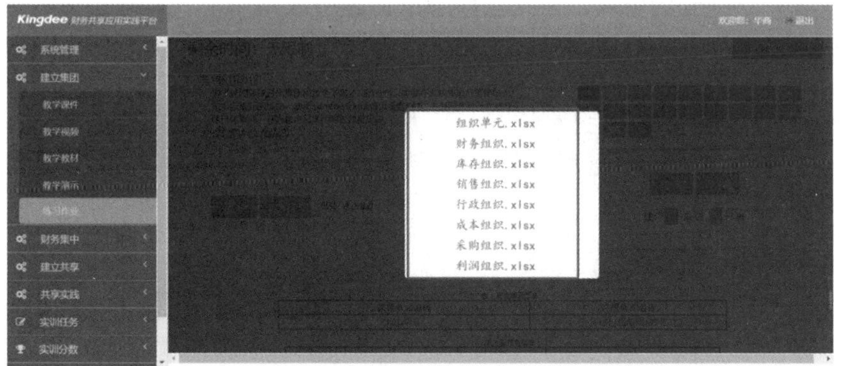

图 2-68　练习一：实验数据汇总

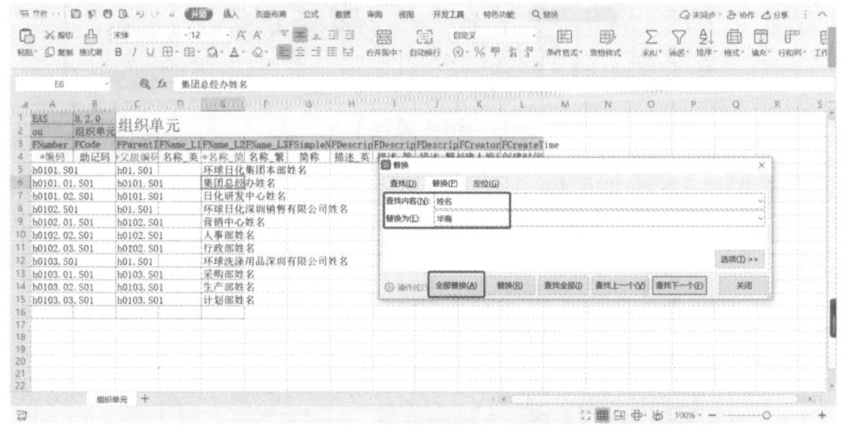

图 2-69　练习一：组织单元文件姓名替换

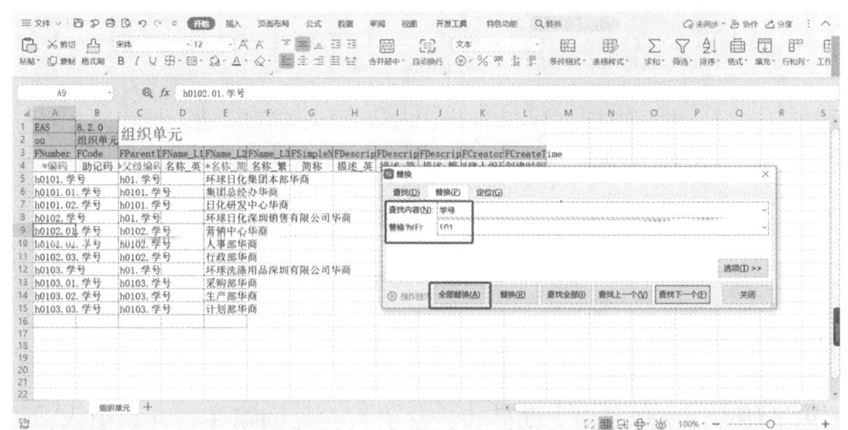

图 2-70　练习一：组织单元文件学号替换

这里必须重复上述具体操作步骤，把 8 个文件中的姓名、学号替换完毕。

接下来，学生开始引入，引入顺序如下：先引入组织单元，再引入其他类型组织；先引入成本中心才能引入利润中心。学生打开文件引入页面，如图 2-71 所示。

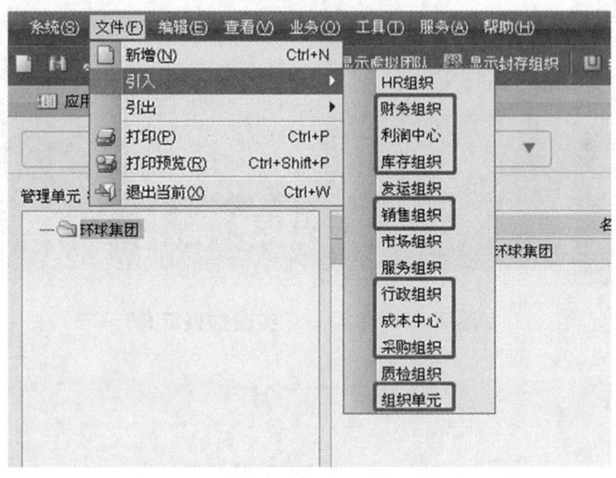

图 2-71　组织属性引入页面

根据前置描述，学生需要先引入组织单元文件。学生点击图 2-71 中的【组织单元】，进入如图 2-72 所示页面。

图 2-72　组织单元引入页面

引入界面介绍如下：

页签：引入的文件类型。

数据出错处理：出现错误立即停止，从引入文件的第一行开始引入，出现错误即停止，但是不会撤回已经引入的数据；跳过错误并执行完毕才停止，发现有数据无法引入时跳过错误，引入下一行数据，直至全部数据执行完毕。

引入方式：新增引入，直接新增；更新引入，更新已经导入的数据，新增未导入的数据。

由于所有 8 个引入文件的姓名、学号已替换完毕，接下来按照以上教程重复操作引入剩下 7 个文件即可（见图 2–73。注意：引入成本中心后才能引入利润中心）。学生引入后如出现图 2–74 所示界面则说明引入成功，否则应根据错误提示更改引入的文件数据。

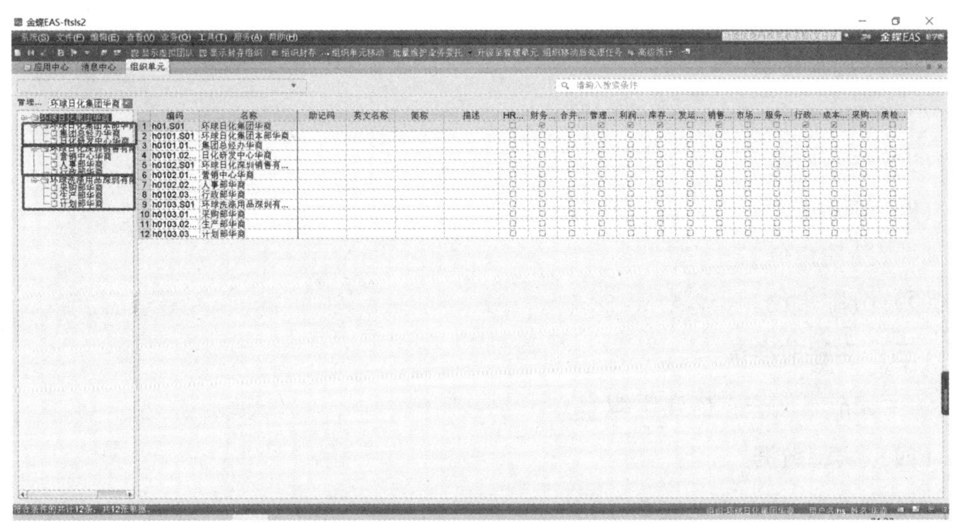

图 2–73 组织单元数据引入成功后页面

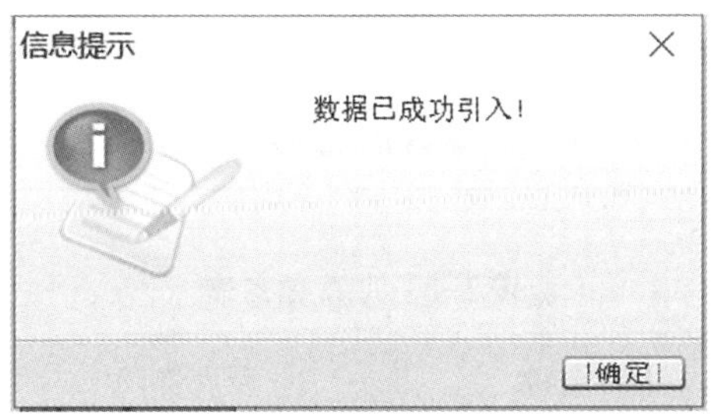

图 2–74 数据引入成功提示

完成以上操作，练习一得分为 8.0/8.0。

思考：

（1）维护超级管理员的业务组织范围的目的是什么？

（2）用户的缺省组织有什么作用？

（3）组织单元怎么移动？

二、案例二：新建职员

（一）应用场景

王中军在环球日化集团任董事长职位，管理员（学生姓名缩写）将该信息维护到金蝶 EAS 系统。

（二）实验步骤

（1）新建职位。

（2）新建职员。

（3）新建用户。

（4）新建角色。

（5）分配角色。

（三）实验前准备

学生完成案例一：搭建组织。

（四）实验数据

实验数据如表 2-7 至表 2-10 所示。

表 2-7 职位信息表

职位编码	职位名称	行政组织
h001.学号	董事长+学号	环球日化集团+姓名

表 2-8 职员信息表

人员编码	人员名称	所属部门	所属职位
wzj 学号	王中军+学号	环球日化集团+姓名	董事长

表 2-9 用户信息表

用户账号	用户类型	用户实名	所属管理单元	所属角色
wzj+学号	职员	王中军+学号	环球日化集团+姓名	全功能角色+学号

表 2-10 角色信息表

角色编码	角色名称	所属权限
h001.学号	全功能角色+学号	所有权限

（五）操作指导

1. 新建职位

学生维护完企业的行政组织后，便需要在相应的行政组织上增加职位。有了职位，学生才可以在职位下设置职员。本案例以学号为 S01、姓名为华商的学生为例进行操作。练习时，学生需替换图片中的学号和姓名。管理员（学生姓名缩写）登录金蝶 EAS 系统，依次点击【企业建模】→【组织架构】→【汇报体系】→【职位管理】，进入职位管理界面，如图 2-75 所示。

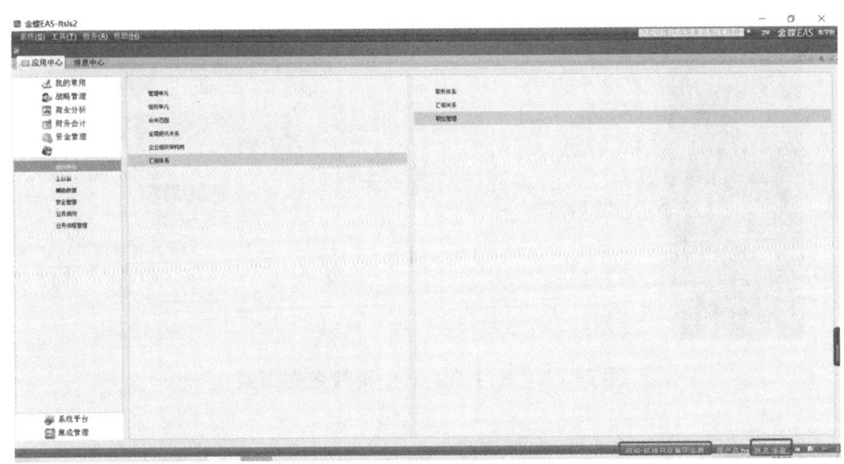

图 2-75　职位管理查询

学生选择环球日化集团+姓名，点击工具栏【新建】，进入职位新增界面。根据表 2-7 职位信息表填写董事长职位信息，职位编码为 h001.学号，职位名称为董事长+学号，上级职位为 big boss，行政组织为环球日化集团+姓名。学生录入完毕后，点击【保存】，如图 2-76 所示。

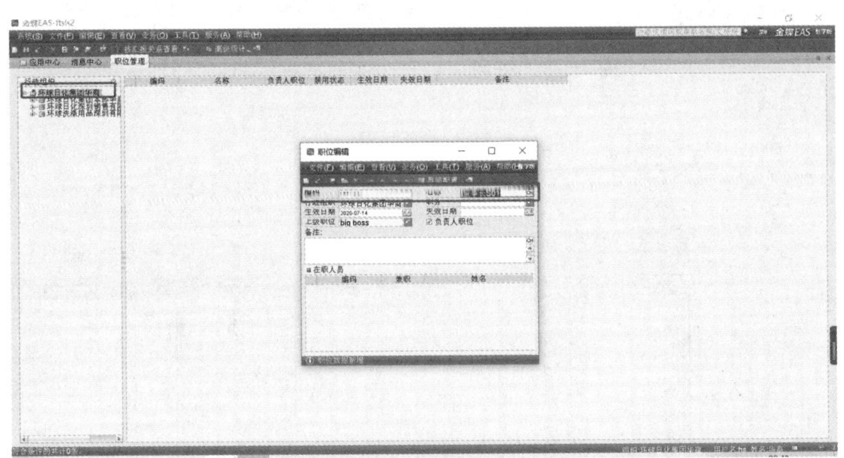

图 2-76　职位新增

学生也可以使用工具栏【文件】→【导入】功能，批量导入职位，如图 2-80 所示。下载位置如图 2-77 所示，文件内容如图 2-78 所示。学生应注意在引入文件前对职位、职员、用户三个文件全部替换姓名、学号，且用户表格需修改用户生效日期和密码生效日期为系统当前日期，如图 2-79 所示。若第一次导入没有导入成功，那么后续引入时，学生应修改引入方式为【更新引入】，如图 2-81 所示。职员需要使用非系统用户引入，也就是不能使用管理员用户引入（administrator 和姓名缩写账号均为管理员用户）。学生应注意引入顺序为职位→职员（wzj 学号登录）→用户。

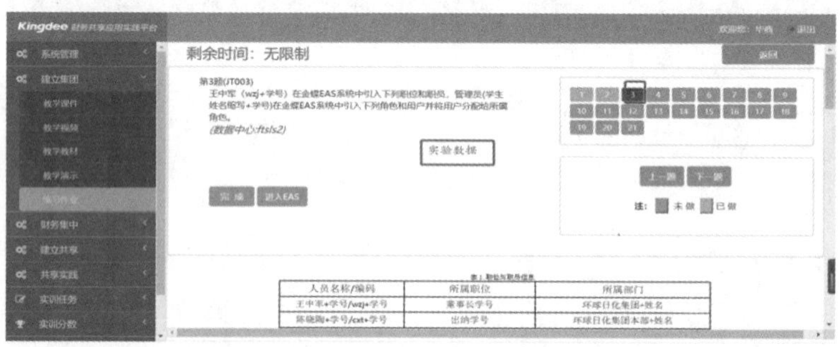

图 2-77　练习二、三：实验数据下载

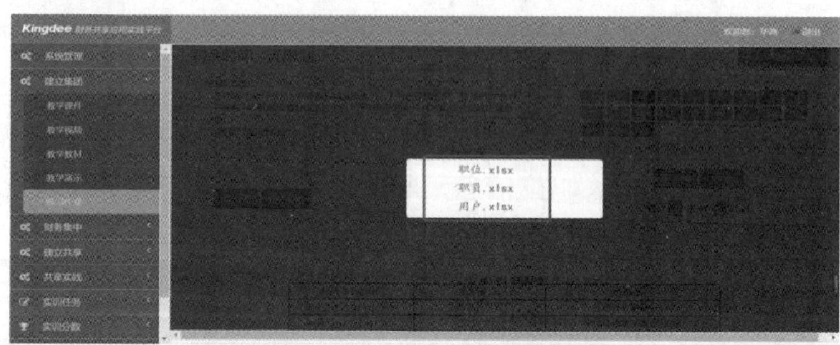

图 2-78　练习二、三：实验数据汇总

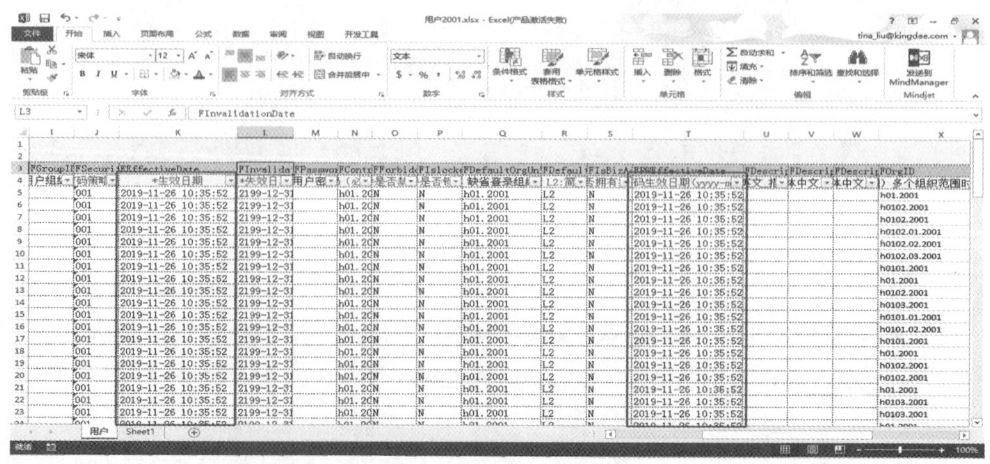

图 2-79　用户导入文件修改

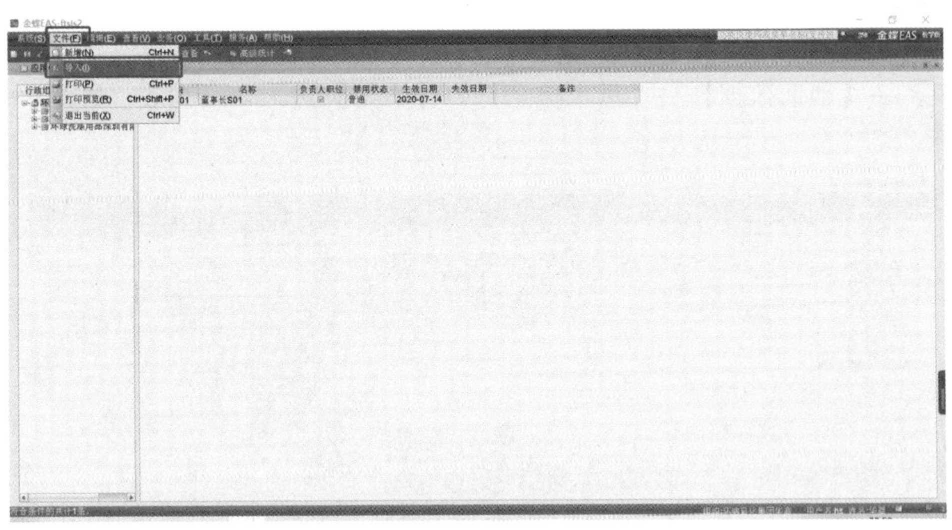

图 2-80　职位引入查询

引入界面介绍如下：

页签：引入的文件类型。

数据出错处理：出现错误立即停止，从引入文件的第一行开始引入，出现错误即停止，但是不会撤回已经引入的数据；跳过错误并执行完毕才停止，发现有数据无法引入时跳过错误，引入下一行数据，直至全部数据执行完毕。

引入方式：新增引入，直接新增；更新引入，更新已经导入的数据，新增未导入的数据，如图 2-81 所示。引入成功会出现提示，引入错误则学生应根据提示信息修改引入文件数据。

图 2-81　职位引入页面

2. 新建职员

当维护完职位后，学生便可以对新增的职位增加对应职员。学生依次点击【企业建模】→【辅助数据】→【员工信息】→【员工】进入职员列表，如图 2-82 所示。

图 2-82　职员列表

学生点击工具栏【新增】，进入职员→新增界面。根据表 2-8（职员信息表），录入职员信息，职员编码为 wzj+学号，职员名称为王中军+学号。录入完成后，学生点击【保存】，如图 2-83 所示。

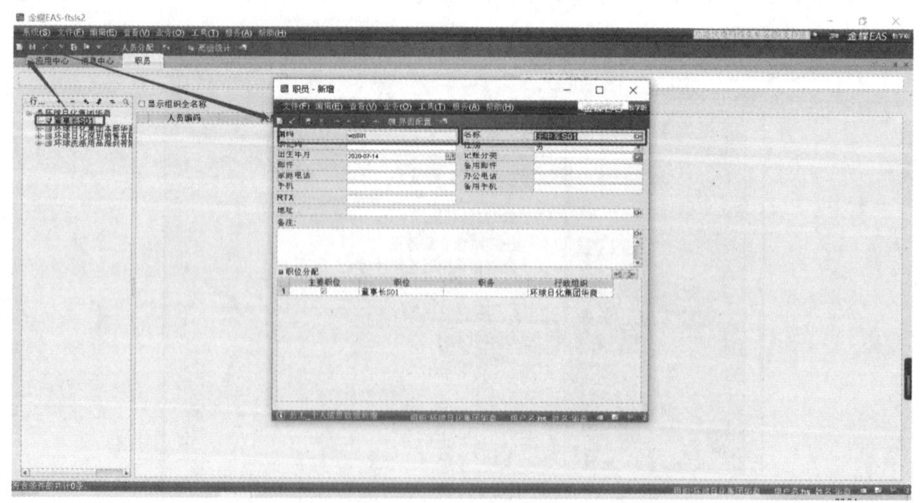

图 2-83　职员新增

学生也可以使用工具栏【文件】→【引入职员】功能批量引入职员。职员需要使用非系统用户引入，也就是不能使用管理员用户引入。切换用户前，学生应先打开用户管理界面给王中军角色赋权，其具体操作如图 2-84 至图 2-95 所示。

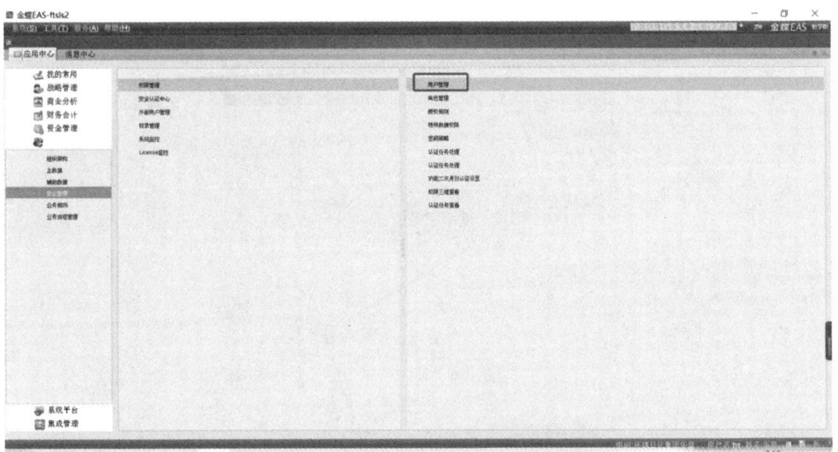

图 2-84　打开用户管理界面

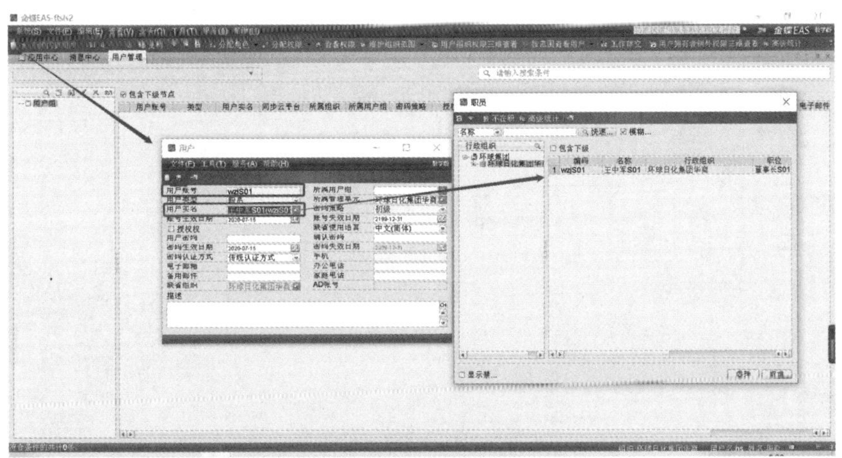

图 2-85　新增用户王中军+学号

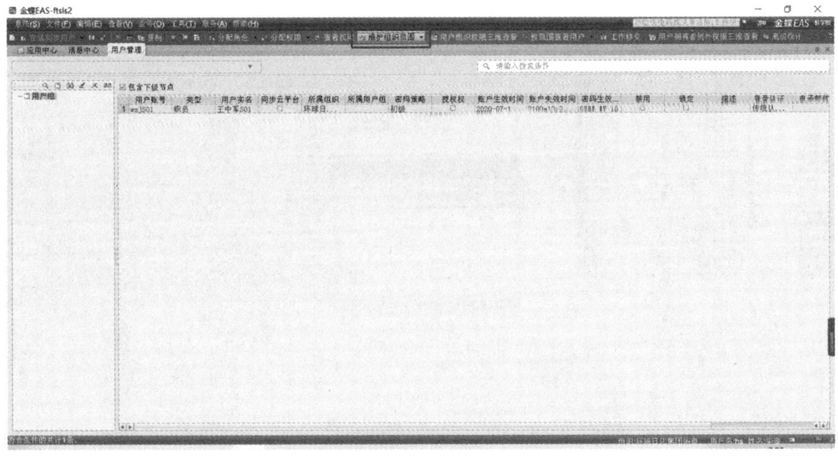

图 2-86　维护用户王中军+学号组织范围

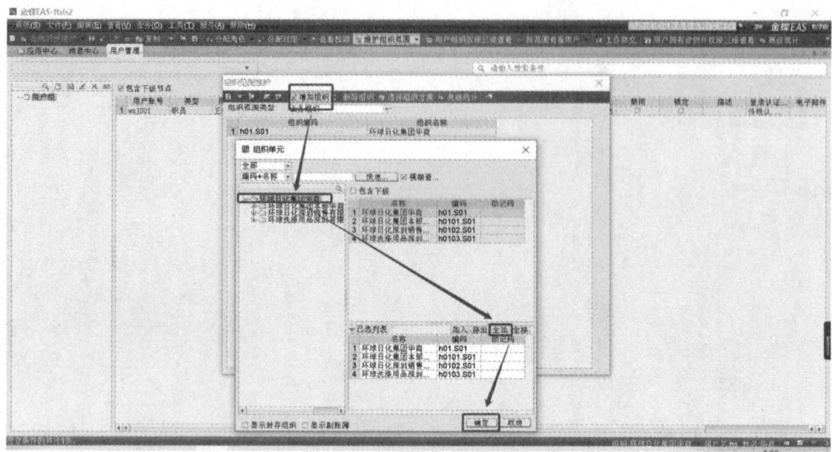

图 2-87　增加组织

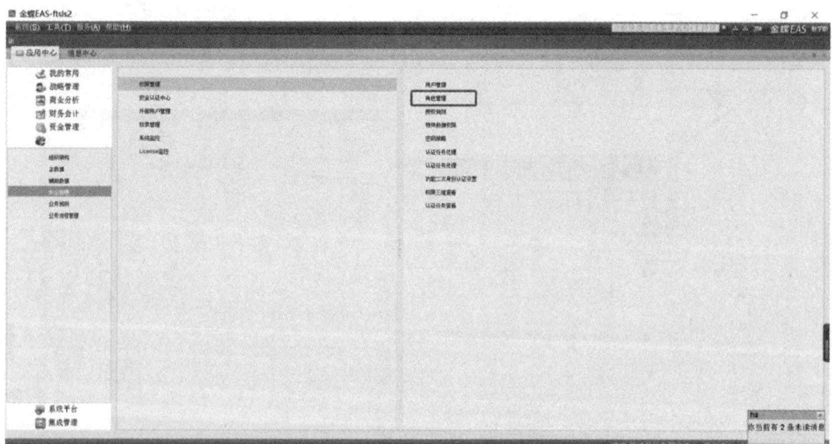

图 2-88　打开角色管理界面

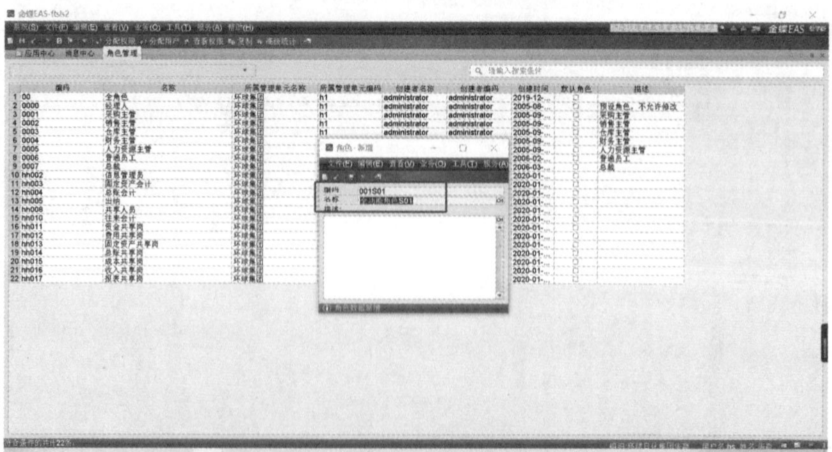

图 2-89　新增全功能角色

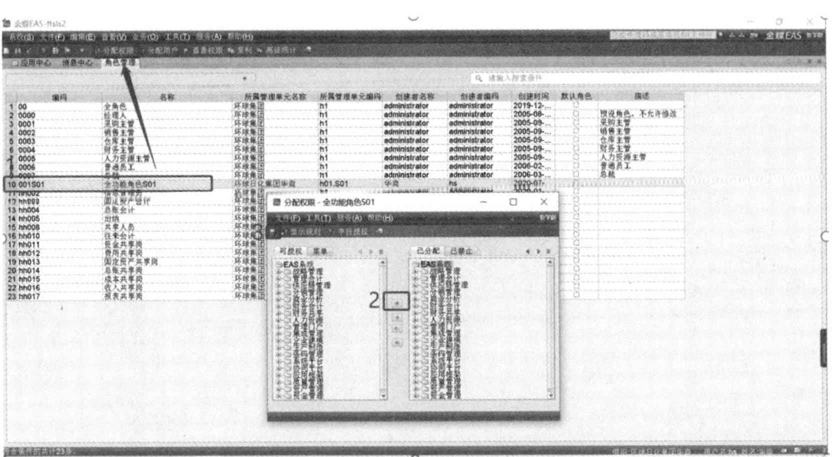

图 2-90　分配全功能角色权限

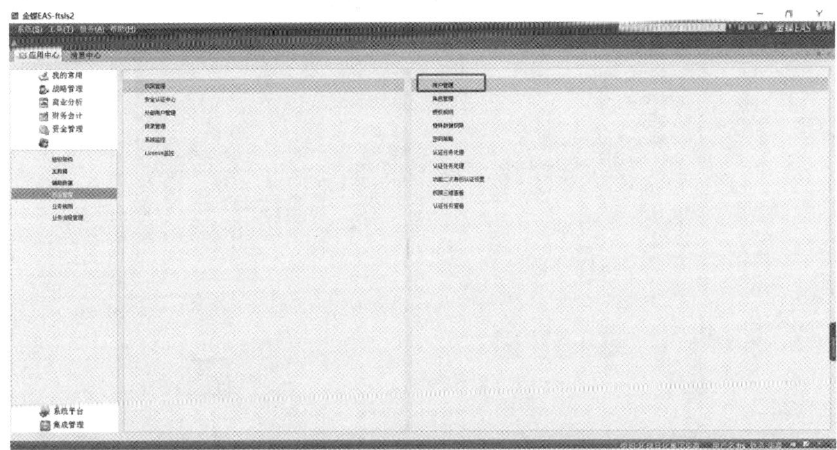

图 2-91　打开用户管理界面

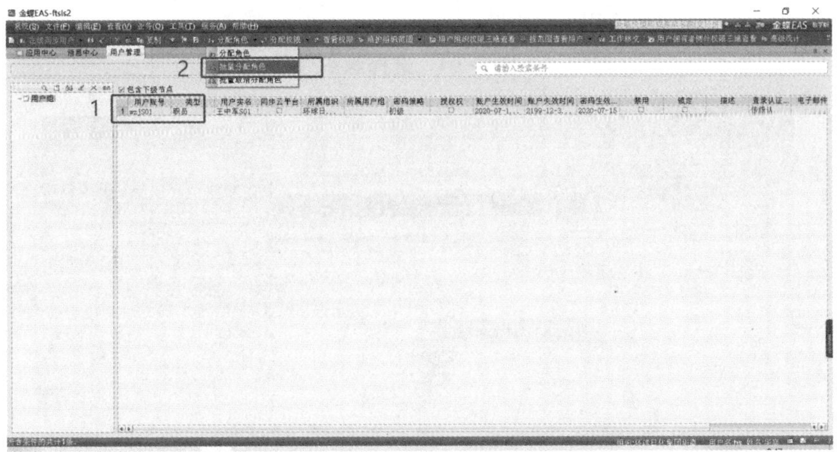

图 2-92　准备为王中军+学号批量分配角色

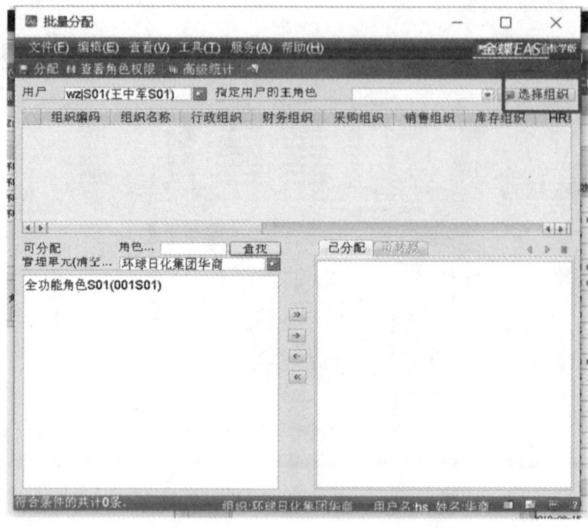

图 2-93 打开选择组织界面

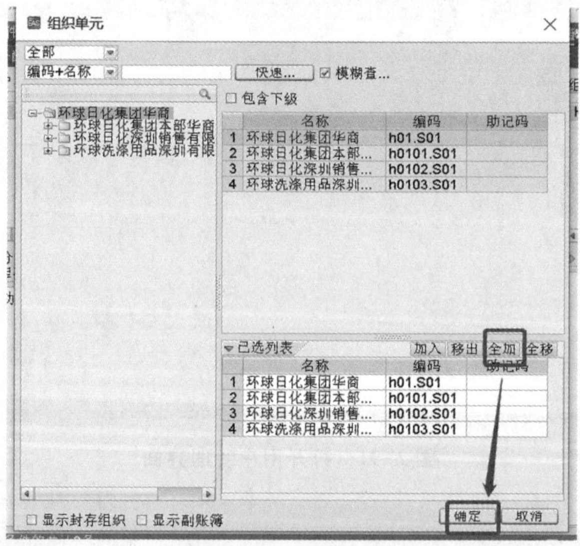

图 2-94 选择组织

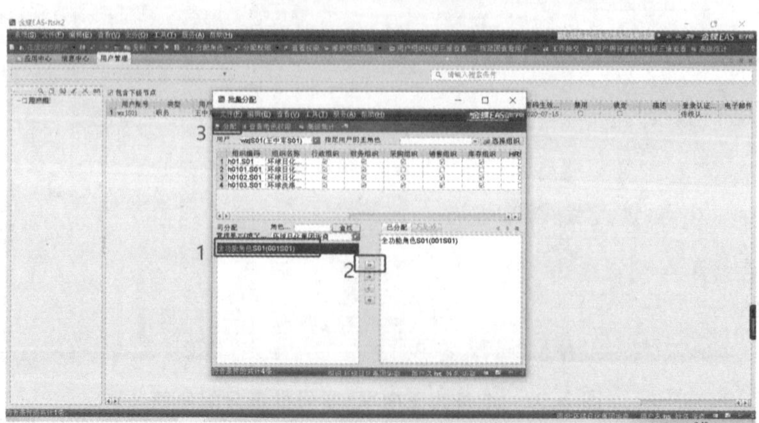

图 2-95 选择全功能角色

学生切换用户为王中军，登录界面如图 2-96 所示。学生准备引入职员数据，如图 2-97 和图 2-98 所示。

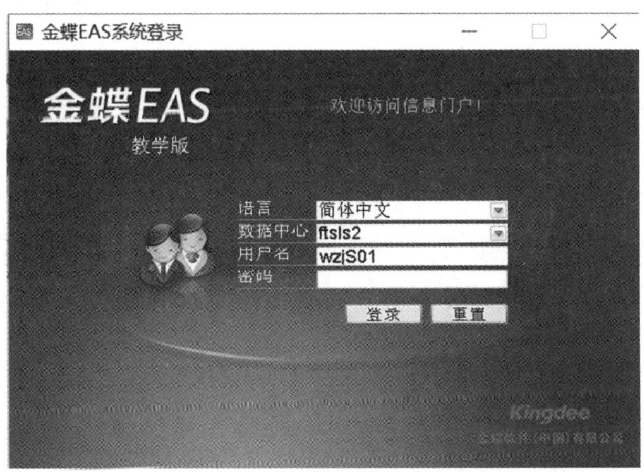

图 2-96　切换用户

图 2-97　打开员工信息界面

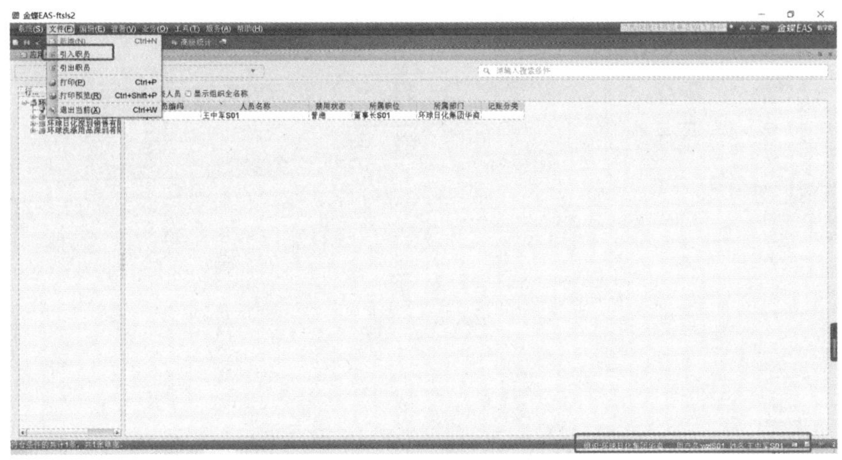

图 2-98　职员引入查询

引入界面介绍如下：

页签：引入的文件类型。

数据出错处理：出现错误立即停止，从引入文件的第一行开始引入，出现错误即停止，但是不会撤回已经引入的数据；跳过错误并执行完毕才停止，发现有数据无法引入时跳过错误，引入下一行数据，直至全部数据执行完毕。

引入方式：新增引入，直接新增；更新引入，更新已经导入的数据，新增未导入的数据，如图 2-99 所示。

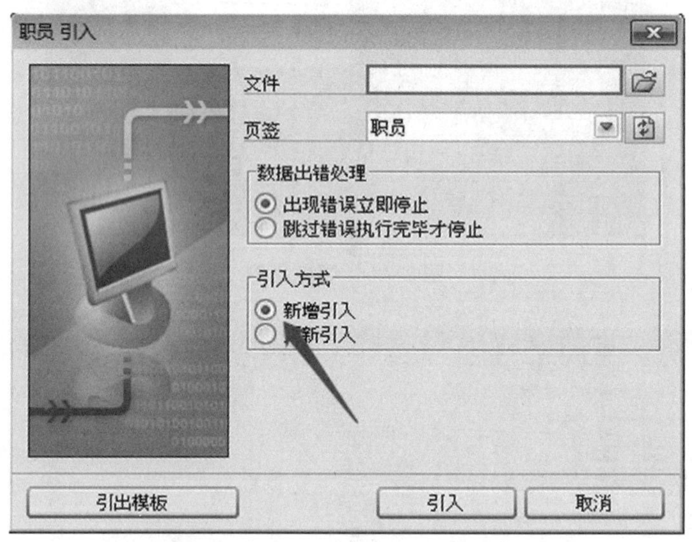

图 2-99　职员引入页面

完成以上操作，练习二得分为 3.0/3.0。

3. 新建用户

用户主要为进行系统操作维护而设立，用户通过纳入组织范围和授予功能权限，便可登录金蝶 EAS 系统。学生依次点击【企业建模】→【安全管理】→【权限管理】→【用户管理】，进入用户管理界面，如图 2-100 所示。

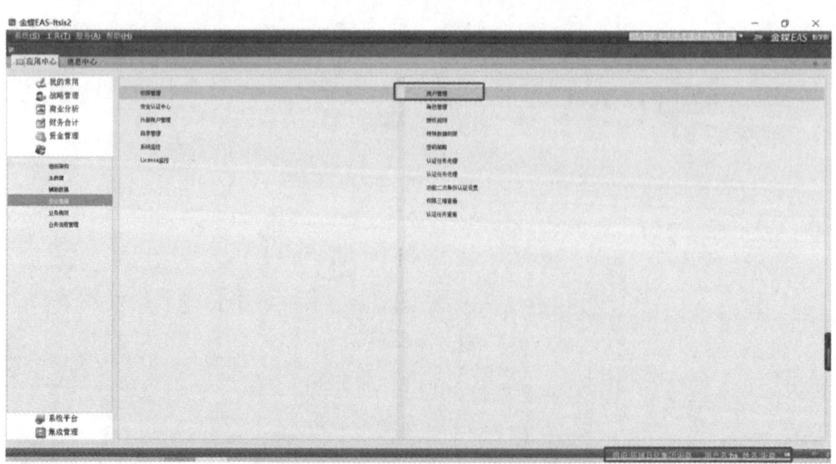

图 2-100　打开用户管理页面

学生也可以使用工具栏【文件】→【引入】→【用户引入】功能，批量引入用户（切记切换用户身份），如图 2-101 所示。

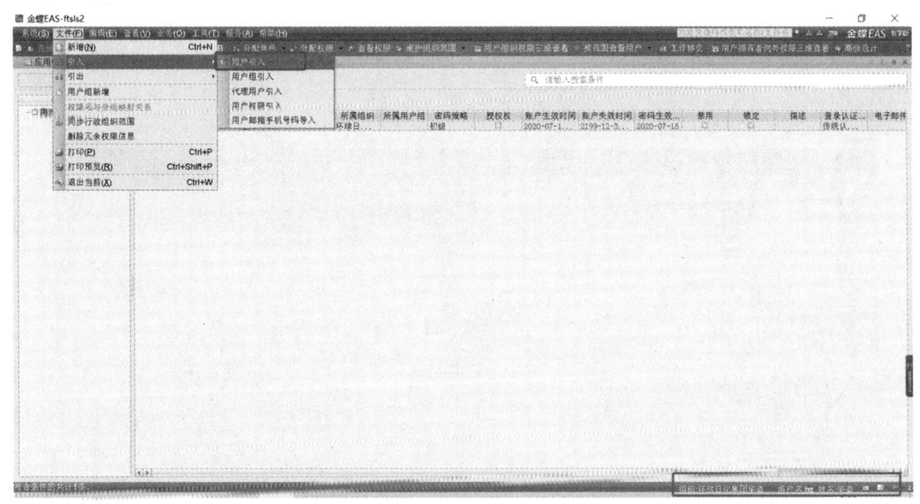

图 2-101　**用户批量引入查询**

引入界面介绍如下：

页签：引入的文件类型。

数据出错处理：出现错误立即停止，从引入文件的第一行开始引入，但是不会撤回已经引入的数据；跳过错误执行完毕才停止，发现有数据无法引入时跳过错误，引入下一行数据，直至全部数据执行完毕。

引入方式：新增引入，直接新增；更新引入，更新已经导入的数据。新增未导入的数据如图 2-102 所示。

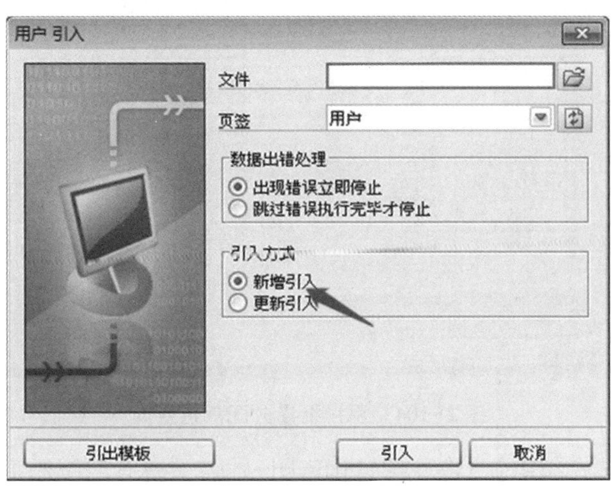

图 2-102　**用户批量引入页面**

完成以上操作，学生还需手工完成分配角色操作。

4. 分配角色

学生选择角色分配用户，或者选择用户分配角色，根据表 2-12 对用户进行角色授权。学生选择用户授权角色，依次点击【企业建模】→【安全管理】→【权限管理】→【用户管理】，进入用户管理界面，如图 2-103 所示（以下操作以陈军波作为示范）。

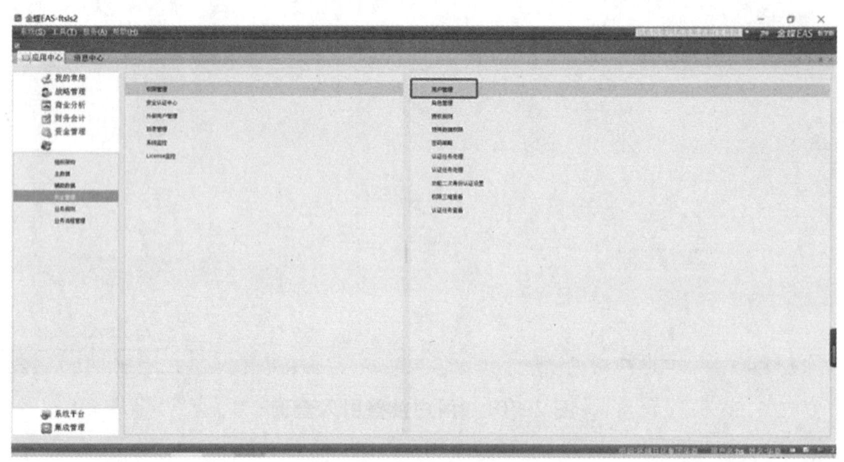

图 2-103　**用户管理查询**

学生选择用户陈军波+学号，点击工具栏【批量分配角色】，进入批量分配界面，如 2-104 所示。

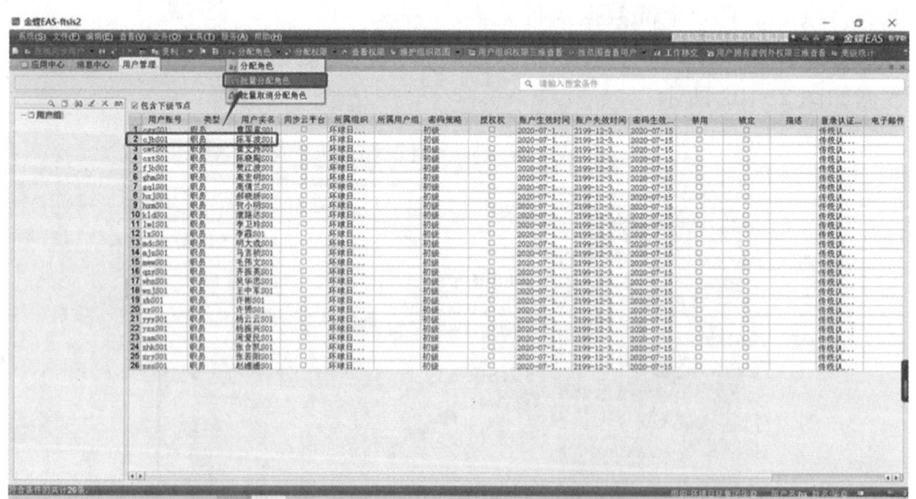

图 2-104　**用户批量分配角色查询**

学生点击【选择组织】，将环球日化集团+姓名下所有组织添加到已选列表，点击【确定】，如图 2-105 所示。

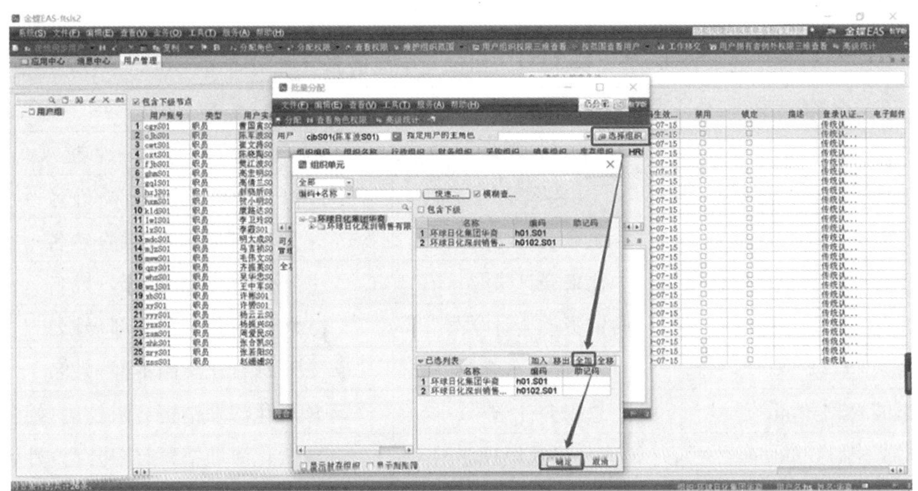

图 2-105　用户组织范围维护

学生将新建的全功能角色+学号分配该用户陈军波+学号，先清除如图 2-106 所示内容再按回车键。学生点击总账会计+学号，添加到已分配角色中，点击【分配】，如图 2-107 所示。

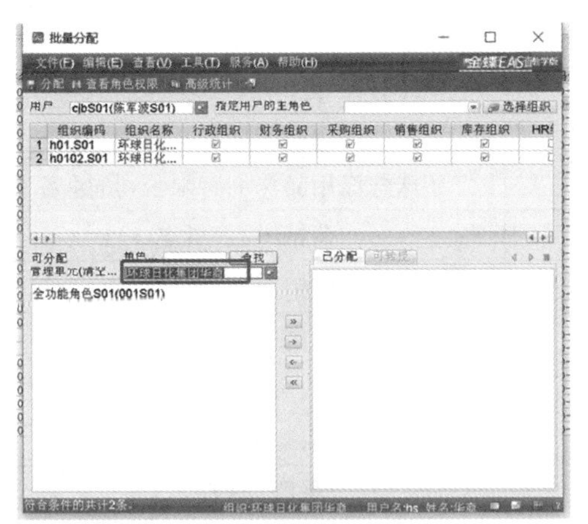

图 2-106　清空管理单元栏

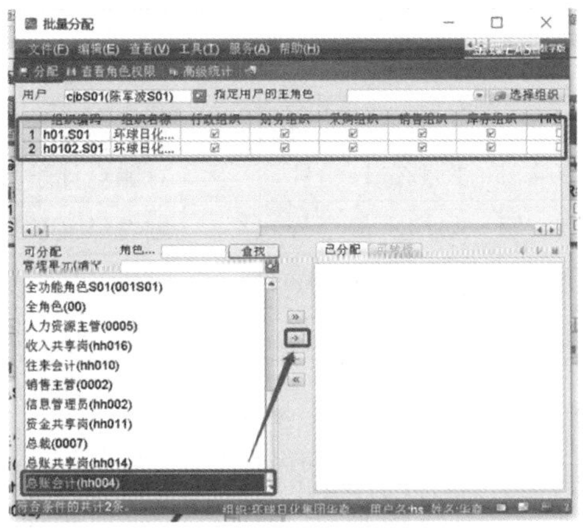

图 2-107　用户分配角色

任务如下：

根据下列基础资料，王中军（wzj+学号）在金蝶 EAS 系统中引入下列职位和职员，管理员（学生姓名缩写）在金蝶 EAS 系统中引入用户，并给用户分配所属角色。引入资料职位.xlsx、职员.xlsx、用户.xlsx 见实训平台。

目前学生只需根据表 2-12 重复图 2-104 至图 2-107 的操作即可。

完成以上操作，练习三得分为 6.0/6.0。

实验数据如表2-11和表2-12所示。

表2-11 职位与职员信息

人员名称/编码	所属职位	所属部门
王中军+学号/wzj+学号	董事长学号	环球日化集团+姓名
陈晓陶+学号/cxt+学号	出纳学号	环球日化集团本部+姓名
樊江波+学号/fjb+学号	总账会计学号	环球日化集团本部+姓名
李卫玲+学号/lwl+学号	往来会计学号	环球日化集团本部+姓名
齐振英+学号/qzy+学号	固定资产会计学号	环球日化集团本部+姓名
杨振兴+学号/yzx+学号	首席财务官学号	环球日化集团本部+姓名
陈军波+学号/cjb+学号	总账会计学号	环球日化深圳销售有限公司+姓名
明大成+学号/mdc+学号	销售公司总经理学号	环球日化深圳销售有限公司+姓名
毛伟文+学号/mww+学号	往来会计学号	环球日化深圳销售有限公司+姓名
杨云云+学号/yyy+学号	销售公司财务经理学号	环球日化深圳销售有限公司+姓名
周爱民+学号/zam+学号	固定资产会计学号	环球日化深圳销售有限公司+姓名
张合凯+学号/zhk+学号	出纳学号	环球日化深圳销售有限公司+姓名
曹国寅+学号/cgy+学号	洗涤公司财务经理学号	环球洗涤用品深圳有限公司+姓名
崔文涛+学号/cwt+学号	固定资产会计学号	环球洗涤用品深圳有限公司+姓名
赵姗姗+学号/zss+学号	出纳学号	环球洗涤用品深圳有限公司+姓名
高倩兰+学号/gql+学号	往来会计学号	环球洗涤用品深圳有限公司+姓名
马吉祯+学号/mjz+学号	总账会计学号	环球洗涤用品深圳有限公司+姓名
高宏明+学号/ghm+学号	副总经理学号	营销中心+姓名
郝晓娇+学号/hxj+学号	销售经理学号	营销中心+姓名
贺小明+学号/hxm+学号	销售员学号	营销中心+姓名
许赟+学号/xy+学号	人事经理学号	人事部+姓名
李霞+学号/lx+学号	采购员学号	采购部+姓名
张若阳+学号/zry+学号	采购经理学号	采购部+姓名
吴华忠+学号/whz+学号	研发工程师学号	日化研发中心
许彬+学号/xb+学号	研发技术员学号	日化研发中心
康路达+学号/kld+学号	信息管理员学号	集团总经办

表2-12 用户与角色信息

用户名称/编码	所属角色	业务组织范围
陈军波+学号/cjb+学号	总账会计	环球日化集团+姓名、环球日化深圳销售有限公司+姓名
郝晓娇+学号/hxj+学号	经理人	环球日化集团+姓名、环球日化深圳销售有限公司+姓名
贺小明+学号/hxm+学号	普通员工	环球日化集团+姓名、环球日化深圳销售有限公司+姓名
明大成+学号/mdc+学号	经理人	环球日化集团+姓名、环球日化深圳销售有限公司+姓名
毛伟文+学号/mww+学号	往来会计	环球日化集团+姓名、环球日化深圳销售有限公司+姓名

表2-12(续)

用户名称/编码	所属角色	业务组织范围
许赟+学号/xy+学号	经理人	环球日化集团+姓名、环球日化深圳销售有限公司+姓名
杨云云+学号/yyy+学号	全功能角色	环球日化集团+姓名、环球日化深圳销售有限公司+姓名
周爱民+学号/zam+学号	固定资产会计	环球日化集团+姓名、环球日化深圳销售有限公司+姓名
张合凯+学号/zhk+学号	出纳	环球日化集团+姓名、环球日化深圳销售有限公司+姓名
陈晓陶+学号/cxt+学号	出纳	环球日化集团+姓名、环球日化集团本部+姓名
樊江波+学号/fjb+学号	总账会计	环球日化集团+姓名、环球日化集团本部+姓名
李卫玲+学号/lwl+学号	往来会计	环球日化集团+姓名、环球日化集团本部+姓名
齐振英+学号/qzy+学号	固定资产会计	环球日化集团+姓名、环球日化集团本部+姓名
吴华忠+学号/whz+学号	普通员工	环球日化集团+姓名、环球日化集团本部+姓名
许彬+学号/xb+学号	普通员工	环球日化集团+姓名、环球日化集团本部+姓名
曹国寅+学号/cgy+学号	全功能角色	环球日化集团+姓名、环球洗涤用品深圳有限公司+姓名
崔文涛+学号/cwt+学号	固定资产会计	环球日化集团+姓名、环球洗涤用品深圳有限公司+姓名
马吉祯+学号/mjz+学号	总账会计	环球日化集团+姓名、环球洗涤用品深圳有限公司+姓名
赵姗姗+学号/zss+学号	出纳	环球日化集团+姓名、环球洗涤用品深圳有限公司+姓名
高倩兰+学号/gql+学号	往来会计	环球日化集团+姓名、环球洗涤用品深圳有限公司+姓名、环球日化深圳销售有限公司+姓名
李霞+学号/lx+学号	普通员工	环球日化集团+姓名、环球洗涤用品深圳有限公司+姓名
张若阳+学号/zry+学号	经理人	环球日化集团+姓名、环球洗涤用品深圳有限公司+姓名
高宏明+学号/ghm+学号	全功能角色	环球日化集团+姓名、环球日化集团本部+姓名、环球日化深圳销售有限公司+姓名、环球洗涤用品深圳有限公司+姓名
王中军+学号/wzj+学号	全功能角色	环球日化集团+姓名、环球日化集团本部+姓名、环球日化深圳销售有限公司+姓名、环球洗涤用品深圳有限公司+姓名
杨振兴+学号/yzx+学号	全功能角色	环球日化集团+姓名、环球日化集团本部+姓名、环球日化深圳销售有限公司+姓名、环球洗涤用品深圳有限公司+姓名
康路达+学号/kld+学号	信息管理员	环球日化集团+姓名、环球日化集团本部+姓名、环球日化深圳销售有限公司+姓名、环球洗涤用品深圳有限公司+姓名

思考：

(1) 职位与组织、职员与用户、职位与职员、用户与角色之间有什么关联?

(2) 如何批量维护用户组织范围?

(3) 探讨角色设置的作用。

(4) 用户个人怎样查看自己的权限?

三、案例三：新建物料

（一）应用场景

环球日化集团主要从事化妆品和洗涤用品的生产和销售，信息管理员康路达（kld+学号）在环球日化集团新建物料分类标准，并维护物料。学生分配物料给环球日化集团本部、环球日化深圳销售有限公司和环球洗涤用品深圳有限公司。

（二）实验步骤

（1）新建物料分类。

（2）新建物料。

（3）物料核准。

（4）物料分配。

（三）实验前准备

完成案例一和案例二的搭建组织和新建职员。

（四）实验数据

实训平台下载文件：物料分类.xlsx、物料基本资料.xlsx、物料财务资料.xlsx。

引入顺序：物料分类→物料基本资料→物料财务资料。

（五）操作指导

1. 新建物料分类

信息管理员康路达（kld+学号）登录金蝶 EAS 系统，将组织切换至环球日化集团+姓名。学生依次点击【企业建模】→【主数据】→【物料】进入物料界面，如图 2-108 所示。

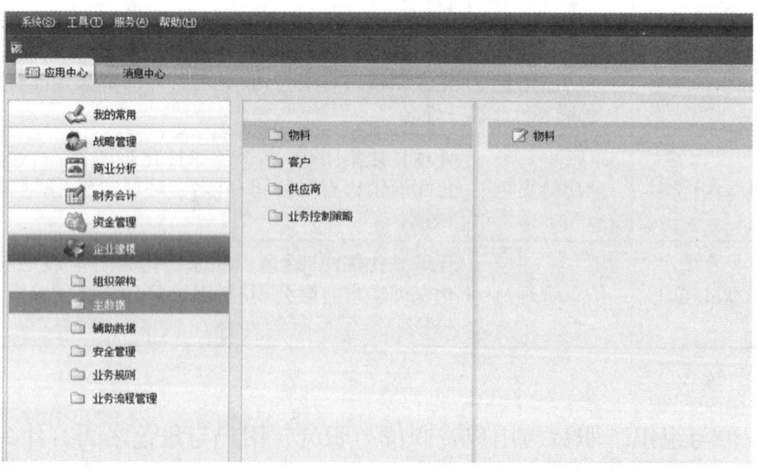

图 2-108 物料查询

学生手工新建物料分类，在物料分类界面，点击【新增】物料分类，维护物料分类编码、名称、基本分类标准、上级分类，点击【保存】，如图 2-109 所示。

本案例中，我们使用引入引出工具，从实训平台下载文件物料分类.xlsx。学生打开文件后，替换文件内含“学号”字段为实训平台登录账号。

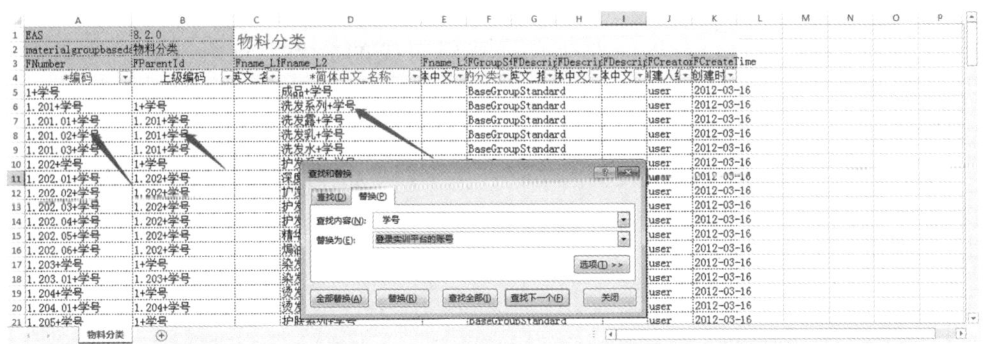

图 2-109　物料分类文件修改

学生依次点击工具栏【文件】→【引入】→【物料分类】，进入物料分类引入界面，选择文件物料分类.xlsx，引入方式为新增引入，点击【引入】，如图 2-110 和图 2-111 所示。

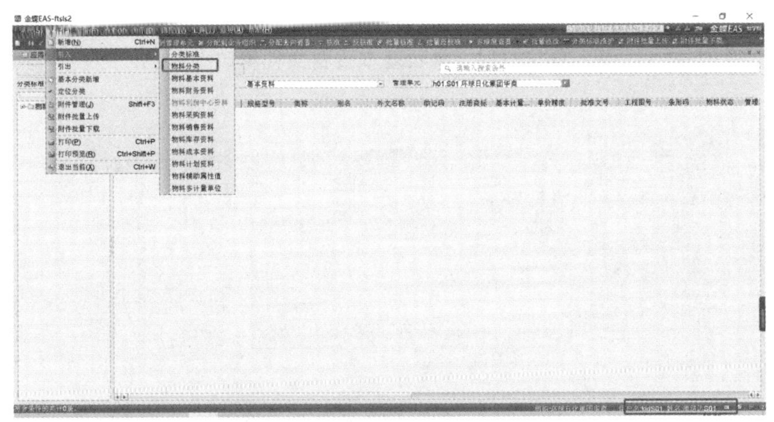

图 2-110　物料分类引入查询

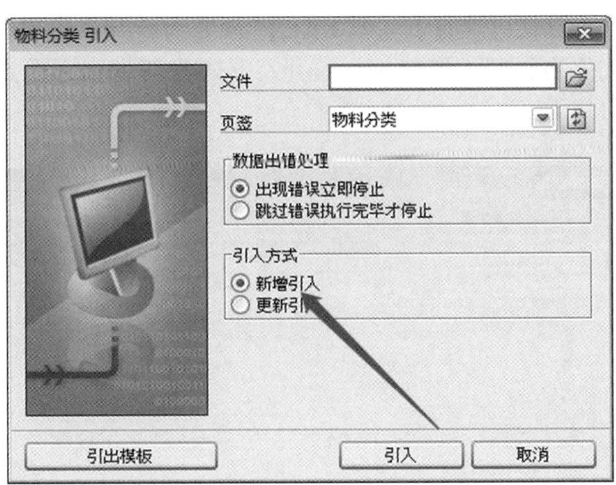

图 2-111　物料分类引入页面

2. 新建物料

学生手工新建物料，在界面左边选择物料对应的分类，点击工具栏【新增】，在基本资料页签录入物料的编码、名称、物料基本分类、基本计量单位；在财务资料页签选择财务组织为环球日化集团+姓名，录入完毕后点击【保存】。

在本案例中，我们使用引入引出工具，从实训平台下载文件物料基本资料.xlsx、物料财务资料.xlsx。学生打开文件后，替换文件内含“学号”字段为实训平台登录账号（假设本案例为S01），如图2-112和图2-113所示。

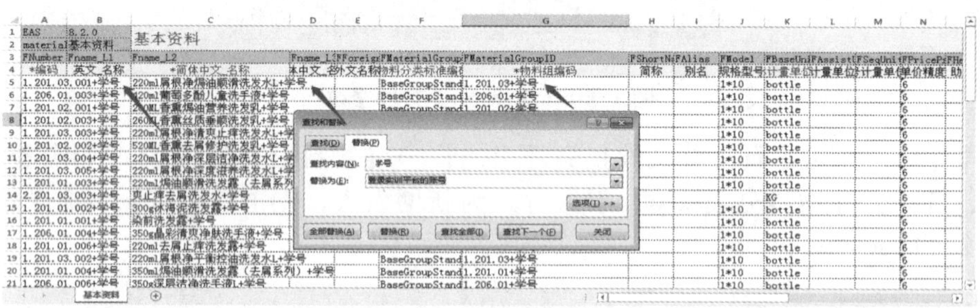

图2-112　物料基本资料文件修改

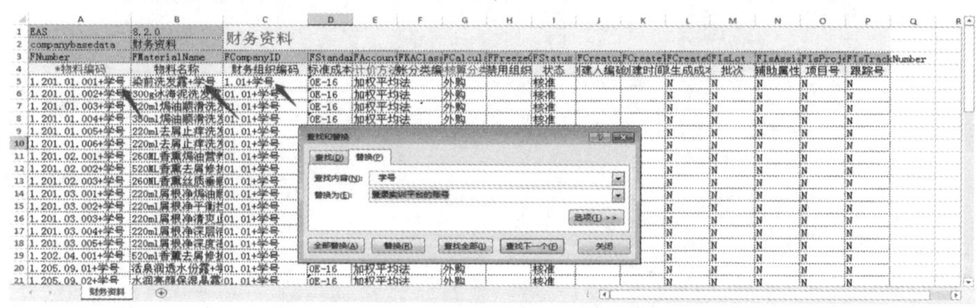

图2-113　物料财务资料文件修改

学生应注意先引入物料基本资料，再引入物料财务资料。

学生依次点击工具栏【文件】→【引入】→【物料基本资料】，进入基本资料引入界面，选择文件物料基本资料.xlsx，引入方式为新增引入，点击【引入】，如图2-114和图2-115所示。

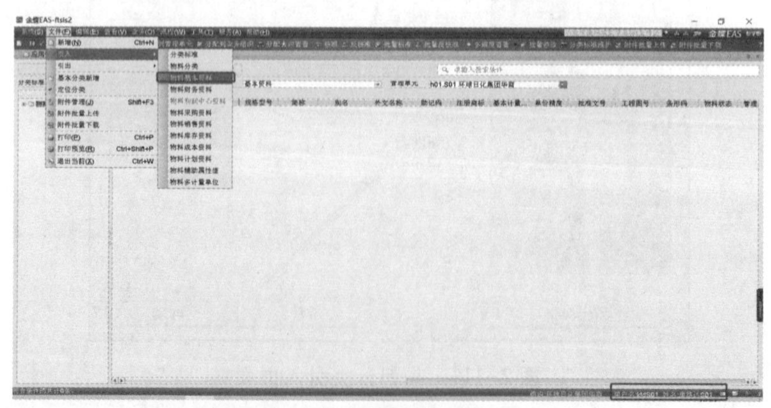

图2-114　物料基本资料引入查询

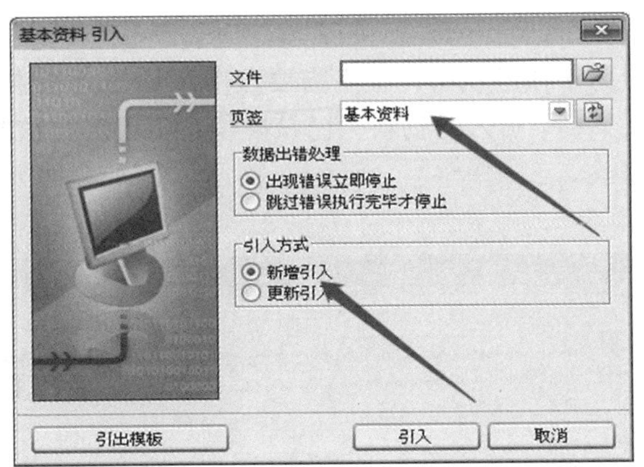

图 2-115　物料基本资料引入页面

学生依次点击工具栏【文件】→【引入】→【物料财务资料】，进入财务资料引入界面，选择文件物料财务资料.xlsx，引入方式为新增引入，点击【引入】，如图 2-116 和图 2-117 所示。

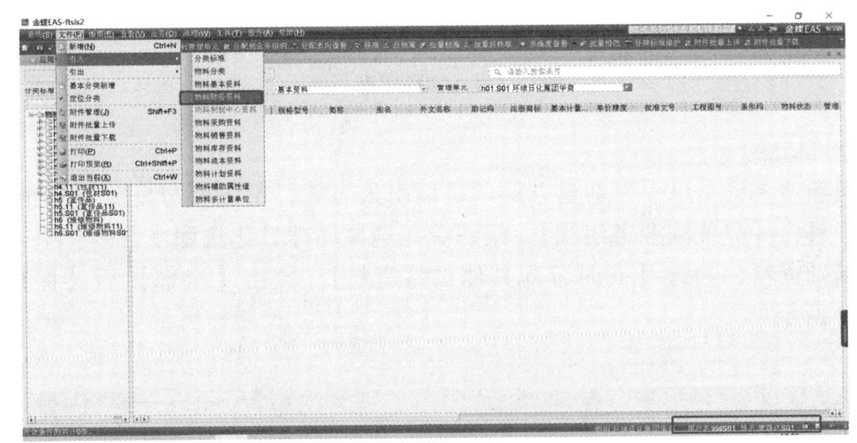

图 2-116　物料财务资料引入查询

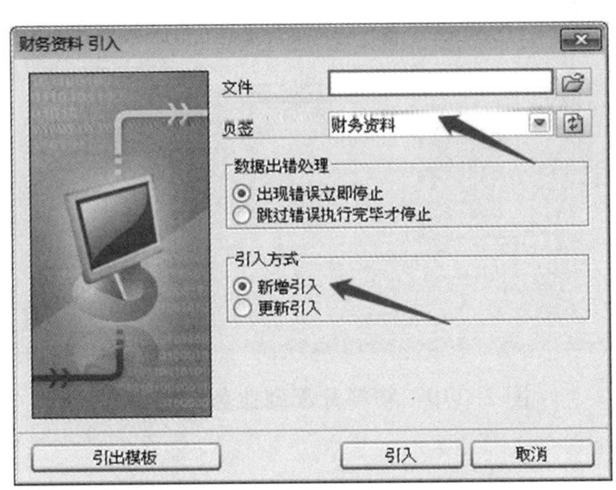

图 2-117　物料财务资料引入页面

完成以上操作，练习四得分为 2.0/2.0。

3. 物料核准

手工新建的物料为未核准状态，学生需要点击工具栏【核准】进行核准，如图2-118所示。学生从Excel引入的物料为已核准物料，无需再核准。已核准的物料，需反核准后才允许修改。

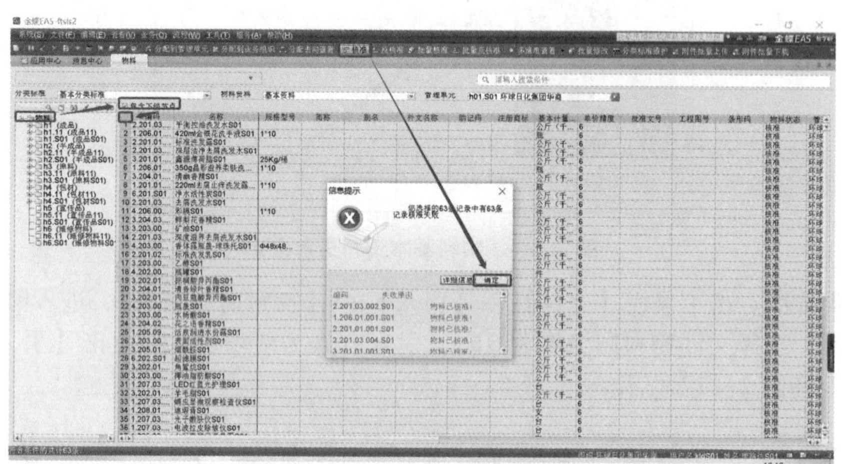

图2-118　物料核准页面

4. 物料分配

物料新增无论是以手工新建方式还是以引入方式，都需要分配到业务组织。学生点击工具栏【分配到业务组织】，组织单元选择环球日化集团本部+姓名，选择未分配的基础资料，勾选【同时分配其他页签资料】，点击【全部】后【保存】，如图2-119所示。

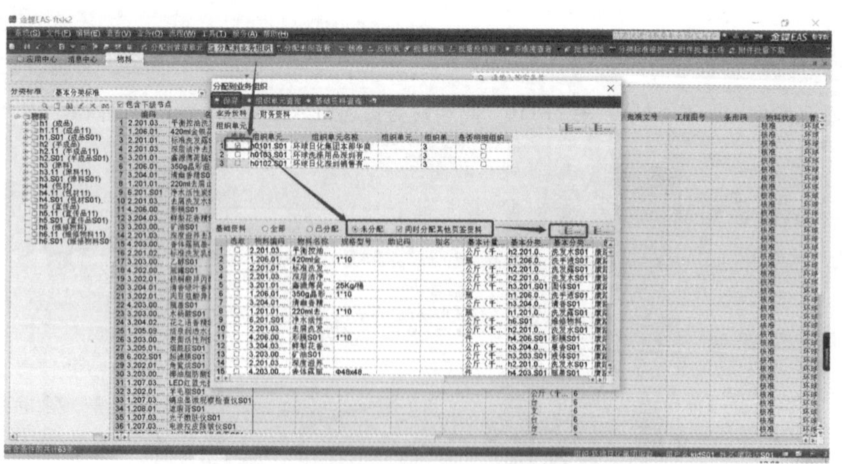

图2-119　物料分配到业务组织页面

学生选择组织为环球日化深圳销售有限公司+姓名、环球洗涤用品深圳有限公司+姓名，分配物料，注意一定要勾选【同时分配其他页签资料】，如图 2-120 和图 2-121。

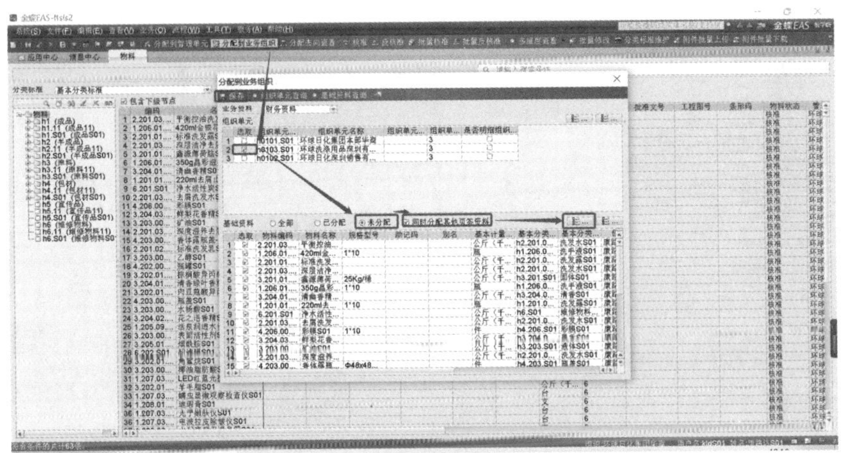

图 2-120　物料分配到业务组织页面

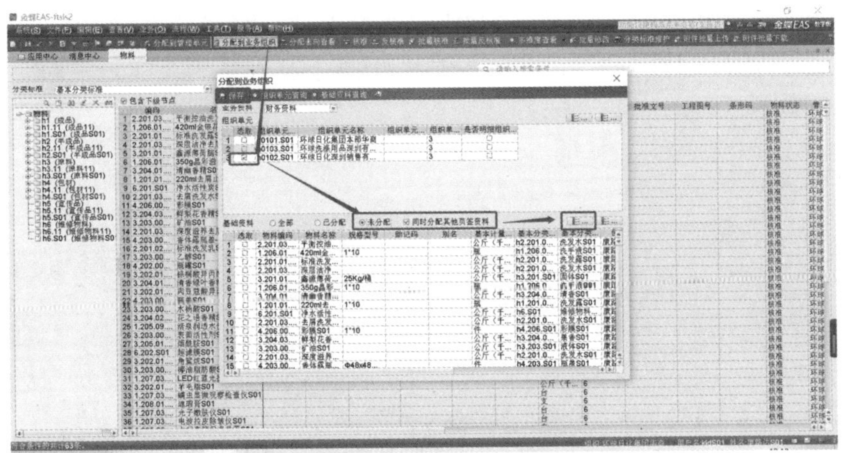

图 2-121　物料分配到业务组织页面

物料分配未勾选【同时分配其他页签资料】而被分配，可反分配后，重新分配。反分配时，学生选择基础资料为【已分配】，取消勾选所有物料，点击【保存】即可。

学生引入了财务资料的物料，财务组织为环球日化集团，勾选【同时分配其他页签资料】分配后，在分配组织打开物料财务资料页签，财务组织会更新为已分配组织。物料财务资料页签必须有财务组织，才能在该财务组织中被使用。

任务如下：

信息管理员康路达（kld+学号）在环球日化集团继续引入客户资料和供应商资料，并分配给环球日化集团本部、环球日化深圳销售有限公司和环球洗涤用品深圳有限公司。

本任务数据从实训平台下载有关文件：客户分类.xlsx、客户基本资料.xlsx、客户财务资料.xlsx、供应商分类.xlsx、供应商基本资料.xlsx、供应商财务资料.xlsx。学生完成下载后，将这 6 个文件中的学号替换为自己的学号。

引入顺序：客户分类→客户基本资料→客户财务资料。
供应商分类→供应商基本资料→供应商财务资料。
操作如下：依旧是以康路达+学号的身份操作，如图 2-122 至图 2-125 所示。

图 2-122　准备打开客户界面

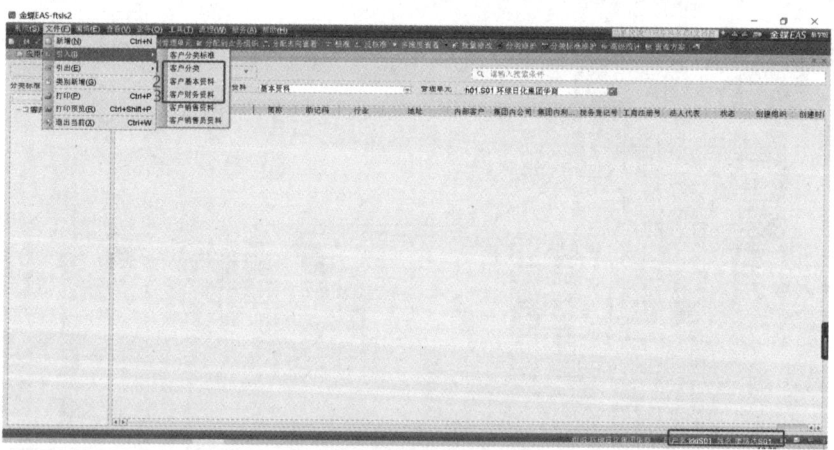

图 2-123　文件引入

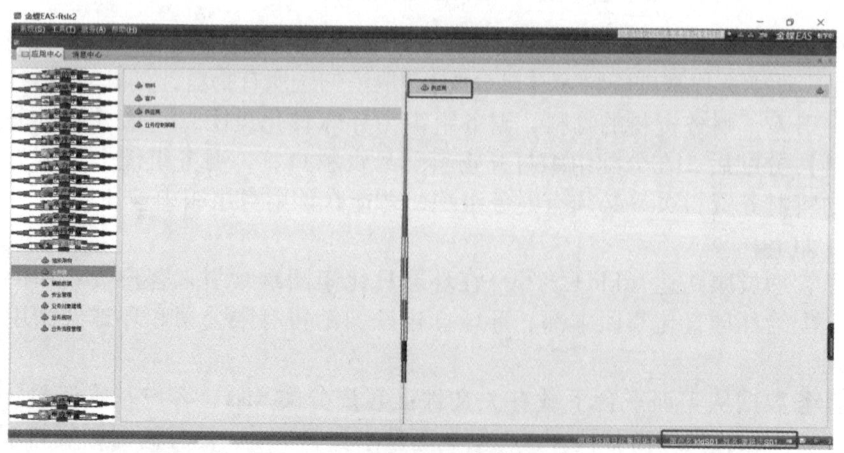

图 2-124　准备打开供应商界面

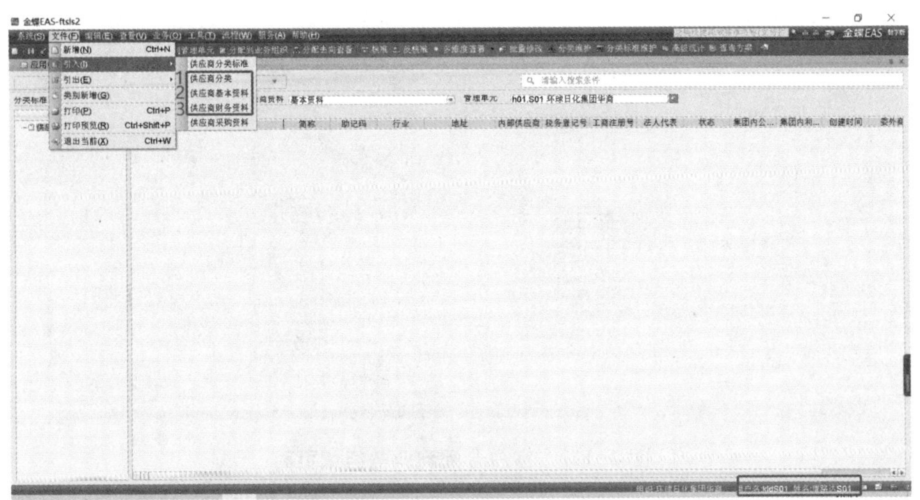

图 2-125　文件引入

客户和供应商新增无论是以手工新建方式还是以引入方式，都需要分配到业务组织。学生点击工具栏【分配到业务组织】，组织单元选择环球日化集团本部+姓名，选择未分配的基础资料，勾选【同时分配其他页签资料】，点击【全部】→【保存】，如图 2-126 所示。

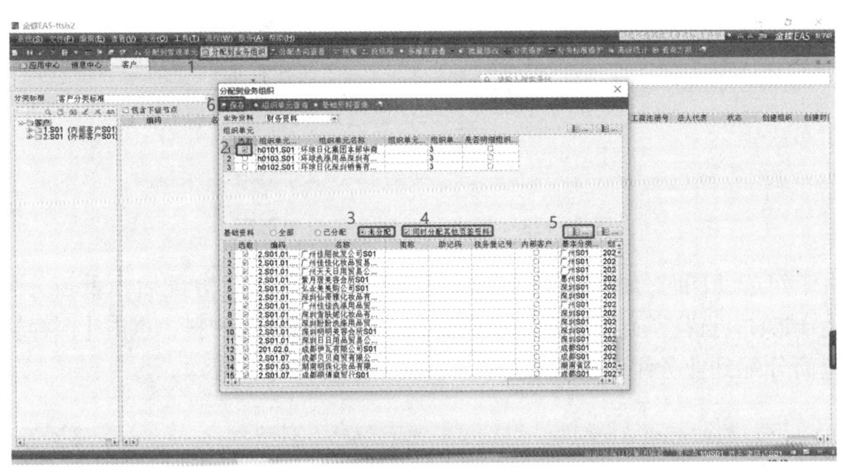

图 2-126　客户分配到业务组织页面

学生选择组织为环球日化深圳销售有限公司+姓名、环球洗涤用品深圳有限公司+姓名，分配物料，注意一定要勾选【同时分配其他页签资料】，如图 2-127 和图 2-128 所示。

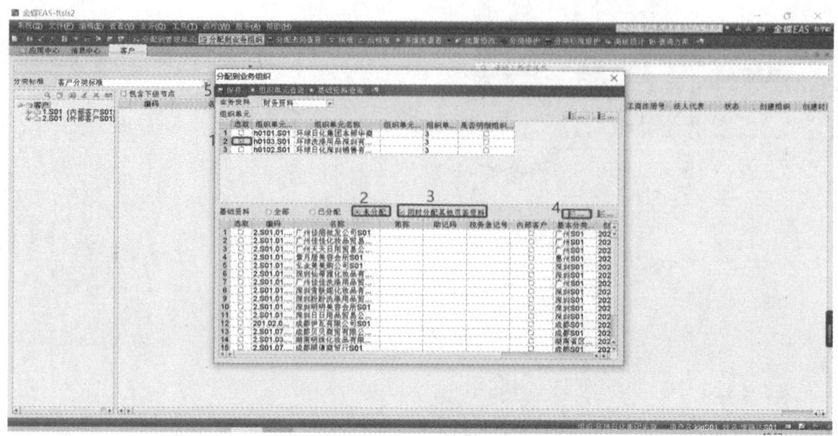

图 2-127　客户分配到业务组织页面

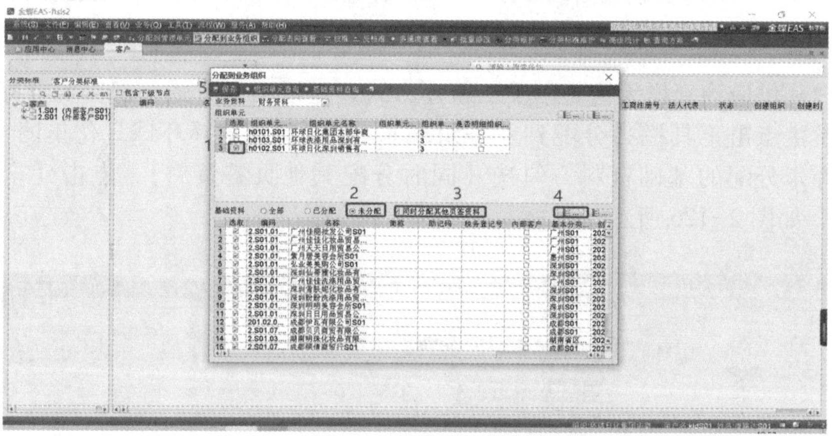

图 2-128　客户分配到业务组织页面

学生未勾选【同时分配其他页签资料】而被分配，可反分配后，重新分配。学生在进行反分配时，选择基础资料为【已分配】，取消勾选所有物料，点击【保存】即可。

供应商分配到业务组织页面如图 2-129 至图 2-131 所示。

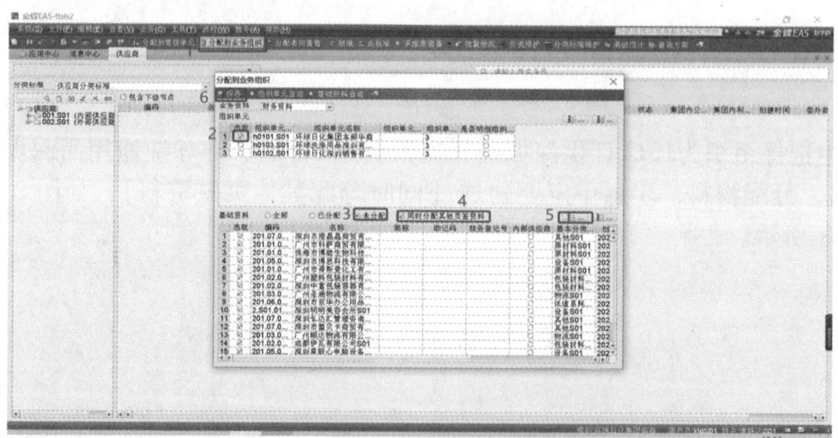

图 2-129　供应商分配到业务组织页面

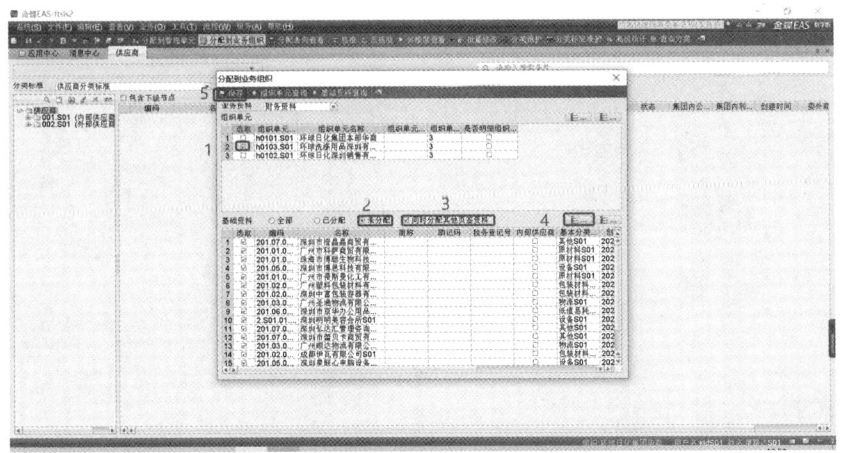

图 2-130　供应商分配到业务组织页面

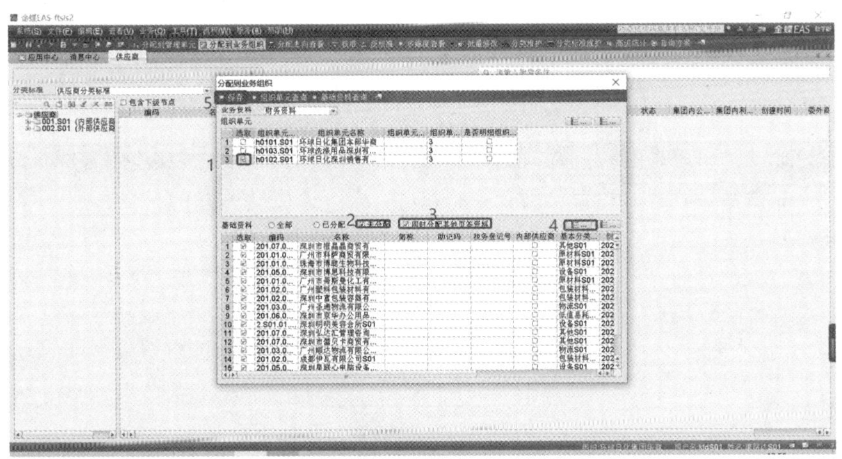

图 2-131　供应商分配到业务组织页面

完成以上操作后，练习五得分为 4.0/4.0。

思考：

（1）某客户在环球集团既是客户又是供应商，如何设置？

（2）客户被删除后，是否可以恢复？

（3）客户财务资料页签设置有什么作用？

四、案例四：分配会计科目

（一）应用场景

信息管理员康路达（kld+学号）将集团下的所有会计科目分配给环球日化集团本部、环球日化深圳销售有限公司和环球洗涤用品深圳有限公司使用。

（二）实验步骤

会计科目分配。

（三）实验前准备

学生完成前序案例，教师以管理员身份完成环球集团会计科目的分配（见图 2-132）。

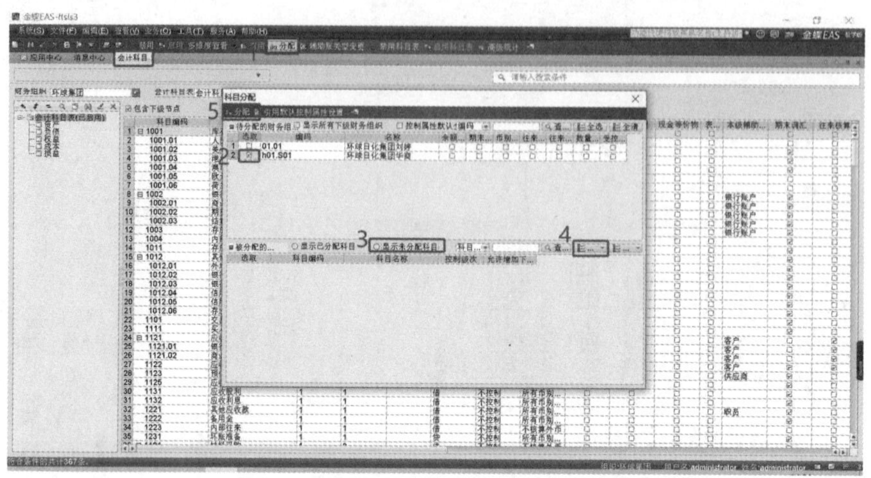

图 2-132　教师以管理员身份完成环球集团会计科目的分配

若系统无内设准则科目表，教师需手动新建，如图 2-133 所示。本案例可跳过此操作。

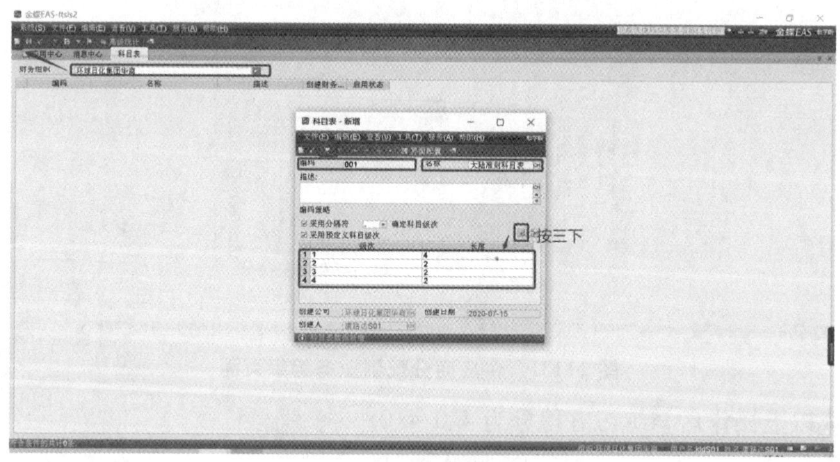

图 2-133　新建准则科目表

（四）实验数据

实验数据如表 2-13 所示。

表 2-13　科目分配信息

财务组织	会计科目分配组织
环球日化集团+姓名	环球日化集团本部+姓名、环球日化深圳销售有限公司+学号、环球洗涤用品深圳有限公司+学号

（五）操作指导

信息管理员康路达（kld+学号）登录金蝶 EAS 系统，依次点击【企业建模】→【辅助数据】→【财务会计数据】→【会计科目】，进入会计科目界面，如图 2-134 所示。

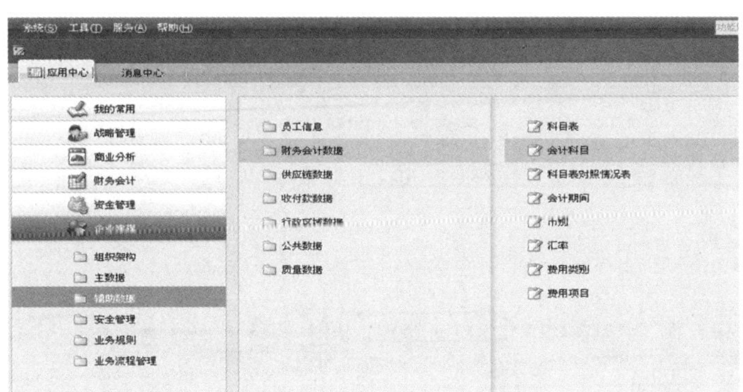

图 2-134　会计科目查询

在会计科目界面，学生点击工具栏的【分配】，待分配的财务组织选择环球日化集团本部+姓名，选择显示未分配科目，点击【全选】→【分配】，如图 2-135 所示。

学生选择待分配组织为环球日化深圳销售有限公司+学号、环球洗涤用品深圳有限公司+ 学号进行分配，逐个选择财务组织进行分配（见图 2-136 和图 2-137）。

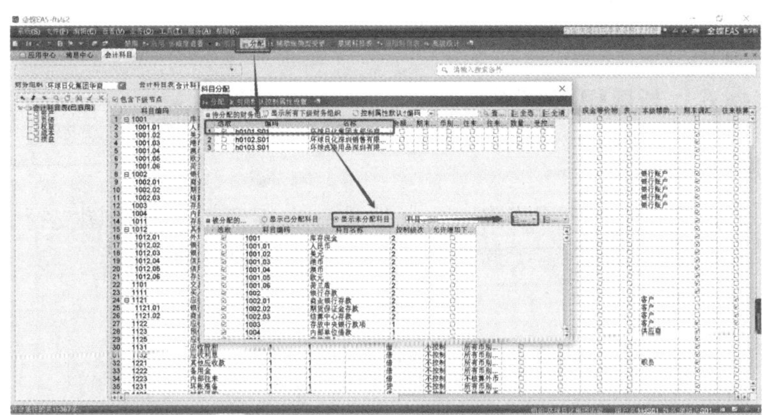

图 2-135　本部：会计科目分配财务组织页面

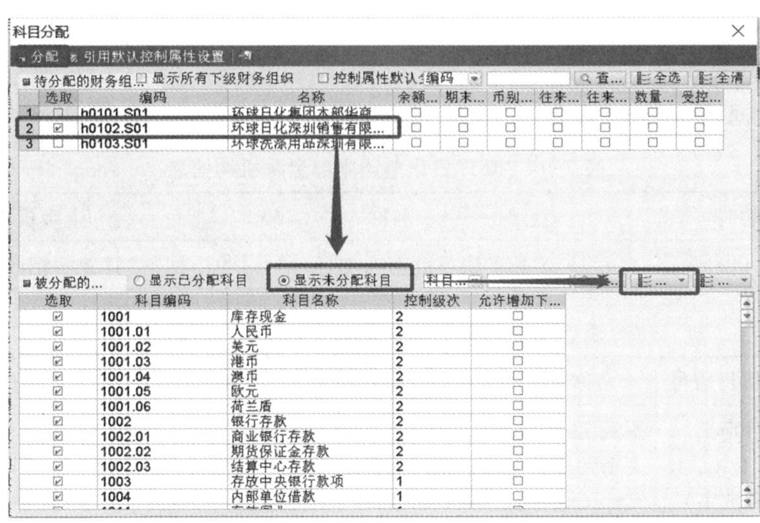

图 2-136　环球日化深圳销售有限公司：会计科目分配财务组织页面

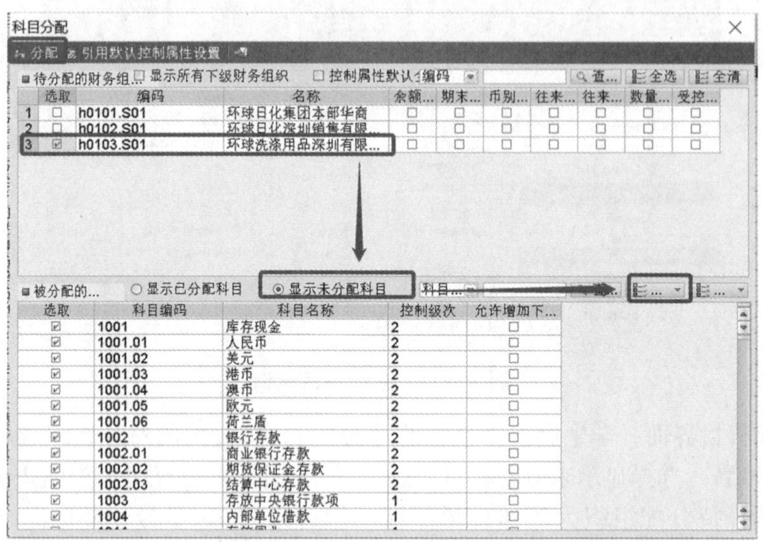

图 2-137　环球洗涤用品深圳有限公司：会计科目分配财务组织页面

完成以上操作，练习六得分为 3.0/3.0。

五、案例五：新建银行账户

（一）应用场景

环球日化集团本部出纳陈晓陶（cxt+学号）在招商银行高新园支行开户，建立环球日化集团本部收支账户，关联商业银行存款为付款科目。

（二）实验步骤

（1）建立金融机构（银行）。

（2）新建银行账户。

（三）实验前准备

学生完成前序案例。

（四）实验数据

实验数据如表 2-14 和表 2-15 所示。

表 2-14　环球日化集团本部金融机构信息

编码	名称	上级机构
02. 01. 008.学号	招商银行高新园支行+学号	广东—招商银行

表 2-15　环球日化集团本部银行账户信息

编码	银行账号	名称	开户单位	金融机构	科目	币别	用途	收支属性
001.学号	自定义（建议 16 位数字）	招商银行高新园支行+学号	环球日化集团本部+姓名	招商银行高新园支行+学号	1002.（商业银行存款）	单一币别人民币	活期	收支户

（五）操作指导

1. 新建金融机构（银行）

环球日化集团本部出纳陈晓陶（cxt+学号）登录金蝶 EAS 系统，切换组织到环球日化集团本部+姓名。学生依次点击【企业建模】→【辅助数据】→【财务会计数据】→【金融机构(银行)】，进入金融机构（银行）界面，如图 2-138 所示。学生根据表 2-14 环球日化集团本部金融机构信息进行录入。金融机构编码为 02. 01. 008.学号，名称为招商银行高新园支行+学号，上级机构为广东—招商银行。学生录入完毕后点击【保存】，如图 2-139 所示。

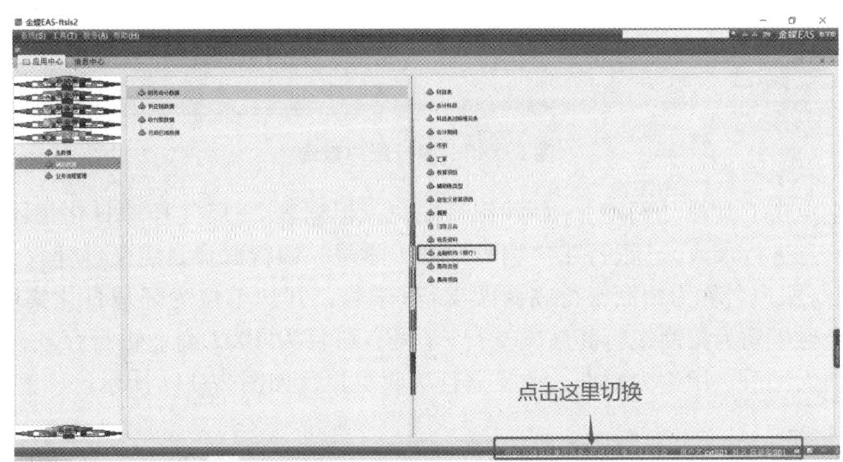

图 2-138　切换组织

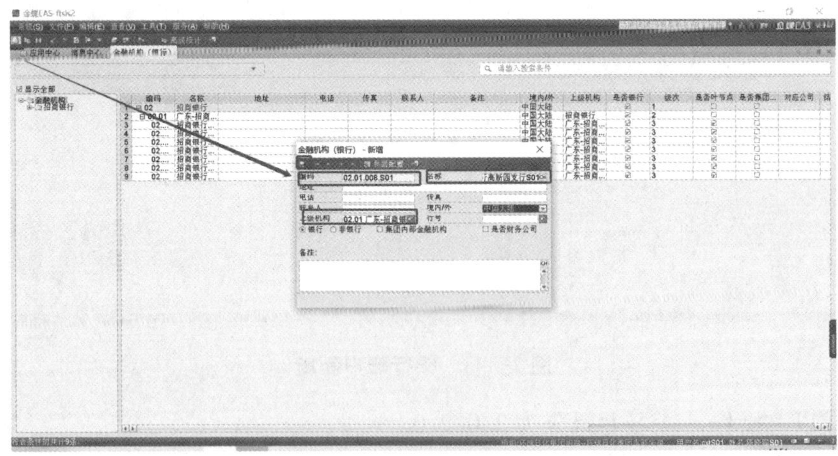

图 2-139　金融机构新增

2. 新建银行账户

银行账户用于记录企业内部银行资金流动，出纳系统以银行账户为载体展示日记账和报表。学生依次点击【资金管理】→【账户管理】→【业务处理】→【银行账户维护】，进入银行账户界面，如图 2-140 所示。

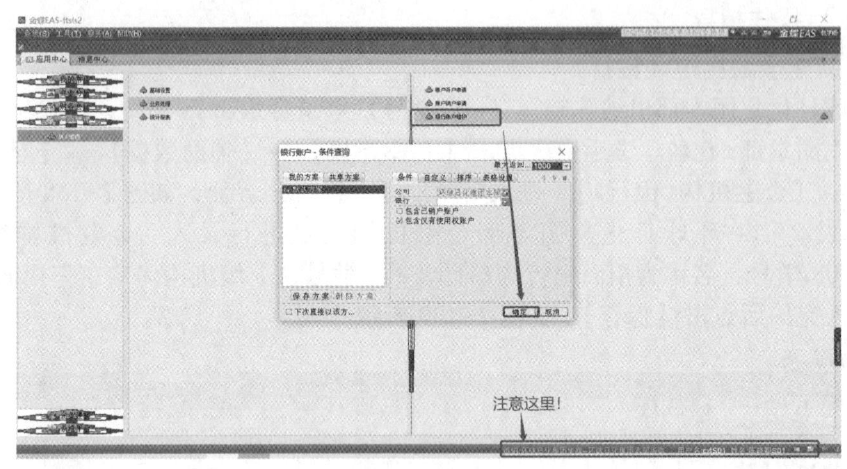

图 2-140　银行账户查询

学生点击工具栏【新增】，新建银行账户，根据表 2-15（环球日化集团本部银行账户信息进行录入）。银行账户编码为 001.学号，银行账户自定义（建议 16 位数字），银行账户名称为招商银行高新园支行+学号，开户单位为环球日化集团本部+姓名，金融机构为招商银行高新园支行+学号，科目为 1002.商业银行存款，币别为单一币别人民币，用途为活期，收支属性为收支户，如图 2-141 所示。

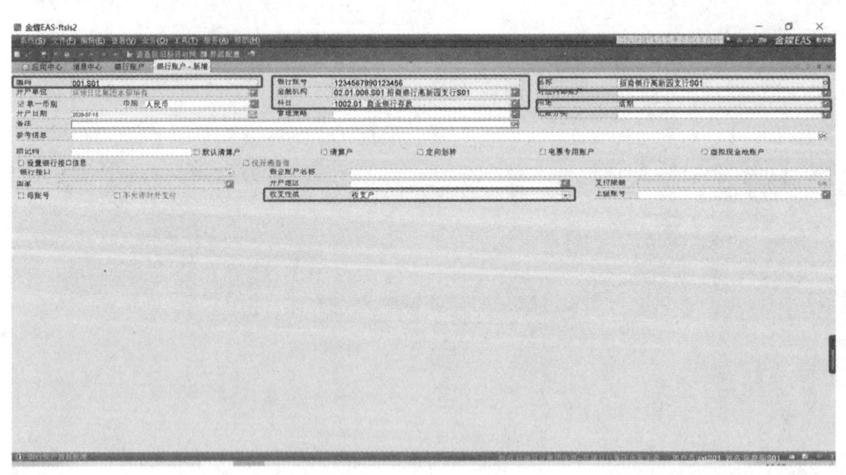

图 2-141　银行账户新增

完成以上操作，练习七得分为 2.0/2.0。

任务如下：

环球日化深圳销售有限公司出纳张合凯（zhk+学号）新建本公司银行账户，其操作如图 2-142 至图 2-145 所示。环球洗涤用品深圳有限公司出纳赵姗姗（zss+学号）新建本公司银行账户，其操作如图 2-146 至图 2-149 所示。

环球日化深圳销售有限公司金融机构信息和银行账户信息分别如表 2-16 和表 2-17 所示。环球洗涤用品深圳有限公司金融机构信息和银行账户信息分别如表 2-18 和表 2-19 所示。

表 2-16 环球日化深圳销售有限公司金融机构信息

编码	名称	上级机构
02.01.009.学号	招商银行龙华支行+学号	广东—招商银行

表 2-17 环球日化深圳销售有限公司银行账户信息

编码	银行账号	名称	开户单位	金融机构	科目	币别	用途	收支属性
002.学号	自定义（建议 16 位数字）	招商银行龙华支行+学号	环球日化深圳销售有限公司+姓名	招商银行龙华支行+学号	1002.（商业银行存款）	单一币别人民币	活期	收支户

表 2-18 环球洗涤用品深圳有限公司金融机构信息

编码	名称	上级机构
02.01.010.学号	招商银行时代广场支行+学号	广东—招商银行

表 2-19 环球洗涤用品深圳有限公司银行账户信息

编码	银行账号	名称	开户单位	金融机构	科目	币别	用途	收支属性
003.学号	自定义（建议 16 位数字）	招商银行时代广场支行+学号	环球洗涤用品深圳有限公司+姓名	招商银行时代广场支行+学号	1002.（商业银行存款）	单一币别人民币	活期	收支户

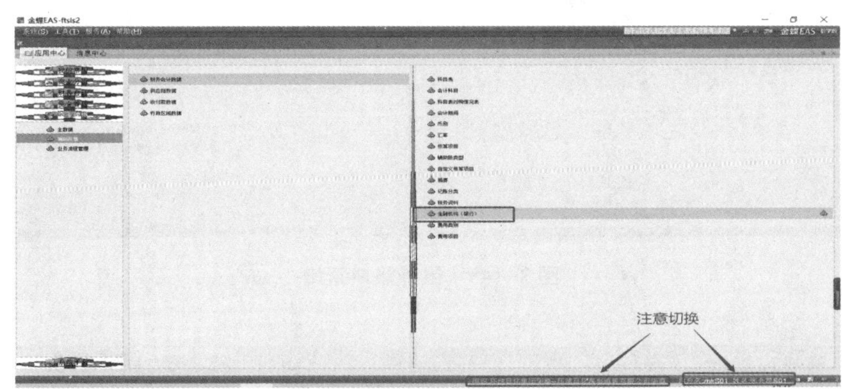

图 2-142 切换组织和用户

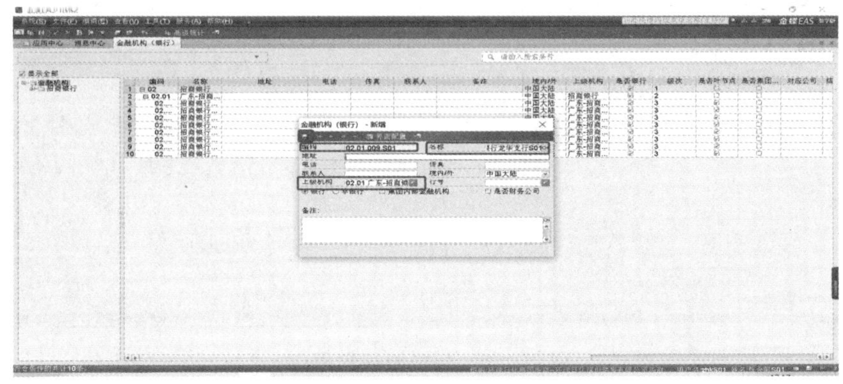

图 2-143 新建金融机构

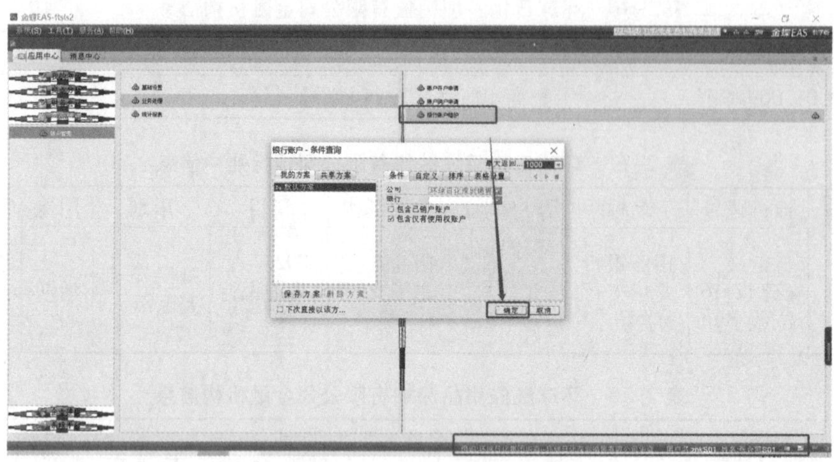

图 2-144　新建银行账户

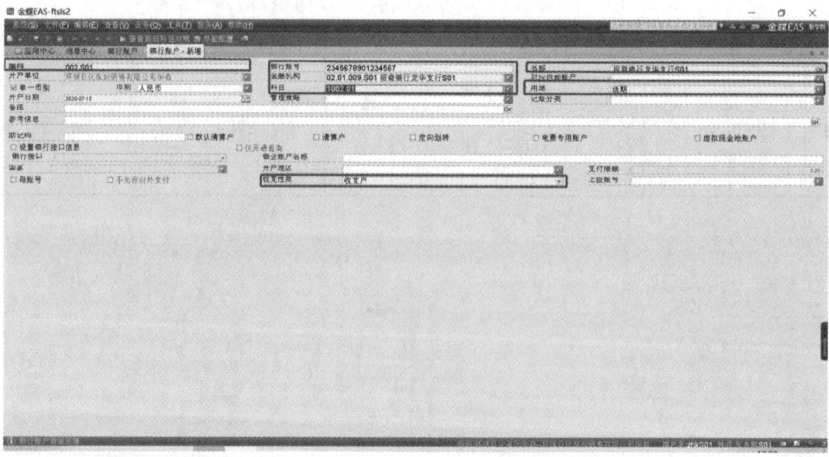

图 2-145　银行账户新增

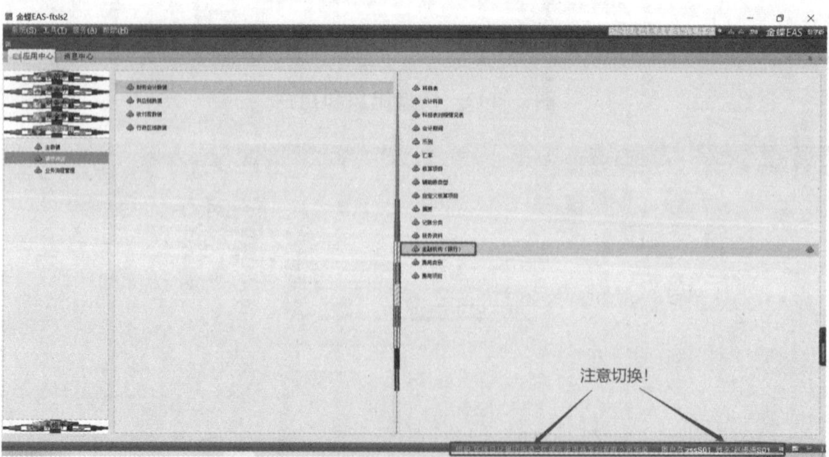

图 2-146　切换组织和用户

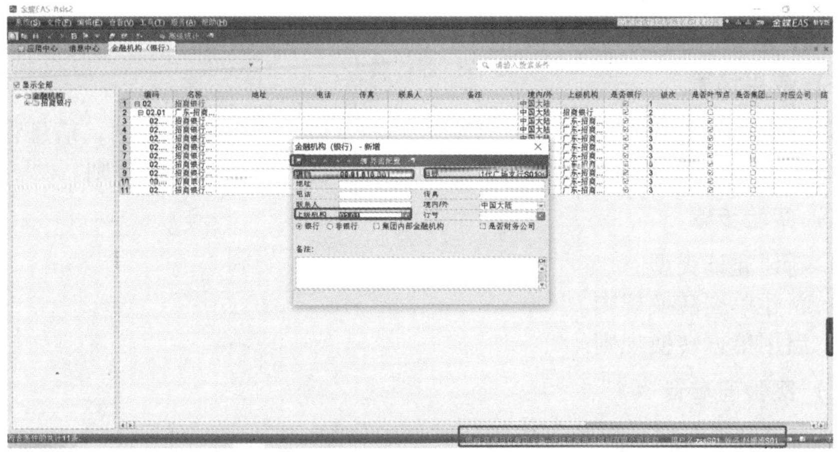

图 2-147　新建金融机构

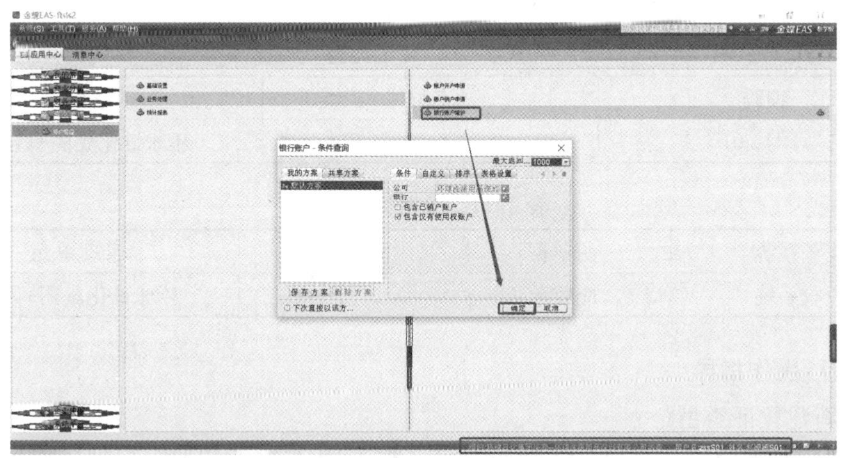

图 2-148　新建银行账户

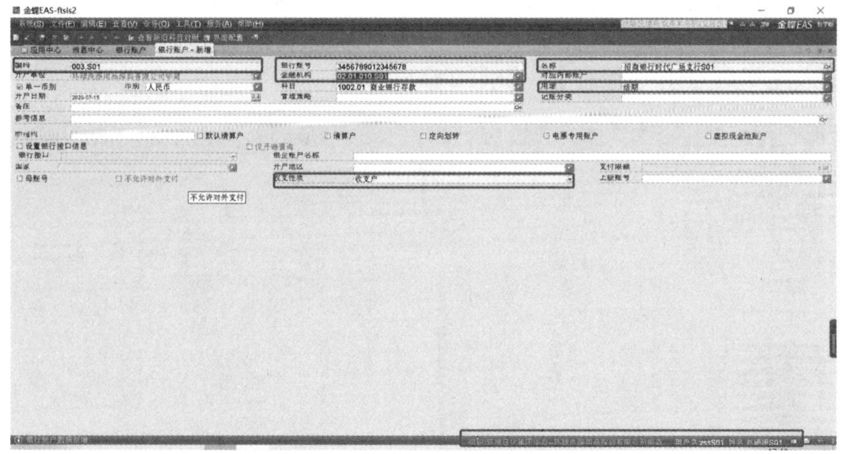

图 2-149　银行账户新增

完成上述操作，练习八得分为 4.0/4.0。

六、案例六：新增单据转换规则

（一）应用场景

单据转换规则是 ERP 系统实现智能核算的基础。以应收单为例，信息管理员康路达（kld+ 学号）在环球日化集团新建并启用应收单转换凭证的规则。

（二）实验步骤

（1）新建凭证类型。

（2）新建单据转换规则。

（3）启用单据转换规则。

（三）实验前准备

学生完成前序案例，教师完成凭证类型的分配。

（四）实验数据

实验数据如表 2-20 和表 2-21 所示。

表 2-20　凭证类型

编码	名称	创建单元
学号.01	记字+学号	环球日化集团+姓名

表 2-21　单据转换规则

业务系统	源单据	目标单据	管理单元
应收系统	应收单	凭证	环球日化集团+姓名

（五）操作指导

1. 新建凭证类型

信息管理员康路达（kld+学号）登录金蝶 EAS 系统，切换组织到环球日化集团+姓名。学生依次点击【财务会计】→【总账】→【基础设置】→【凭证类型】，进入凭证类型序时簿，如图 2-150 所示。学生点击工具栏【新增】凭证类型，按照表 2-20（凭证类型）录入。凭证类型编码为学号.01，名称为记字+学号。学生勾选默认，录入完毕后点击【保存】，如图 2-151 所示。

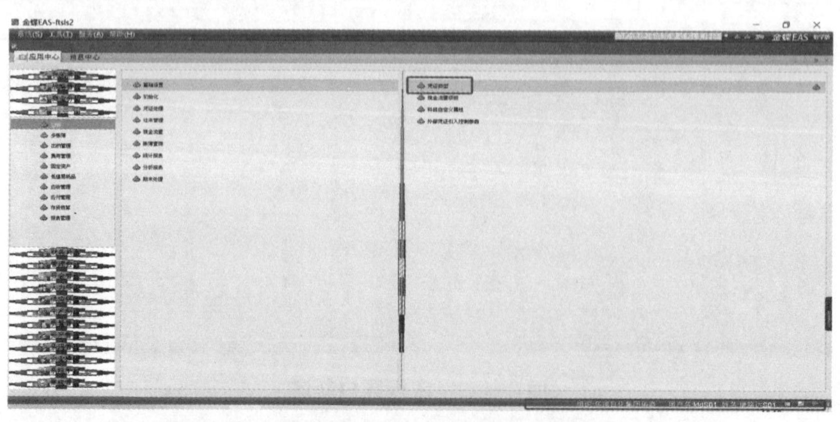

图 2-150　打开凭证类别界面

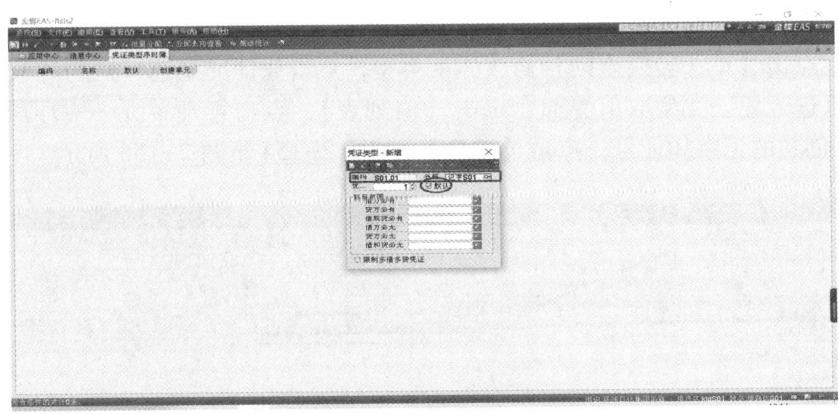

图 2-151　凭证类型新增

2. 新建单据转换规则

学生依次点击【企业建模】→【业务规则】→【单据转换规则】→【单据转换规则配置】，进入规则配置界面，如图 2-152 所示。

图 2-152　单据转换规则配置查询

学生在界面左边的树节点，选择【财务会计】→【应收管理】→【应收单】，查看与应收单有关的规则。学生点击查看转换规则应收单生成凭证 SSC，如图 2-153 所示。

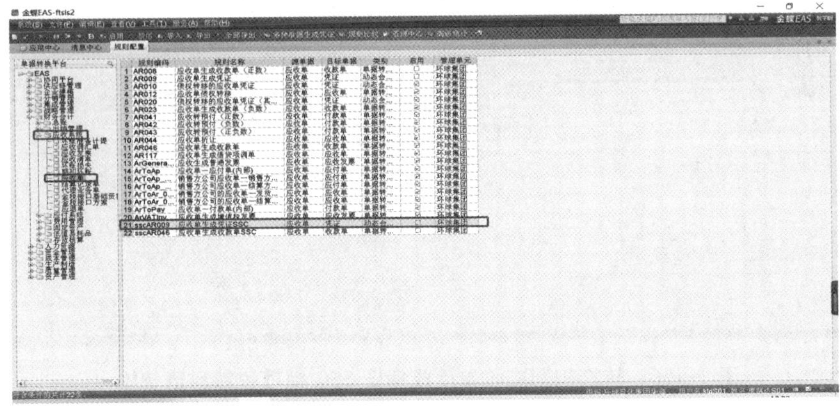

图 2-153　转换规则应收单生成凭证 SSC 查询

学生点击工具栏【复制】，在复制的规则界面进行修改。

学生点击【单头转换规则】修改凭证类型，点击凭证类型选择栏的【放大镜】。

学生进入凭证类型取值界面，点击【值列表】，点击管理单元——环球日化集团+姓名创建的记字凭证号，点击【确定】，如图 2-154 至图 2-156 所示。

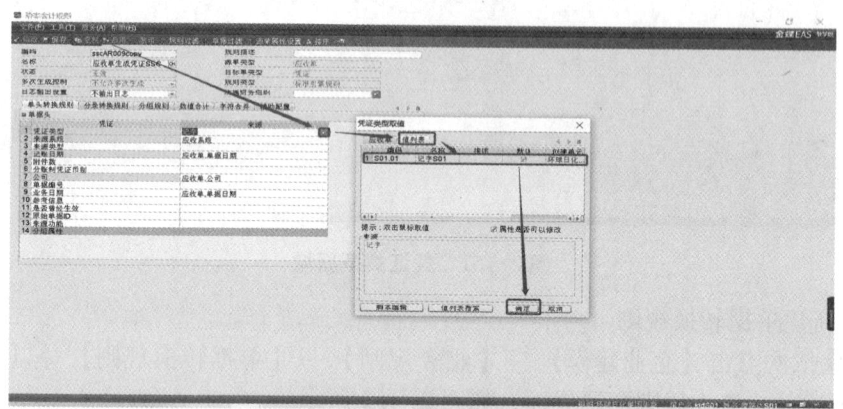

图 2-154　转换规则应收单生成凭证 SSC 复制修改

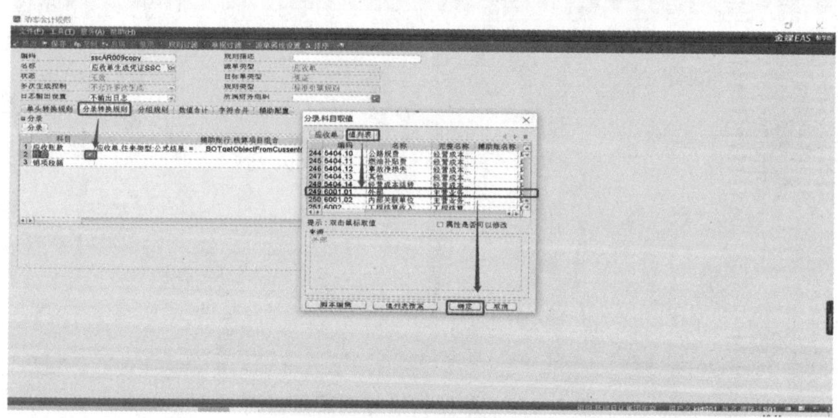

图 2-155　转换规则应收单生成凭证 SSC 外部科目替换

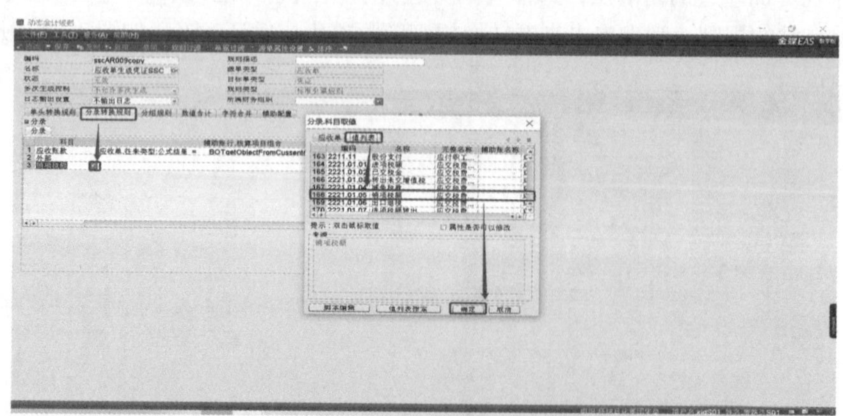

图 2-156　转换规则应收单生成凭证 SSC 销项税额科目替换

注意：学生复制公式可使用 Ctrl+C 快捷键（见图 2-157）。

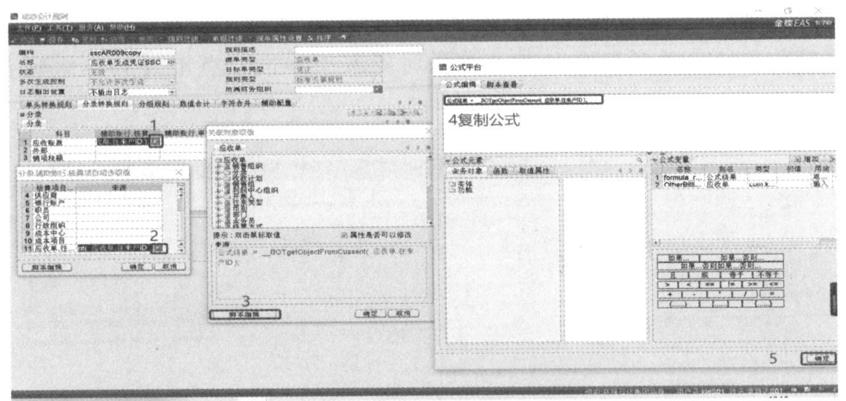

图 2-157　转换规则应收单生成凭证 SSC 复制公式备用

学生点击【分录转换规则】设置科目。

第一行科目为应收账款科目，学生点击科目右边的【放大镜】，打开分录科目取值界面，在值列表中，找到应收账款科目，双击选取科目，点击【确定】，如图 2-158 所示。

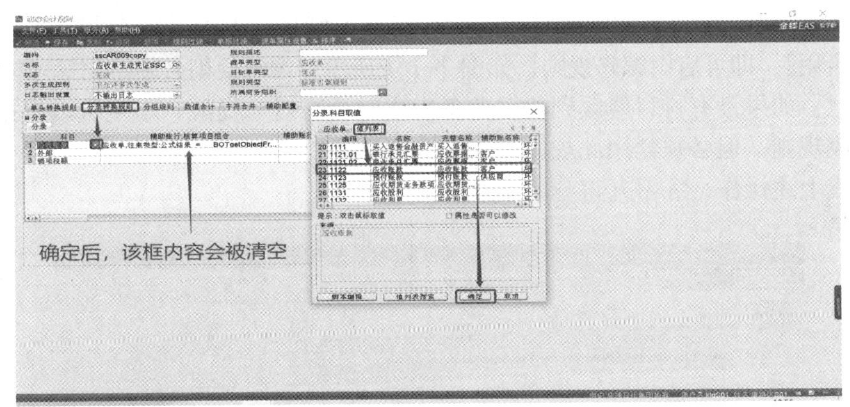

图 2-158　转换规则应收单生成凭证 SSC 应收账款科目替换

学生选择应收账款辅助账号-核算项目组合，点击【放大镜】，设置核算项目类型为“应收款往来类型”，双击选择，点击【确定】，如图 2-159 所示。

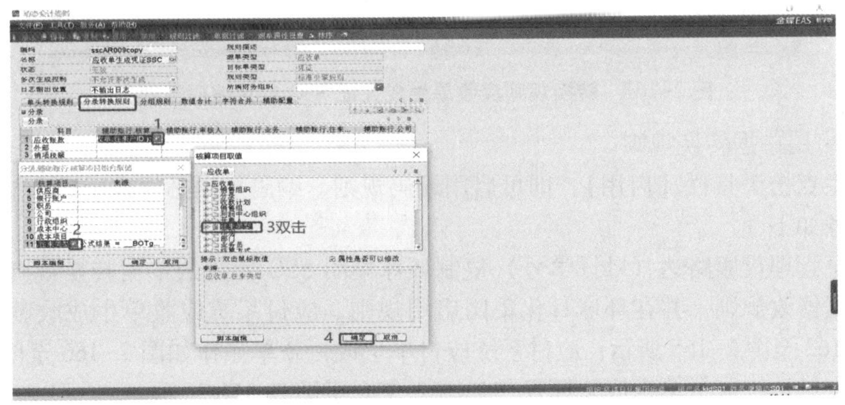

图 2-159　转换规则应收单生成凭证 SSC 核算项目替换

学生返回到分录-辅助账号-核算项目组合取值界面，设置核算项目类型来源。学生打开应收单往来类型来源，进入关联对象取值界面，点击【脚本编辑】，粘贴公式，如图 2-160 所示。

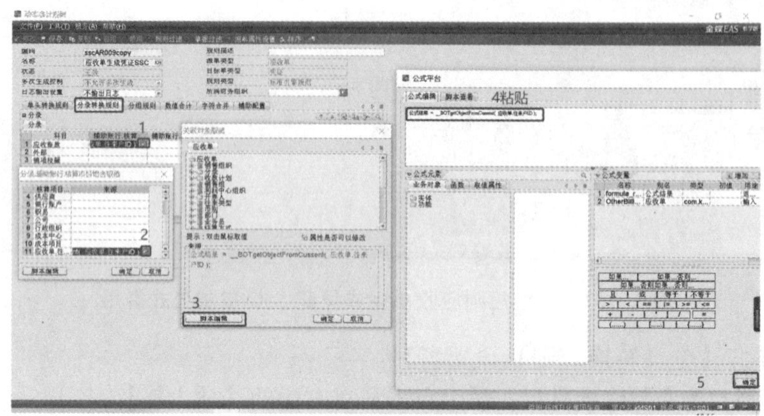

图 2-160　转换规则应收单生成凭证 SSC 粘贴公式

录入完成后，学生在规则编码和名称后面加上学号，点击【保存】。学生点击工具栏【启用】，即可启用编码规则，如图 2-161 所示。编码规则必须禁用后才能修改。

注意：如果没有科目修改到位，业务发生时会有对应提醒，学生可以根据提醒，返回修改规则，但必须禁用此规则才能修改规则。

完成上述操作，练习九得分为 2. 0/2. 0。

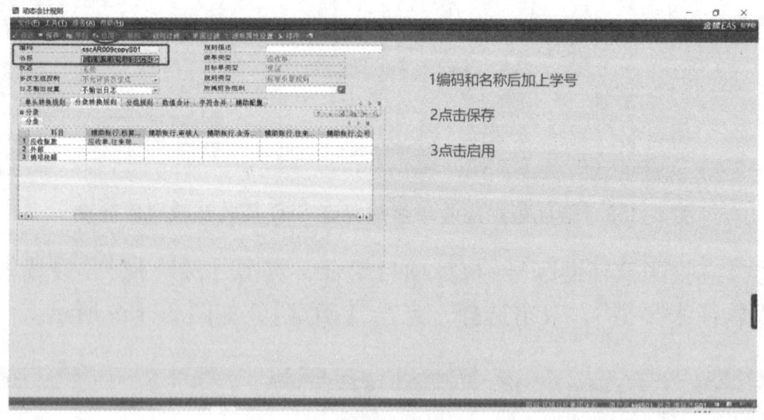

图 2-161　转换规则应收单生成凭证 SSC 启用编码规则

3. 启用单据转换规则

学生点击工具栏【启用】，即可启用编码规则。编码规则必须禁用后才能修改。

任务如下：

信息管理员康路达（kld+学号）复制环球集团 SSC 使用的单据转换规则，根据实验数据修改规则，并在环球日化集团启用规则。应付系统应收单生成收款单操作如图 2-162 至图 2-165 所示；应付系统应付单生成付款单操作如图 2-166 至图 2-169 所示；应付系统应付单生成凭证操作如图 2-170 至图 2-178 所示。

单据转换规则如表 2-22 所示。

表 2-22　单据转换规则

业务系统	源单据	目标单据	管理单元	修改内容
应收系统	应收单	收款单	环球日化集团+姓名	单头转换规则对方科目，分录转换规则对方科目
应付系统	应付单	付款单	环球日化集团+姓名	单头转换规则对方科目，分录转换规则对方科目
应付系统	应付单	凭证	环球日化集团+姓名	凭证类型，分录转换规则科目

学生依次点击【企业建模】→【业务规则】→【单据转换规则】→【单据转换规则配置】，进入规则配置界面。学生在界面左边的树节点，选择【财务会计】→【应收管理】→【应收单】，查看与应收单有关的规则。学生点击查看转换规则应收单生成收款单 SSC，如图 2-162 所示。

学生点击工具栏【复制】，在复制的规则界面进行修改。

学生点击【单头转换规则】修改对方科目，点击应收账款选择栏的【放大镜】。

学生进入对方科目取值界面，点击【值列表】，点击应收账款科目，点击【确定】，如图 2-163 至图 2-165 所示。

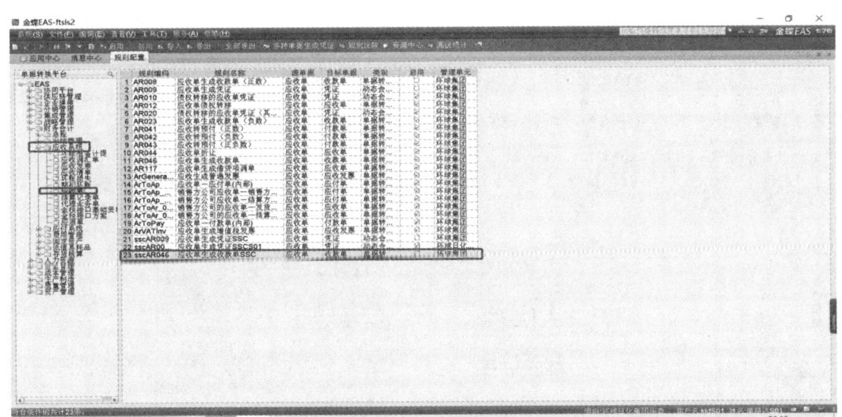

图 2-162　转换规则应收单生成收款单 SSC 查询

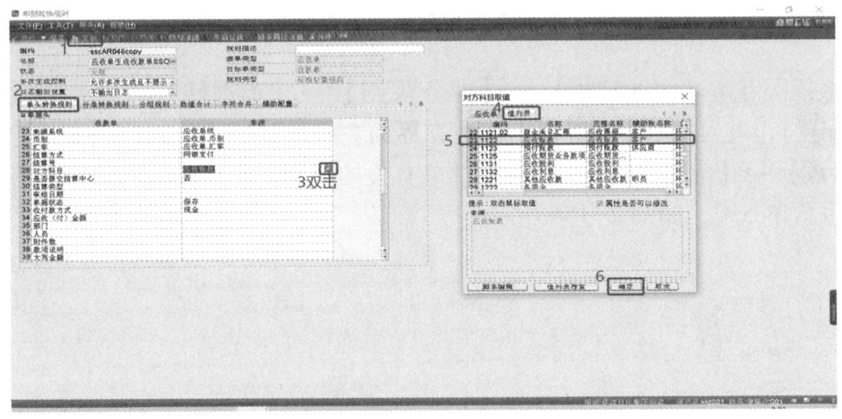

图 2-163　转换规则应收单生成收款单 SSC 修改单头转换规则对方科目

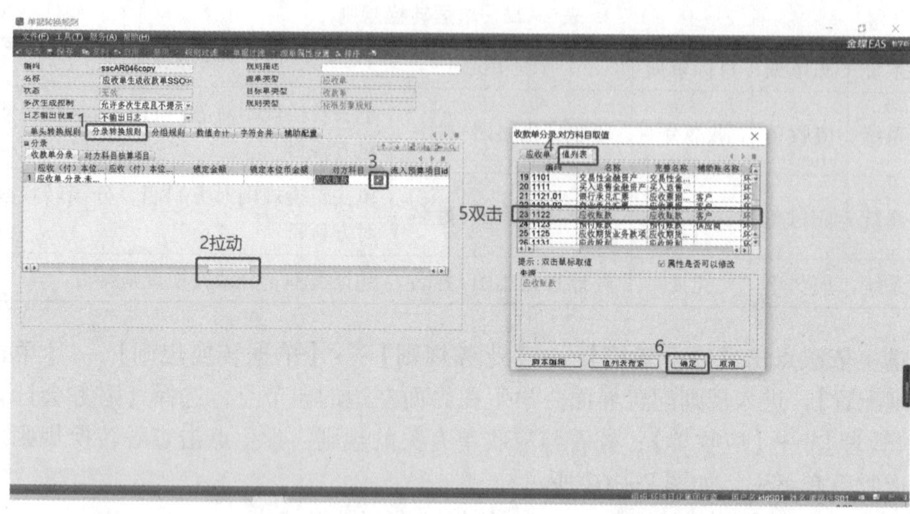

图 2-164 转换规则应收单生成收款单 SSC 修改分录转换规则对方科目

单据转换规则

编码 sscAR046copyS01
名称 单生成收款单SSCS01
规则描述
源单类型 应收单
目标单类型 收款单
规则类型 标准引擎规则
多次生成控制 允许多次生成且不提示
日志输出设置 不输出日志

1.编码、名称后加上学号
2.保存
3.启用

图 2-165 转换规则应收单生成收款单 SSC 启用

学生依次点击【企业建模】→【业务规则】→【单据转换规则】→【单据转换规则配置】，进入规则配置界面。学生在界面左边的树节点，选择【财务会计】→【应付管理】→【应付单】，查看与应付单有关的规则。学生点击查看转换规则应付单生成付款单 SSC，如图 2-166 所示。

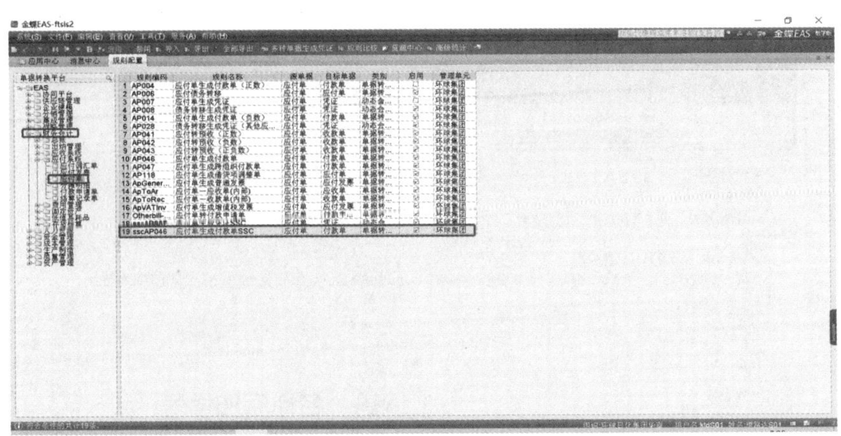

图 2-166　转换规则应付单生成付款单 SSC 查询

学生点击工具栏【复制】，在复制的规则界面进行修改。

学生点击【单头转换规则】修改对方科目，点击应付账款选择栏的【放大镜】。

学生进入对方科目取值界面，点击【值列表】，点击应付账款科目，点击【确定】，如图 2-167 至图 2-169 所示。

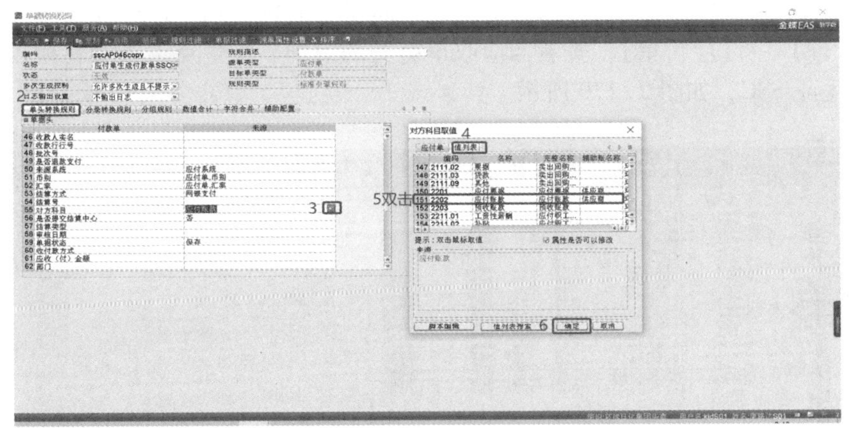

图 2-167　转换规则应付单生成付款单 SSC 修改单头转换规则对方科目

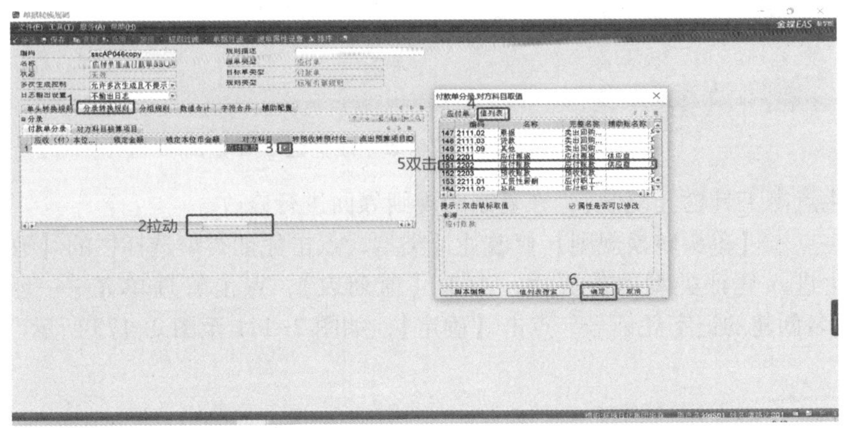

图 2-168　转换规则应付单生成付款单 SSC 修改分录转换规则对方科目

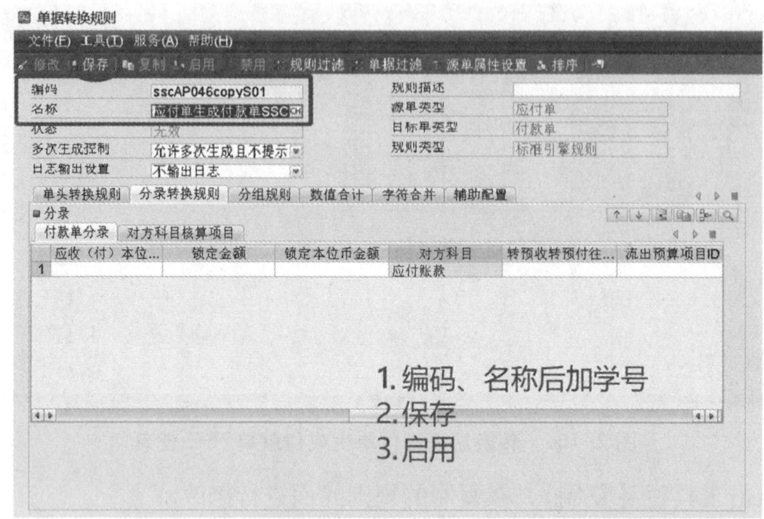

图 2-169 **转换规则应付单生成付款单 SSC 启用**

学生依次点击【企业建模】→【业务规则】→【单据转换规则】→【单据转换规则配置】，进入规则配置界面。学生在界面左边的树节点，选择【财务会计】→【应付管理】→【应付单】，查看与应收单有关的规则。学生点击查看转换规则应收单生成凭证 SSC，如图 2-170 所示。

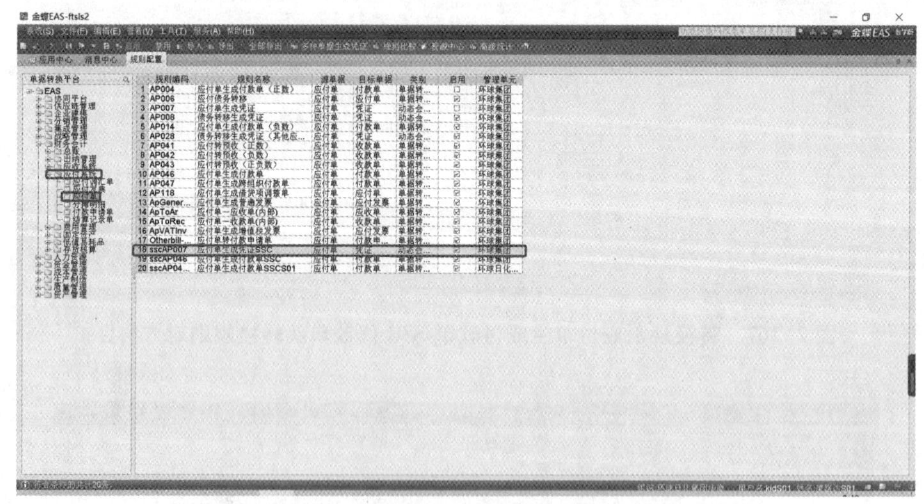

图 2-170 **转换规则应付单生成凭证 SSC 查询**

学生点击工具栏【复制】，在复制的规则界面进行修改。

学生点击【单头转换规则】修改凭证类型，点击凭证类型选择栏的【放大镜】。

学生进入凭证类型取值界面，点击【值列表】，点击管理单元——环球日化集团+姓名创建的记字凭证号，点击【确定】，如图 2-171 至图 2-173 所示。

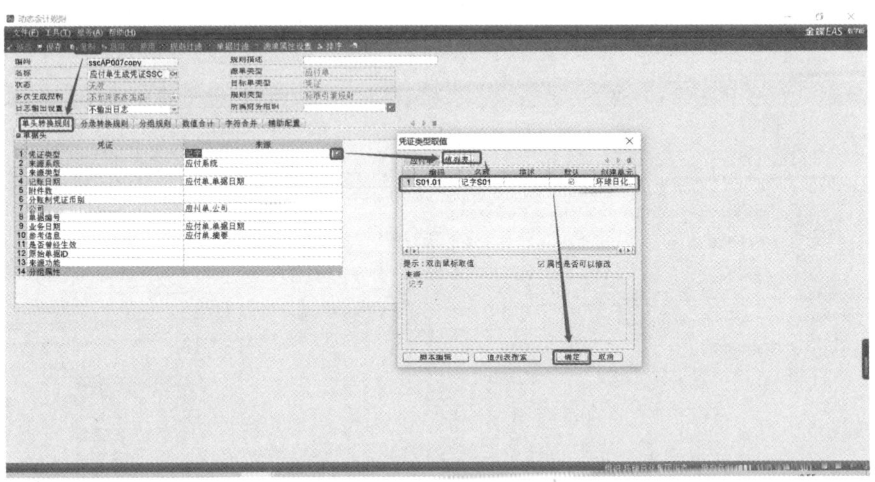

图 2-171　转换规则应付单生成凭证 SSC 复制修改

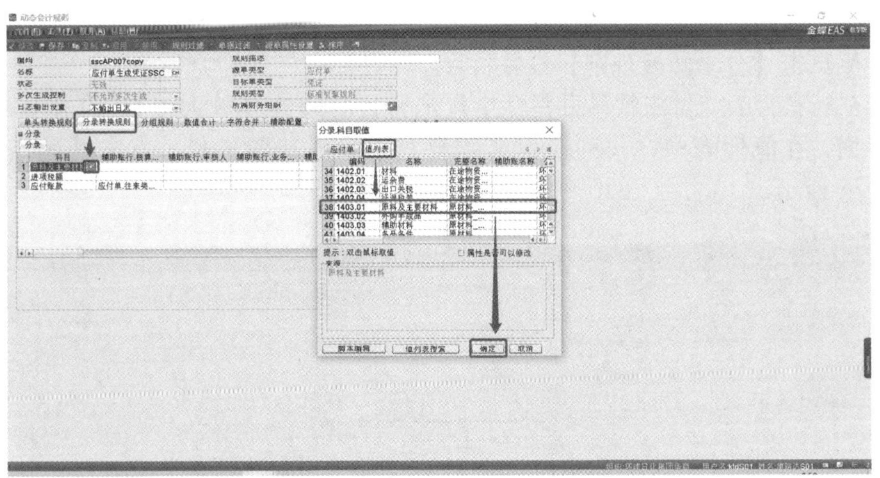

图 2-172　转换规则应付单生成凭证 SSC 原料及主要材料科目替换

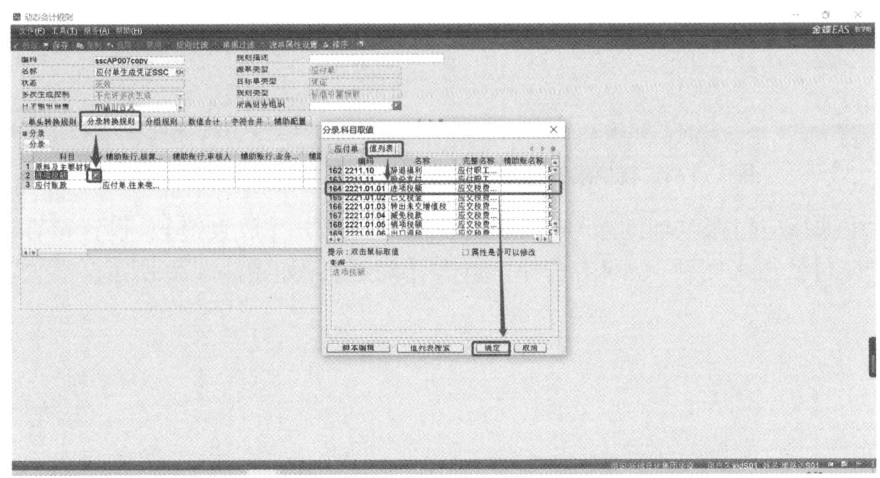

图 2-173　转换规则应付单生成凭证 SSC 进项税额科目替换

注意：学生复制公式可使用 Ctrl+C 快捷键（见图 2-174）。

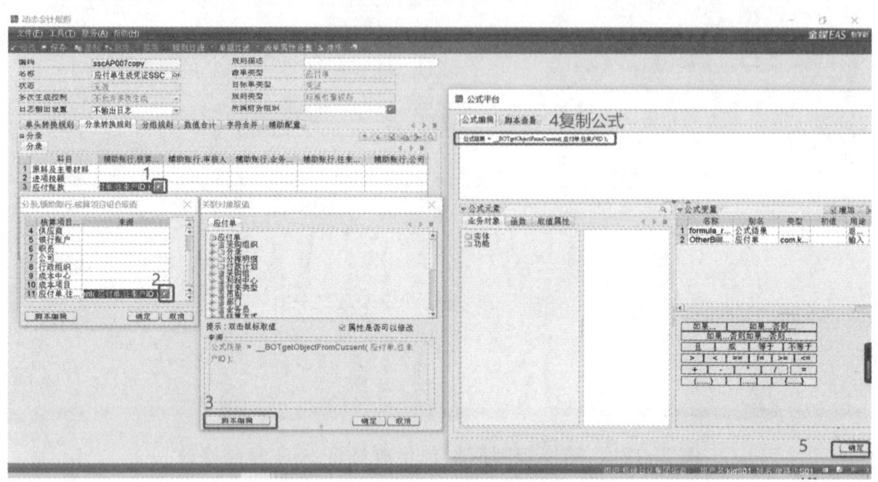

图 2-174　转换规则应付单生成凭证 SSC 复制公式备用

学生点击【分录转换规则】设置科目。

第三行科目为应付账款科目，学生点击科目右边的【放大镜】，打开分录科目取值界面，在值列表中，找到应付账款科目，双击选取科目，点击【确定】，如图 2-175 所示。

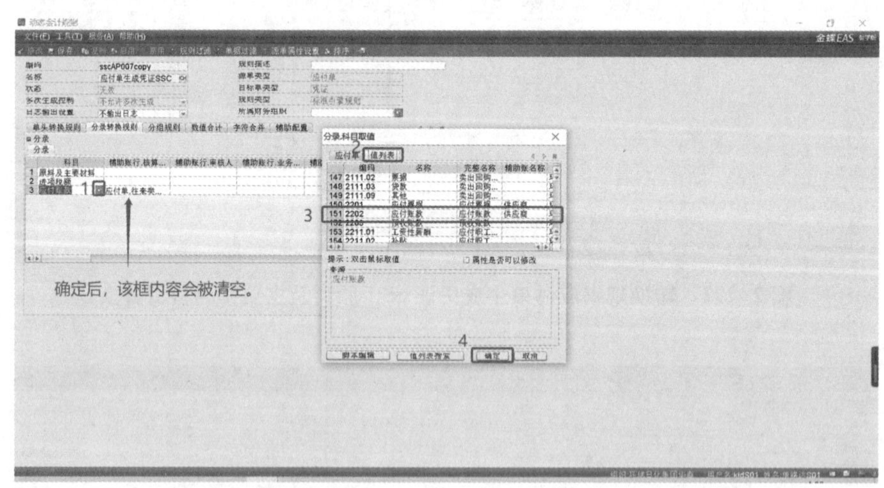

图 2-175　转换规则应收单生成凭证 SSC 应付账款科目替换

学生选择应付账款辅助账号-核算项目组合，点击【放大镜】，设置核算项目类型为“应付款往来类型”，双击选择，点击【确定】，如图 2-176 所示。

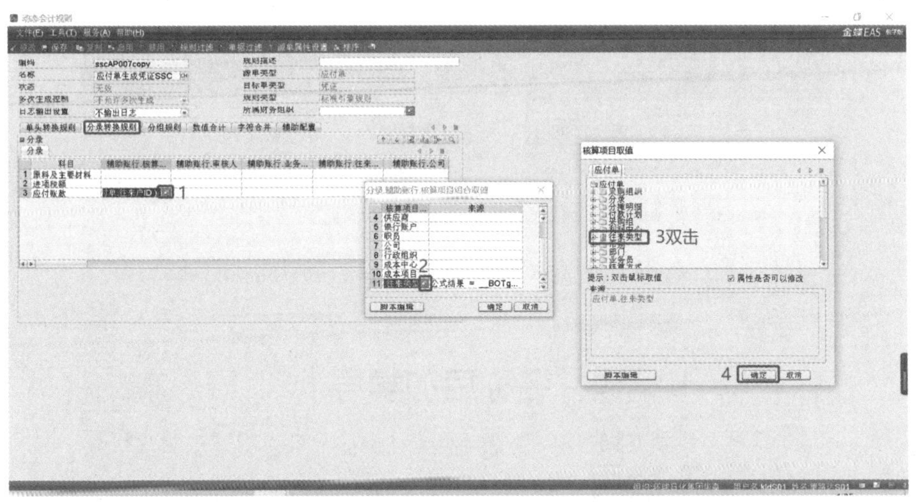

图 2-176 转换规则应付单生成凭证 SSC 核算项目替换

学生返回分录-辅助账号-核算项目组合取值界面，设置核算项目类型来源。学生打开应收单往来类型来源，进入关联对象取值界面，点击【脚本编辑】，粘贴公式，如图 2-177 所示。

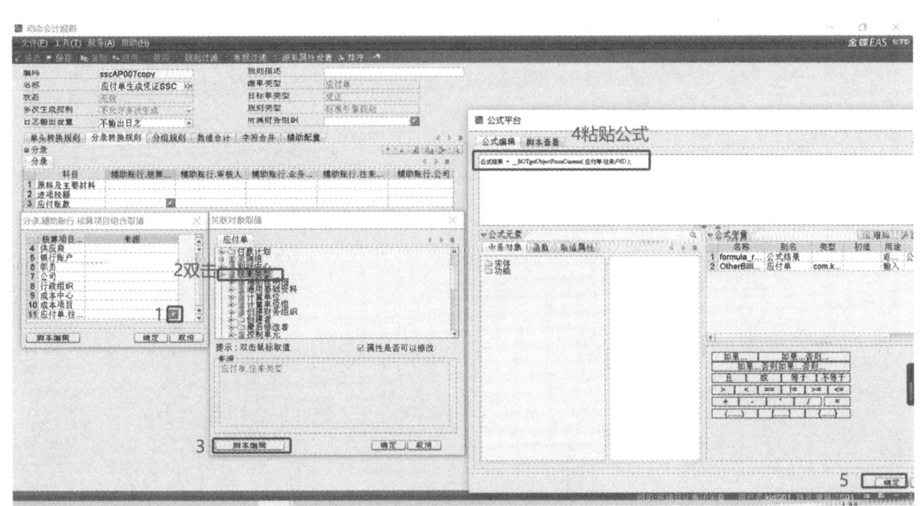

图 2-177 转换规则应收单生成凭证 SSC 粘贴公式

录入完成后，学生在规则编码和名称后面加上学号，点击【保存】。学生点击工具栏【启用】，即可启用编码规则，如图 2-178 所示。编码规则必须禁用后才能修改。

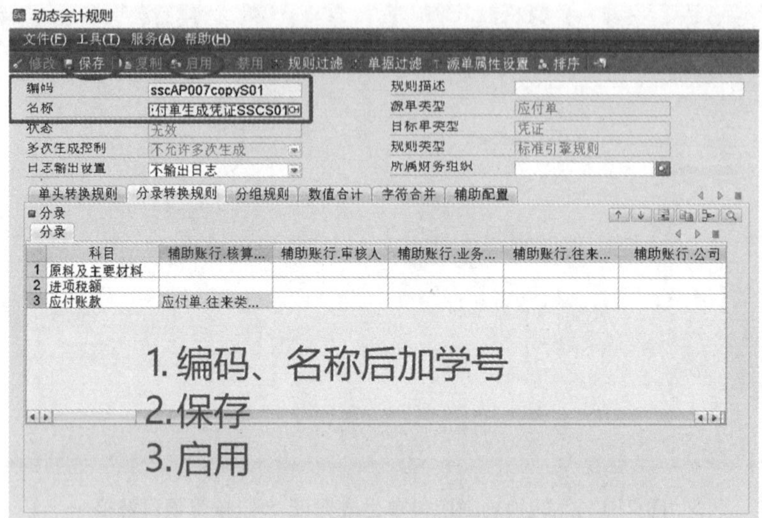

图 2-178　转换规则应付单生成凭证 SSC 启用编码规则

注意：如果没有科目修改到位，业务发生时会有对应提醒，学生可以根据提醒，返回修改规则，但必须禁用此规则才能修改规则。

完成上述操作，练习十得分为 3.0/3.0。

第三章
EAS 系统初始化

第一节　总账系统初始化

一、应用场景

总账系统是会计信息系统的基础和核心，是整个会计信息系统最基本和最重要的内容，其他财务和业务子系统有关资金的数据最终要归集到总账系统中以生成完整的会计账簿。系统初始化是指在企业账务和物流业务背景下设置和启用账套会计期间的期初数据。本案例主要讲述了金蝶 EAS 总账系统在使用前的初始化工作，主要包括科目初始余额录入、辅助账科目初始余额录入、往来账科目初始余额录入以及现金流量初始化四部分的工作。上述四项录入工作都可以分别独立完成，但必须保证四者之间明细金额合计与汇总金额相等。

以环球日化集团本部为例，信息管理员康路达（kld+学号）和环球日化集团本部总账会计樊江波（fjb+学号）完成环球日化集团本部总账初始化。

二、实验步骤

（1）启用期间设置。
（2）科目余额初始化。
（3）辅助账初始化。
（4）修改总账参数。

三、实验前准备

集团资料已全部录入。

四、实验数据

实验数据如表 3-1 所示。

表 3-1　环球日化集团本部初始化余额信息表

科目				期初余额	
代码	名称	辅助科目		方向	原币
		名称	原币		
1001	库存现金			借	150 000. 00
1001. 01	人民币			借	150 000. 00
1002	银行存款			借	3 200 000. 00
1002. 01	商业银行存款	招商银行高新园支行+学号	3 200 000. 00	借	3 200 000. 00
1122	应收账款	广州天天日用贸易公司	100 000. 00	借	100 000. 00
1403	原材料			借	396 000. 00
1403. 01	原料及主要材料			借	396 000. 00
1405	库存商品			借	2 800 000. 00
1511	长期股权投资			借	125 667 142. 86
1601	固定资产			借	24 000 000. 00
1601. 01	房屋及建筑物			借	24 000 000. 00
1602	累计折旧			贷	12 317 142. 86
1602. 01	房屋及建筑物			贷	12 317 142. 86
2202	应付账款	深圳市元动化工有限公司	60 000. 00	贷	100 000. 00
		深圳中富包装容器有限公司	40 000. 00	贷	
4001	股本			贷	127 696 000. 00
4101	盈余公积			贷	16 200 000. 00
4101. 1	法定盈余公积			贷	16 200 000. 00

五、操作指导

1. 启用期间设置

启用期间设置是科目余额初始化的操作前提。如图 3-1 所示，信息管理员康路达（kld+学号）登录金蝶 EAS 系统，切换组织到环球日化集团本部+姓名。学生点击【系统平台】→【系统工具】→【系统配置】→【系统状态控制】，进入系统状态控制界面，如图 3-2 所示。

图 3-1　信息管理员登录系统

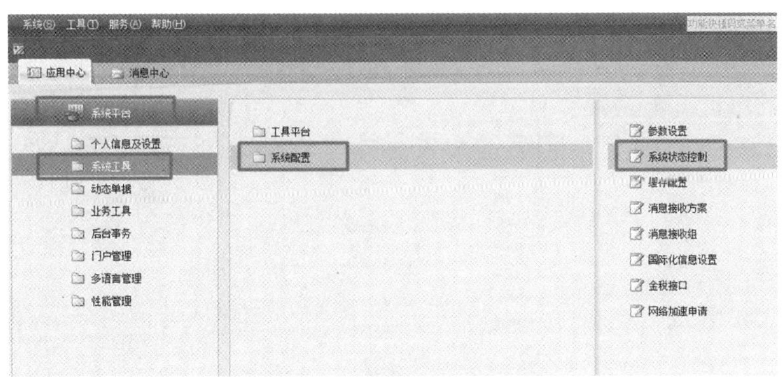

图 3-2　系统状态控制查询

学生点击总账系统启用期间栏【放大镜】，进入会计期间列表，选择会计期间为 2017 年第 1 期，点击【确定】，如图 3-3 所示。

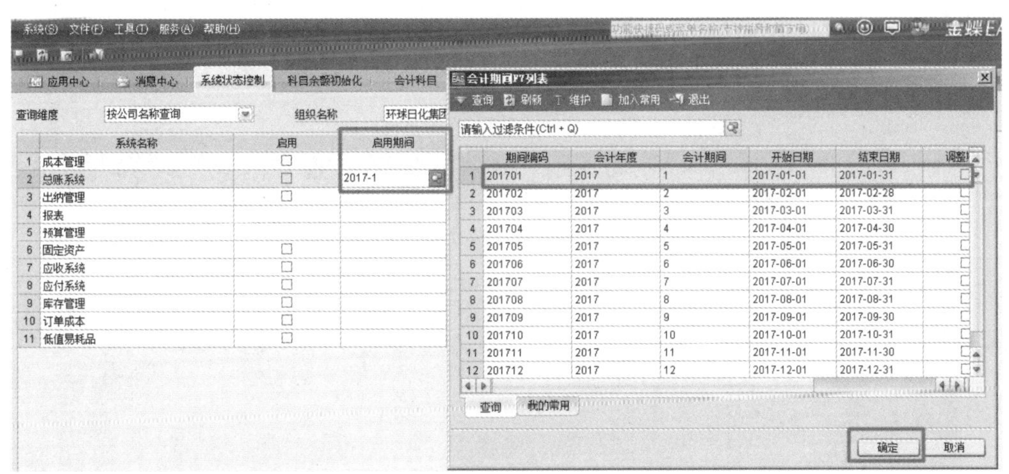

图 3-3　总账系统启用期间设置

2. 科目余额初始化

科目余额初始化是在使用总账系统进行日常业务操作之前进行的操作，需要在总账系统中进行初始设置工作。本部总账会计樊江波（fjb+学号）登录金蝶 EAS 系统，如图 3-4 所示。

图 3-4　本部总账会计登录系统

学生点击【财务会计】→【总账】→【初始化】→【科目初始余额录入】，进入科目余额初始化界面，如图 3-5 所示。

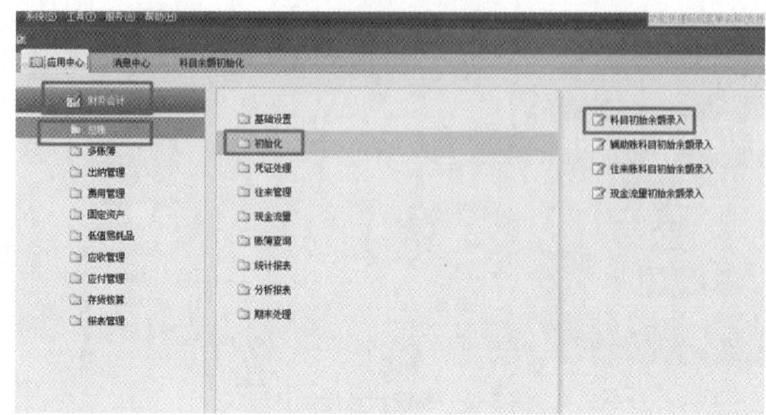

图 3-5　科目余额初始化查询

学生选择币别为人民币，根据实验数据表 3-1（环球日化集团本部初始化余额信息表）录入科目初始余额，如图 3-6 所示。

注意：科目余额初始化中，用户只需输入明细级科目的金额，系统会自动汇总计算上级科目数据。

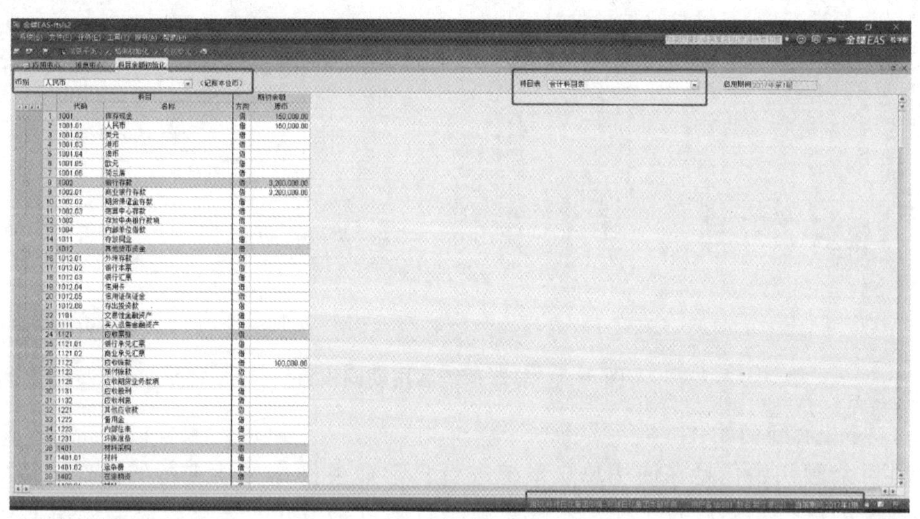

图 3-6　科目初始余额录入

科目初始余额录入完毕后，学生选择【币别】为综合本位币，点击【试算平衡】，如图 3-7 所示。

若试算结果平衡，学生点击【结束初始化】，如图 3-8 所示；若试算结果不平衡，学生根据差额提示检查、调整科目初始余额，直至试算结果平衡。

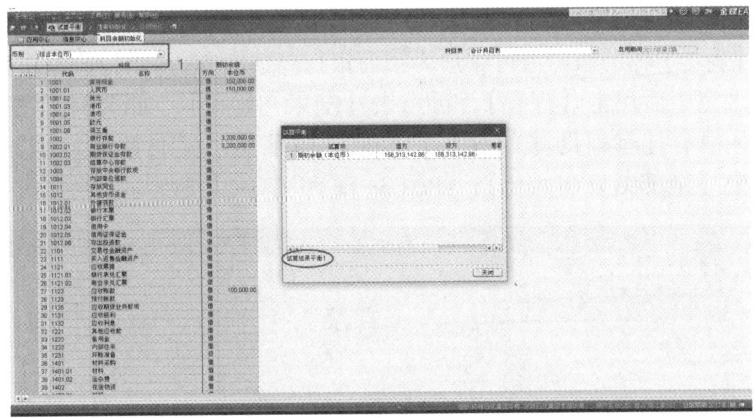

图 3-7　试算平衡

系统(S)　文件(E)　业务(E)　工具(T)　服务(A)　帮助(H)

试算平衡　结束初始化　反初始化

应用中心　消息中心　科目余额初始化

币别　(综合本位币)

	科目		期初余额	
	代码	名称	方向	本位币
1	1001	库存现金	借	150,000.00
2	1001.01	人民币	借	150,000.00
3	1001.02	美元	借	
4	1001.03	港币	借	
5	1001.04	澳币	借	
6	1001.05	欧元	借	
7	1001.06	荷兰盾	借	
8	1002	银行存款	借	3,200,000.00
9	1002.01	商业银行存款	借	3,200,000.00
10	1002.02	期货保证金存款	借	

图 3-8　结束初始化

3. 辅助账初始化

辅助账科目初始余额录入是针对有挂辅助账的科目进行的操作，录入对应的辅助核算项目初始数据。学生点击【应用中心】→【财务会计】→【总账】→【初始化】→【辅助账科目初始余额录入】，如图 3-9 所示。学生根据实验数据表 3-1（环球日化集团本部初始化余额信息表录入）辅助账初始化信息。

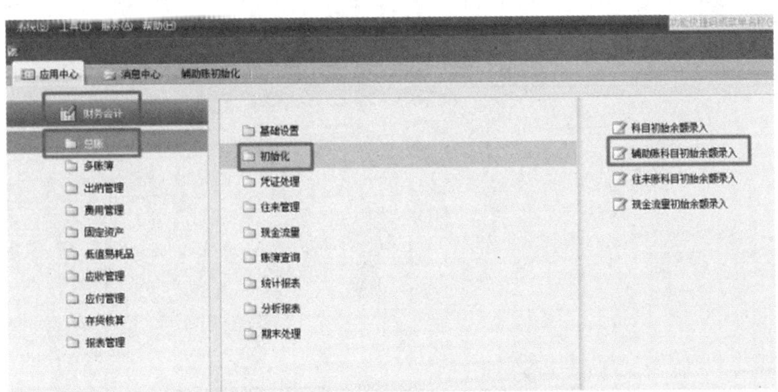

图 3-9　辅助账科目初始余额查询

例如，对于挂有辅助账的商业银行存款科目，学生选择科目为商业银行存款，点击工具栏【新增】辅助账。银行账户为招商银行高新园支行+学号，原币为 3 200 000 元。学生录入完毕后点击【保存】，再点击【结束初始化】，如图 3-10 所示。

学生录入所有挂有辅助账的科目，包括应收账款、应付账款，点击【保存】，再点击工具栏【全部结束初始化】，如图 3-11 和图 3-12 所示。

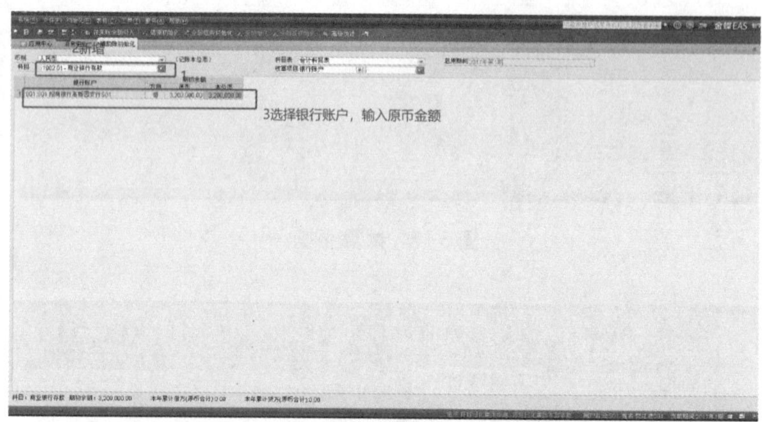

图 3-10　辅助账科目初始余额录入

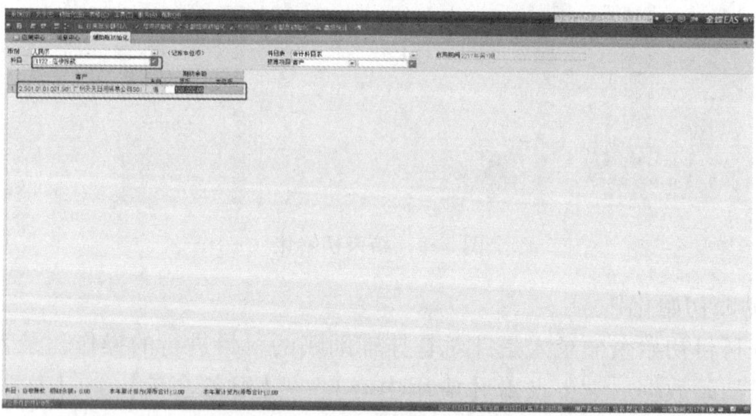

图 3-11　应收账款辅助科目录入

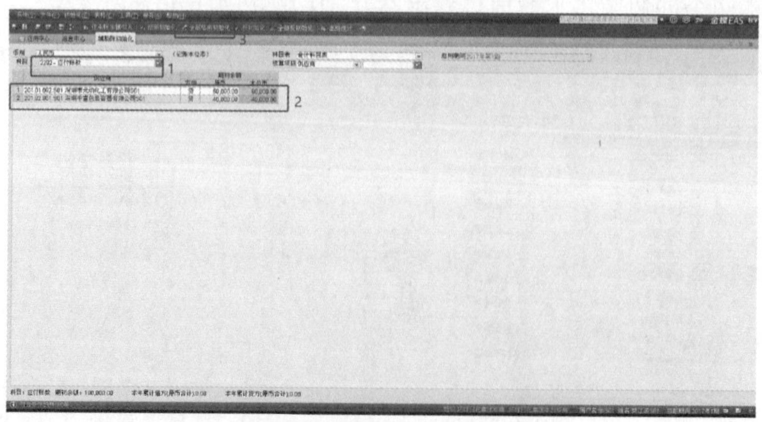

图 3-12　应付账款辅助科目录入并结束

4. 修改总账参数

信息管理员康路达（kld+学号）登录金蝶 EAS 系统，切换组织到环球日化集团本部+姓名。学生依次点击【系统平台】→【系统工具】→【系统配置】→【参数设置】，进入参数设置界面，如图 3-13 所示。

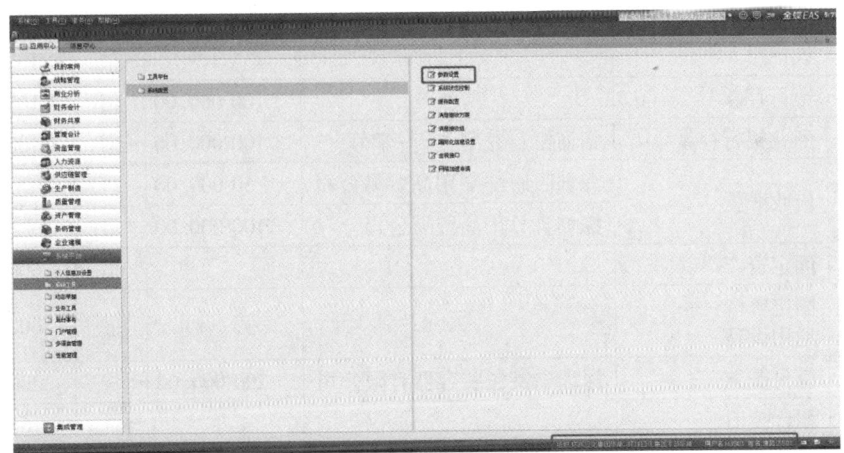

图 3-13　总账参数设置

学生点击【财务会计】→【总账】，切换到其他参数界面。学生打开“删除和作废机制凭证”参数，选择参数值为“业务系统和总账系统”；打开“允许修改业务系统生成的机制凭证”参数，选择全部模块，点击【保存】，如图 3-14 所示。

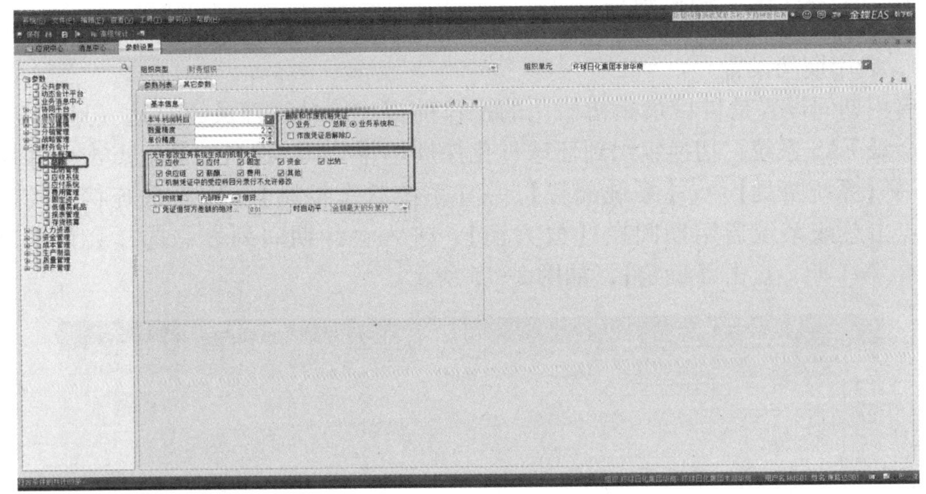

图 3-14　总账其他参数设置

完成以上操作，练习一得分为 3.0/3.0。

六、实验任务一

根据所给数据（见表 3-2），总账会计陈军波（cjb+学号）完成环球日化深圳销售有限公司总账系统初始化。系统管理员康路达（kld+学号）完成公司的总账其他参数修改。

表 3-2　环球日化深圳销售有限公司科目初始化信息表

科目				期初余额	
代码	名称	辅助科目		方向	原币
		名称	原币		
1001	库存现金			借	100 000.00
1001.01	人民币			借	100 000.00
1002	银行存款		3 100 000.00	借	3 100 000.00
1002.01	商业银行存款	招商银行龙华支行+学号	3 100 000.00	借	3 100 000.00
1122	应收账款	深圳盼盼洗涤用品贸易公司	50 000.00	借	150 000.00
		深圳日日用品贸易公司	100 000.00	借	
1601	固定资产			借	600 000.00
1601.03	固定资产——通用设备			借	600 000.00
2202	应付账款	深圳中富包装容器有限公司	200 000.00	贷	200 000.00
1602	累计折旧			贷	166 250.00
1602.03	累计折旧——通用设备			贷	166 250.00
4101	盈余公积			贷	3 583 750.00
4101.01	法定盈余公积			贷	3 583 750.00

七、实验任务一操作指导

1. 启用期间设置

启用期间设置是科目余额初始化的操作前提。信息管理员康路达（kld+学号）登录金蝶 EAS 系统，切换组织到环球日化深圳销售公司+姓名。学生点击【系统平台】→【系统工具】→【系统配置】→【系统状态控制】，进入系统状态控制界面；点击总账系统启用期间栏【放大镜】，进入会计期间列表；选择会计期间为 2017 年第 1 期，点击【确定】，如图 3-15 所示。

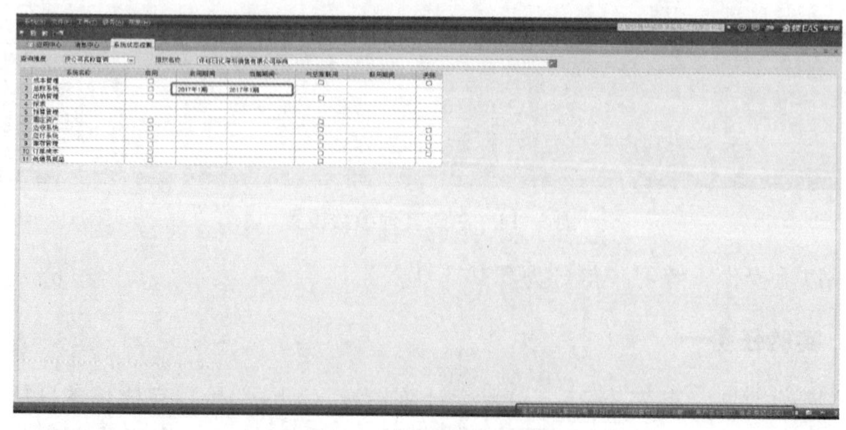

图 3-15　启用期间设置

2. 科目余额初始化

科目余额初始化操作是在使用总账系统进行日常业务操作之前进行的操作，需要在总账系统中进行初始设置的工作。总账会计陈军波（cjb+学号）登录金蝶 EAS 系统，点击【财务会计】→【总账】→【初始化】→【科目初始余额录入】，进入科目余额初始化界面，选择币别为人民币，根据表 3-2（环球日化深圳销售有限公司科目初始化信息表）录入科目初始余额。

科目初始余额录入完毕后，学生选择币别为综合本位币，点击【试算平衡】。若试算结果平衡，学生点击【结束初始化】，如图 3-16 所示；若试算结果不平衡，学生根据差额提示检查、调整科目初始余额，直至试算结果平衡。

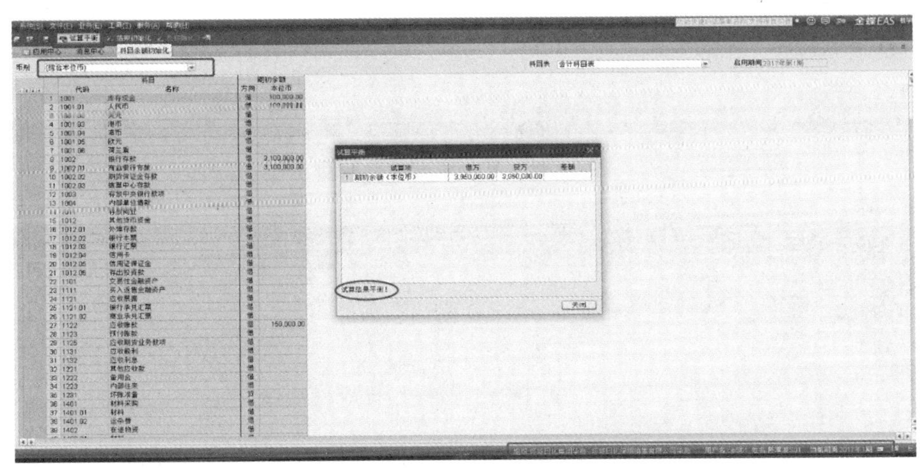

图 3-16　科目余额初始化

3. 辅助账初始化

辅助账科目初始余额录入是针对有挂辅助账的科目进行的操作，录入对应的辅助核算项目的初始数据。学生点击【应用中心】→【财务会计】→【总账】→【初始化】→【辅助账科目初始余额录入】，如图 3-17 至图 3-19 所示。学生根据表 3-2，录入辅助账初始化信息。

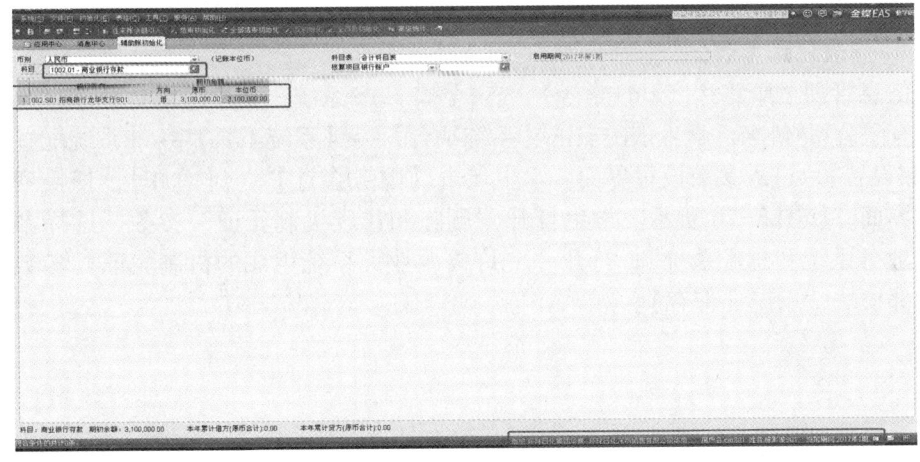

图 3-17　商业银行存款辅助科目

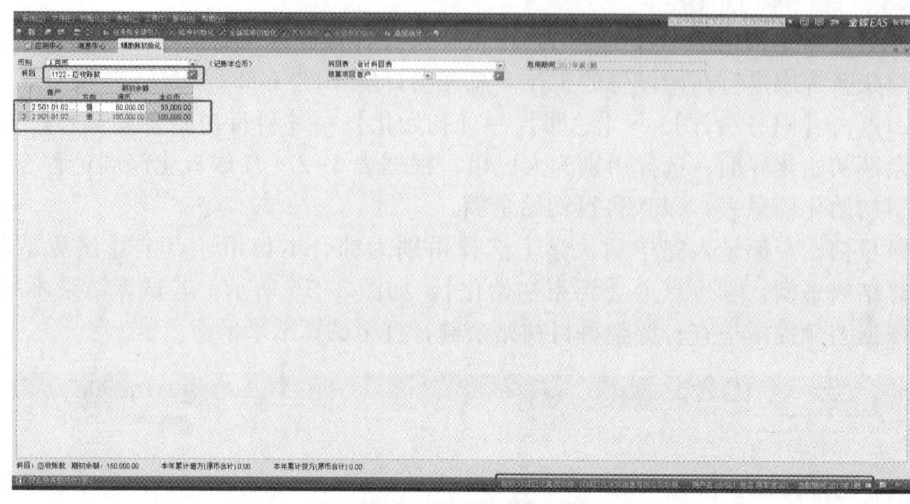

图 3-18　应收账款辅助科目

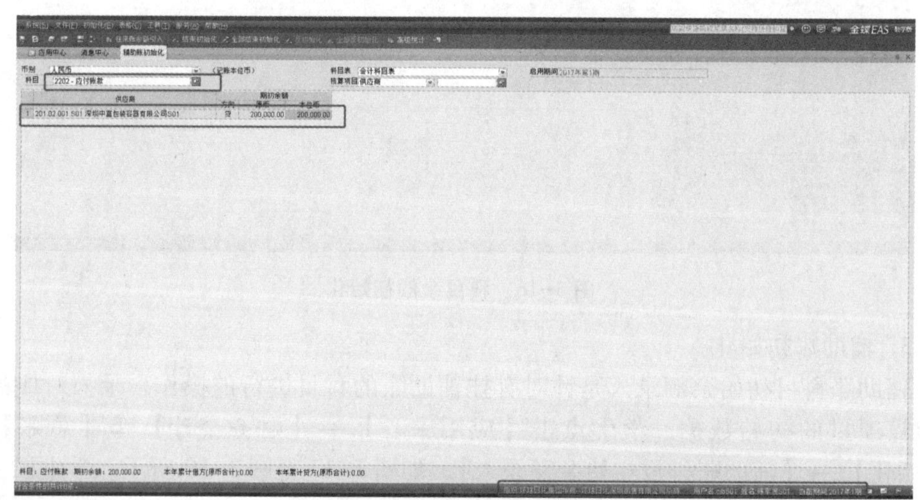

图 3-19　应付账款辅助科目

4. 修改总账参数

信息管理员康路达（kld+学号）登录金蝶 EAS 系统，切换组织到环球日化深圳销售有限公司+姓名。学生依次点击【系统平台】→【系统工具】→【系统配置】→【参数设置】，进入参数设置界面。学生点击【财务会计】→【总账】，切换到其他参数界面，如图 3-20 所示。学生打开“删除和作废机制凭证”参数，选择参数值为“业务系统和总账系统”；打开“允许修改业务系统生成的机制凭证”参数，选择全部模块，点击【保存】。

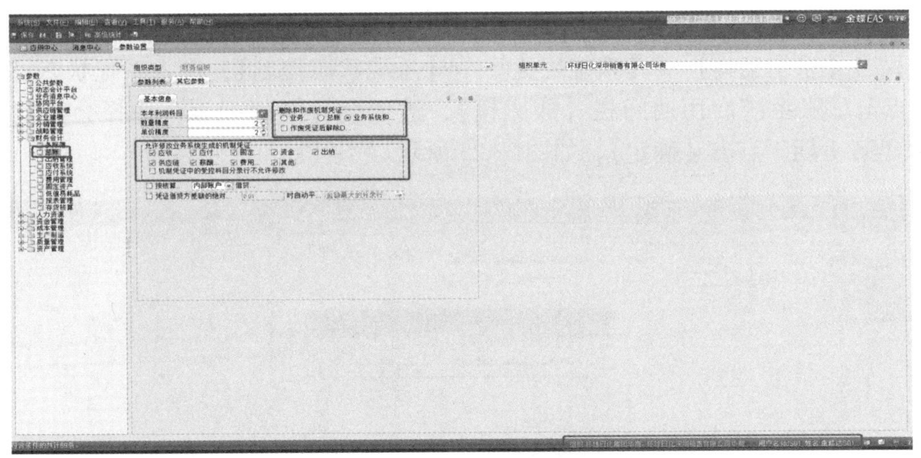

图 3-20　修改总账参数

八、实验任务二

根据所给数据（见表 3-3），总账会计马吉祯（mjz+学号）完成环球洗涤用品深圳有限公司总账系统初始化。系统管理员康路达（kld+学号）完成公司的总账其他参数修改。

表 3-3　环球洗涤用品深圳有限公司科目初始化信息表

<table>
<tr><th colspan="4">科 目</th><th colspan="2">期初余额</th></tr>
<tr><th rowspan="2">代码</th><th rowspan="2">名称</th><th colspan="2">辅助科目</th><th rowspan="2">方向</th><th rowspan="2">原币</th></tr>
<tr><th>名称</th><th>原币</th></tr>
<tr><td>1001</td><td>库存现金</td><td></td><td></td><td>借</td><td>80 000.00</td></tr>
<tr><td>1001.01</td><td>人民币</td><td></td><td></td><td>借</td><td>80 000.00</td></tr>
<tr><td>1002</td><td>银行存款</td><td></td><td>2 700 000.00</td><td>借</td><td>2 700 000.00</td></tr>
<tr><td>1002.01</td><td>商业银行存款</td><td>招商银行时代广场支行+学号</td><td>2 700 000.00</td><td>借</td><td>2 700 000.00</td></tr>
<tr><td>1601.02</td><td>固定资产——专用设备</td><td></td><td></td><td>借</td><td>480 000.00</td></tr>
<tr><td>1122</td><td>应收账款</td><td>成都贝贝商贸有限公司</td><td>100 000.00</td><td>借</td><td>100 000.00</td></tr>
<tr><td>1602.02</td><td>累计折旧——专用设备</td><td></td><td></td><td>贷</td><td>173 800.00</td></tr>
<tr><td rowspan="2">2202</td><td rowspan="2">应付账款</td><td>广州塑料包装材料有限公司</td><td>40 000.00</td><td>贷</td><td rowspan="2">120 000.00</td></tr>
<tr><td>深圳市元动化工有限公司</td><td>80 000.00</td><td>贷</td></tr>
<tr><td>4101</td><td>盈余公积</td><td></td><td></td><td>贷</td><td>3 066 200.00</td></tr>
<tr><td>4101.01</td><td>法定盈余公积</td><td></td><td></td><td>贷</td><td>3 066 200.00</td></tr>
</table>

九、实验任务二操作指导

1. 启用期间设置

启用期间设置是科目余额初始化的操作前提。信息管理员康路达（kld+学号）

登录金蝶 EAS 系统，切换组织到环球洗涤用品深圳有限公司+姓名。学生点击【系统平台】→【系统工具】→【系统配置】→【系统状态控制】，进入系统状态控制界面；点击总账系统启用期间栏【放大镜】，进入会计期间列表；选择会计期间为 2017 年第 1 期，点击【确定】，如图 3-21 所示。

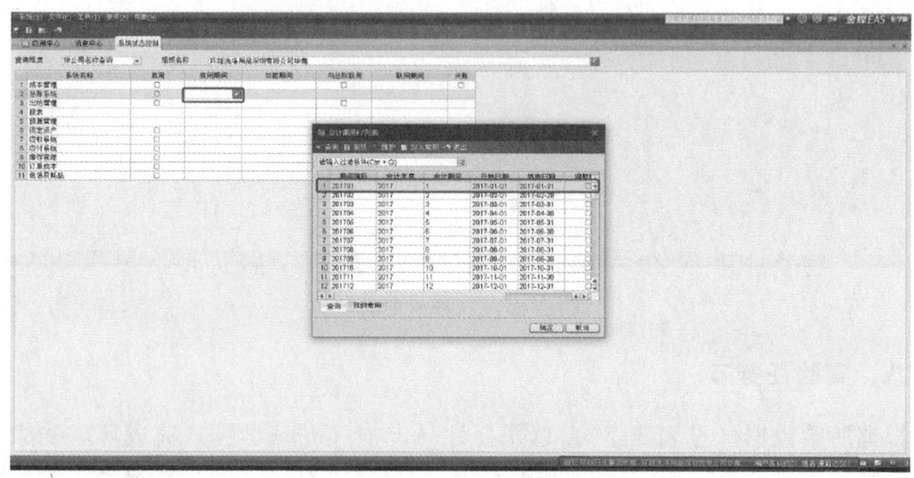

图 3-21　启用期间设置

2. 科目余额初始化

科目余额初始化操作是在使用总账系统进行日常业务操作之前进行的操作，需要在总账系统中进行初始设置的工作。总账会计马吉祯（mjz+学号）登录金蝶 EAS 系统，点击【财务会计】→【总账】→【初始化】→【科目初始余额录入】，进入科目余额初始化界面，选择币别为人民币，根据表 3-3（环球洗涤用品深圳有限公司科目初始化信息表）录入科目初始余额。

科目初始余额录入完毕后，学生选择币别为综合本位币，点击【试算平衡】。若试算结果平衡，学生点击【结束初始化】，如图 3-22 所示；若试算结果不平衡，学生根据差额提示检查、调整科目初始余额，直至试算结果平衡。

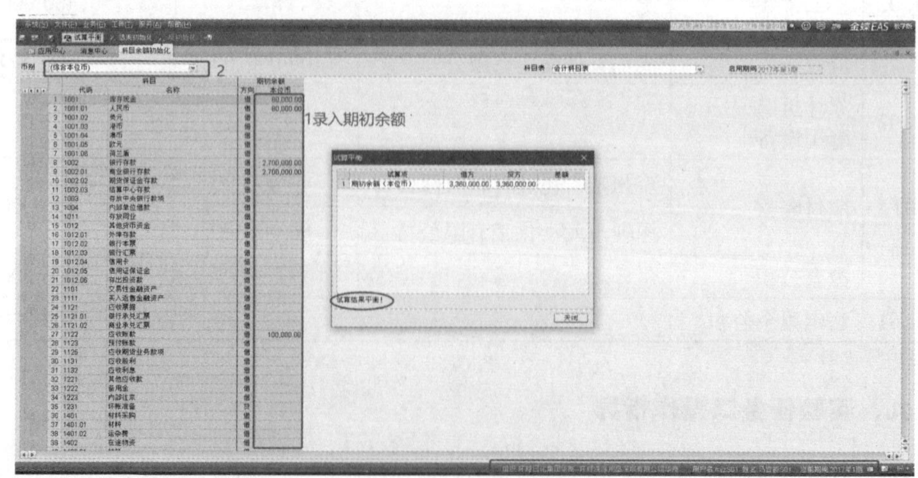

图 3-22　科目余额初始化

3. 辅助账初始化

辅助账科目初始余额录入是针对有挂辅助账的科目进行的操作，录入商业银行存款、应收账款、应付账款对应的辅助核算项目的初始数据。学生点击【应用中心】→【财务会计】→【总账】→【初始化】→【辅助账科目初始余额录入】，如图 3-23 至图 3-25 所示。学生根据表 3-3，录入辅助账初始化信息。

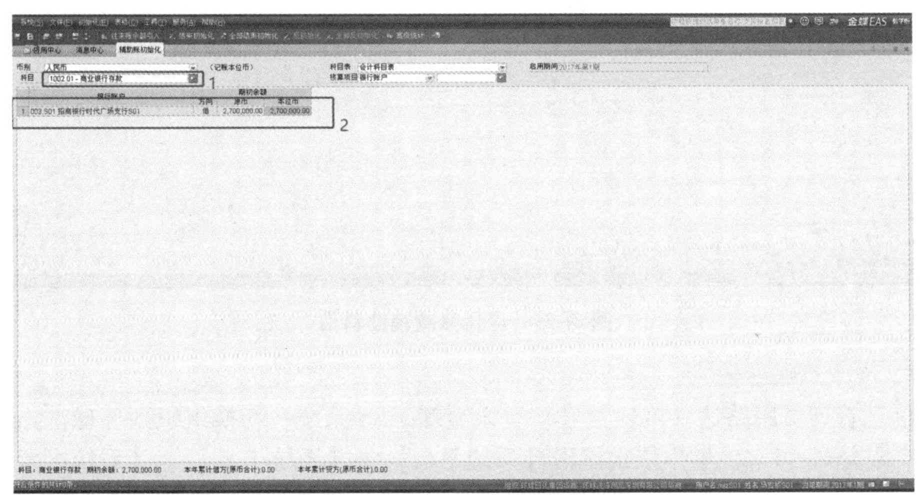

图 3-23 商业银行存款辅助科目

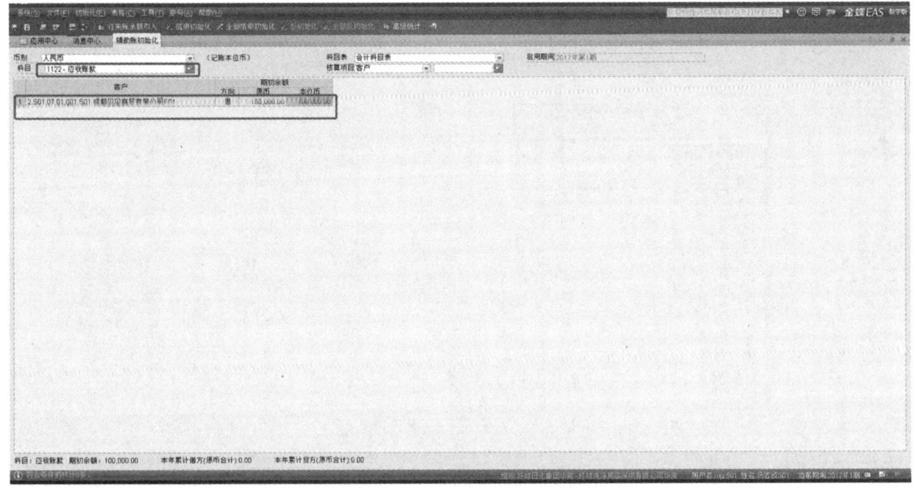

图 3-24 应收账款辅助科目

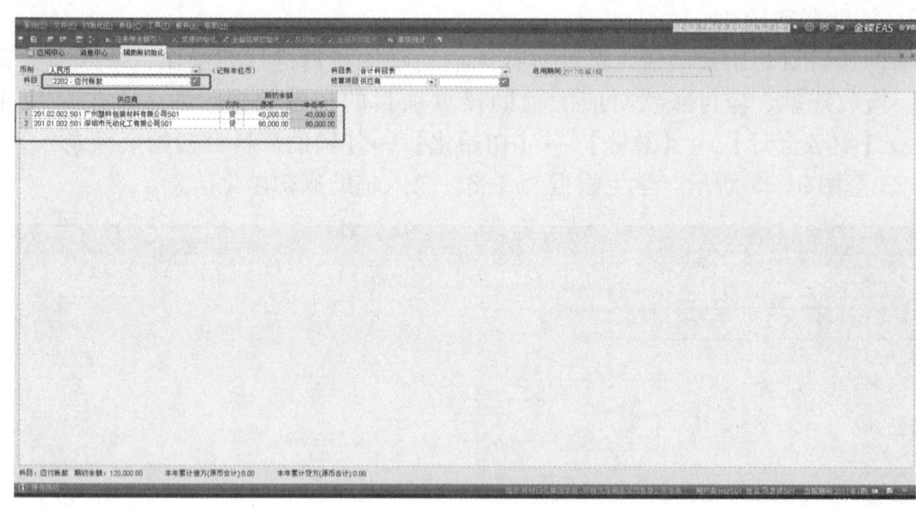

图 3-25　应付账款辅助科目

4. 修改总账参数

信息管理员康路达（kld+学号）登录金蝶 EAS 系统，切换组织到环球洗涤用品深圳有限公司+姓名。学生依次点击【系统平台】→【系统工具】→【系统配置】→【参数设置】，进入参数设置界面。学生点击【财务会计】→【总账】，切换到其他参数界面，如图 3-26 所示。“删除和作废机制凭证”选择参数值为“业务系统和总账系统”。“允许修改业务系统生成的机制凭证”选择全部模块。学生点击【保存】。

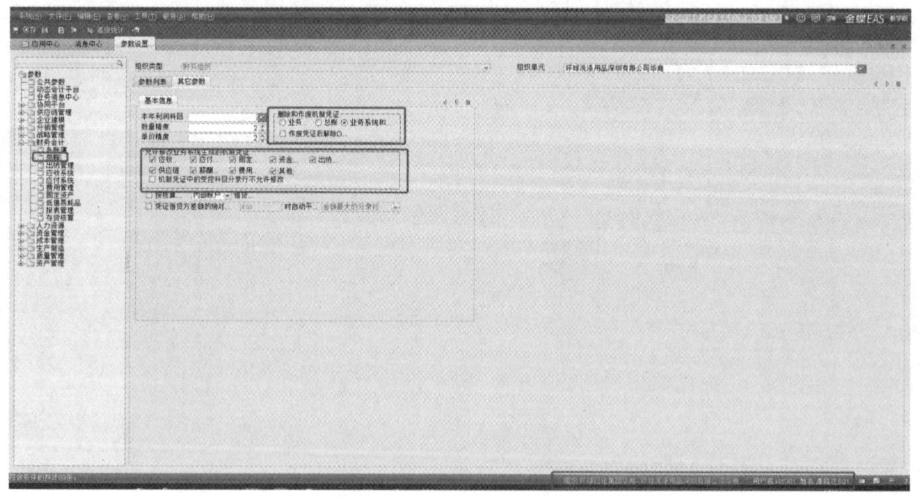

图 3-26　修改总账数

完成以上操作，练习二得分为 8.0/8.0。

第二节 出纳管理初始化

一、应用场景

出纳管理是企业日常收支必不可少的工作之一，涉及企业的现金收付、银行结算等财务工作。出纳管理能够帮助企业及时了解和掌握某期间或某时间范围的现金收支记录和银行存款收支情况，并做到日清月结，随时查询、打印有关出纳报表。

出纳管理初始化是启用金蝶 EAS 出纳管理系统必需的前置步骤，用于将启用期间之前的现金、银行存款和银行对账单余额录入系统，以保证系统后续期间业务数据的连续性。初始化数据是否正确将直接影响整个出纳系统数据的正确与否。出纳管理初始化包括以下内容：现金、银行存款、银行对账单。

以环球日化集团本部为例，信息管理员康路达（kld+学号）和环球日化集团本部出纳陈晓陶（cxt+学号）完成环球日化集团本部出纳管理初始化。

二、实验步骤

（1）启用期间设置。

（2）录入初始余额。

（3）结束初始化并与总账联用。

三、实验前准备

（1）集团资料已全部录入。

（2）总账系统已启用。

四、实验数据

实验数据如表 3-4 所示。

表 3-4 环球日化集团本部出纳初始化信息表

现金初始余额	
现金科目	初始余额（人民币/元）
1001. 01 人民币	150 000
银行存款与对账单	
银行账户名称	初始余额（人民币/元）
招商银行高新园支行+学号	3 200 000

五、操作指导

1. 启用期间设置

启用期间设置是出纳管理初始化的操作前提。信息管理员康路达（kld+学号）登录金蝶 EAS 系统，切换组织到环球日化集团本部+姓名。学生点击【系统平台】→【系统工具】→【系统配置】→【系统状态控制】，进入系统状态控制界面，如图 3-27 所示。

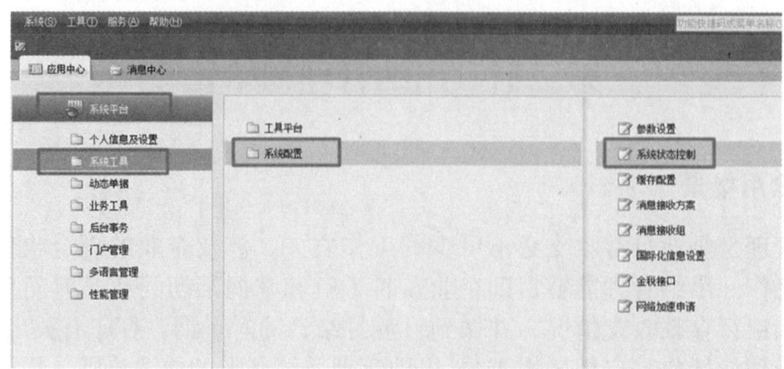

图 3-27　系统状态控制查询

学生点击出纳管理启用期间栏【放大镜】，进入会计期间列表，选择会计期间为 2017 年第 1 期，点击【确定】，如图 3-28 所示。

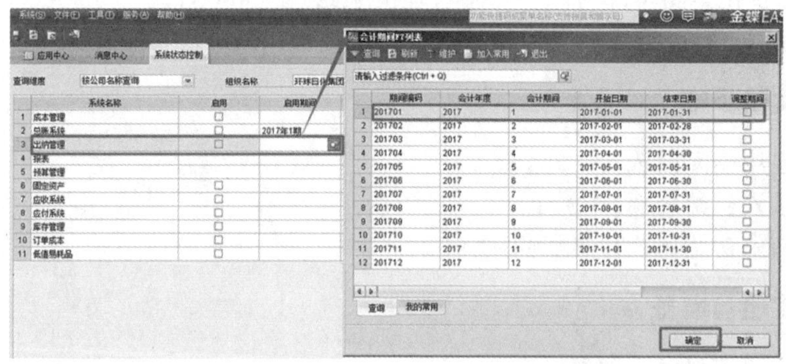

图 3-28　出纳管理系统启用期间设置

2. 录入初始余额

录入现金、银行存款、银行对账单初始余额，是启用金蝶 EAS 出纳管理系统必需的前置步骤。环球日化集团本部出纳陈晓陶（cxt+学号）登录金蝶 EAS 系统，点击【财务会计】→【出纳管理】→【基础设置】→【出纳初始化】，进入出纳初始化界面，如图 3-29 所示。

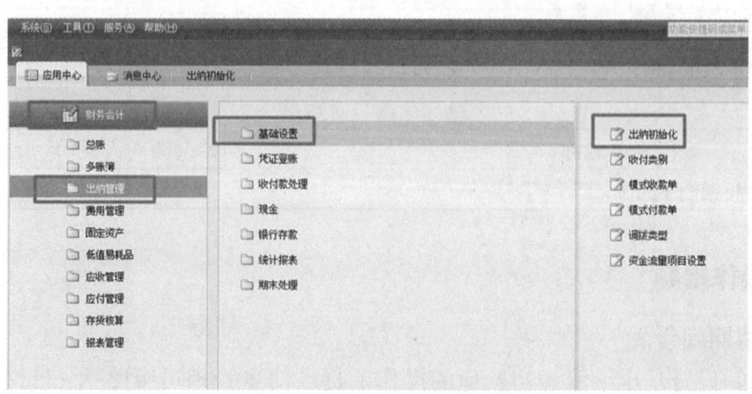

图 3-29　出纳初始化查询

学生选择类型为现金，币别为人民币，根据实验数据表3-4（环球日化集团本部出纳初始化信息表）录入。现金科目人民币初始余额为150 000元。学生录入完毕后点击【保存】，如图3-30所示。

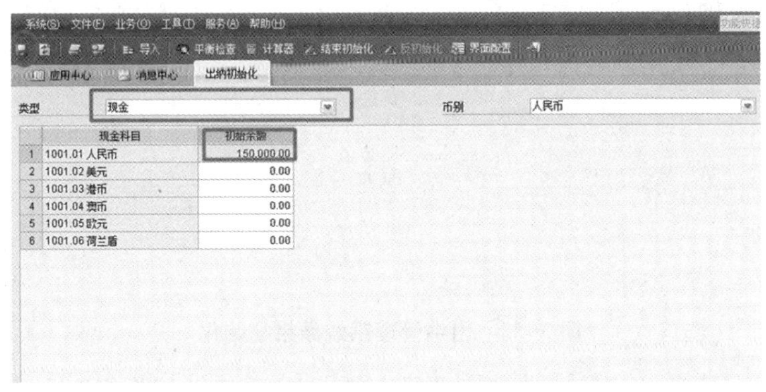

图3-30　现金科目初始余额录入

学生选择类型为银行存款，币别为人民币，根据实验数据表3-4（环球日化集团本部出纳初始化信息表）录入。银行账户名称为招商银行高新园支行+学号，初始余额为3 200 000元。学生录入完毕后点击【保存】，如图3-31所示。

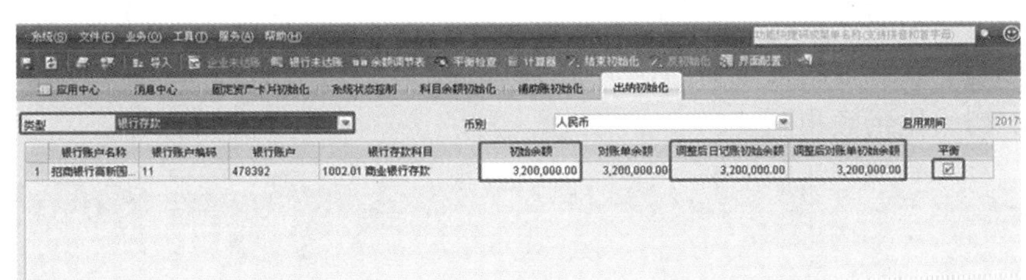

图3-31　银行存款科目初始余额录入

学生选择类型为对账单，币别为人民币，根据实验数据表3-4（环球日化集团本部出纳初始化信息表）录入。银行账户名称为招商银行高新园支行+学号，初始余额为3 200 000元。学生录入完毕后点击【保存】，如图3-32所示。

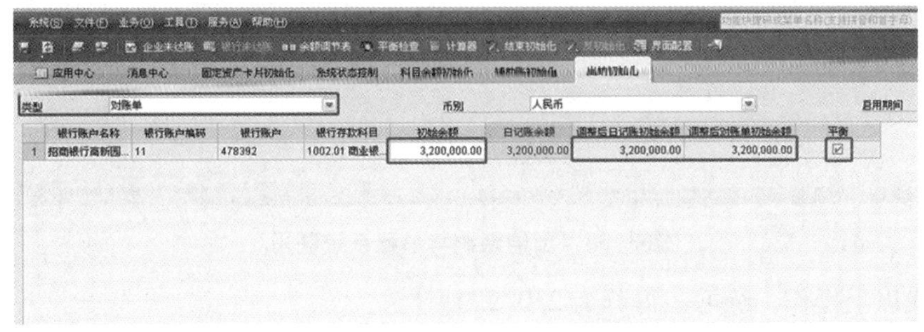

图3-32　对账单初始余额录入

3. 结束初始化并与总账联用

学生点击工具栏【平衡检查】，平衡后点击【结束初始化】，如图 3-33 所示。

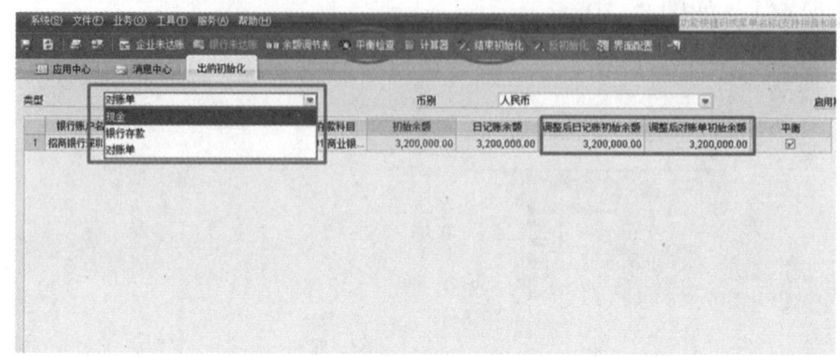

图 3-33　出纳管理系统结束初始化

信息管理员康路达（kld+学号）登录金蝶 EAS 系统，切换组织到环球日化集团本部+姓名。学生点击【系统平台】→【系统工具】→【系统配置】→【系统状态控制】，选择出纳系统，点击工具栏【与总账联用】，完成出纳系统与总账系统联用，如图 3-34 所示。

联用前提如下：

（1）当前期间一致。

（2）两个系统都结束了初始化。

（3）初始化余额相同。

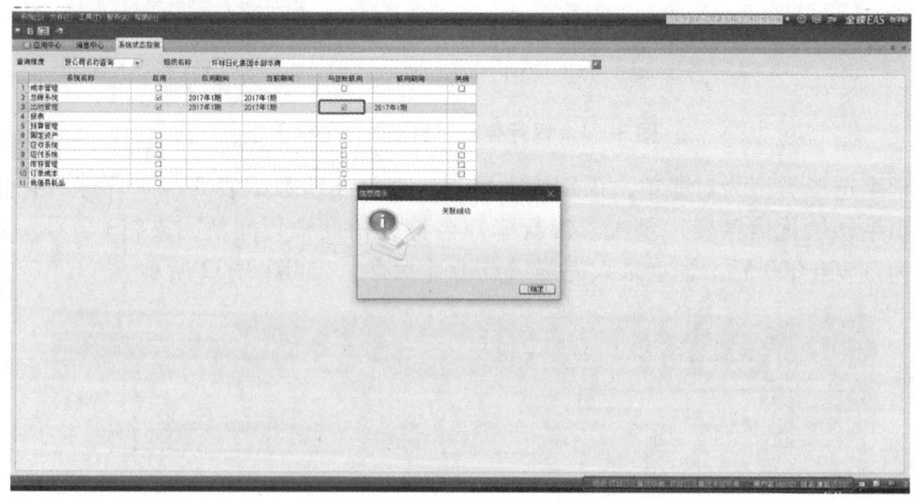

图 3-34　出纳系统与总账系统联用

完成以上操作，练习三得分为 2. 0/2. 0。

六、实验任务一

根据所给数据（见表 3-5），出纳张合凯（zhk+学号）完成环球日化深圳销售有限公司出纳管理初始化，并与总账联用。

表 3-5 环球日化深圳销售有限公司出纳初始化信息表

现金初始余额	
现金科目	初始余额（人民币/元）
1001.01 人民币	100 000
银行存款与对账单	
银行账户名称	初始余额（人民币/元）
招商银行龙华支行+学号	3 100 000

七、实验任务一操作指导

1. 启用期间设置

启用期间设置是出纳管理初始化的操作前提。信息管理员康路达（kld+学号）登录金蝶 EAS 系统，切换组织到环球日化深圳销售有限公司+姓名。学生点击【系统平台】→【系统工具】→【系统配置】→【系统状态控制】，进入系统状态控制界面，如图 3-35 所示。

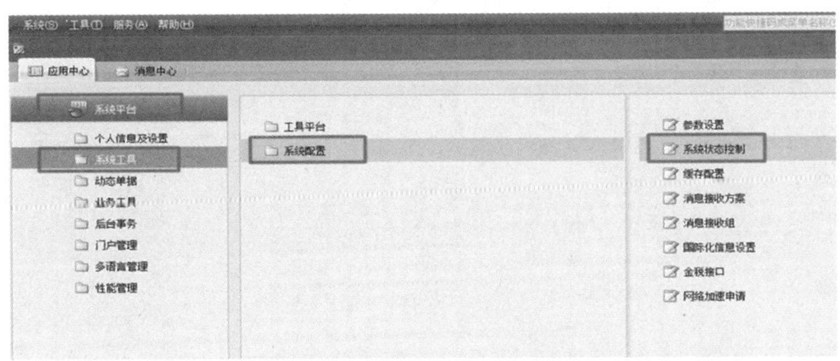

图 3-35 系统状态控制查询

学生点击出纳管理启用期间栏【放大镜】，进入会计期间列表，选择会计期间为 2017 年第 1 期，点击【确定】，如图 3-36 所示。

图 3-36 出纳管理系统启用期间设置

2. 录入初始余额

录入现金、银行存款、银行对账单初始余额，是启用金蝶 EAS 出纳管理系统必需的前置步骤。环球日化深圳销售有限公司出纳张合凯（zhk+学号）登录金蝶 EAS 系统，点击【财务会计】→【出纳管理】→【基础设置】→【出纳初始化】，进入出纳初始化界面，对现金、银行存款、对账单进行相应的设置，如图 3-37 至图 3-39 所示。

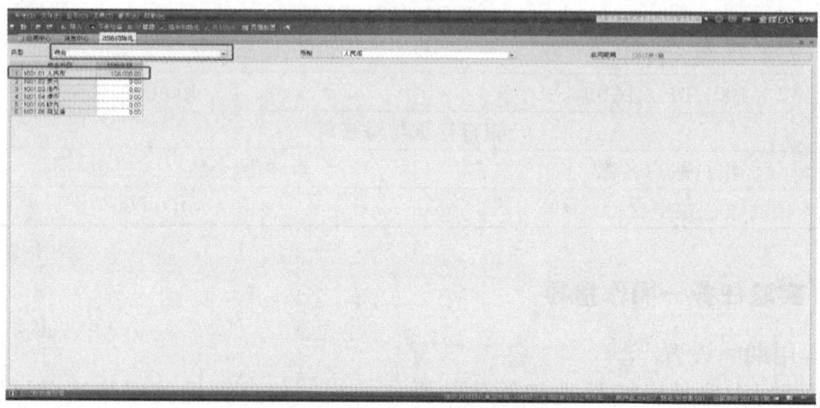

图 3-37　现金初始余额录入

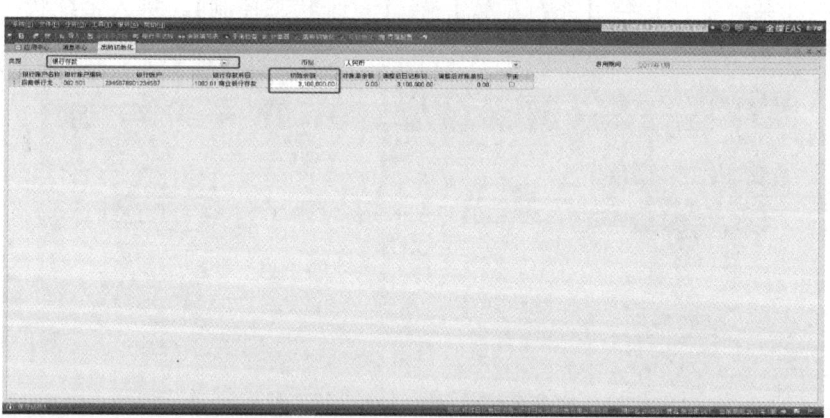

图 3-38　银行存款初始余额录入

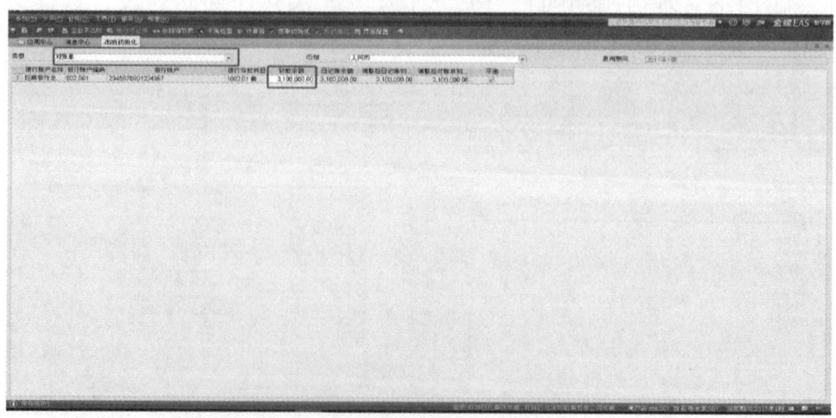

图 3-39　对账单初始余额录入

3. 结束初始化并与总账联用

学生点击工具栏【平衡检查】，平衡后点击【结束初始化】，如图 3-40 所示。

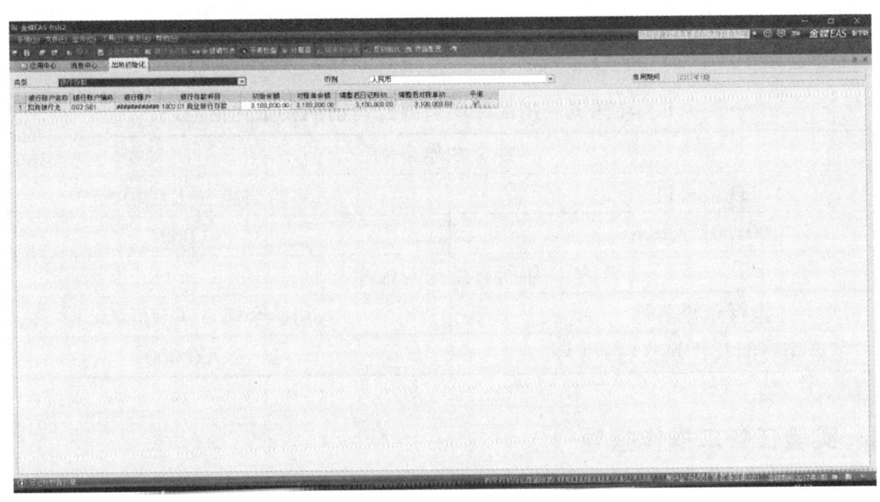

图 3-40　出纳管理系统结束初始化

信息管理员康路达（kld+学号）登录金蝶 EAS 系统，切换组织到环球日化深圳销售有限公司+姓名。学生点击【系统平台】→【系统工具】→【系统配置】→【系统状态控制】，选择出纳系统，点击工具栏【与总账联用】，完成出纳系统与总账系统的联用，如图 3-41 所示。

联用前提如下：

（1）当前期间一致。

（2）两个系统都结束了初始化。

（3）初始化余额相同。

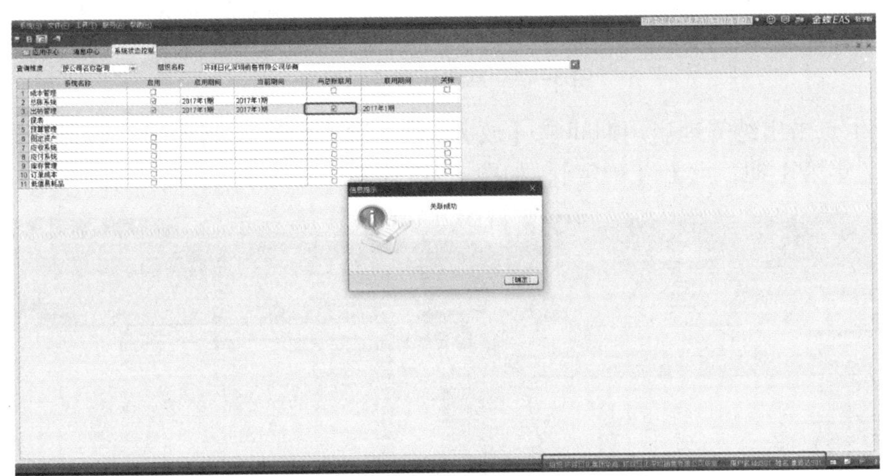

图 3-41　出纳系统与总账系统联用

八、实验任务二

根据所给数据（见表 3-6），出纳赵珊珊（zss+学号）完成环球洗涤用品深圳有限公司出纳管理初始化，并与总账联用。

表 3-6　环球洗涤用品深圳有限公司出纳初始化信息表

现金初始余额	
现金科目	初始余额（人民币/元）
1001.01 人民币	80 000
银行存款与对账单	
银行账户名称	初始余额（人民币/元）
招商银行时代广场支行+学号	2 700 000

九、实验任务二操作指导

1. 启用期间设置

信息管理员康路达（kld+学号）登录金蝶 EAS 系统，切换组织到环球洗涤用品深圳有限公司+姓名。学生点击【系统平台】→【系统工具】→【系统配置】→【系统状态控制】，进入系统状态控制界面，如图 3-42 所示。

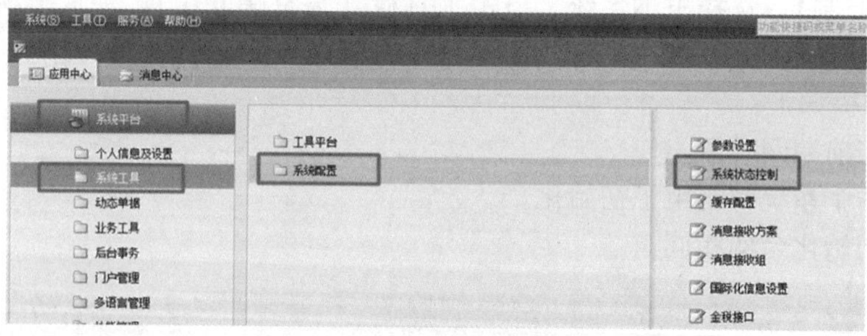

图 3-42　系统状态控制查询

学生点击出纳管理启用期间栏【放大镜】，进入会计期间列表，选择会计期间为 2017 年第 1 期，点击【确定】，如图 3-43 所示。

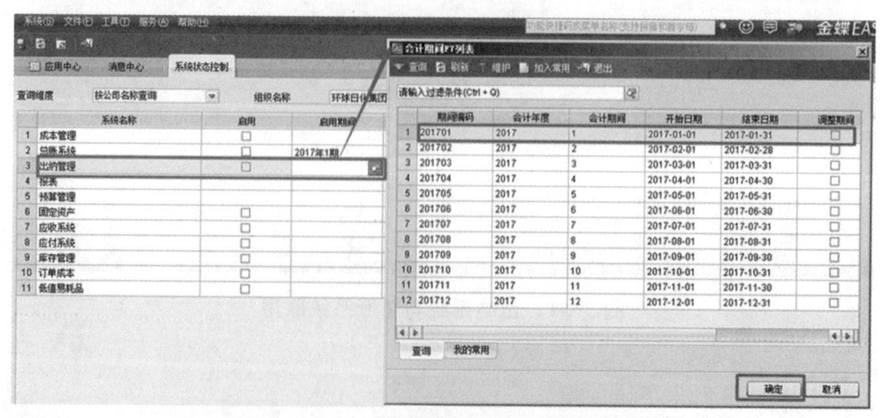

图 3-43　出纳管理系统启用期间设置

2. 录入初始余额

录入现金、银行存款、银行对账单初始余额，是启用金蝶 EAS 出纳管理系统必需的前置步骤。环球洗涤用品深圳有限公司出纳赵珊珊（zss+学号）登录金蝶 EAS 系统，点击【财务会计】→【出纳管理】→【基础设置】→【出纳初始化】，进入出纳初始化界面，对现金、银行存款、对账单进行相应的设置，如图 3-44 至图 3-46 所示。

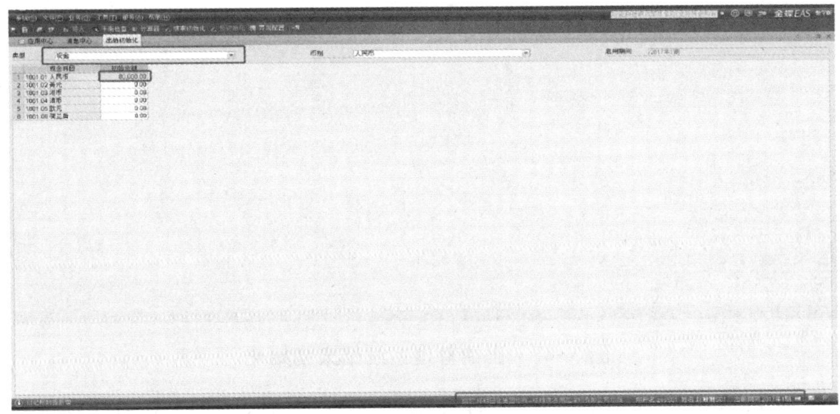

图 3-44　现金初始余额录入

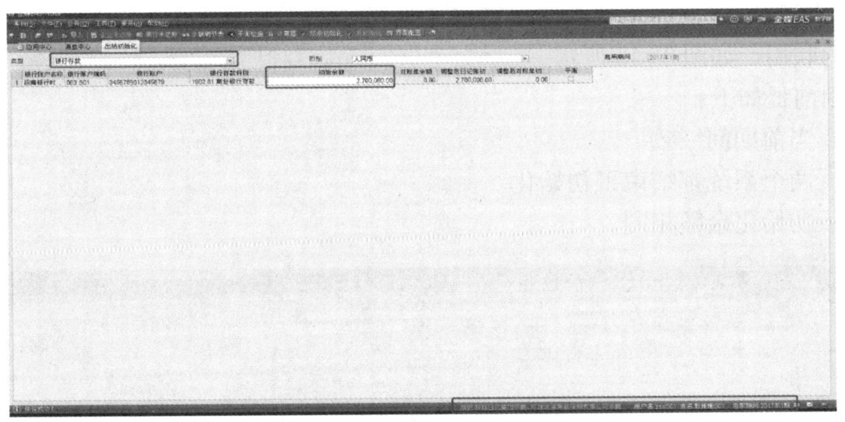

图 3-45　银行存款初始余额录入

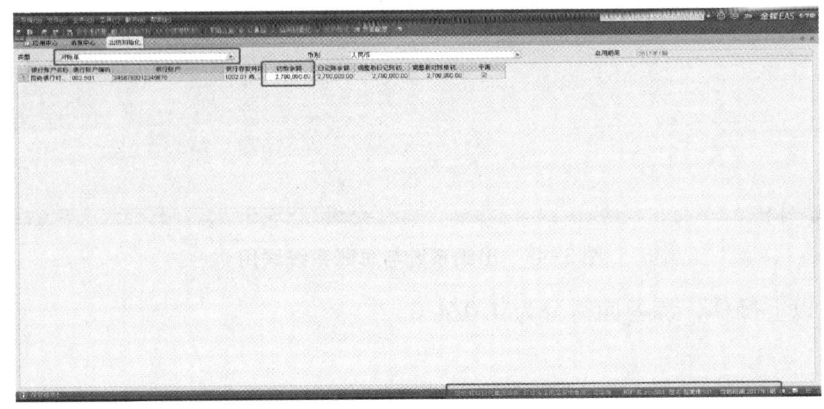

图 3-46　对账单初始余额录入

3. 结束初始化并与总账联用

学生点击工具栏【平衡检查】，平衡后点击【结束初始化】，如图 3-47 所示。

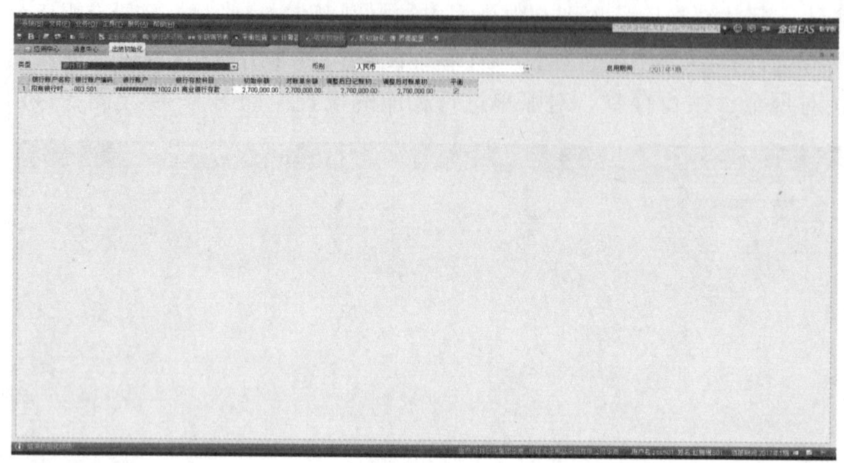

图 3-47　出纳管理系统结束初始化

信息管理员康路达（kld+学号）登录金蝶 EAS 系统，切换组织到环球洗涤用品深圳有限公司+姓名。学生点击【系统平台】→【系统工具】→【系统配置】→【系统状态控制】，选择出纳系统，点击工具栏【与总账联用】，完成出纳系统与总账系统的联用，如图 3-48 所示。

联用前提如下：

（1）当前期间一致。

（2）两个系统都结束了初始化。

（3）初始化余额相同。

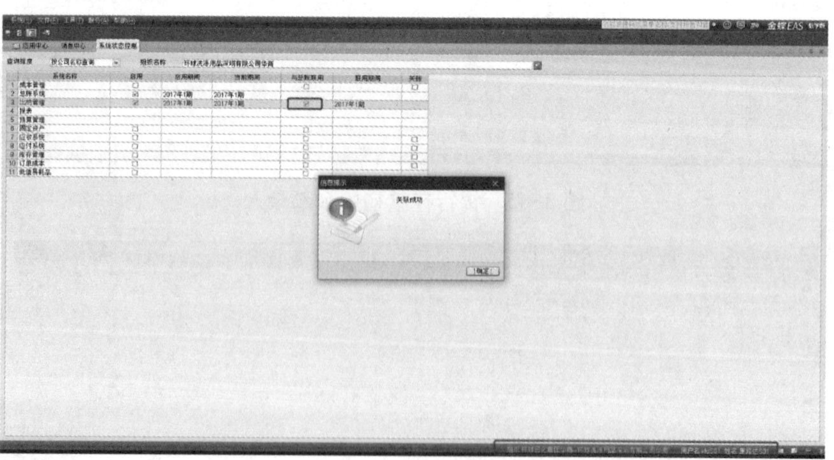

图 3-48　出纳系统与总账系统联用

完成以上操作，练习四得分为 4.0/4.0。

第三节　应收系统初始化

一、应用场景

应收管理系统负责处理客户往来账款管理业务，是供应链销售及分销管理资金结算的重要流程，同时又是财务资金管理的重要内容之一。

初始化处理是进行应收业务处理的基础与前提条件，是对应收系统上线前的业务数据的整理过程。初始化处理包括启用期间设置、对账科目设置、期初单据录入、年初至启用期间的发生额录入、结束初始化。

以环球日化集团本部为例，信息管理员康路达（kld+学号）和环球日化集团本部往来会计李卫玲（lwl+学号）完成环球日化集团本部应收系统初始化。

二、实验步骤

（1）启用期间设置。
（2）对账科目设置。
（3）初始数据引入。
（4）结束初始化并与总账联用。

三、实验前准备

（1）集团资料已全部录入。
（2）总账系统已启用。

四、实验数据

实验数据如表 3-7 所示。

表 3-7　环球日化集团本部应收系统初始化信息表

组织名称	客户	启用期间	科目	业务类型	物料	期初余额/元
环球日化集团本部+姓名	广州天天日用贸易有限公司	2017 年第 1 期	应收账款	销售发票	彩膜	100 000

五、操作指导

1. 启用期间设置

启用期间设置是应收系统初始化的操作前提。信息管理员康路达（kld+学号）登录金蝶 EAS 系统，切换组织到环球日化集团本部+姓名。学生点击【系统平台】→【系统工具】→【系统配置】→【系统状态控制】，进入系统状态控制界面，如图 3-49 所示。

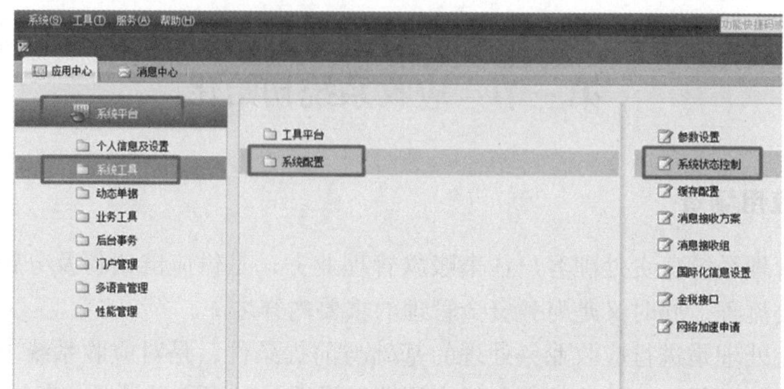

图 3-49　系统状态控制查询

学生点击应收系统启用期间栏【放大镜】，进入会计期间列表，选择会计期间为 2017 年第 1 期，点击【确定】，如图 3-50 所示。

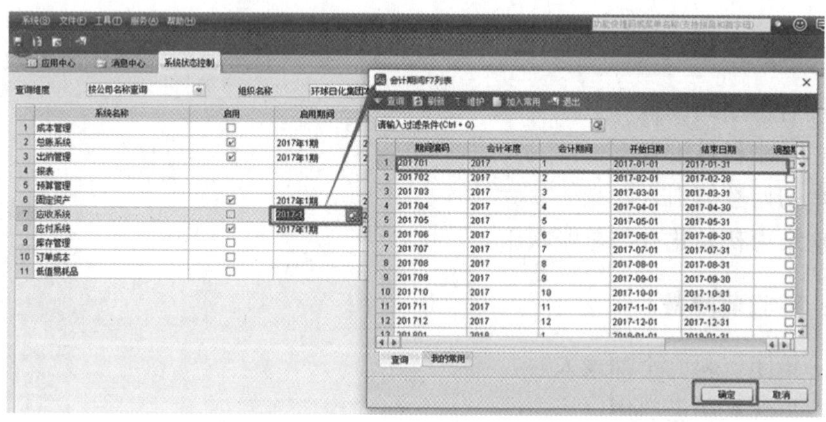

图 3-50　应收系统启用期间设置

2. 对账科目设置

应收系统需要设置与总账系统对账的科目。往来会计李卫玲（lwl+学号）登录金蝶 EAS 系统，切换组织到环球日化集团本部+姓名。学生点击【财务会计】→【应收管理】→【初始化】→【对账科目设置】，进入对账科目设置界面，如图 3-51 所示。

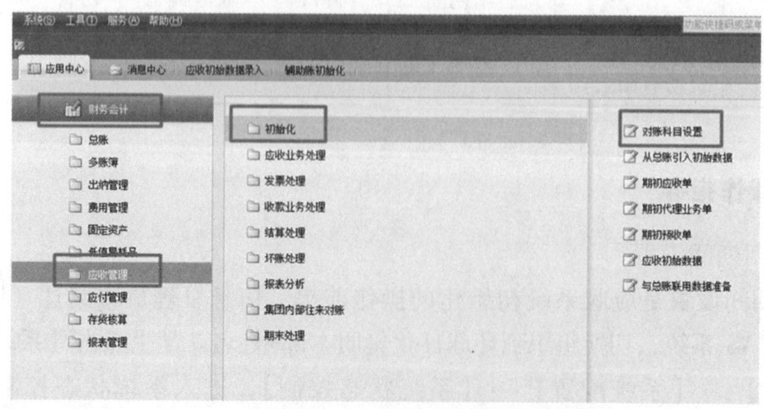

图 3-51　对账科目设置查询

学生点击工具栏【新增】，科目编码为 1122 应收账款，其他默认，点击【选择】，如图 3-52 所示。

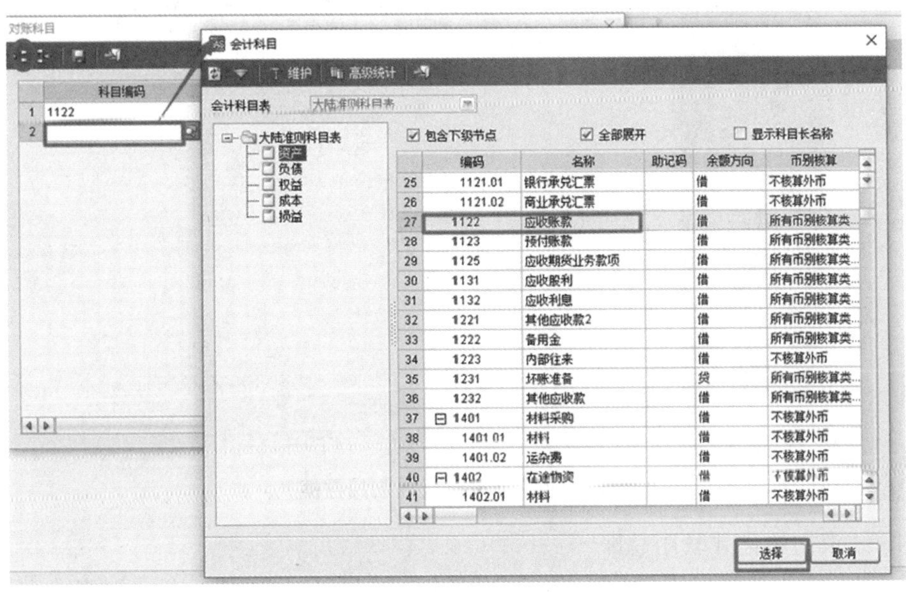

图 3-52　对账科目新增

3. 初始数据引入

系统将总账系统的辅助账余额或科目余额引入应收系统的对账科目余额表。学生点击【财务会计】→【应收管理】→【初始化】→【从总账引入初始数据】，进入从总账引入初始数据的界面，如图 3-53 所示。

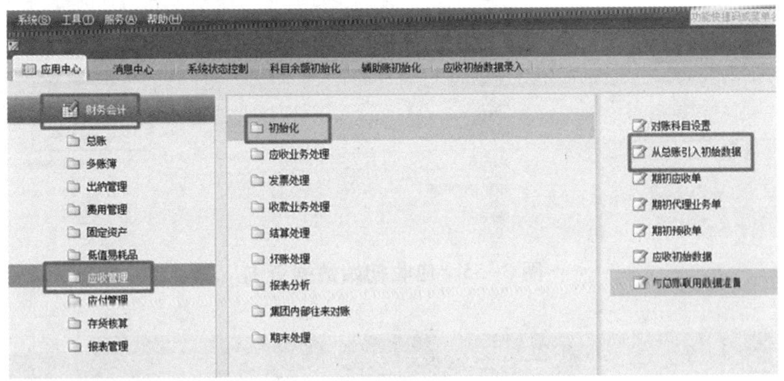

图 3-53　从总账引入初始数据查询

学生根据实验数据表 3-7（环球日化集团本部应收系统初始化信息表）录入，科目为应收账款，单据类型为销售发票，物料为彩膜 2001，录入完毕后点击【下一步】，如图 3-54 所示。

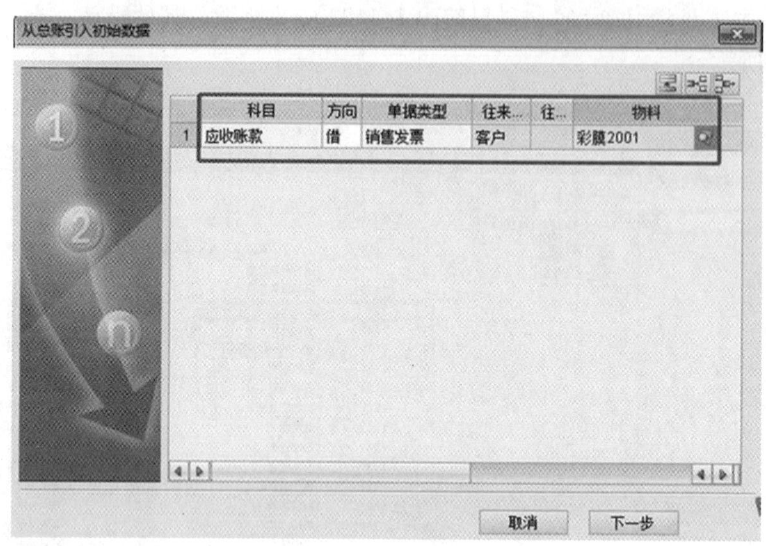

图 3-54　从总账引入初始数据

4. 结束初始化并联用总账

结束初始化是对启用期间、初始余额数据的确认。学生点击【财务会计】→【应收管理】→【初始化】→【应收初始数据】，进入应收初始数据界面。学生点击工具栏【结束初始化】，如图 3-55 和图 3-56 所示。

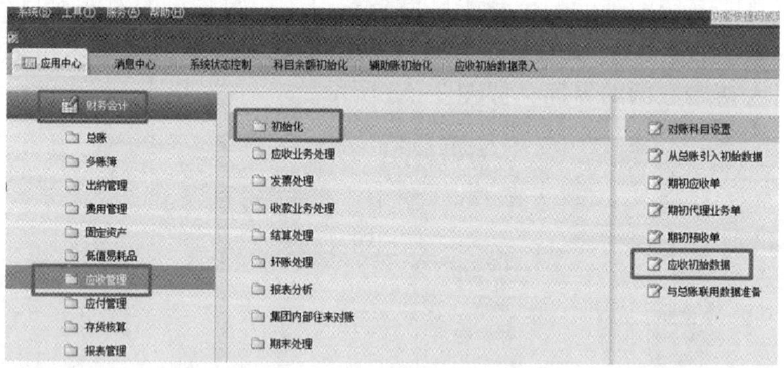

图 3-55　应收初始数据查询

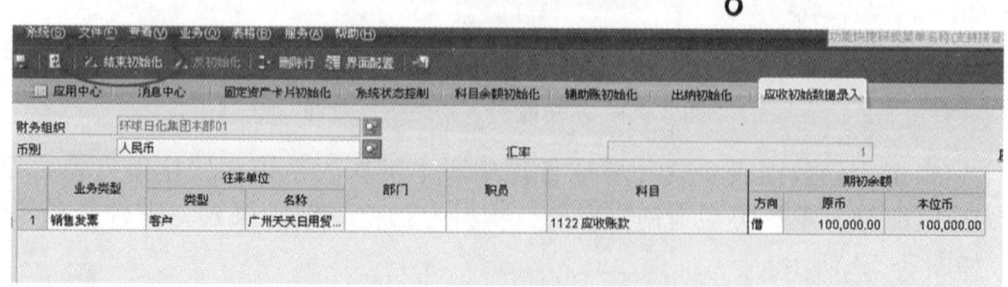

图 3-56　应收系统结束初始化

信息管理员康路达（kld+学号）登录金蝶 EAS 系统，切换组织到环球日化集团本部+姓名。学生点击【系统平台】→【系统工具】→【系统配置】→【系统状态控制】，选择应收系统；点击工具栏【与总账联用】，完成应收系统与总账系统的联用，如图3-57和图3-58所示。

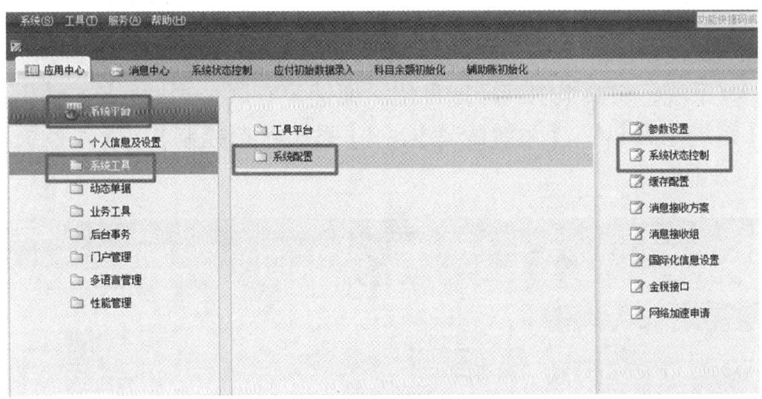

图3-57 系统状态控制查询

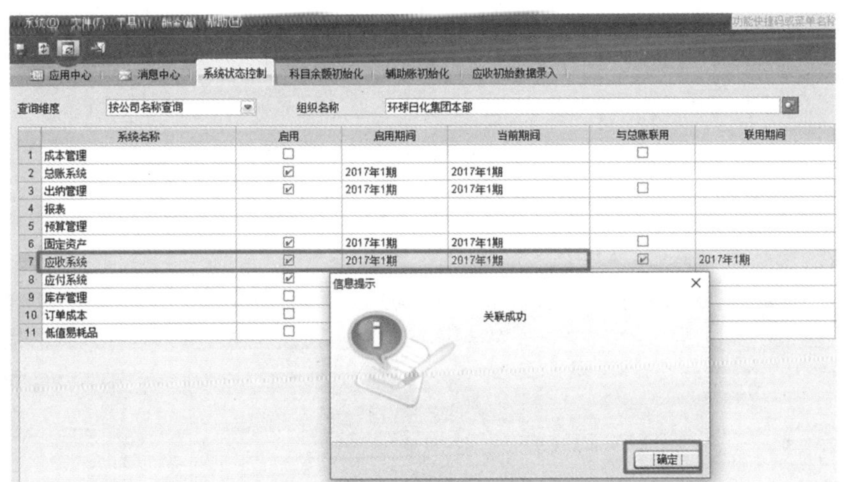

图3-58 应收系统与总账系统联用

完成以上操作，练习五得分为3.0/3.0。

六、实验任务一

根据所给数据（见表3-8），往来会计毛伟文（mww+学号）完成环球日化深圳销售有限公司应收系统初始化，并与总账联用。

表3-8 环球日化深圳销售有限公司应收系统初始化信息表

组织名称	客户	启用期间	科目	业务类型	物料	期初余额/元
环球日化深圳销售有限公司+姓名	深圳盼盼洗涤用品贸易公司	2017年第1期	应收账款	销售发票	电波拉皮除皱仪	50 000
环球日化深圳销售有限公司+姓名	深圳日日用品贸易公司	2017年第1期	应收账款	销售发票	电波拉皮除皱仪	100 000

七、实验任务一操作指导

1. 启用期间设置

启用期间设置是应收系统初始化的操作前提。信息管理员康路达（kld+学号）登录金蝶 EAS 系统，切换组织到环球日化深圳销售有限公司+姓名。学生点击【系统平台】→【系统工具】→【系统配置】→【系统状态控制】，进入系统状态控制界面，如图 3-59 所示。

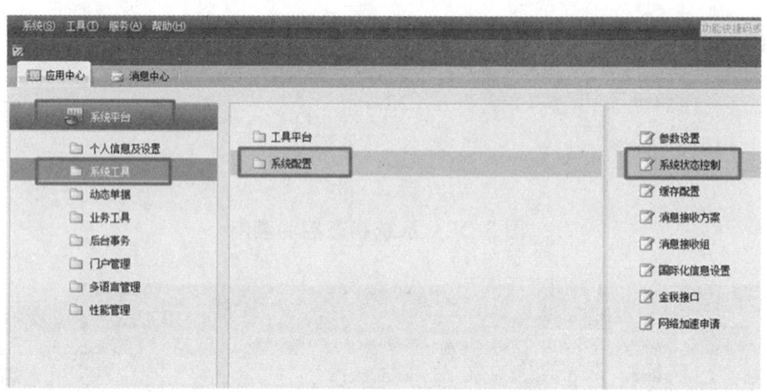

图 3-59　系统状态控制查询

学生点击应收系统启用期间栏【放大镜】，进入会计期间列表，选择会计期间为 2017 年第 1 期，点击【确定】，如图 3-60 所示。

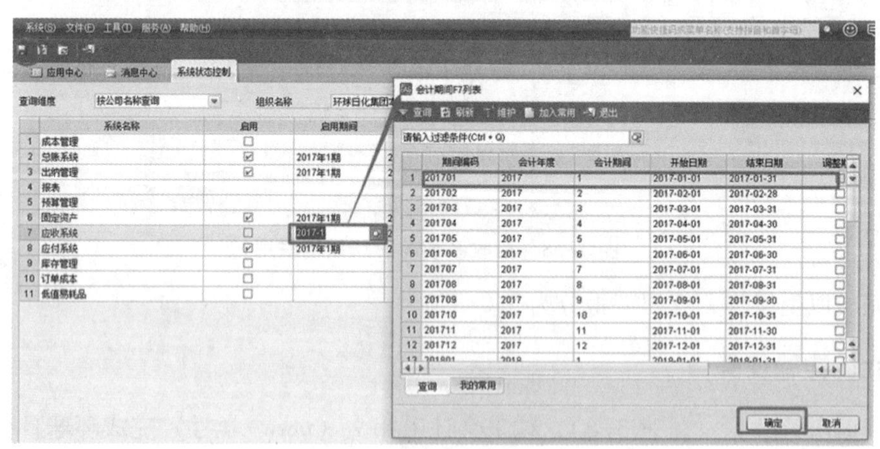

图 3-60　应收系统启用期间设置

2. 对账科目设置

应收系统需要设置与总账系统对账的科目。往来会计毛伟文（mww+学号）登录金蝶 EAS 系统，切换组织到环球日化深圳销售有限公司+姓名。学生点击【财务会计】→【应收管理】→【初始化】→【对账科目设置】，进入对账科目设置界面，如图 3-61 所示。

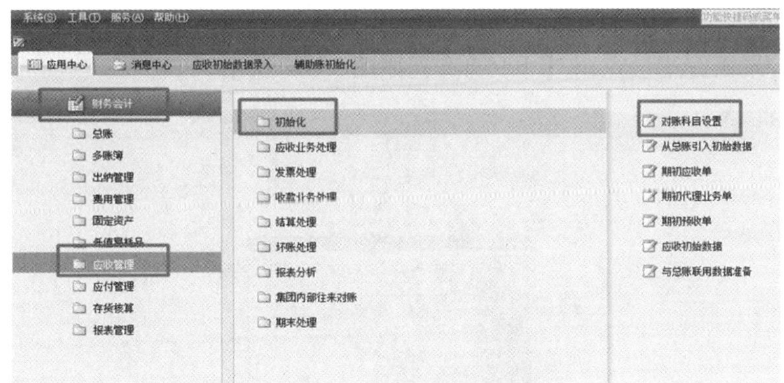

图 3-61　对账科目设置查询

学生点击工具栏【新增】，科目编码为 1122 应收账款，其他默认，点击【选择】，如图 3-62 所示。

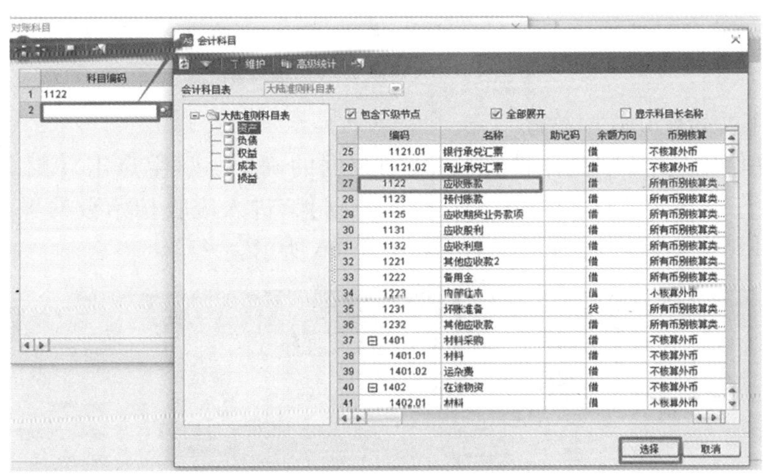

图 3-62　对账科目新增

3. 初始数据引入

系统将总账系统的辅助账余额或科目余额引入应收系统的对账科目余额表。学生点击【财务会计】→【应收管理】→【初始化】→【从总账引入初始数据】，进入从总账引入初始数据的界面，如图 3-63 所示。

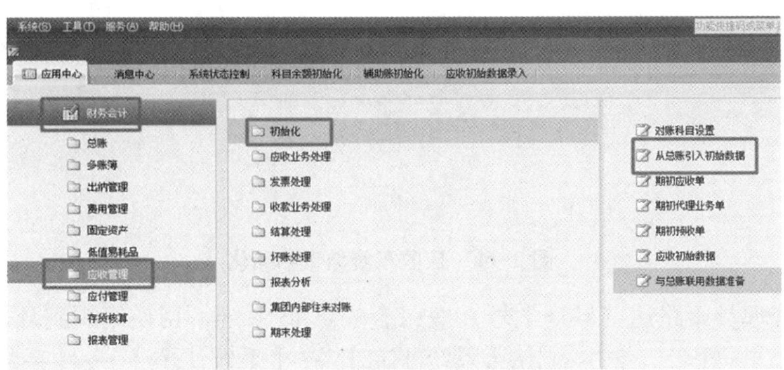

图 3-63　从总账引入初始数据查询

学生录入表 3-8 信息，科目为应收账款，单据类型为销售发票，物料为电波拉皮除皱仪，录入完毕后点击【下一步】，如图 3-64 所示。

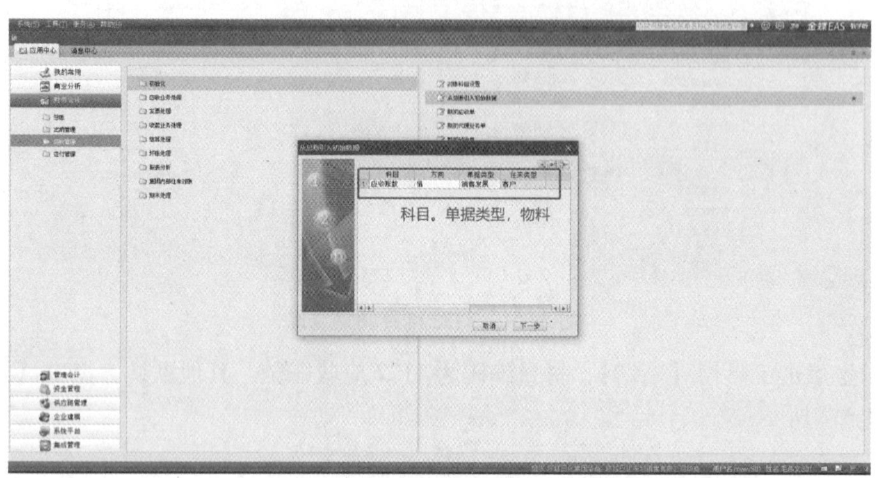

图 3-64　从总账引入初始数据

4. 结束初始化并联用总账

结束初始化是对启用期间、初始余额数据的确认。学生点击【财务会计】→【应收管理】→【初始化】→【应收初始数据】，进入应收初始数据界面。学生点击工具栏【结束初始化】，如图 3-65 和图 3-66 所示。

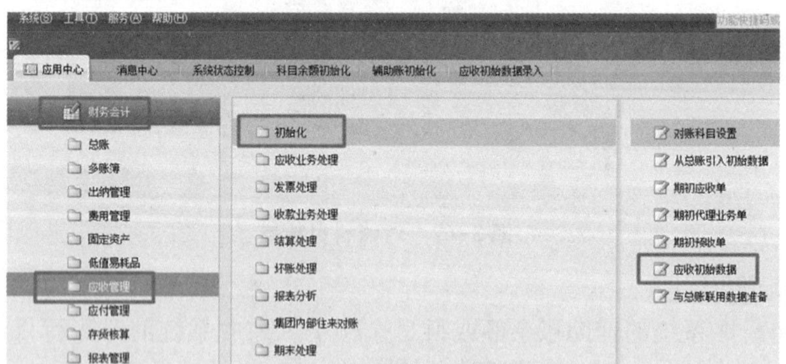

图 3-65　应收初始数据查询

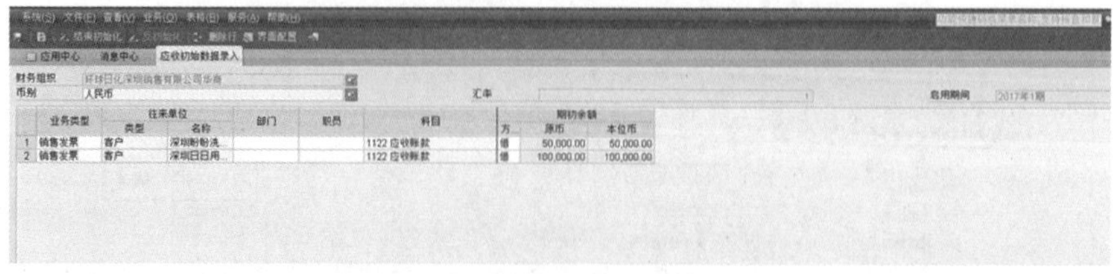

图 3-66　应收系统结束初始化

信息管理员康路达（kld+学号）登录金蝶 EAS 系统，切换组织到环球日化深圳销售有限公司+姓名。学生点击【系统平台】→【系统工具】→【系统配置】→【系统状态控制】，选择应收系统；点击工具栏【与总账联用】，完成应收系统与总账系统的联用，如图 3-67 和图 3-68 所示。

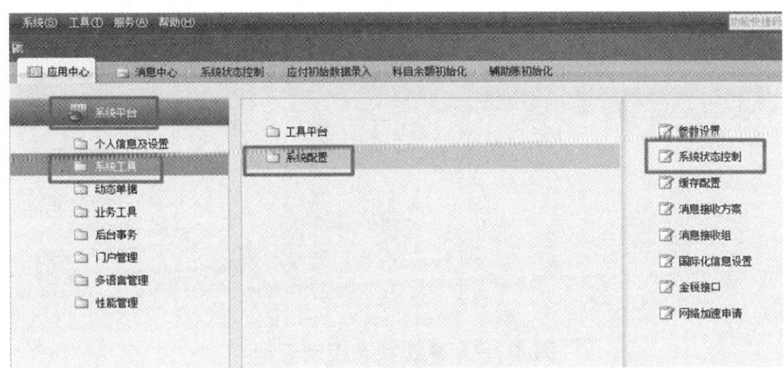

图 3-67 系统状态控制查询

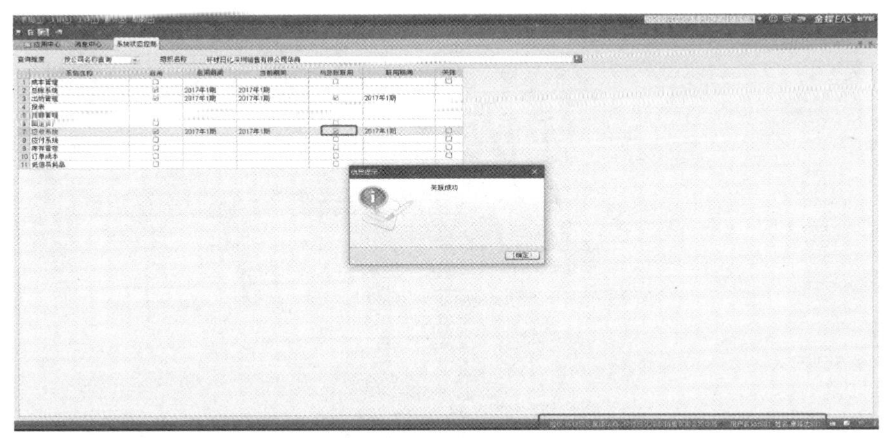

图 3-68 应收系统与总账系统联用

八、实验任务二

根据所给数据（见表 3-9），往来会计高倩兰（gql+学号）完成环球洗涤用品深圳有限公司应收系统初始化，并与总账联用。

表 3-9 环球洗涤用品深圳有限公司应收系统初始化信息表

组织名称	客户	启用期间	科目	业务类型	物料	期初余额/元
环球洗涤用品深圳有限公司+姓名	成都贝贝商贸有限公司	2017 年第 1 期	应收账款	销售发票	去屑洗发水	100 000

九、实验任务二操作指导

1. 启用期间设置

启用期间设置是应收系统初始化的操作前提。信息管理员康路达（kld+学号）登录金蝶 EAS 系统，切换组织到环球洗涤用品深圳有限公司+姓名。学生点击【系统平台】→【系统工具】→【系统配置】→【系统状态控制】，进入系统状态控制界面，如图 3-69 所示。

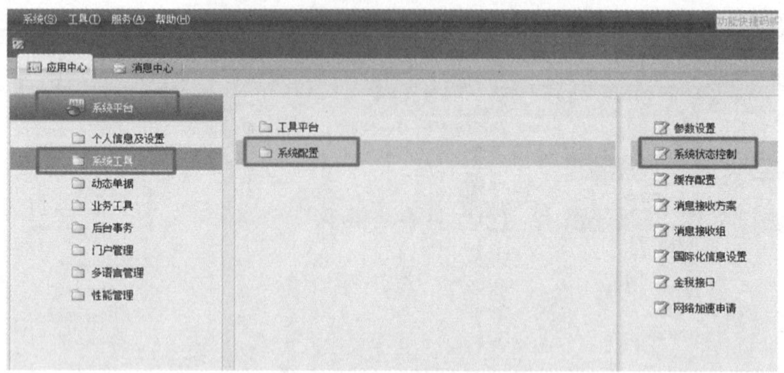

图 3-69　系统状态控制查询

学生点击应收系统启用期间栏【放大镜】，进入会计期间列表，选择会计期间为 2017 年第 1 期，点击【确定】，如图 3-70 所示。

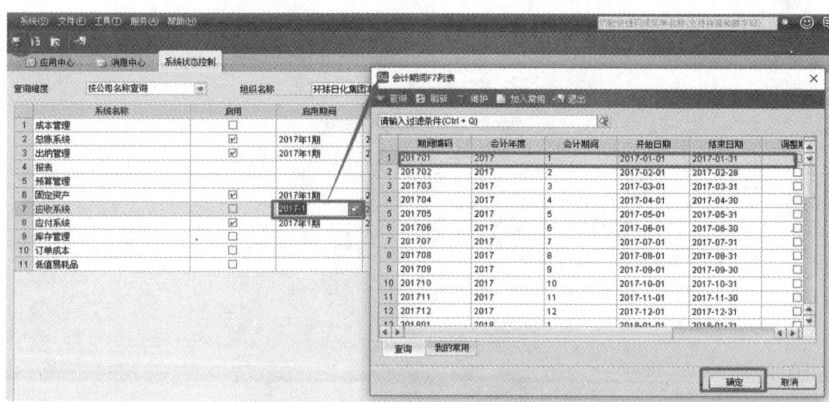

图 3-70　应收系统启用期间设置

2. 对账科目设置

应收系统需要设置与总账系统对账的科目。往来会计高倩兰（gql+学号）登录金蝶 EAS 系统，切换组织到环球洗涤用品深圳有限公司+姓名。学生点击【财务会计】→【应收管理】→【初始化】→【对账科目设置】，进入对账科目设置界面，如图 3-71 所示。

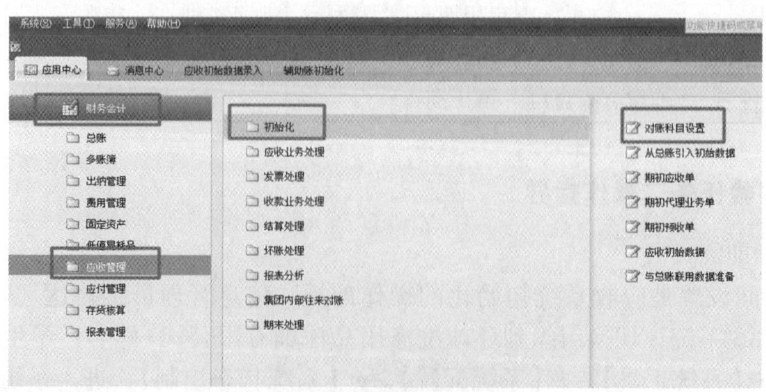

图 3-71　对账科目设置查询

学生点击工具栏【新增】，科目编码为 1122 应收账款，其他默认，点击【选择】，如图 3-72 所示。

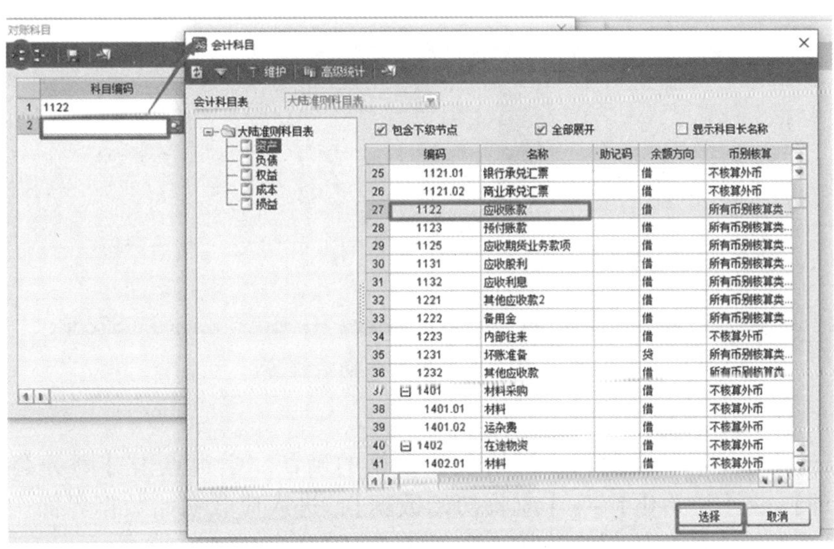

图 3-72 对账科目新增

3. 初始数据引入

系统将总账系统的辅助账余额或科目余额引入应收系统的对账科目余额表。学生点击【财务会计】→【应收管理】→【初始化】→【从总账引入初始数据】，进入从总账引入初始数据的界面，如图 3-73 所示。

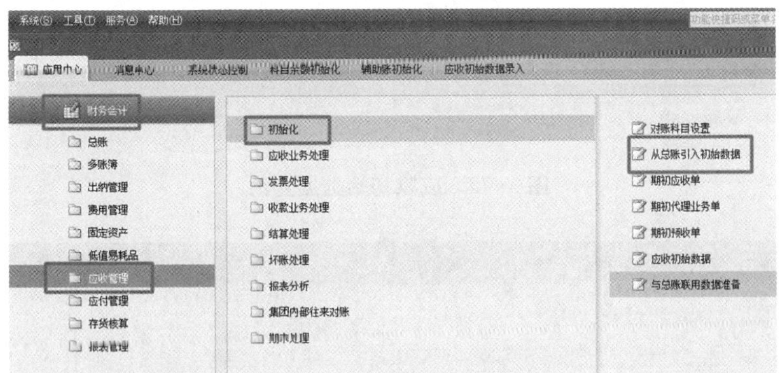

图 3-73 从总账引入初始数据查询

学生录入表 3-9 信息，科目为应收账款，单据类型为销售发票，物料为去屑洗发水，录入完毕后点击【下一步】，如图 3-74 所示。

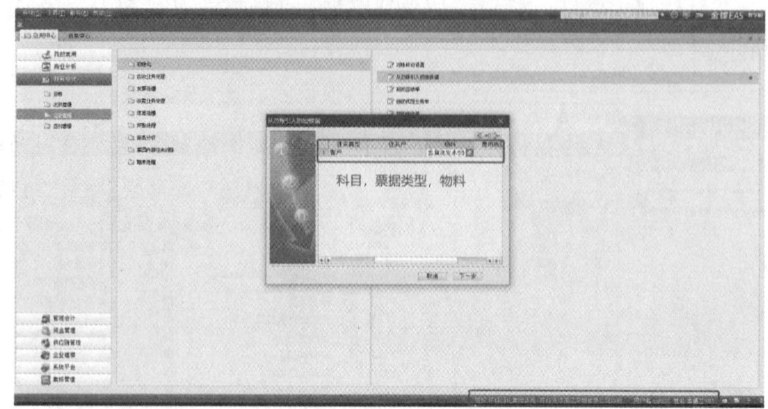

图 3-74　从总账引入初始数据

4. 结束初始化并联用总账

结束初始化是对启用期间、初始余额数据的确认。学生点击【财务会计】→【应收管理】→【初始化】→【应收初始数据】，进入应收初始数据界面。学生点击工具栏【结束初始化】，如图 3-75 和图 3-76 所示。

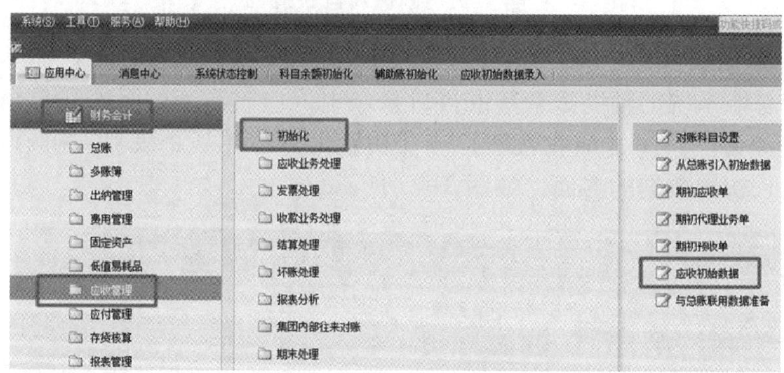

图 3-75　应收初始数据查询

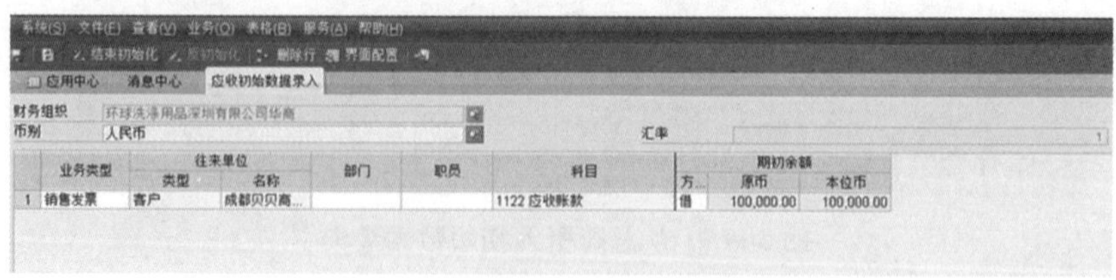

图 3-76　应收系统结束初始化

信息管理员康路达（kld+学号）登录金蝶 EAS 系统，切换组织到环球洗涤用品深圳有限公司+姓名。学生点击【系统平台】→【系统工具】→【系统配置】→【系统状态控制】，选择应收系统；点击工具栏【与总账联用】，完成应收系统与总账系统的联用，如图 3-77 和图 3-78 所示。

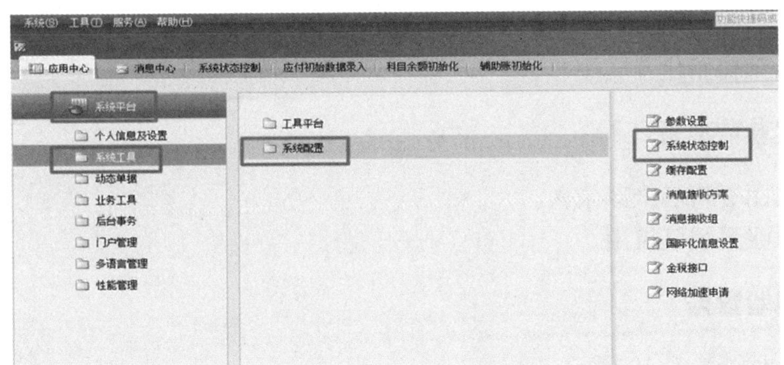

图 3-77　系统状态控制查询

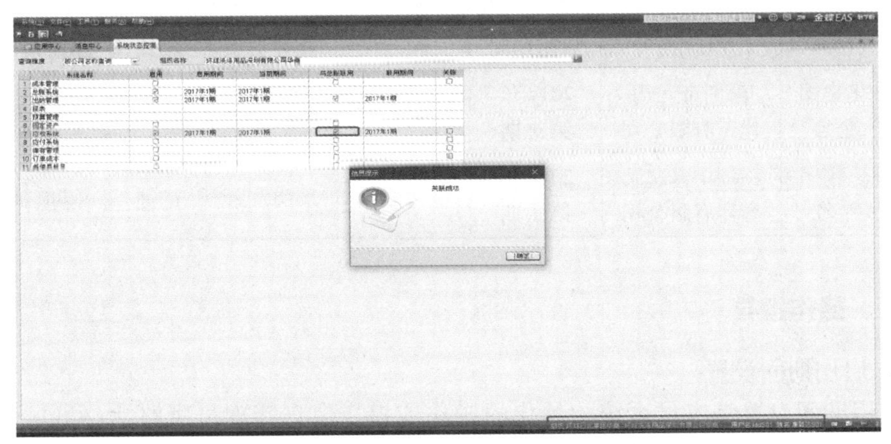

图 3-78　应收系统与总账系统联用

完成以上操作，练习六得分为 5.5/5.5。

第四节　应付系统初始化

一、应用场景

应付管理系统处理供应商往来账款管理业务，是供应链采购及供应管理资金结算的重要流程，同时又是财务资金管理的重要内容之一。

初始化处理是进行应付业务处理的基础与前提条件，是对应付系统上线前的业务数据的整理过程。初始化处理包括启用期间设置、对账科目设置、期初单据录入、年初至启用期间的发生额录入、结束初始化。

以环球日化集团本部为例，信息管理员康路达（kld+学号）和环球日化集团本部往来会计李卫玲（lwl+学号）完成环球日化集团本部应付系统初始化。

二、实验步骤

（1）启用期间设置。

（2）对账科目设置。

（3）初始数据引入。
（4）结束初始化并联用总账。

三、实验前准备

（1）集团资料已全部录入。
（2）总账系统已启用。

四、实验数据

实验数据如表 3-10 所示。

表 3-10 环球日化集团本部应付系统初始化信息表

组织名称	供应商	启用期间	科目	业务类型	物料	期初余额/元
环球日化集团本部+姓名	深圳市元动化工有限公司	2017 年第 1 期	应付账款	采购发票	矿油	60 000
环球日化集团本部+姓名	深圳中富包装容器有限公司	2017 年第 1 期	应付账款	采购发票	矿油	40 000

五、操作指导

1. 启用期间设置

启用期间设置是应付系统初始化的操作前提。信息管理员康路达（kld+学号）登录金蝶 EAS 系统，切换组织到环球日化集团本部+姓名。学生点击【系统平台】→【系统工具】→【系统配置】→【系统状态控制】，进入系统状态控制界面，如图 3-79 所示。

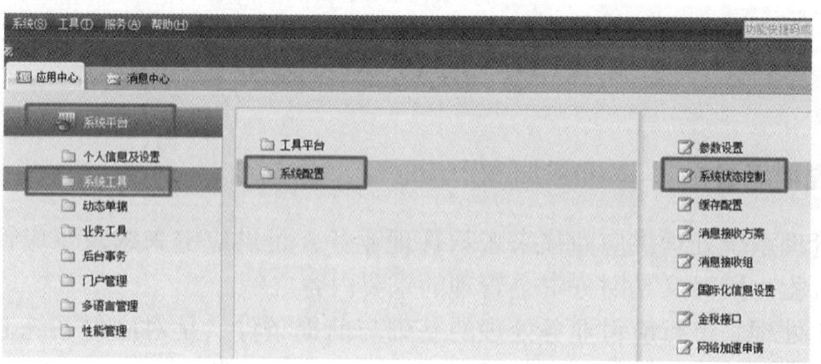

图 3-79 系统状态控制查询

学生点击应付系统启用期间栏【放大镜】，进入会计期间列表，选择会计期间为 2017 年第 1 期，点击【确定】，如图 3-80 所示。

2. 对账科目设置

应付系统需要设置与总账系统对账的科目。往来会计李卫玲（lwl+学号）登录金蝶 EAS 系统，切换组织到环球日化集团本部+姓名。学生点击【财务会计】→【应付管理】→【初始化】→【对账科目设置】，进入对账科目设置界面，如图 3-81 所示。

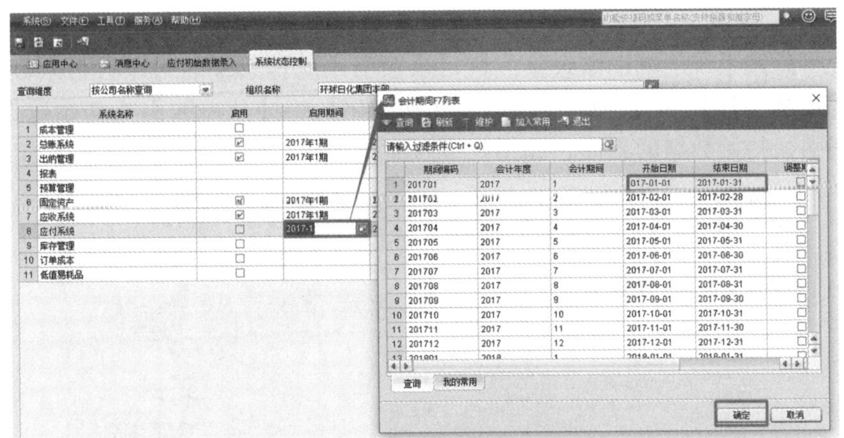

图 3-80　应付系统启用期间设置

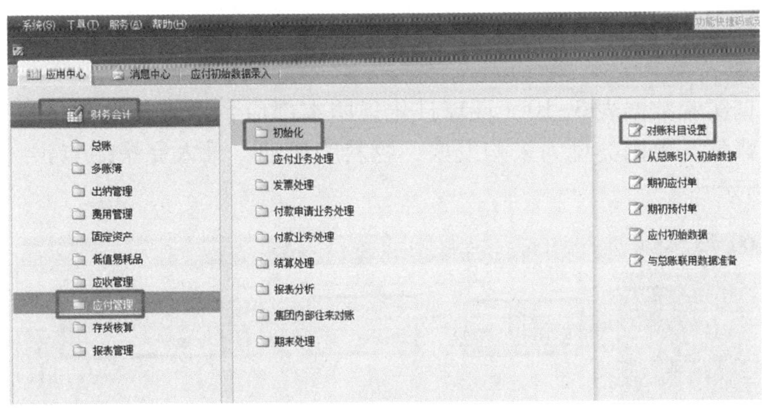

图 3-81　对账科目设置查询

学生点击工具栏【新增】对账科目，科目编码为 2202 应付账款，其他默认，点击【选择】，如图 3-82 所示。

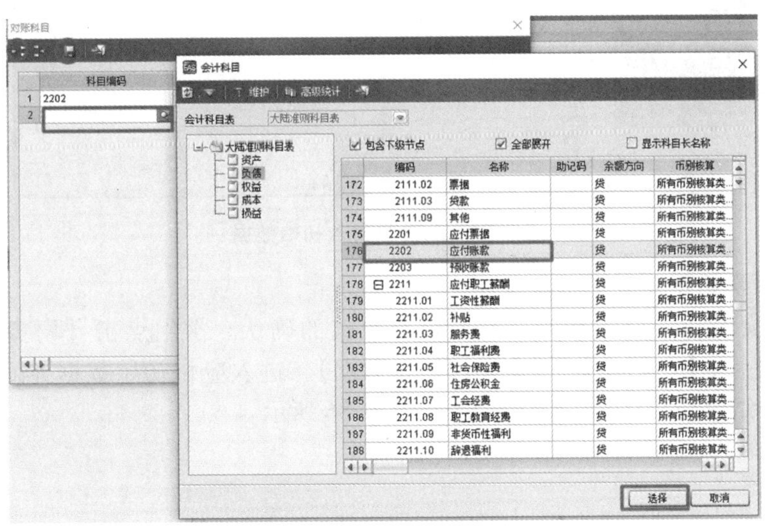

图 3-82　对账科目新增

3. 初始数据引入

系统将总账系统的辅助账余额或科目余额引入应付系统的对账科目余额表。学生点击【财务会计】→【应付管理】→【初始化】→【从总账引入初始数据】，进入从总账引入初始数据的界面，如图 3-83 所示。

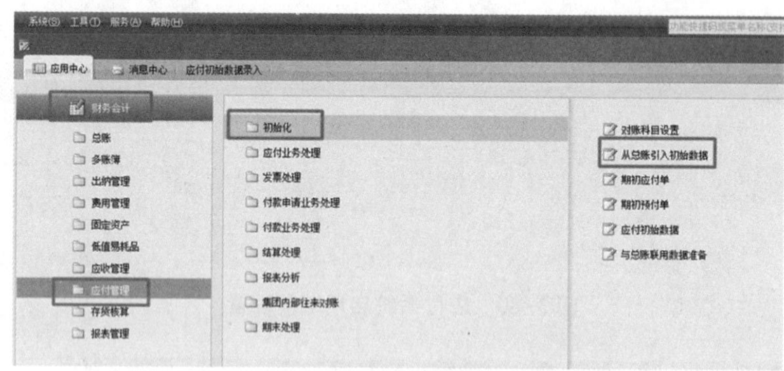

图 3-83　从总账引入初始数据查询

学生根据实验数据表 3-10（环球日化集团本部应付系统初始化信息表）录入，科目为应付账款，单据类型为采购发票，物料为矿油，录入完毕后点击【下一步】，如图 3-84 所示。

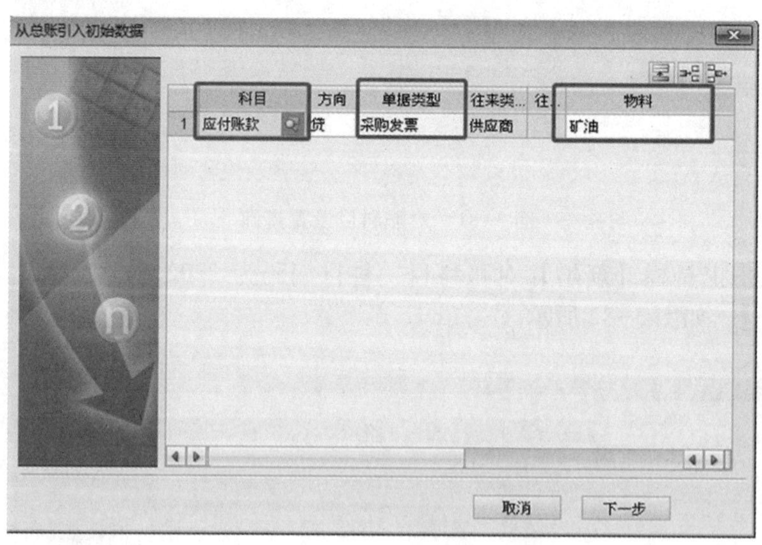

图 3-84　从总账引入初始数据

4. 结束初始化并联用总账

结束初始化是对启用期间、初始余额数据的确认。学生点击【财务会计】→【应付管理】→【初始化】→【应付初始数据】，进入应付初始数据界面。学生点击工具栏【结束初始化】，如图 3-85 和图 3-86 所示。

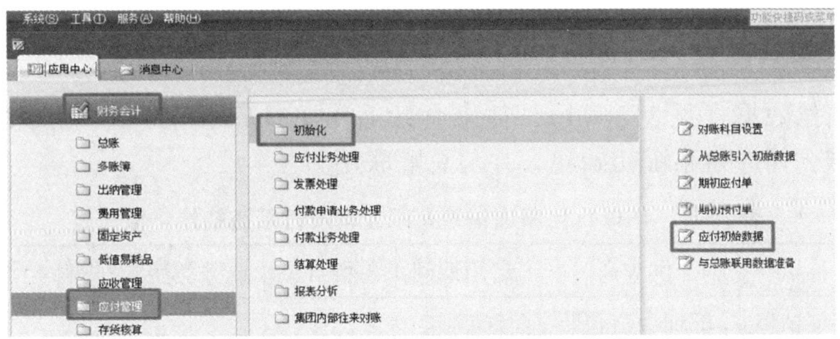

图 3-85　应付初始数据查询

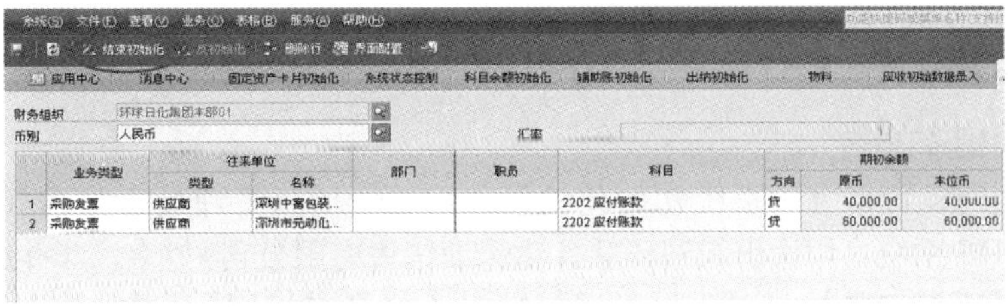

财务组织　环球日化集团本部01
币别　人民币　　汇率

	业务类型	往来单位		部门	职员	科目	期初余额		
		类型	名称				方向	原币	本位币
1	采购发票	供应商	深圳中富包装...			2202 应付账款	贷	40,000.00	40,000.00
2	采购发票	供应商	深圳市元动化...			2202 应付账款	贷	60,000.00	60,000.00

图 3-86　应付初始结束初始化

信息管理员康路达（kld+学号）登录金蝶 EAS 系统，切换组织到环球日化集团本部+姓名。学生点击【系统平台】→【系统工具】→【系统配置】→【系统状态控制】，选择应付系统；点击工具栏【与总账联用】，完成应付系统与总账系统的联用，如图 3-87 和图 3-88 所示。

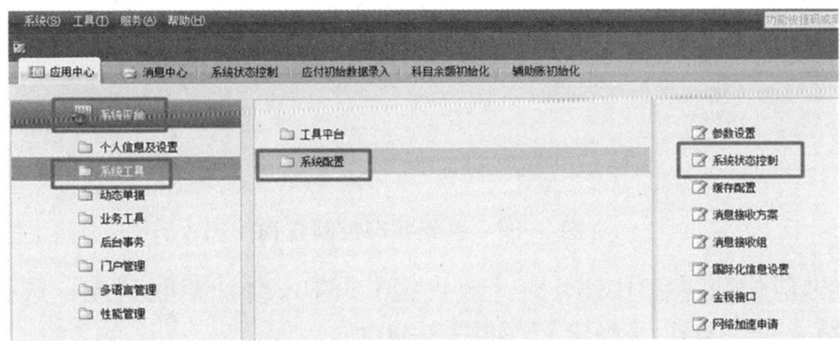

图 3-87　系统状态控制查询

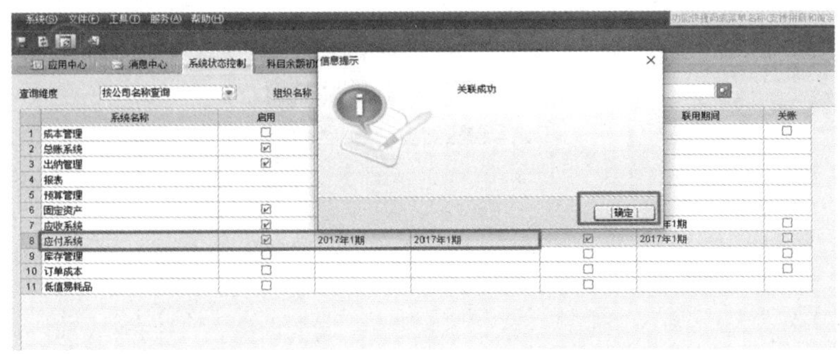

图 3-88　应付系统与总账系统联用

完成以上操作，练习七得分为 3.0/3.0。

六、实验任务一

根据所给数据（见表 3-11），往来会计毛伟文（mww+学号）完成环球日化深圳销售有限公司应付系统初始化，并与总账联用。

表 3-11　环球日化深圳销售有限公司应付系统初始化信息表

组织名称	供应商	启用期间	科目	业务类型	物料	期初余额/元
环球日化深圳销售有限公司+姓名	深圳中富包装容器有限公司	2017 年第 1 期	应付账款	采购发票	超滤膜	200 000

七、实验任务一操作指导

1. 启用期间设置

启用期间设置是应付系统初始化的操作前提。信息管理员康路达（kld+学号）登录金蝶 EAS 系统，切换组织到环球日化深圳销售有限公司+姓名。学生点击【系统平台】→【系统工具】→【系统配置】→【系统状态控制】，进入系统状态控制界面，如图 3-89 所示。

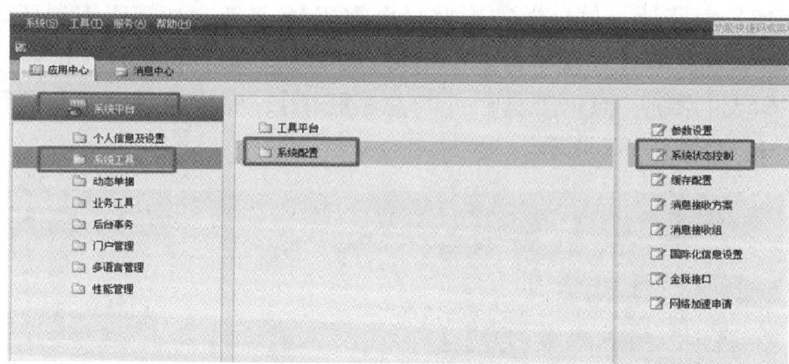

图 3-89　系统状态控制查询

学生点击应付系统启用期间栏【放大镜】，进入会计期间列表，选择会计期间为 2017 年第 1 期，点击【确定】，如图 3-90 所示。

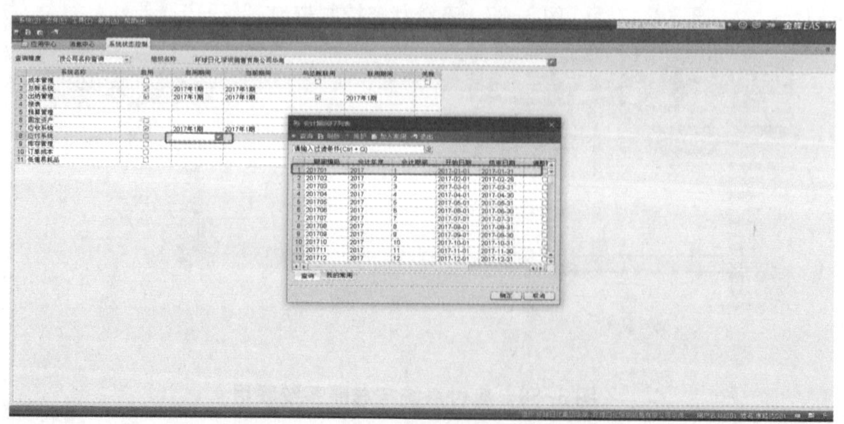

图 3-90　应付系统启用期间设置

2. 对账科目设置

应付系统需要设置与总账系统对账的科目。往来会计李卫玲（lwl+学号）登录金蝶 EAS 系统，切换组织到环球日化深圳销售有限公司+姓名。学生点击【财务会计】→【应付管理】→【初始化】→【对账科目设置】，进入对账科目设置界面，如图 3-91 所示。

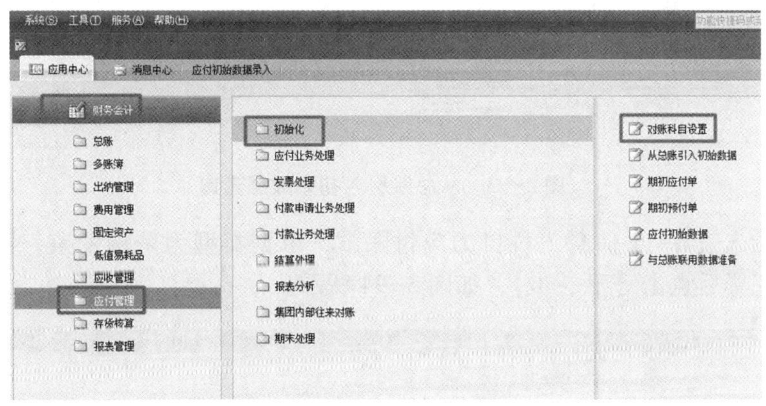

图 3-91 对账科目设置查询

学生点击工具栏【新增】，科目编码为 2202 应付账款，其他默认，点击【选择】，如图 3-92 所示。

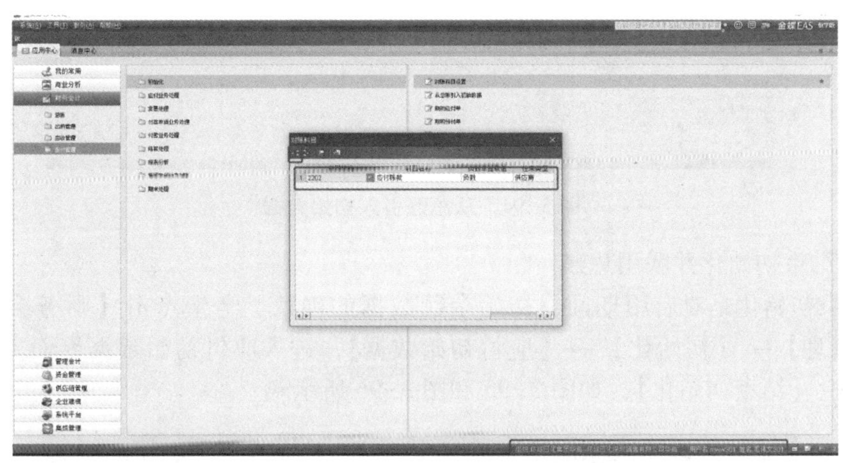

图 3-92 对账科目新增

3. 初始数据引入

系统将总账系统的辅助账余额或科目余额引入应付系统的对账科目余额表。学生点击【财务会计】→【应付管理】→【初始化】→【从总账引入初始数据】，进入从总账引入初始数据的界面，如图 3-93 所示。

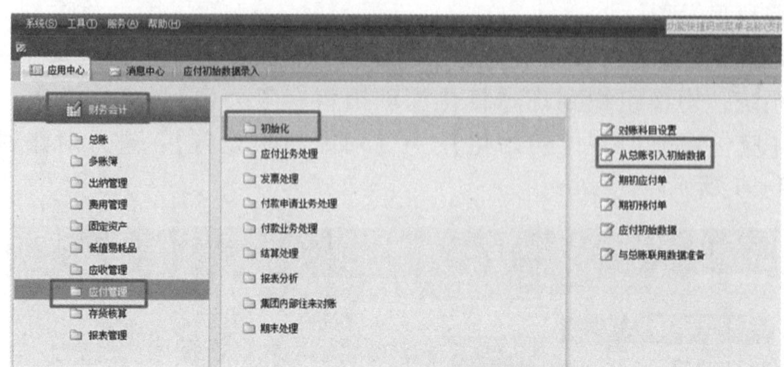

图 3-93　从总账引入初始数据查询

学生录入表 3-11 信息，科目为应付账款，单据类型为采购发票，物料为超滤膜，录入完毕后点击【下一步】，如图 3-94 所示。

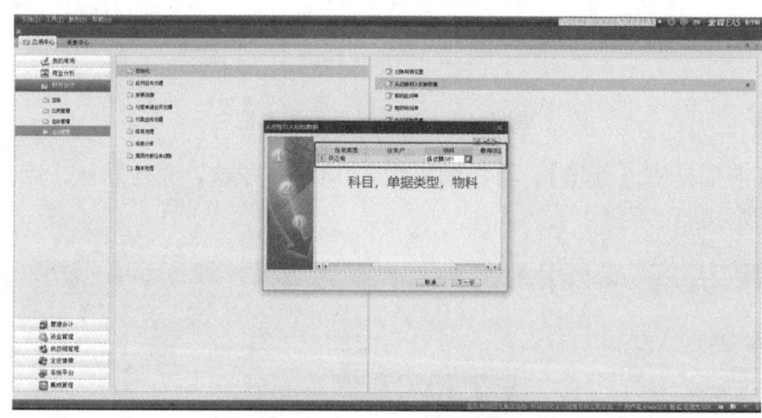

图 3-94　从总账引入初始数据

4. 结束初始化并联用总账

结束初始化是对启用期间、初始余额数据的确认。学生点击【财务会计】→【应付管理】→【初始化】→【应付初始数据】，进入应付初始数据界面。学生点击工具栏【结束初始化】，如图 3-95 和图 3-96 所示。

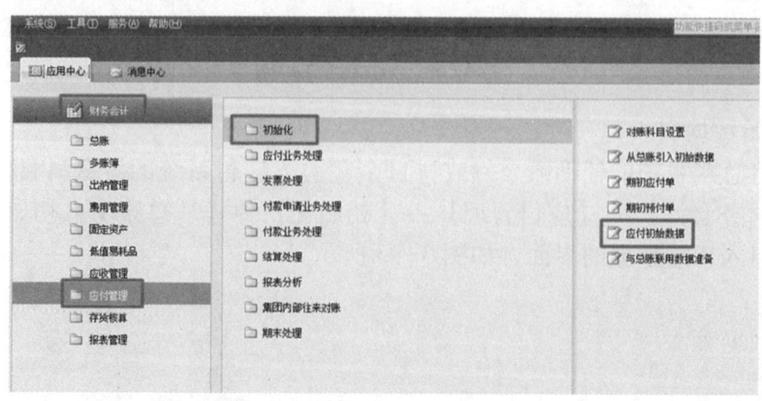

图 3-95　应付初始数据查询

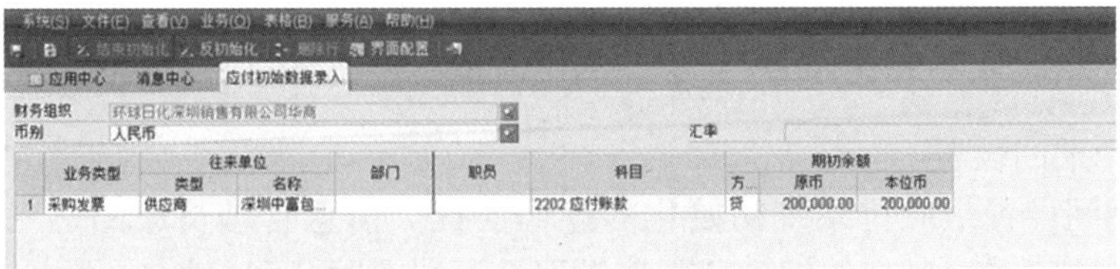

图 3-96　应付初始结束初始化

信息管理员康路达（kld+学号）登录金蝶 EAS 系统，切换组织到环球日化深圳销售有限公司+姓名。学生点击【系统平台】→【系统工具】→【系统配置】→【系统状态控制】，选择应付系统；点击工具栏【与总账联用】，完成应付系统与总账系统的联用，如图 3-97 和图 3-98 所示。

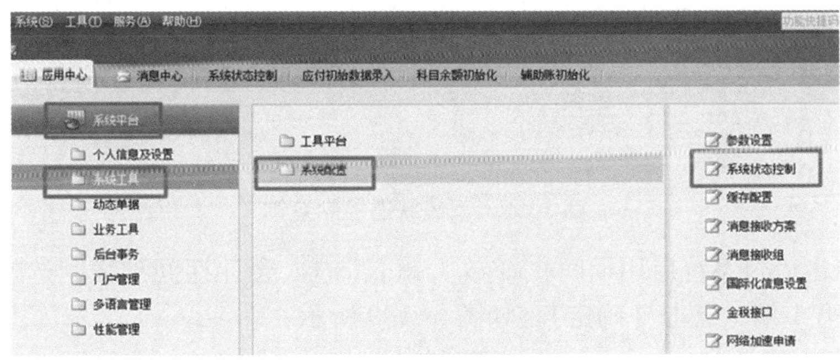

图 3-97　系统状态控制查询

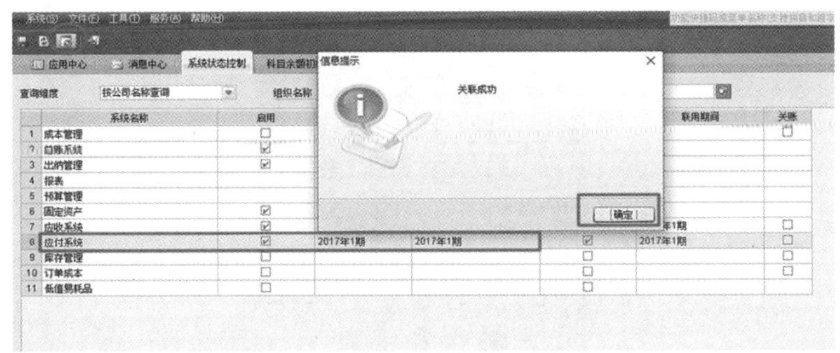

图 3-98　应付系统与总账系统联用

八、实验任务二

根据所给数据（见表 3-12），往来会计高倩兰（gql+学号）完成环球洗涤用品深圳有限公司应付系统初始化，并与总账联用。

表 3-12　环球洗涤用品深圳有限公司应付系统初始化信息表

组织名称	供应商	启用期间	科目	业务类型	物料	期初余额/元
环球洗涤用品深圳有限公司+姓名	广州塑料包装材料有限公司	2017 年第 1 期	应付账款	采购发票	220 毫升屑根净深度滋养洗发水 L	40 000
环球洗涤用品深圳有限公司+姓名	深圳市元动化工有限公司	2017 年第 1 期	应付账款	采购发票	220 毫升屑根净深度滋养洗发水 L	80 000

九、实验任务二操作指导

1. 启用期间设置

启用期间设置是应付系统初始化的操作前提。信息管理员康路达（kld+学号）登录金蝶 EAS 系统，切换组织到环球洗涤用品深圳有限公司+姓名。学生点击【系统平台】→【系统工具】→【系统配置】→【系统状态控制】，进入系统状态控制界面，如图 3-99 所示。

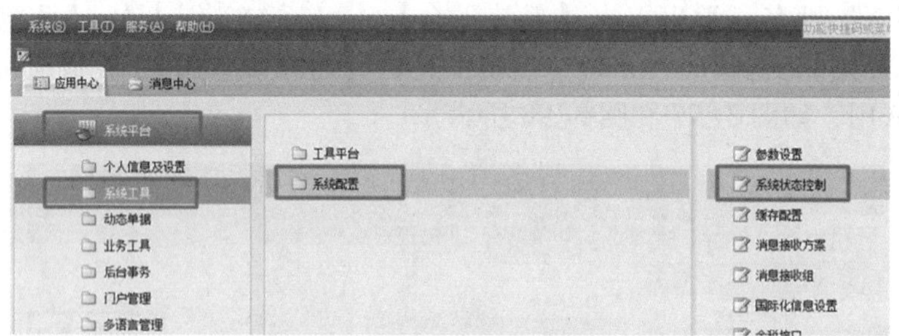

图 3-99　**系统状态控制查询**

学生点击应付系统启用期间栏【放大镜】，进入会计期间列表，选择会计期间为 2017 年第 1 期，点击【确定】，如图 3-100 所示。

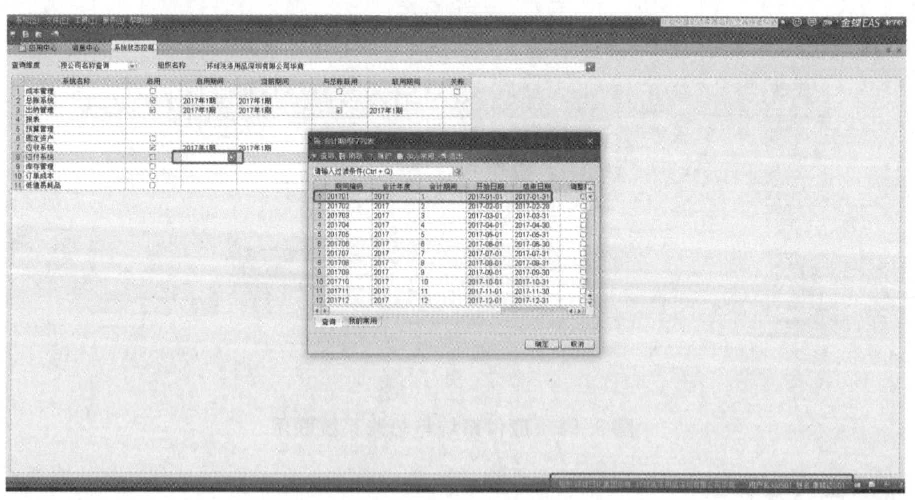

图 3-100　**应付系统启用期间设置**

2. 对账科目设置

应付系统需要设置与总账系统对账的科目。往来会计高倩兰（gql+学号）登录金蝶 EAS 系统，切换组织到环球洗涤用品深圳有限公司+姓名。学生点击【财务会计】→【应付管理】→【初始化】→【对账科目设置】，进入对账科目设置界面，如图 3-101 所示。

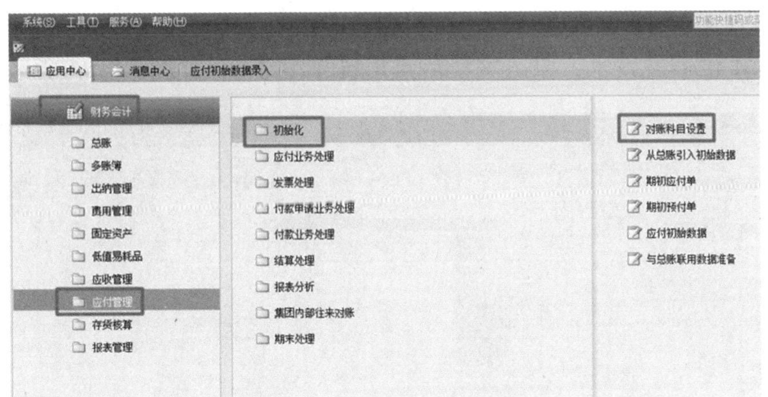

图 3-101 对账科目设置查询

学生点击工具栏【新增】，科目编码为 2202 应付账款，其他默认，点击【选择】，如图 3-102 所示。

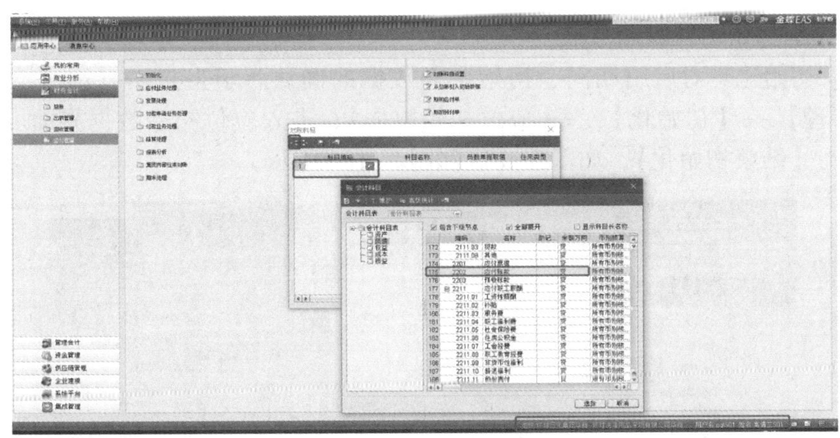

图 3-102 对账科目新增

3. 初始数据引入

系统将总账系统的辅助账余额或科目余额引入应付系统的对账科目余额表。学生点击【财务会计】→【应付管理】→【初始化】→【从总账引入初始数据】，进入从总账引入初始数据的界面，如图 3-103 所示。

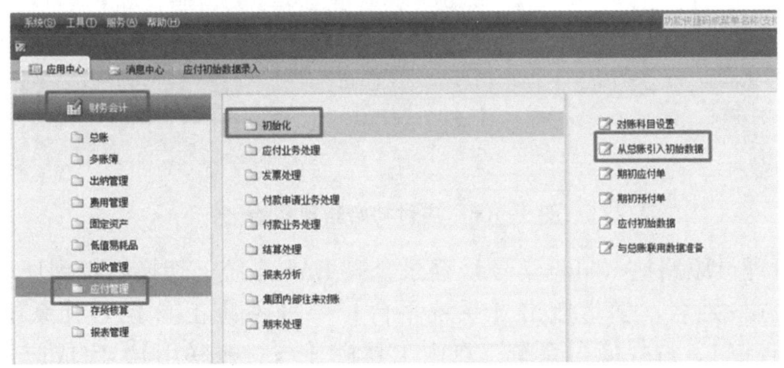

图 3-103 从总账引入初始数据查询

学生录入表3-12信息，科目为应付账款，单据类型为采购发票，物料为220毫升屑根净深度滋养洗发水，录入完毕后点击【下一步】，如图3-104所示。

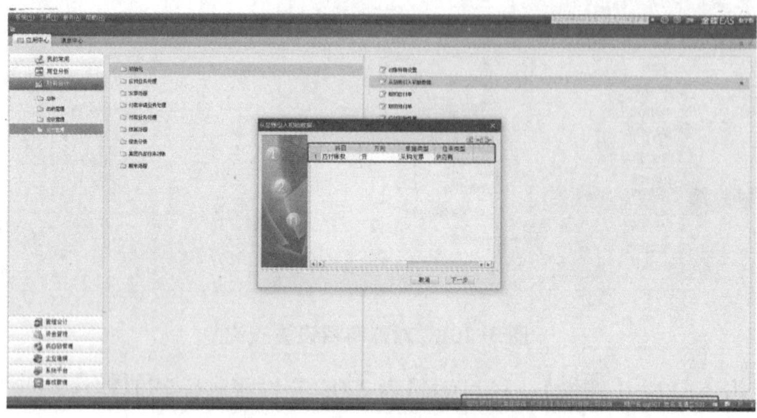

图3-104　从总账引入初始数据

4. 结束初始化并联用总账

结束初始化是对启用期间、初始余额数据的确认。学生点击【财务会计】→【应付管理】→【初始化】→【应付初始数据】，进入应付初始数据界面。学生点击工具栏【结束初始化】，如图3-105和图3-106所示。

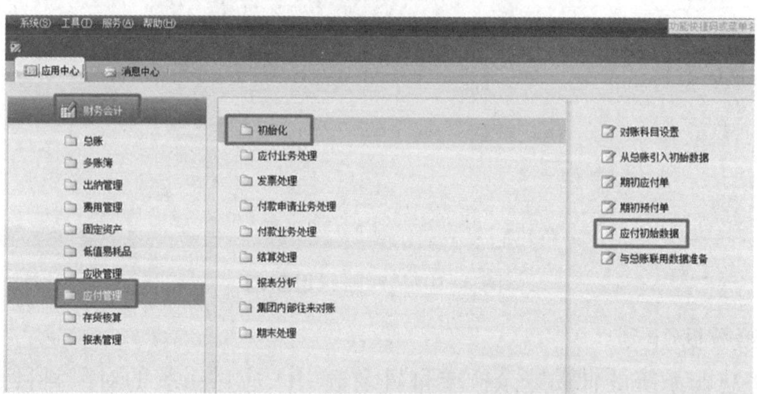

图3-105　应付初始数据查询

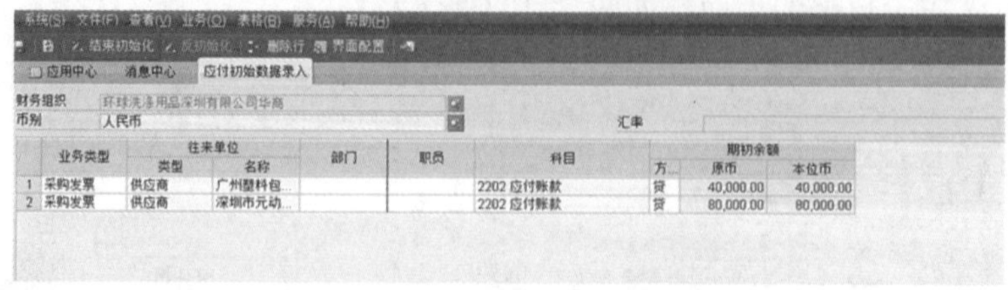

图3-106　应付初始结束初始化

信息管理员康路达（kld+学号）登录金蝶EAS系统，切换组织到环球洗涤用品深圳有限公司+姓名。学生点击【系统平台】→【系统工具】→【系统配置】→【系统状态控制】，选择应付系统，点击工具栏【与总账联用】，完成应付系统与总账系统的联用，如图3-107和图3-108所示。

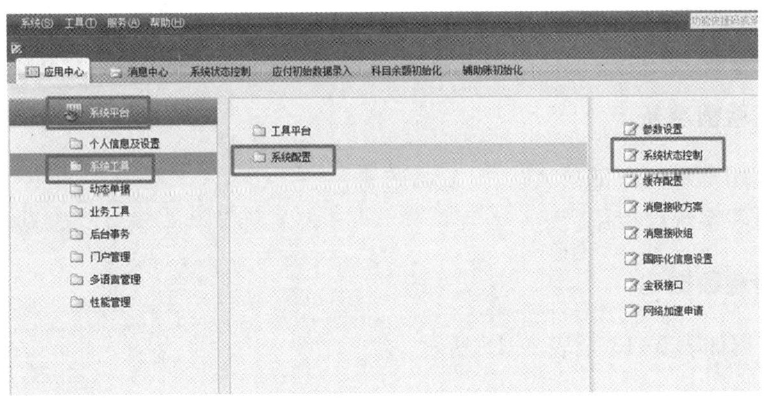

图 3-107　系统状态控制查询

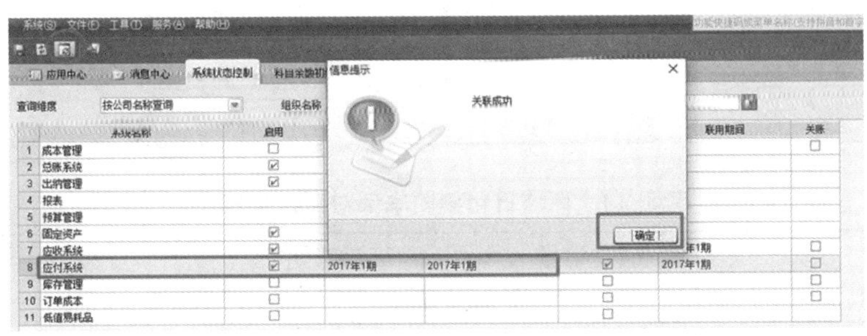

图 3-108　应付系统与总账系统联用

完成以上操作，练习八得分为 5. 5/5. 5。

第五节　固定资产初始化

一、应用场景

固定资产是企业资产的重要组成部分，它为企业生产经营活动提供必要的物质条件。当前企业越来越重视加强固定资产的管理与核算，不断建立、健全固定资产管理制度，明确管理责任，保证固定资产的安全、完整以及促使其得到合理有效的利用。

固定资产系统以管理企业固定资产的财务核算活动为主，业务管理活动为辅，是一个全面的固定资产管理系统。

环球日化集团本部于 2017 年 1 月开始使用固定资产系统，由环球日化集团本部固定资产会计齐振英（qzy+学号）完成环球日化集团本部固定资产初始化。

二、实验步骤

（1）维护固定资产基础资料。

（2）设置固定资产启用期间。

（3）录入初始化卡片并结束初始化。

（4）设置期末对账方案。

（5）与总账联用。

三、实验前准备

（1）集团资料已全部录入。

（2）总账系统已启用。

四、实验数据

实验数据如表 3-13 至表 3-15 所示。

表 3-13　环球日化集团地址簿信息

地址编码	学号 .01
国家	中国
地址详址	高新南十二路
省份城市	广东深圳

表 3-14　环球日化集团本部对账方案信息

<table>
<tr><td>方案名</td><td>默认方案+学号</td><td>对账期间</td><td>2017 年第 1 期</td></tr>
<tr><td colspan="4">科目列表</td></tr>
<tr><td colspan="2">固定资产原值科目</td><td colspan="2">1601 固定资产</td></tr>
<tr><td colspan="2">累计折旧科目</td><td colspan="2">1602 累计折旧</td></tr>
<tr><td colspan="2">减值准备科目</td><td colspan="2">1603 固定资产减值准备</td></tr>
</table>

表 3-15　环球日化集团本部固定资产卡片初始化信息

<table>
<tr><td>资产类别</td><td colspan="2">房屋及建筑物</td><td>资产名称</td><td colspan="2">本部大楼</td></tr>
<tr><td colspan="3">公司</td><td colspan="3">环球日化集团本部+姓名</td></tr>
<tr><td colspan="6">基本信息</td></tr>
<tr><td>资产数量</td><td>1</td><td>计量单位</td><td>栋</td><td>实物入账日期</td><td>1996-01-01</td></tr>
<tr><td>来源方式</td><td>购入</td><td>使用状态</td><td>使用中</td><td>财务入账日期</td><td>1996-01-01</td></tr>
<tr><td>存放地点</td><td>中国广东深圳
高新南十二路</td><td>经济用途</td><td>生产经营用</td><td>管理部门</td><td>环球日化集团
+姓名</td></tr>
<tr><td colspan="6">原值与折旧</td></tr>
<tr><td>币别</td><td colspan="2">人民币</td><td>原币金额</td><td colspan="2">24 000 000 元</td></tr>
<tr><td>交付日期</td><td>1996-01-01</td><td>开始使用日期</td><td>1996-01-01</td><td>已折旧期间数</td><td>251 个月</td></tr>
<tr><td>预计使用年限</td><td colspan="2">70 年</td><td>预计使用期间数</td><td colspan="2">840 个月</td></tr>
<tr><td>累计折旧</td><td>12 317 142.86 元</td><td>预计净残值</td><td>2 400 000 元</td><td>净残值率</td><td>10%</td></tr>
<tr><td>折旧方法</td><td colspan="2">平均年限法（基于原值）</td><td>全寿命累计折旧</td><td colspan="2">12 317 142.86 元</td></tr>
<tr><td colspan="6">核算信息</td></tr>
<tr><td colspan="3">固定资产科目</td><td colspan="3">固定资产——房屋及建筑物</td></tr>
<tr><td colspan="3">累计折旧科目</td><td colspan="3">累计折旧——房屋及建筑物</td></tr>
<tr><td colspan="3">减值准备科目</td><td colspan="3">固定资产减值准备——房屋及建筑物</td></tr>
</table>

表3-15(续)

折旧费用分摊			
折旧费用分摊科目	管理费用——折旧费	分摊比例	100%
使用部门		环球日化集团+姓名	

五、操作指导

1. 维护固定资产基础资料

固定资产基础资料是固定资产系统发生业务的前提，基础资料不可跨级引用。环球日化集团本部固定资产会计齐振英（qzy+学号）登录金蝶 EAS 系统，切换组织到环球日化集团+姓名。学生维护固定资产基础资料固定资产类别，点击【财务会计】→【固定资产】→【基础设置】→【固定资产类别】，进入固定资产类别界面，如图 3-109 所示。

注意：学生维护固定资产基础资料"固定资产类别""使用状态""变动方式""经济用途"，需要先在环球日化集团维护，才能在环球日化集团本部、环球日化深圳销售有限公司、环球洗涤用品深圳有限公司维护。固定资产基础资料不可跨级引用。

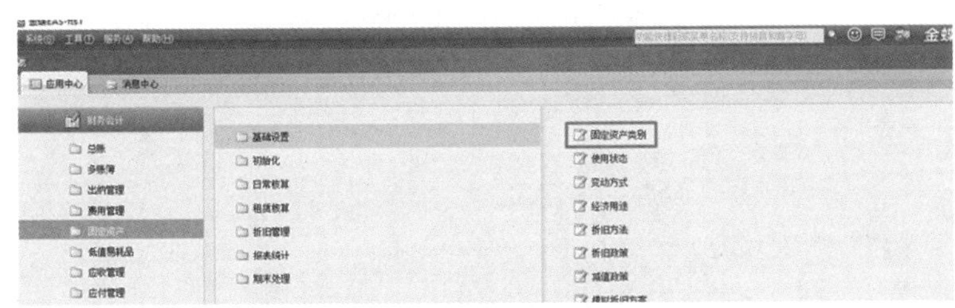

图 3-109　固定资产类别查询

学生点击工具栏【引入】，进入固定资产类别引入界面，全选后，点击工具栏【引入】，如图 3-110 所示。

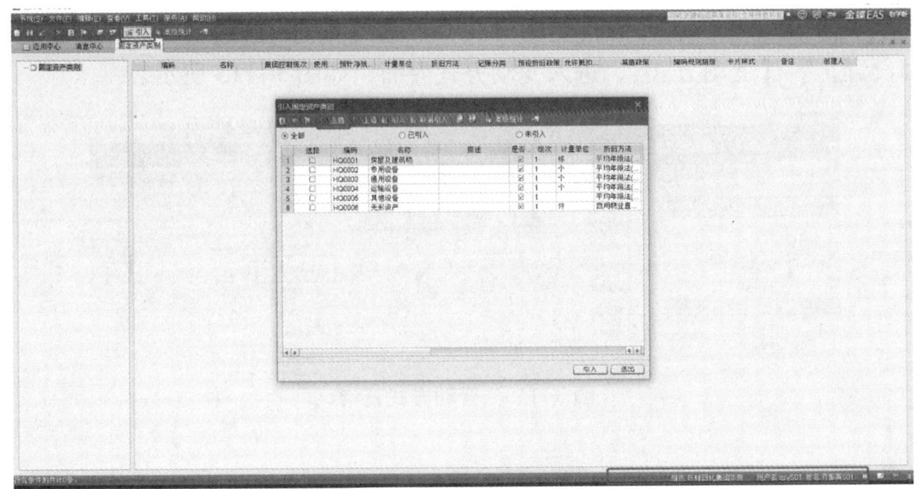

图 3-110　固定资产类别引入

学生维护固定资产基础资料使用状态，点击【财务会计】→【固定资产】→【基础设置】→【使用状态】，进入使用状态界面，如图 3-111 所示。

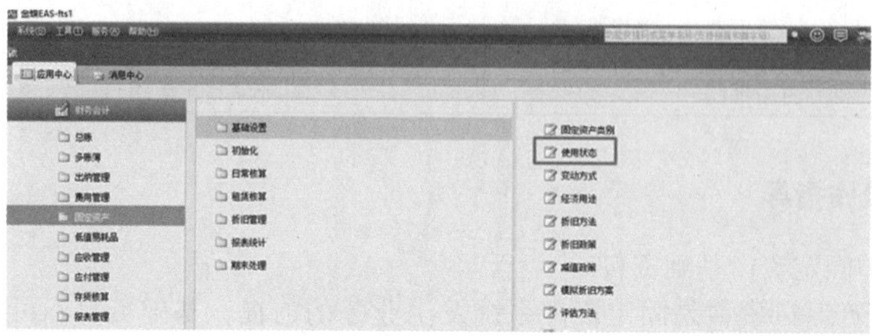

图 3-111　使用状态查询

学生点击工具栏【引入】，进入使用状态引入界面，全选后，点击工具栏【引入】，如图 3-112 所示。

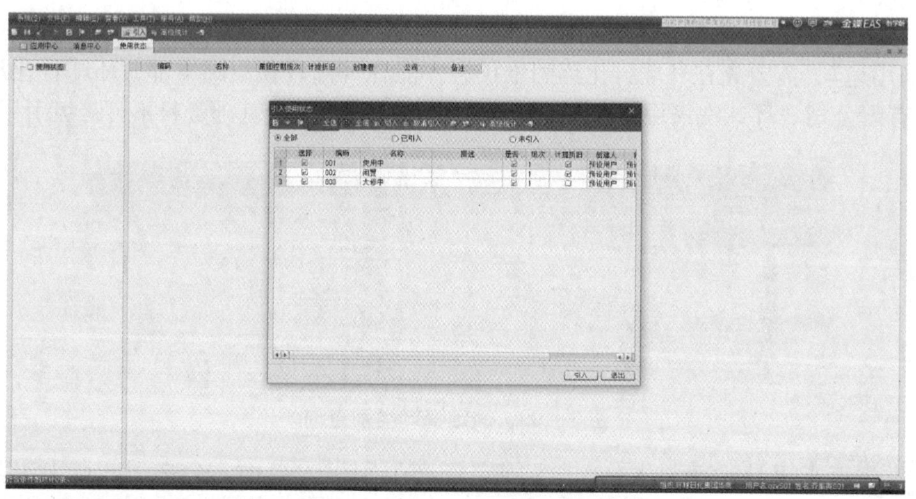

图 3-112　使用状态引入

学生维护固定资产基础资料变动方式，点击【财务会计】→【固定资产】→【基础设置】→【变动方式】，进入变动方式界面，如图 3-113 所示。

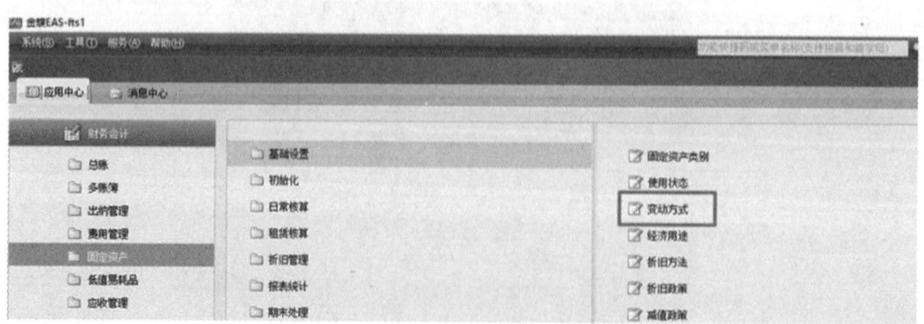

图 3-113　变动方式查询

学生点击工具栏【引入】，进入变动方式引入界面，全选后，点击工具栏【引入】，如图 3-114 所示。

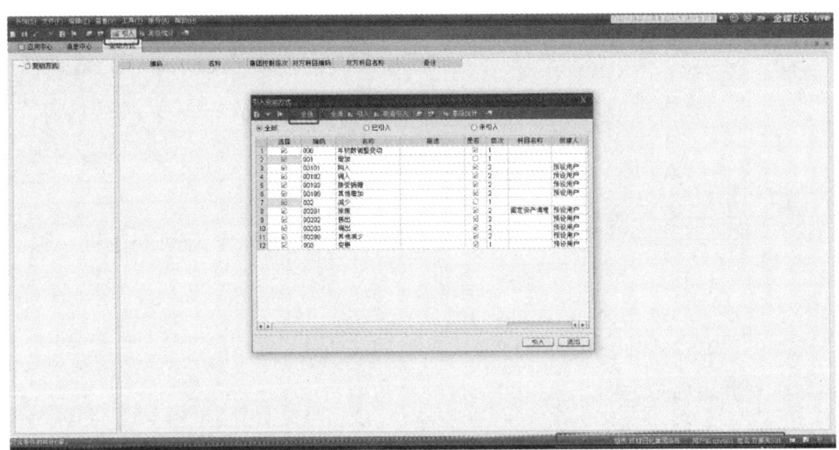

图 3-114　变动方式引入

学生维护固定资产基础资料经济用途，点击【财务会计】→【固定资产】→【基础设置】→【经济用途】，进入经济用途界面，如图 3-115 所示。

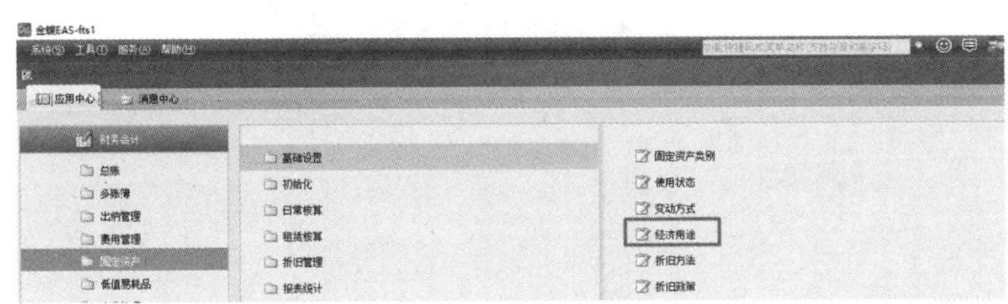

图 3-115　经济用途查询

学生点击工具栏【引入】，进入经济用途引入界面，全选后，点击工具栏【引入】，如图 3-116 所示。

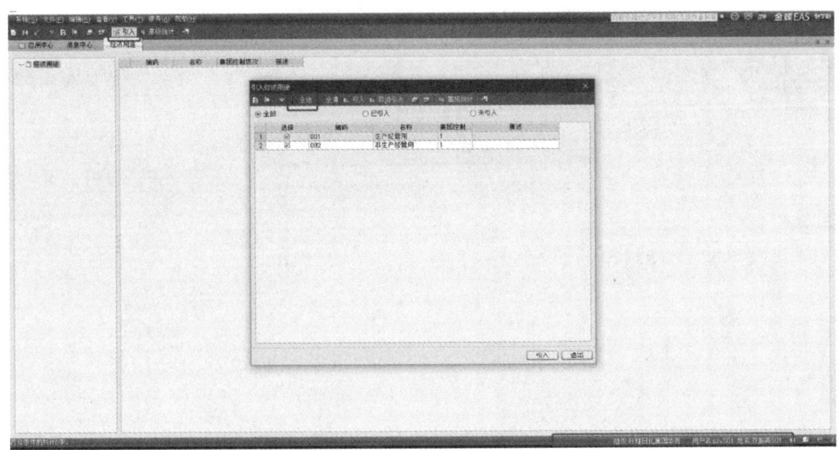

图 3-116　经济用途引入

学生切换组织到环球日化集团本部+姓名，再次操作本案例前序步骤，将基础资料引入环球日化集团本部+姓名，如图 3-117 至图 3-120 所示。

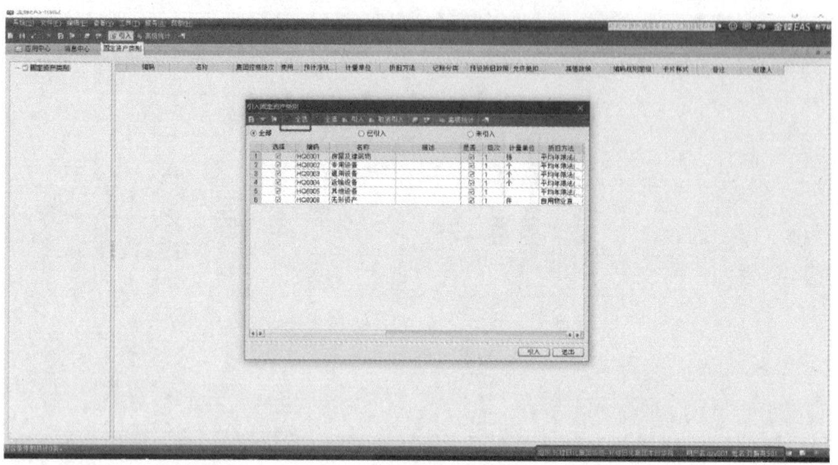

图 3-117　固定资产类别引入

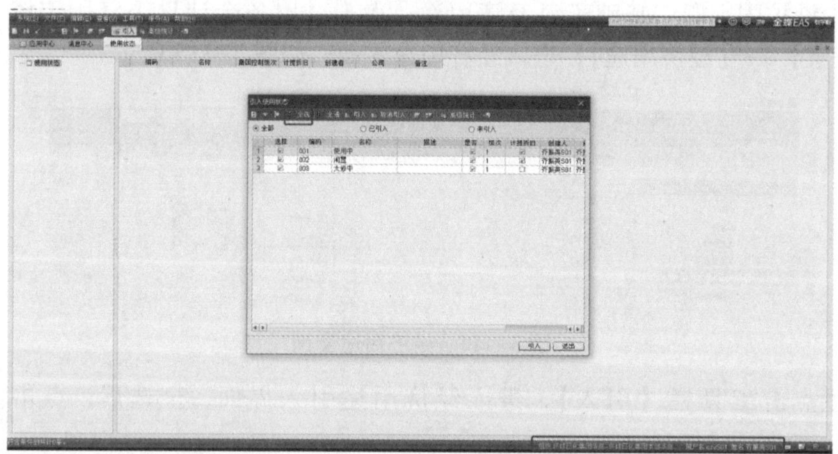

图 3-118　使用状态类别引入

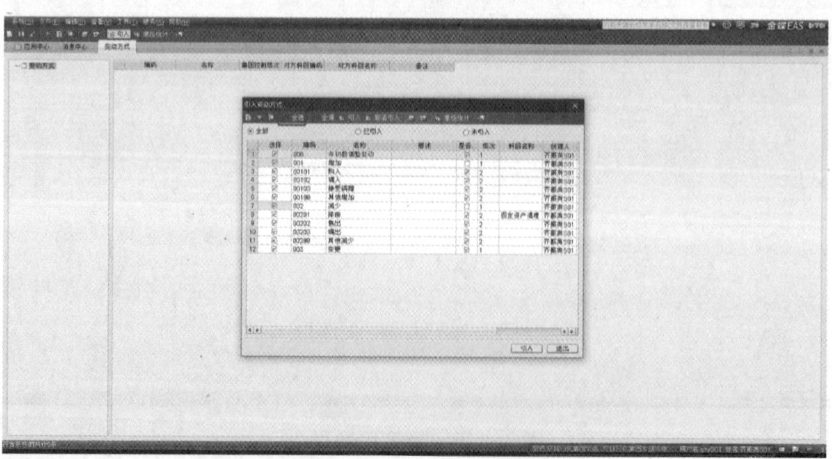

图 3-119　变动方式引入

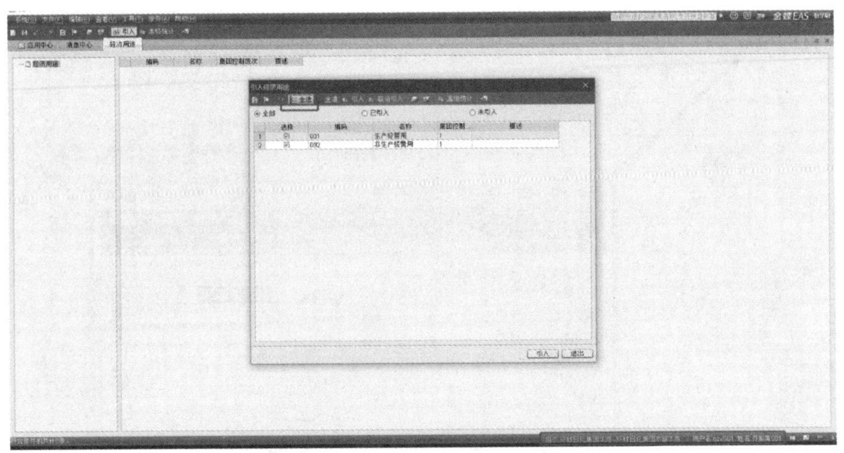

图 3-120　经济用途引入

环球日化集团本部固定资产会计齐振英（qzy+学号）登录金蝶 EAS 系统，切换组织到环球日化集团+姓名。学生维护固定资产基础资料地址簿，点击【企业建模】→【辅助数据】→【公共数据】→【地址簿】，进入地址簿界面，如图 3-121 所示。

注意：学生维护固定资产基础资料地址簿，只需在环球日化集团下维护该固定资产基础资料。

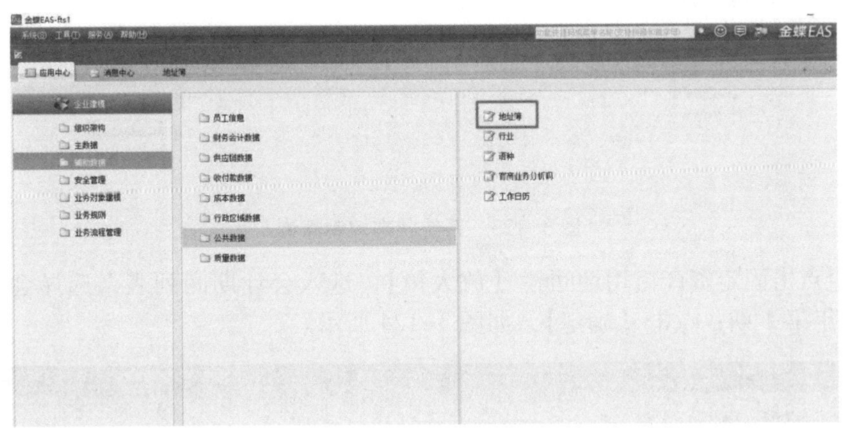

图 3-121　地址簿查询

学生在界面左边选择地址类别为国内，点击工具栏【新增】地址簿，根据实验数据表 3-13（环球日化集团地址簿信息）录入。地址编码为学号 .01，国家为中国，省份为广东，城市为深圳，地址为高新南十二路，录入完毕后点击【保存】，如图 3-122 所示。

2. 设置固定资产启用期间

启用期间设置是固定资产系统初始化的操作前提。信息管理员康路达（kld+学号）登录金蝶 EAS 系统，切换组织到环球日化集团本部+姓名。学生点击【系统平台】→【系统工具】→【系统配置】→【系统状态控制】，进入系统状态控制界面，如图 3-123 所示。

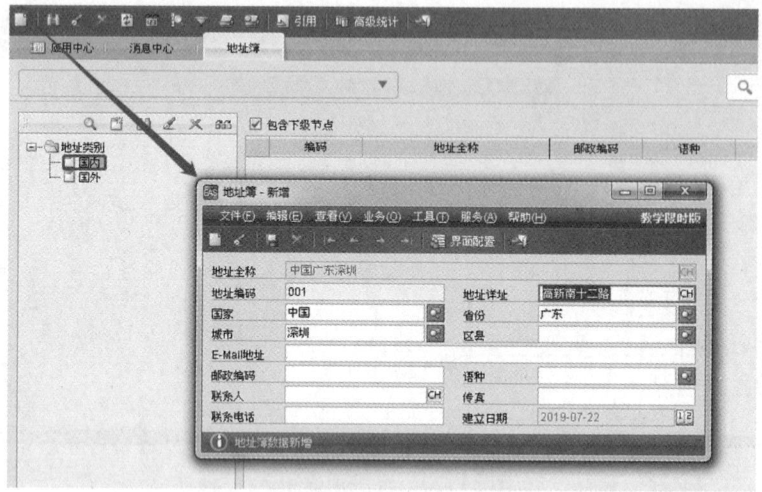

图 3-122　地址簿新增

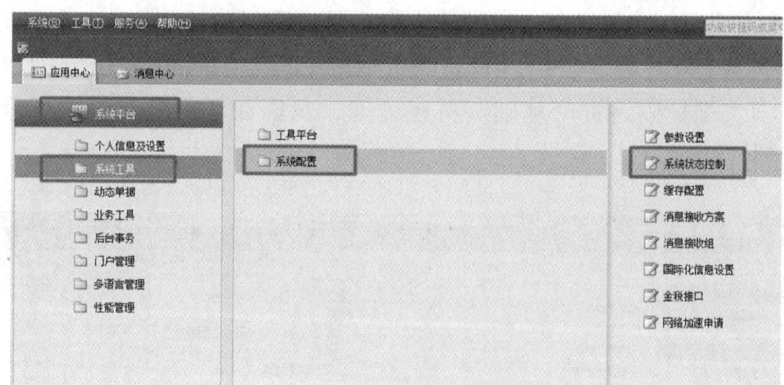

图 3-123　系统状态控制查询

学生点击固定资产启用期间栏【放大镜】，进入会计期间列表，选择会计期间为 2017 年第 1 期，点击【确定】，如图 3-124 所示。

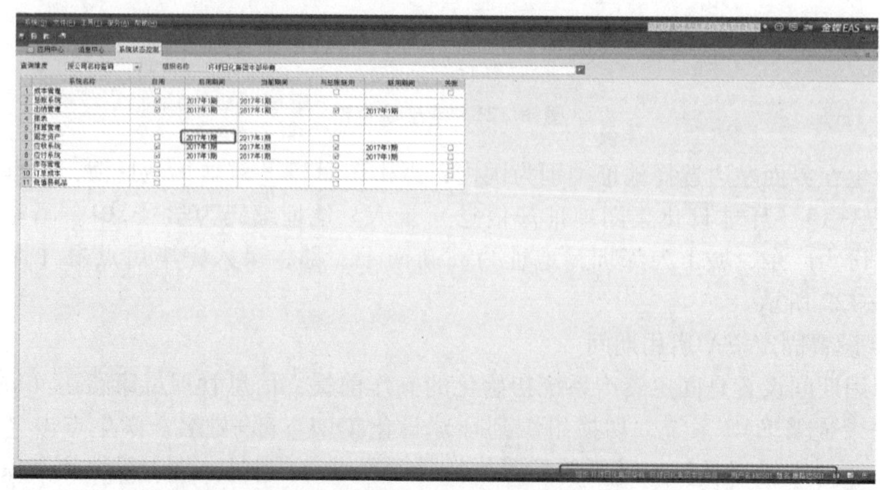

图 3-124　固定资产系统启用期间设置

3. 录入初始化卡片并结束初始化

固定资产卡片初始化是指固定资产期初数据的录入。环球日化集团本部固定资产会计齐振英（qzy+学号）登录金蝶 EAS 系统，切换组织到环球日化集团本部+姓名。学生点击【财务会计】→【固定资产】→【初始化】→【固定资产卡片初始化】，进入固定资产卡片初始化界面，如图 3-125 所示。

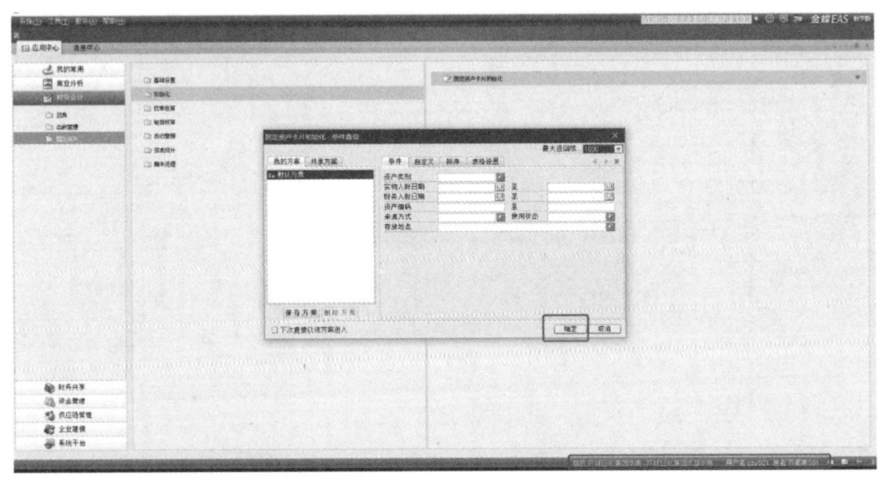

图 3-125 固定资产卡片初始化查询

学生点击工具栏【新增】固定资产卡片，根据实验数据表 3-15（环球日化集团本部固定资产卡片初始化信息）录入。学生选择基本信息页签，资产数量为 1，计量单位为栋，来源方式为购入，使用状态为使用中，存放地点为中国广东深圳高新南十二路，经济用途为生产经营用，实物入账日期为 1996-01-01，财务入账日期为 1996-01-01，管理部门为环球日化集团+姓名，录入完毕后点击【保存】，如图 3-126 所示。

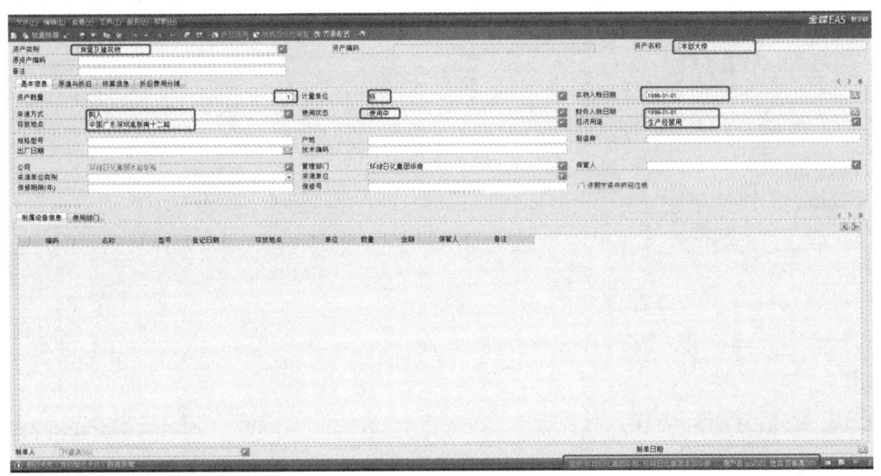

图 3-126 固定资产卡片基本信息录入

学生选择原值与折旧页签，根据实验数据表 3-15（环球日化集团本部固定资产卡片初始化信息）录入。币别为人民币，原币金额为 24 000 000 元，交付日期为 1996-01-01，开始使用日期为 1996-01-01，已折旧期间数为 251 个月，累计折旧为 12 317 142. 86 元，折旧方法为平均年限法（基于原值），录入完毕后点击【保存】，如图 3-127 所示。

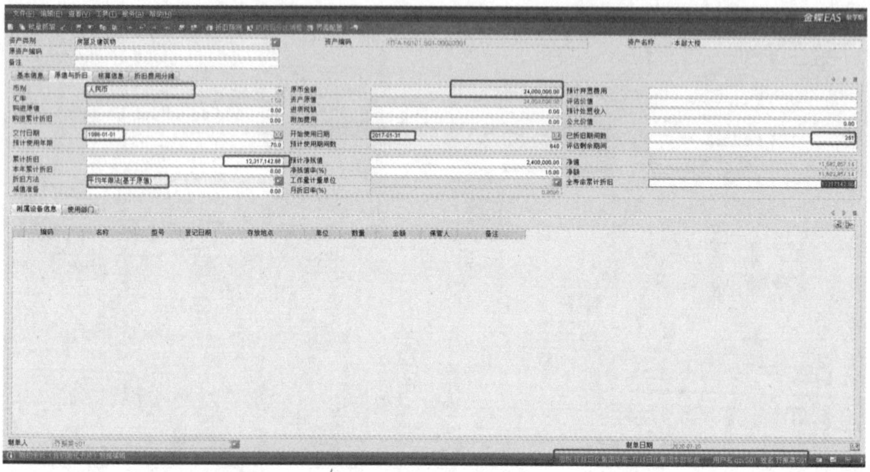

图 3-127　固定资产卡片原值与折旧录入

学生选择核算信息页签，根据实验数据表 3-15（环球日化集团本部固定资产卡片初始化信息）录入。固定资产科目为固定资产——房屋及建筑物，累计折旧科目为累计折旧——房屋及建筑物，减值准备科目为固定资产减值准备——房屋及建筑物，使用部门为环球日化集团+姓名。学生在录入完毕后点击【保存】，如图 3-128 所示。

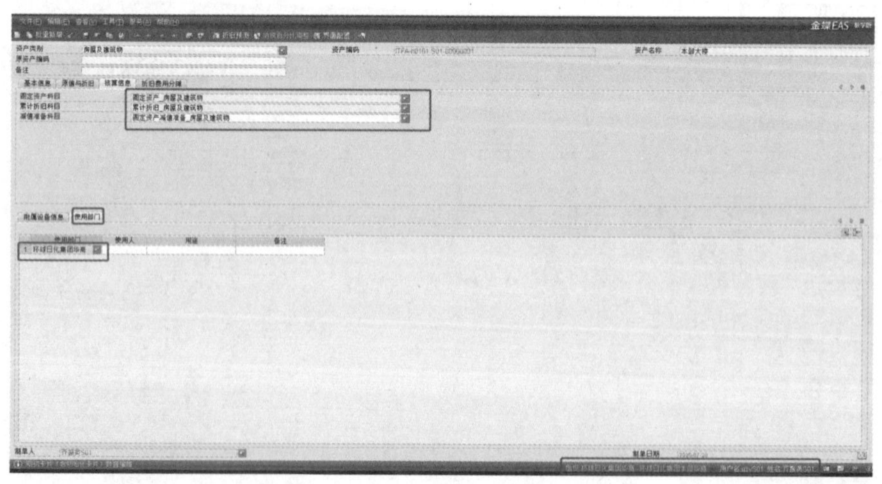

图 3-128　固定资产卡片核算信息录入

学生选择折旧费用分摊页签，根据实验数据表 3-15（环球日化集团本部固定资产卡片初始化信息）录入。折旧费用分摊科目为管理费用——折旧费，分摊比例为 100%。学生在录入完毕后点击【保存】→【提交】，如图 3-129 和图 3-130 所示。

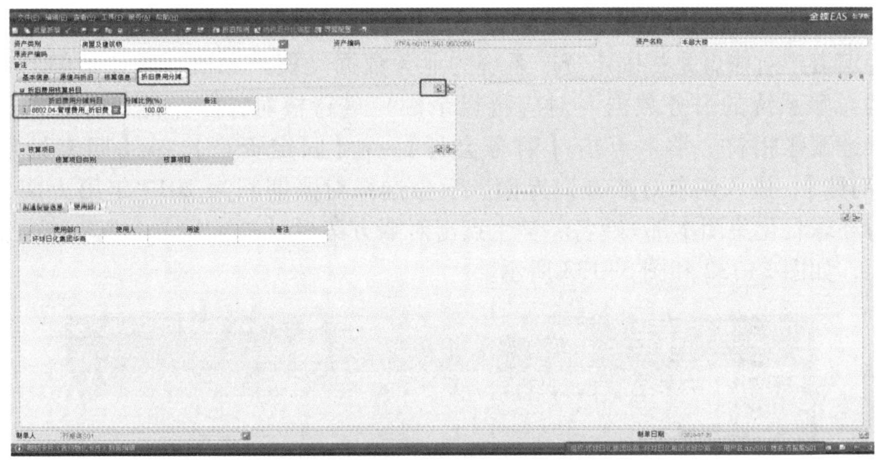

图 3-129　固定资产卡片折旧费用分摊录入

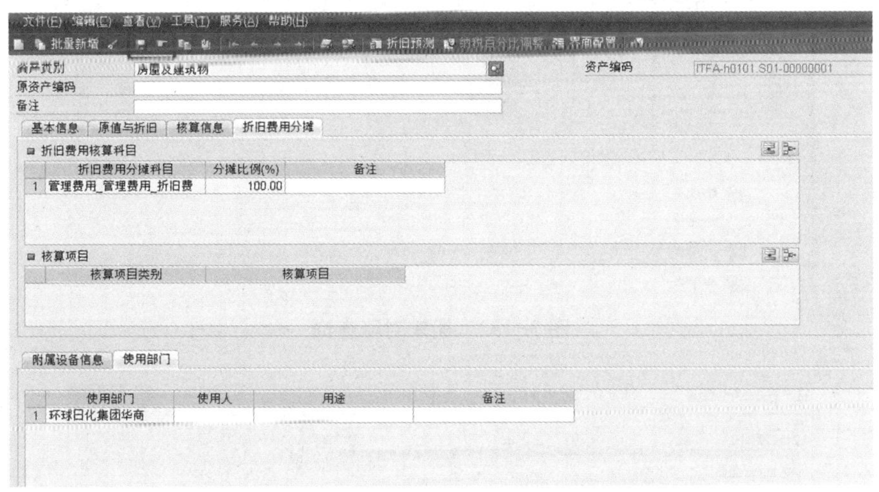

图 3-130　固定资产卡片新增完成并提交

学生在固定资产卡片初始化界面点击工具栏【结束初始化】，如图 3-131 所示。

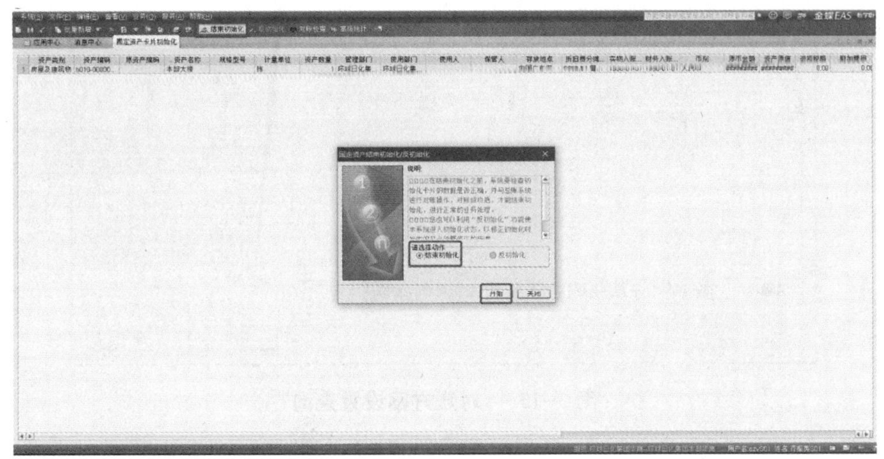

图 3-131　固定资产卡片结束初始化

4. 设置默认对账方案

固定资产对账就是将固定资产系统的业务数据（资产原值、累计折旧、减值准备）与总账系统的财务数据（对应科目余额）进行核对，以保证双方数据的一致性，保证账账相符。学生点击【财务会计】→【固定资产】→【期末处理】→【期末对账】，进入期末对账查询界面。学生选择对账期间为 2017 年第 1 期，对账范围为环球日化集团本部+姓名。学生点击对账方案栏【放大镜】，进入对账方案设置界面，如图 3-132 和图 3-133 所示。

图 3-132　期末对账查询

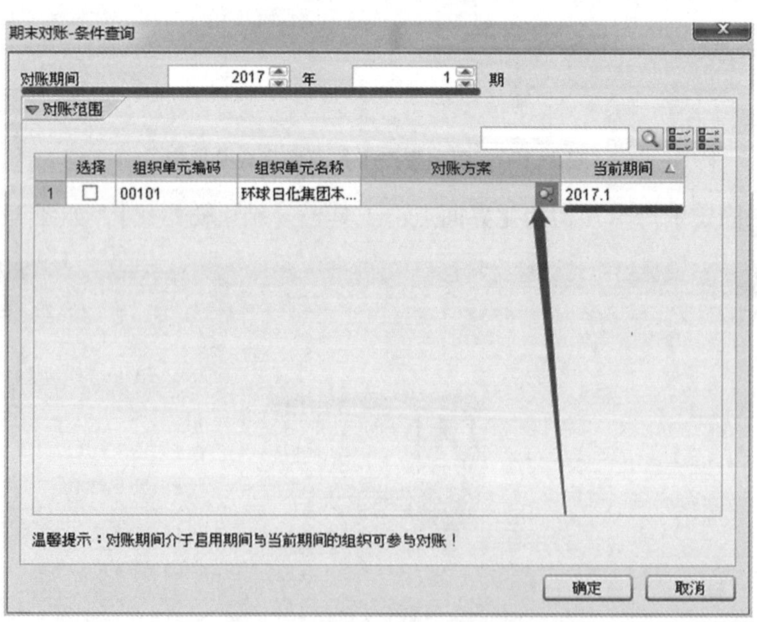

图 3-133　对账方案设置查询

学生根据实验数据表 3-14（环球日化集团本部对账方案信息）录入，选择固定资产原值科目页签，点击工具栏【新增】，科目列表为 1601 固定资产，如图 3-134 所示。

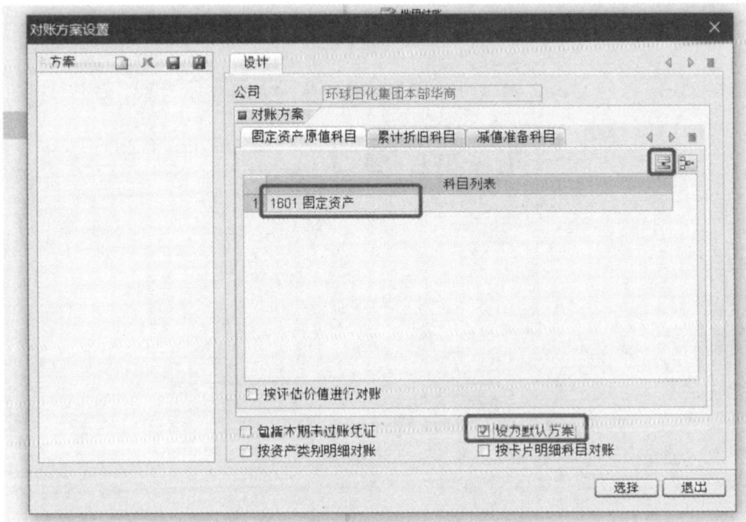

图 3-134　对账方案信息录入

学生选择累计折旧科目页签，点击工具栏【新增】，科目列表为 1602 累计折旧，如图 3-135 所示。

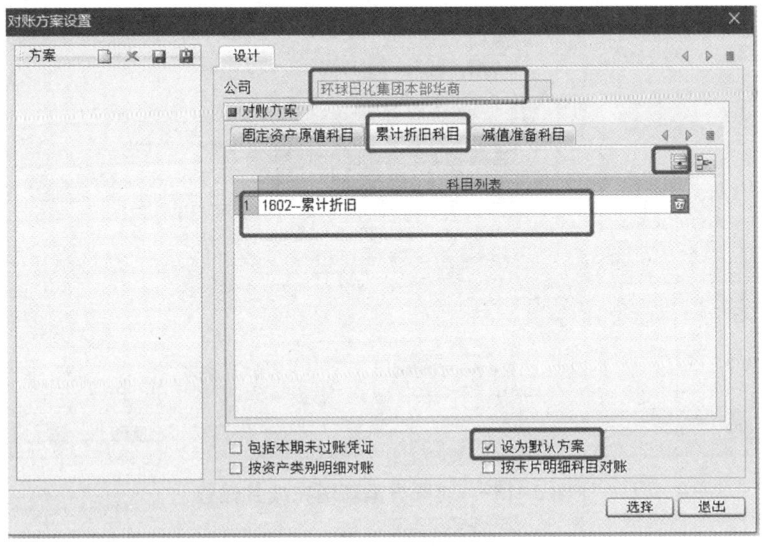

图 3-135　对账方案信息录入

学生选择减值准备科目页签，点击工具栏【新增】，科目列表为 1603 固定资产减值准备，选择设为默认方案，点击工具栏【选择】，如图 3-136 所示。

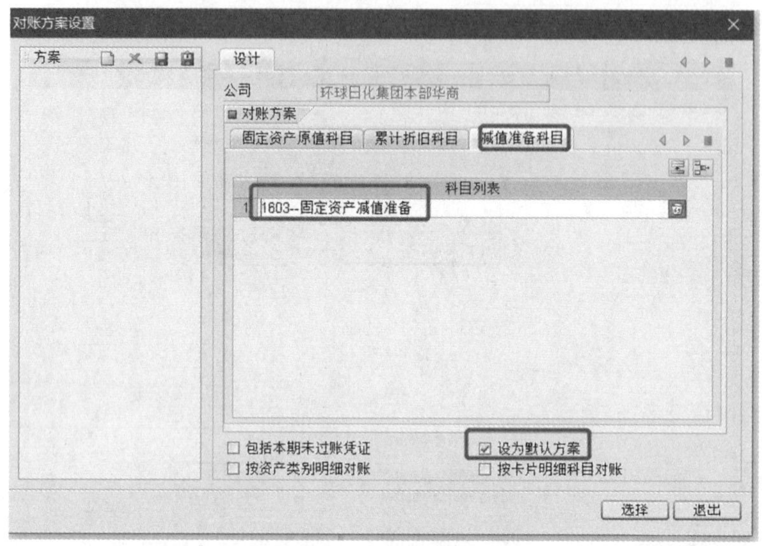

图 3-136　对账方案信息录入

方案名为默认方案+学号。学生点击【确定】，如图 3-137 所示。

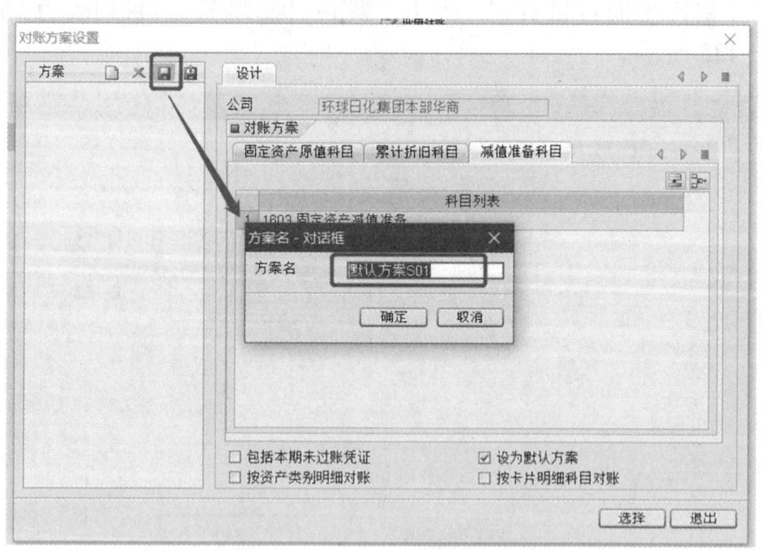

图 3-137　对账方案新增完成并保存

学生在期末对账查询界面，选择对账范围为环球日化集团本部+姓名，对账方案为默认方案+ 学号，点击【确定】，如图 3-138 所示。

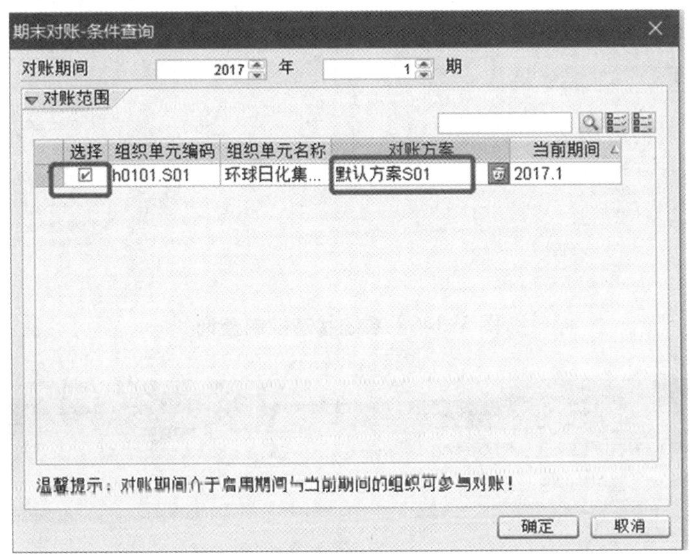

图 3-138 环球日化集团本部期末对账设置

学生在期末对账页面查看对账结果，如图 3-139 所示。

对账不平原因如下：

（1）总账系统未录入初始数据。

（2）总账系统未完成初始化。

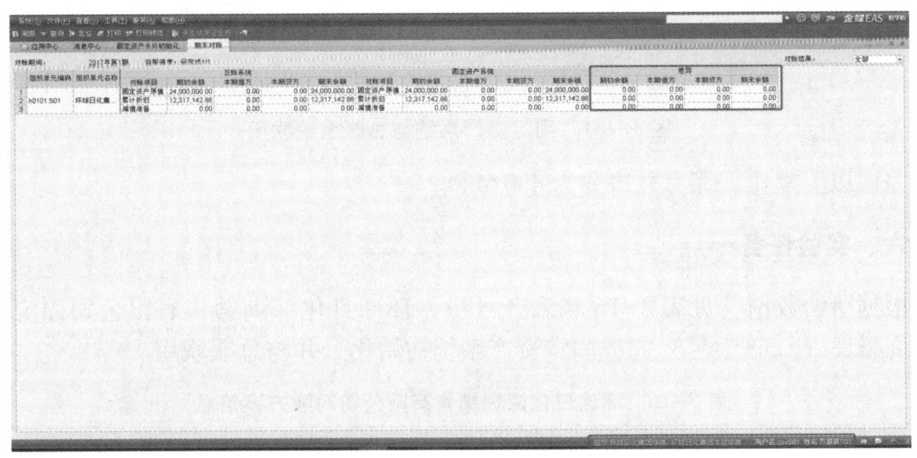

图 3-139 对账结果查询

5. 与总账联用

固定资产与总账系统联用的目的是加强管控，方便期末进行账账核对，保证账账相符。信息管理员康路达（kld+学号）登录金蝶 EAS 系统，切换组织到环球日化集团本部+ 姓名。学生点击【系统平台】→【系统工具】→【系统配置】→【系统状态控制】，选择固定资产，点击工具栏【与总账联用】，完成固定资产与总账系统的联用，如图 3-140 和图 3-141 所示。

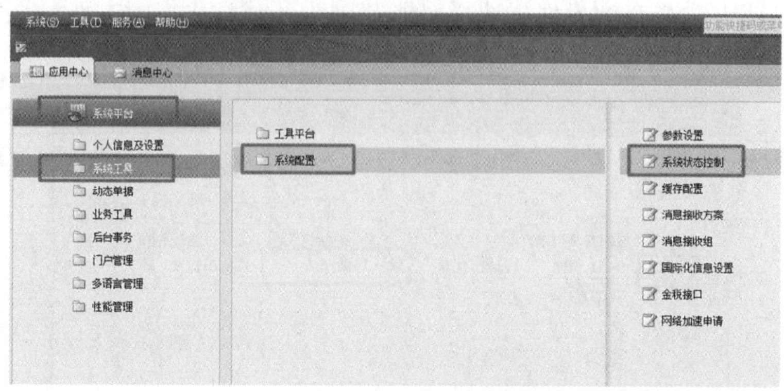

图 3-140　系统状态控制查询

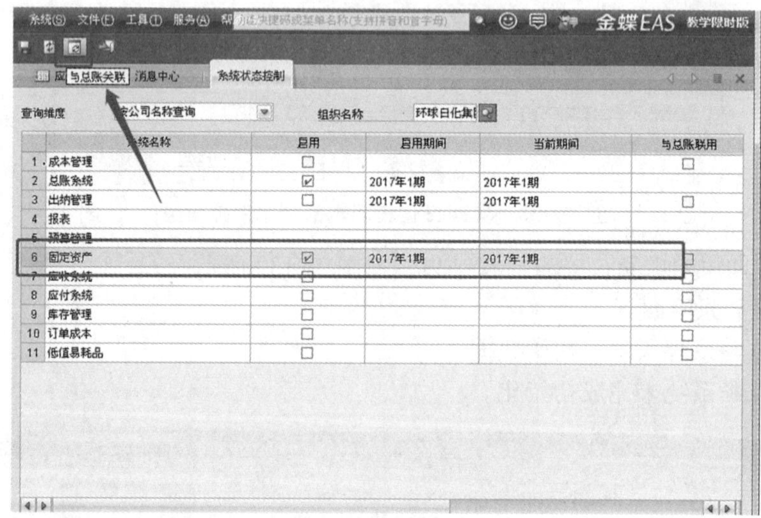

图 3-141　固定资产系统与总账系统联用

完成以上操作，练习九得分为 4.0/4.0。

六、实验任务一

根据所给数据（见表 3-16 和表 3-17），环球日化深圳销售有限公司固定资产会计周爱民（zam+学号）完成固定资产系统初始化，并与总账联用。

表 3-16　环球日化深圳销售有限公司对账方案信息

方案名	默认方案+学号	对账期间	2017 年第 1 期
科目列表			
固定资产原值科目		1601 固定资产	
累计折旧科目		1602 累计折旧	
减值准备科目		1603 固定资产减值准备	

表 3-17　环球日化深圳销售有限公司固定资产卡片初始化信息

资产类别	通用设备		资产名称	笔记本电脑	
基本信息					
公司			环球日化深圳销售有限公司+姓名		
资产数量	100	计量单位	台	实物入账日期	2014-01-03
来源方式	购入	使用状态	使用中	财务入账日期	2014-01-03
存放地点	中国广东深圳高新南十二路	经济用途	生产经营用	管理部门	环球日化深圳销售有限公司+姓名
原值与折旧					
币别	人民币		原币金额	600 000 元	
交付日期	2014-01-03	开始使用日期	2014-01-03	已折旧期间数	35 个月
预计使用年限	10 年		预计使用期间数	120 个月	
累计折旧	166 250 元	预计净残值	30 000 元	净残值率	5%
折旧方法	平均年限法（基丁净值）		全寿命累计折旧	166 250 元	
核算信息					
固定资产科目			固定资产——通用设备		
累计折旧科目			累计折旧——通用设备		
减值准备科目			固定资产减值准备——通用设备		
折旧费用分摊					
折旧费用分摊科目	管理费用——折旧费		分摊比例	100%	
使用部门			环球日化深圳销售有限公司——营销中心		

七、实验任务一操作指导

1. 维护固定资产基础资料

环球日化深圳销售有限公司固定资产会计周爱民（zam+学号）登录金蝶 EAS 系统，切换组织到环球日化深圳销售有限公司+姓名。学生维护固定资产基础资料——固定资产类别，点击【财务会计】→【固定资产】→【基础设置】→【固定资产类别】，进入固定资产类别界面，如图 3-142 所示。

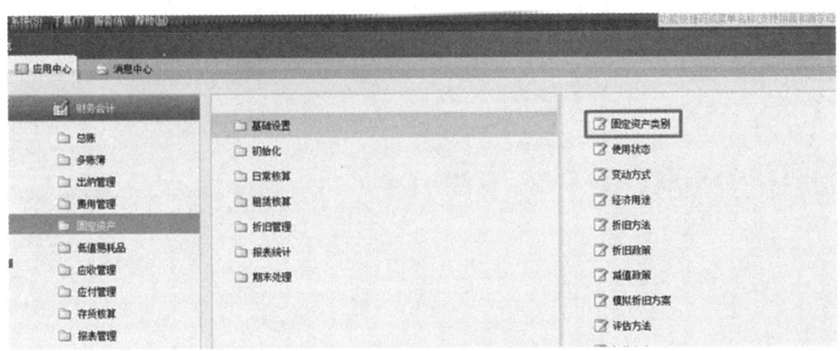

图 3-142　固定资产类别查询

学生点击工具栏【引入】，进入固定资产类别引入界面，全选后，点击工具栏【引入】，如图 3-143 所示。

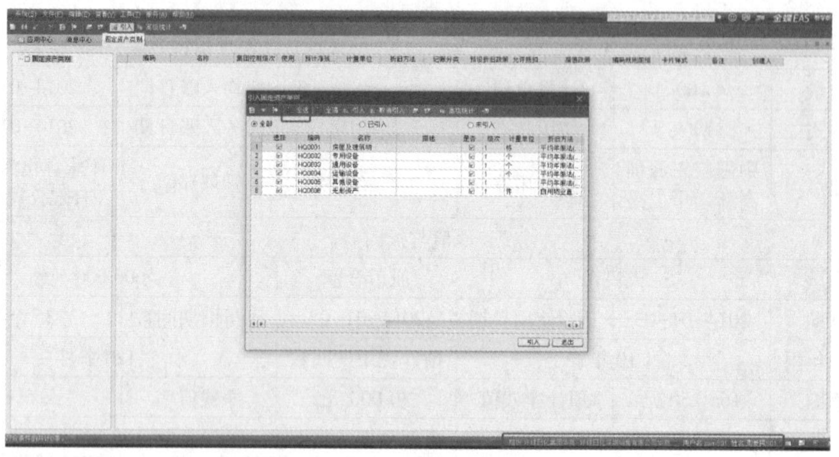

图 3-143　固定资产类别引入

学生维护固定资产基础资料——使用状态，点击【财务会计】→【固定资产】→【基础设置】→【使用状态】，进入使用状态界面，如图 3-144 所示。

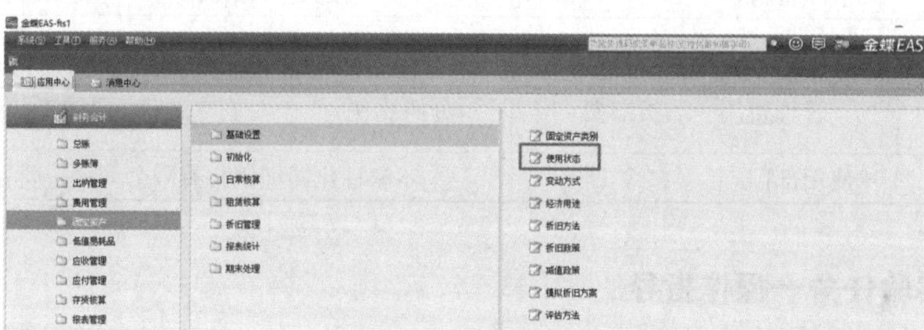

图 3-144　使用状态查询

学生点击工具栏【引入】，进入使用状态引入界面，全选后，点击工具栏【引入】，如图 3-145 所示。

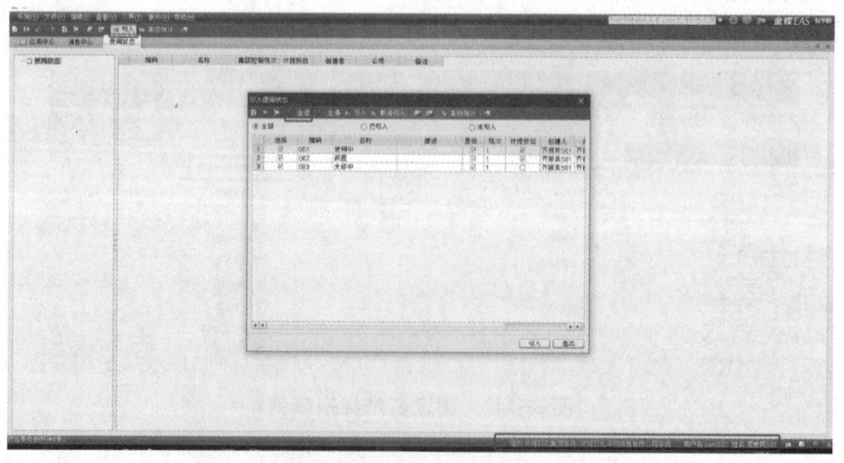

图 3-145　使用状态引入

学生维护固定资产基础资料变动方式，点击【财务会计】→【固定资产】→【基础设置】→【变动方式】，进入变动方式界面，如图 3-146 所示。

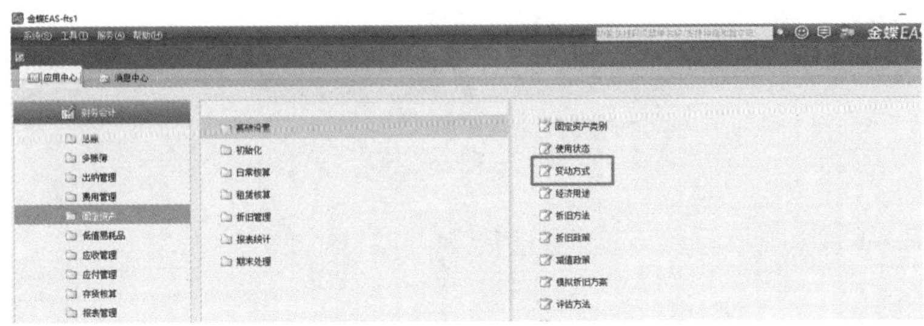

图 3-146　变动方式查询

学生点击工具栏【引入】，进入变动方式引入界面，全选后，点击工具栏【引入】，如图 3-147 所示。

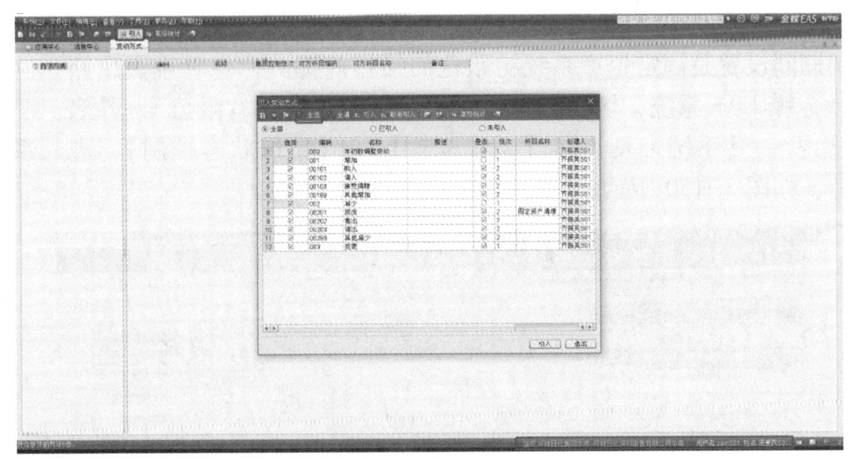

图 3-147　变动方式引入

学生维护固定资产基础资料经济用途，点击【财务会计】→【固定资产】→【基础设置】→【经济用途】，进入经济用途界面，如图 3-148 所示。

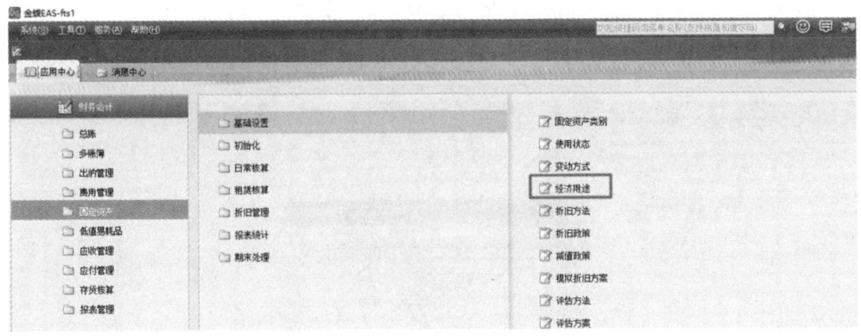

图 3-148　经济用途查询

学生点击工具栏【引入】，进入经济用途引入界面，全选后，点击工具栏【引入】，如图 3-149 所示。

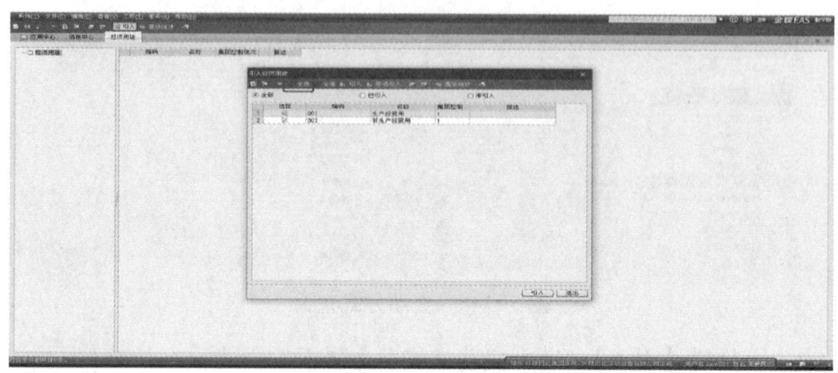

图 3-149　经济用途引入

2. 设置固定资产启用期间

启用期间设置是固定资产系统初始化的操作前提。信息管理员康路达（kld+学号）登录金蝶 EAS 系统，切换组织到环球日化深圳销售有限公司+姓名。学生点击【系统平台】→【系统工具】→【系统配置】→【系统状态控制】，进入系统状态控制界面，如图 3-150 所示。

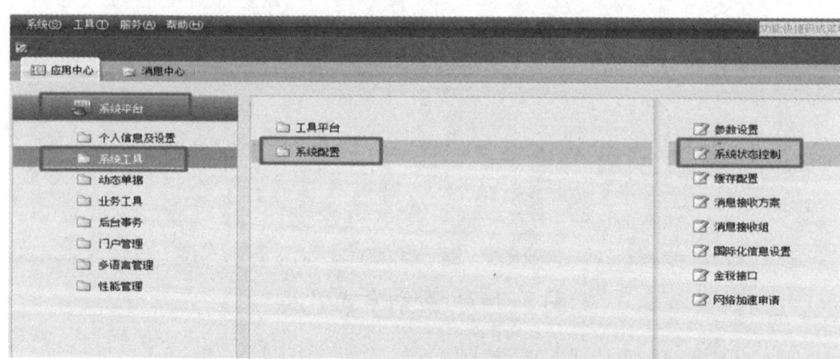

图 3-150　系统状态控制查询

学生点击固定资产启用期间栏【放大镜】，进入会计期间列表，选择会计期间为 2017 年第 1 期，点击【确定】，如图 3-151 所示。

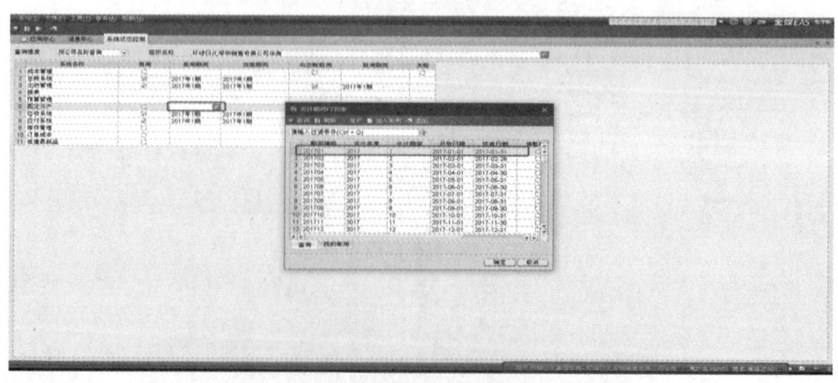

图 3-151　固定资产系统启用期间设置

3. 录入初始化卡片并结束初始化

固定资产卡片初始化是指固定资产期初数据的录入。环球日化深圳销售有限公司会计周爱民（zam+学号）登录金蝶 EAS 系统，切换组织到环球日化深圳销售有限公司+姓名。学生点击【财务会计】→【固定资产】→【初始化】→【固定资产卡片初始化】，进入固定资产卡片初始化界面，如图 3-152 所示。

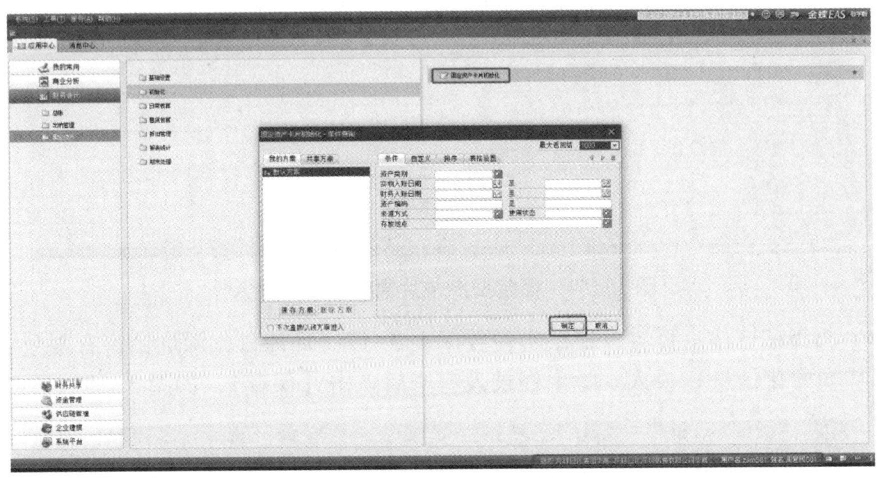

图 3-152　固定资产卡片初始化查询

学生点击工具栏【新增】固定资产卡片，根据实验数据表 3-17（环球日化深圳销售有限公司固定资产卡片初始化信息）录入。学生选择基本信息页签，录入完毕后点击【保存】，如图 3-153 所示。

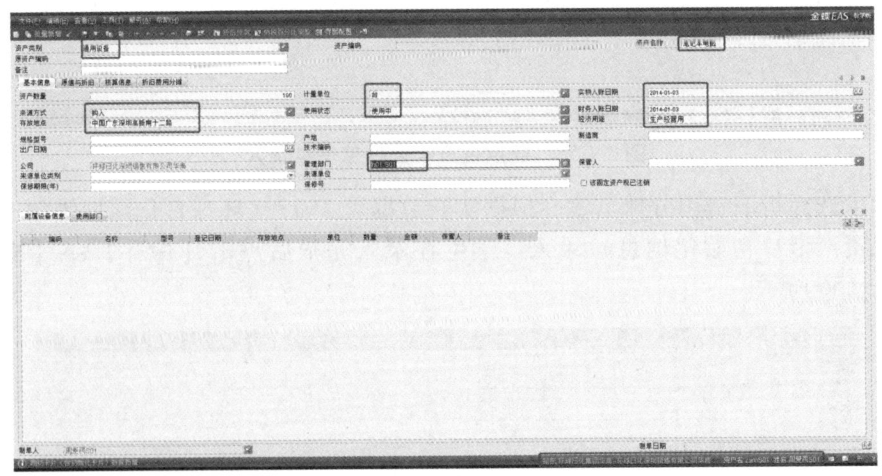

图 3-153　固定资产卡片基本信息录入

学生选择原值与折旧页签，根据实验数据表 3-17（环球日化深圳销售有限公司固定资产卡片初始化信息）录入，如图 3-154 所示。

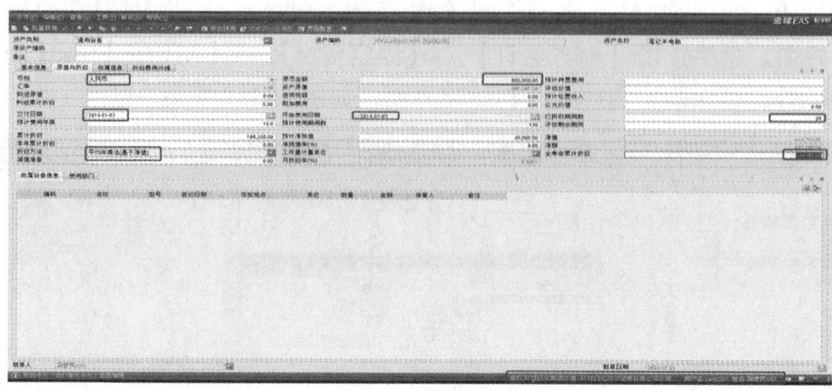

图 3-154　固定资产卡片原值与折旧录入

学生选择核算信息页签，根据实验数据表 3-17（环球日化深圳销售有限公司固定资产卡片初始化信息）录入。学生在录入完毕后点击【保存】，如图 3-155 所示。

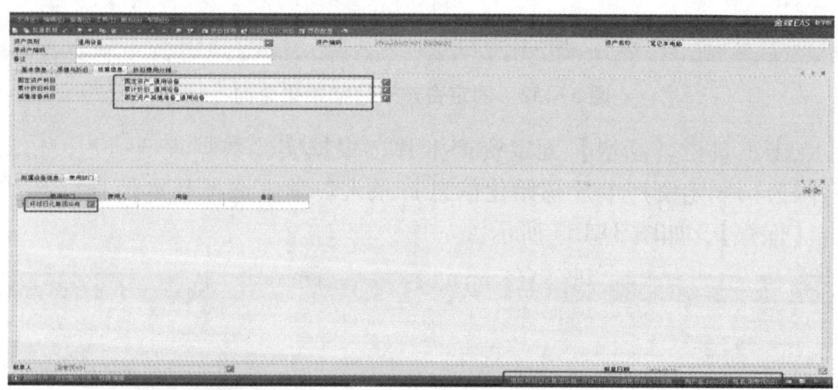

图 3-155　固定资产卡片核算信息录入

学生选择折旧费用分摊页签，根据实验数据表 3-17（环球日化深圳销售有限公司固定资产卡片初始化信息）录入。学生在录入完毕后点击【保存】→【提交】，如图 3-156 所示。

图 3-156　固定资产卡片折旧费用分摊录入，新增完成并提交

学生在固定资产卡片初始化界面点击工具栏【结束初始化】，如图 3-157 所示。

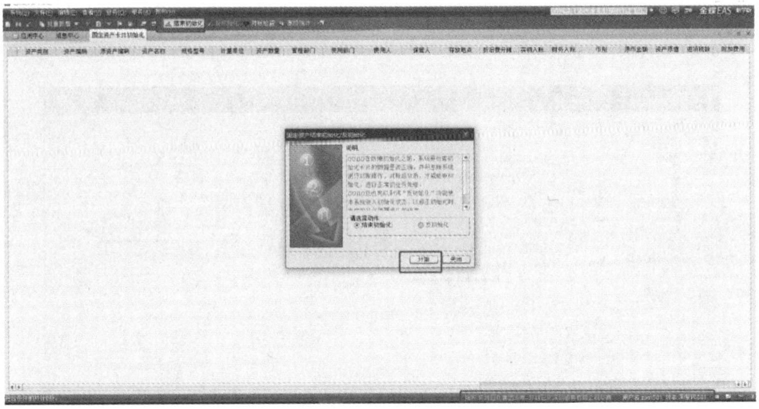

图 3-157 固定资产卡片结束初始化

4. 设置默认对账方案

学生点击【财务会计】→【固定资产】→【期末处理】→【期末对账】，进入期末对账查询界面。学生选择对账期间为 2017 年第 1 期，对账范围为环球日化深圳销售有限公司+姓名。学生点击对账方案栏【放大镜】，进入对账方案设置界面，如图 3-158 和图 3-159 所示。

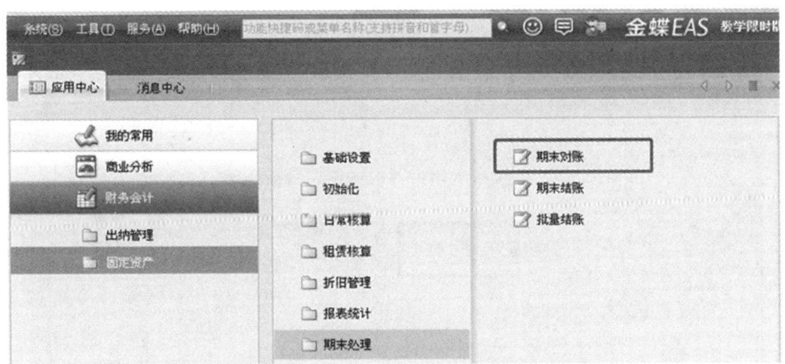

图 3-158 期末对账查询

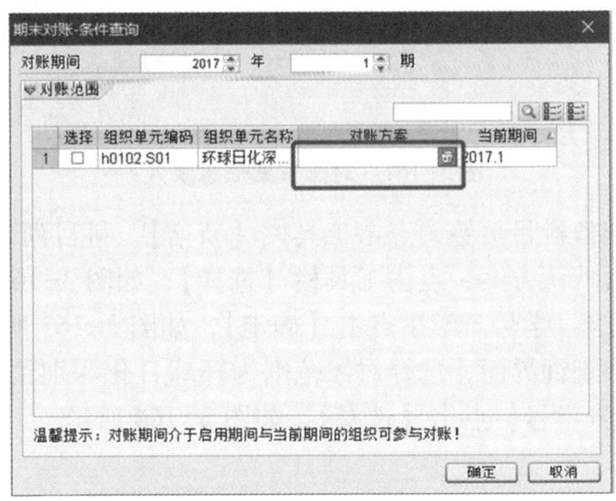

图 3-159 对账方案设置查询

学生根据实验数据表 3-16（环球日化深圳销售有限公司对账方案信息）录入，选择固定资产原值科目页签，点击工具栏【新增】，科目列表为 1601 固定资产，如图 3-160 所示。

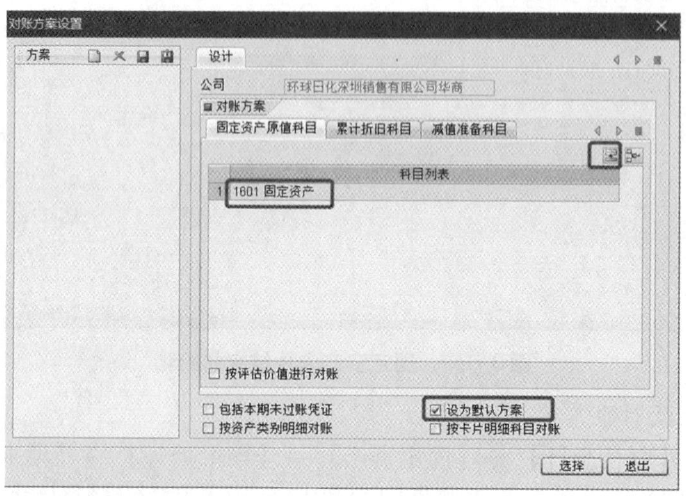

图 3-160　对账方案信息录入

学生选择累计折旧科目页签，点击工具栏【新增】，科目列表为 1602 累计折旧，如图 3-161 所示。

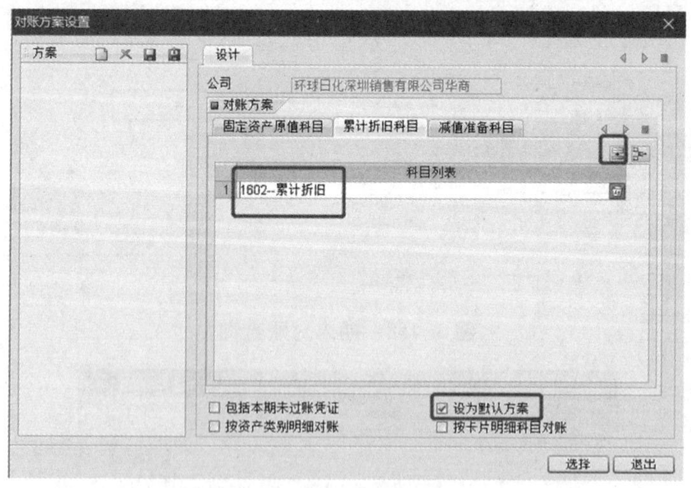

图 3-161　对账方案信息录入

学生选择减值准备科目页签，点击工具栏【新增】，科目列表为 1603 固定资产减值准备，选择设为默认方案，点击工具栏【选择】，如图 3-162 所示。

方案名为默认方案+学号。学生点击【确定】，如图 3-163 所示。

学生在期末对账查询界面，选择对账范围为环球日化深圳销售有限公司+姓名，对账方案为默认方案+学号，点击【选择】，如图 3-164 所示。

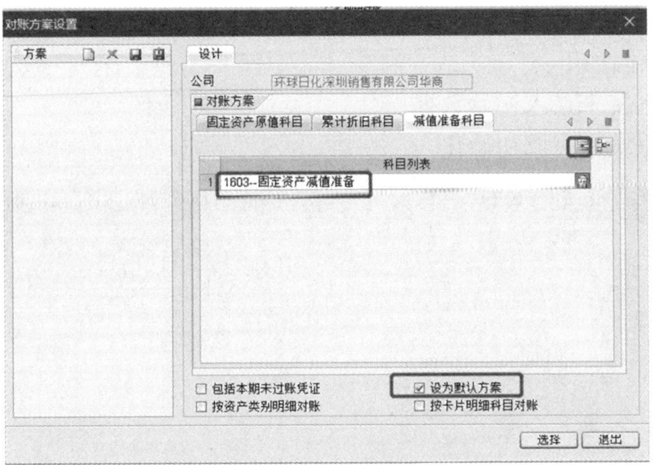

图 3-162　对账方案信息录入

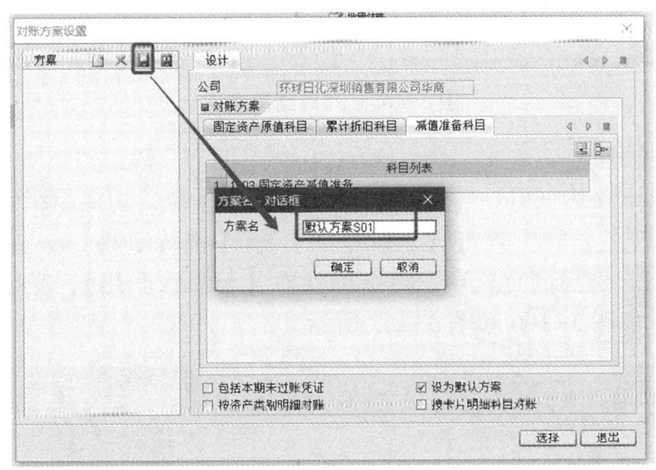

图 3-163　对账方案新增完成并保存

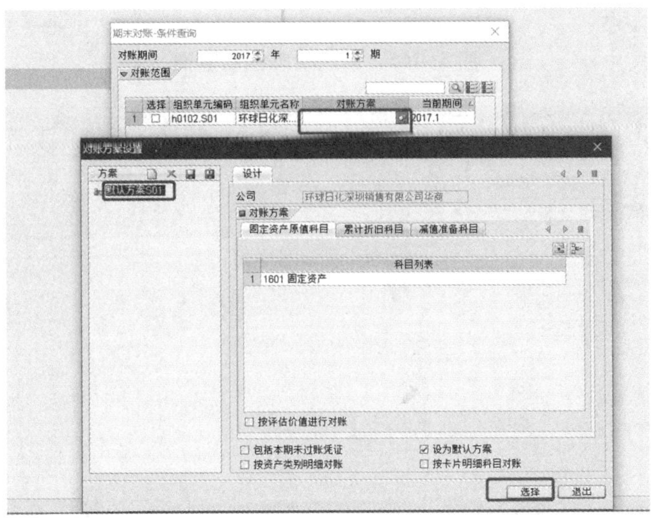

图 3-164　环球日化深圳销售有限公司期末对账设置

学生在期末对账页面查看对账结果，如图 3-165 所示。

对账不平原因如下：

（1）总账系统未录入初始数据。

（2）总账系统未完成初始化。

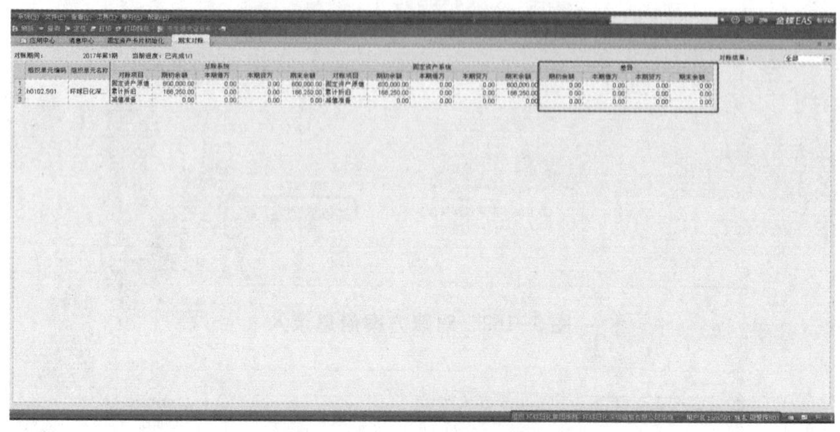

图 3-165 对账结果查询

5. 与总账联用

信息管理员康路达（kld+学号）登录金蝶 EAS 系统，切换组织到环球日化深圳销售有限公司+姓名。学生点击【系统平台】→【系统工具】→【系统配置】→【系统状态控制】，选择固定资产，点击工具栏【与总账联用】，完成固定资产与总账系统的联用，如图 3-166 和图 3-167 所示。

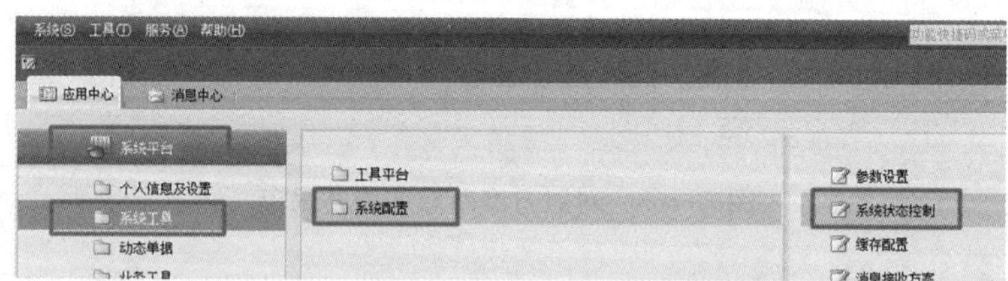

图 3-166 系统状态控制查询

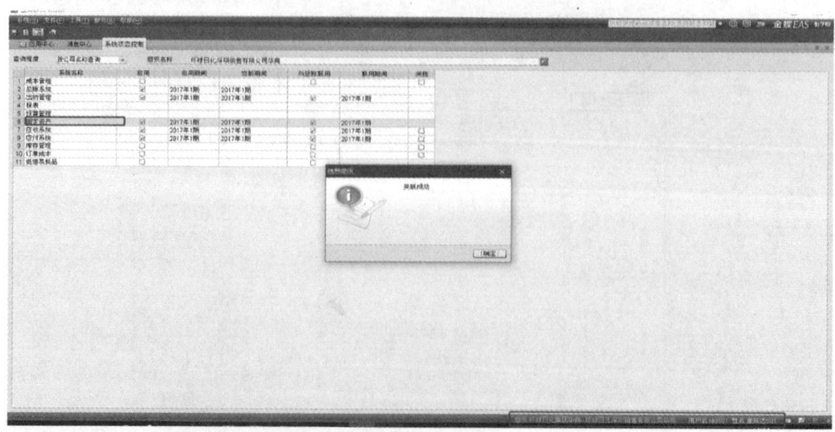

图 3-167 固定资产系统与总账系统联用

八、实验任务二

根据所给数据（见表 3-18 和表 3-19），环球洗涤用品深圳有限公司固定资产会计崔文涛（cwt+ 学号）完成固定资产系统初始化，并与总账联用。

表 3-18　环球洗涤用品深圳有限公司对账方案信息

<table>
<tr><td>方案名</td><td>默认方案+学号</td><td>对账期间</td><td>2017 年第 1 期</td></tr>
<tr><td colspan="4">科目列表</td></tr>
<tr><td colspan="2">固定资产原值科目</td><td colspan="2">1601 固定资产</td></tr>
<tr><td colspan="2">累计折旧科目</td><td colspan="2">1602 累计折旧</td></tr>
<tr><td colspan="2">减值准备科目</td><td colspan="2">1603 固定资产减值准备</td></tr>
</table>

表 3-19　环球洗涤用品深圳有限公司固定资产卡片初始化信息

<table>
<tr><td>资产类别</td><td colspan="2">专用设备</td><td>资产名称</td><td colspan="2">洗涤用品合成机</td></tr>
<tr><td colspan="6">基本信息</td></tr>
<tr><td colspan="3">公司</td><td colspan="3">环球洗涤用品深圳有限公司+姓名</td></tr>
<tr><td>资产数量</td><td>3</td><td>计量单位</td><td>台</td><td>实物入账日期</td><td>2015-01-01</td></tr>
<tr><td>来源方式</td><td>购入</td><td>使用状态</td><td>使用中</td><td>财务入账日期</td><td>2015-01-01</td></tr>
<tr><td>存放地点</td><td>中国广东深圳高新南十二路</td><td>经济用途</td><td>生产经营用</td><td>管理部门</td><td>环球洗涤用品深圳有限公司+姓名</td></tr>
<tr><td colspan="6">原值与折旧</td></tr>
<tr><td>币别</td><td colspan="2">人民币</td><td>原币金额</td><td colspan="2">480 000 元</td></tr>
<tr><td>交付日期</td><td>2015-01-01</td><td>开始使用日期</td><td>2015-01-01</td><td>已折旧期间数</td><td>23 个月</td></tr>
<tr><td>预计使用年限</td><td colspan="2">5 年</td><td>预计使用期间数</td><td colspan="2">60 个月</td></tr>
<tr><td>累计折旧</td><td>173 800 元</td><td>预计净残值</td><td>24 000 元</td><td>净残值率</td><td>5%</td></tr>
<tr><td>折旧方法</td><td colspan="2">平均年限法（基于净值）</td><td>全寿命累计折旧</td><td>173 800 元</td><td></td></tr>
<tr><td colspan="6">核算信息</td></tr>
<tr><td colspan="3">固定资产科目</td><td colspan="3">固定资产——专用设备</td></tr>
<tr><td colspan="3">累计折旧科目</td><td colspan="3">累计折旧——专用设备</td></tr>
<tr><td colspan="3">减值准备科目</td><td colspan="3">固定资产减值准备——专用设备</td></tr>
<tr><td colspan="6">折旧费用分摊</td></tr>
<tr><td>折旧费用分摊科目</td><td colspan="2">制造费用——折旧费</td><td>折旧费用核算项目</td><td colspan="2">成本中心——生产部</td></tr>
<tr><td colspan="3">使用部门</td><td colspan="3">环球洗涤用品深圳有限公司——生产部</td></tr>
</table>

九、实验任务二操作指导

1. 维护固定资产基础资料

环球洗涤用品深圳有限公司固定资产会计崔文涛（cwt+学号）登录金蝶 EAS 系统，切换组织到环球洗涤用品深圳有限公司+姓名。学生维护固定资产基础资料——固定资产类别，点击【财务会计】→【固定资产】→【基础设置】→【固定资产类别】，进入固定资产类别界面，如图 3-168 所示。

学生参照前序操作完成使用状态引入、变动方式引入、经济用途引入，如图 3-169 至图 3-171 所示。

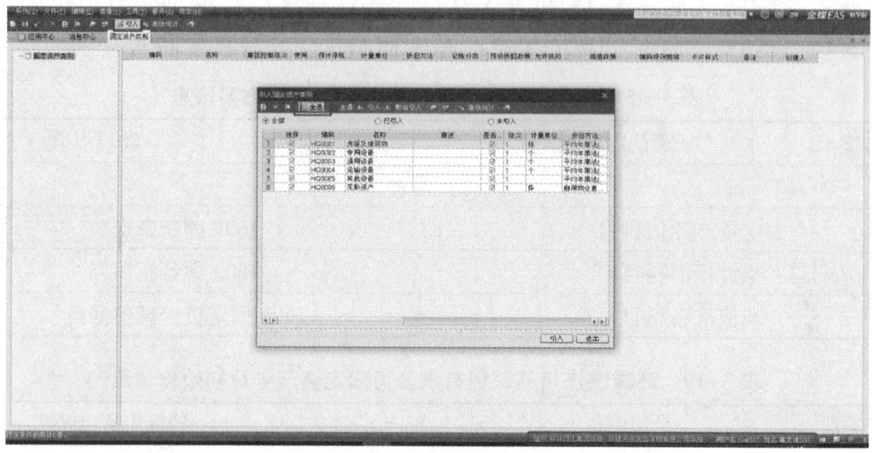

图 3-168　固定资产类别引入

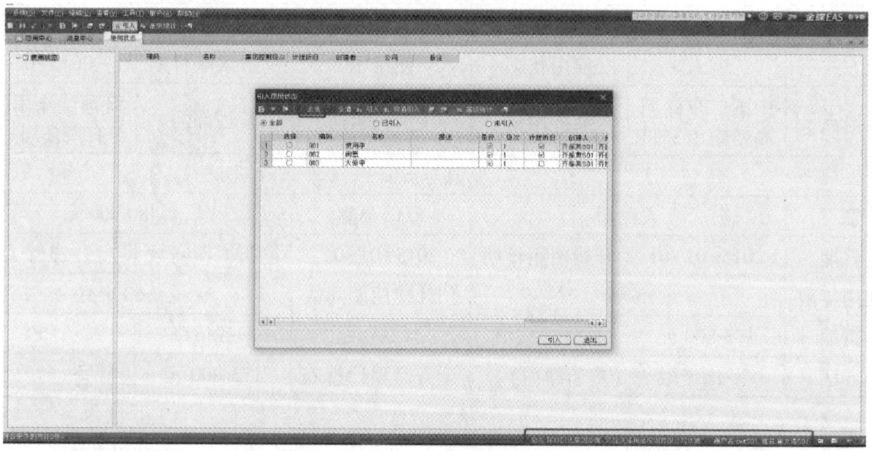

图 3-169　使用状态引入

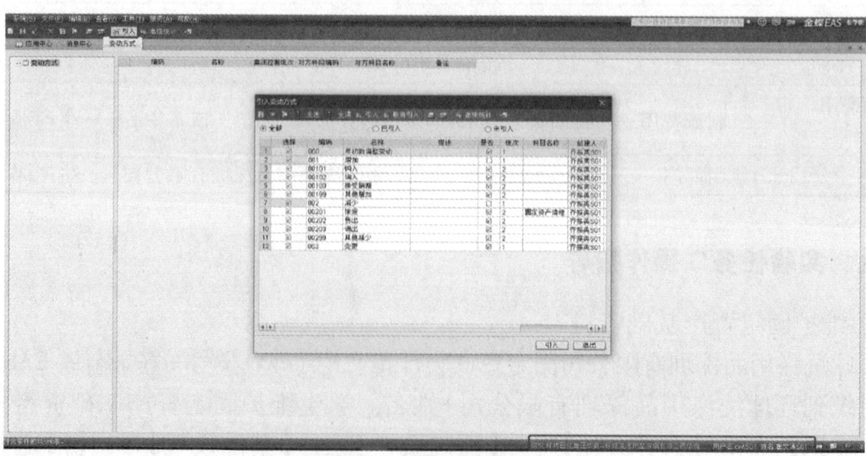

图 3-170　变动方式引入

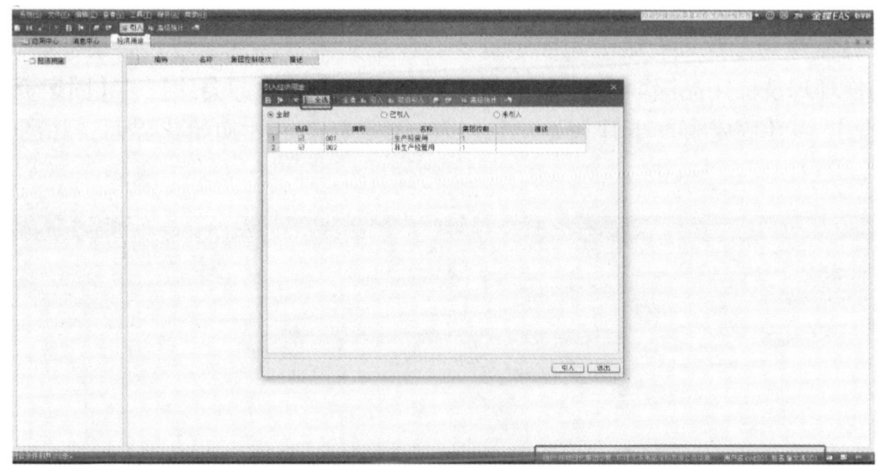

图 3-171　经济用途引入

2. 设置固定资产启用期间

信息管理员康路达（kld+学号）登录金蝶 EAS 系统，切换组织到环球洗涤用品深圳有限公司+姓名。学生点击【系统平台】→【系统工具】→【系统配置】→【系统状态控制】，进入系统状态控制界面，如图 3-172 所示。

图 3-172　系统状态控制

学生点击固定资产启用期间栏【放大镜】，进入会计期间列表，选择会计期间为 2017 年第 1 期，点击【确定】，如图 3-173 所示。

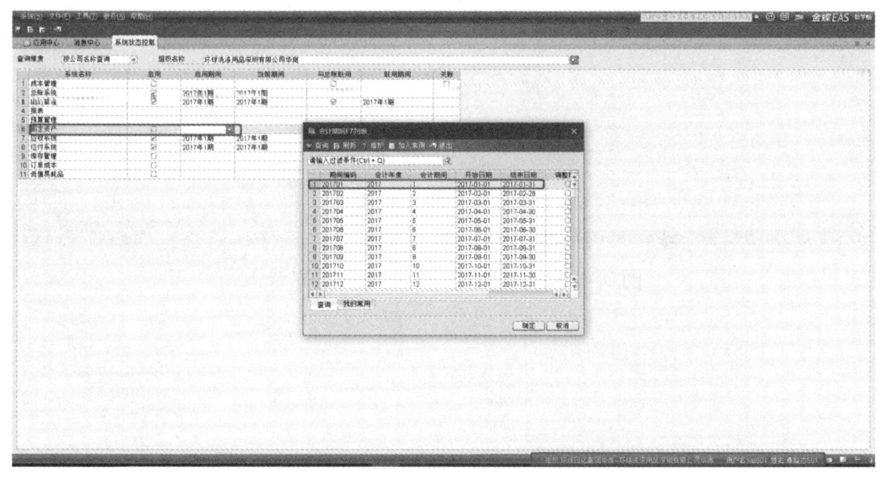

图 3-173　固定资产系统启用期间设置

3. 录入初始化卡片并结束初始化

环球洗涤用品深圳有限公司固定资产会计崔文涛（cwt+学号）登录金蝶 EAS 系统，切换环球洗涤用品深圳有限公司+姓名。学生点击【财务会计】→【固定资产】→【初始化】→【固定资产卡片初始化】，进入固定资产卡片初始化界面，如图 3-174 所示。

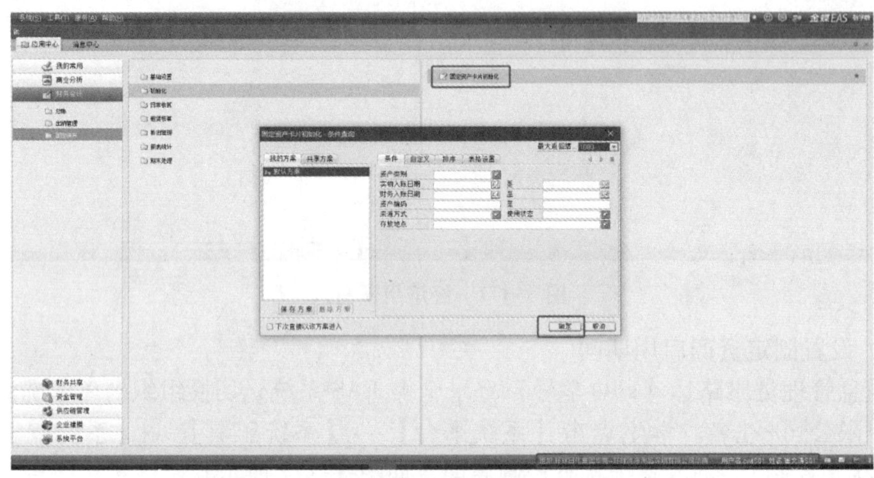

图 3-174　固定资产卡片初始化查询

学生点击工具栏【新增】固定资产卡片，根据实验数据表 3-19（环球洗涤用品深圳有限公司固定资产卡片初始化信息）录入。学生录入完毕后点击【保存】，如图 3-175 所示。

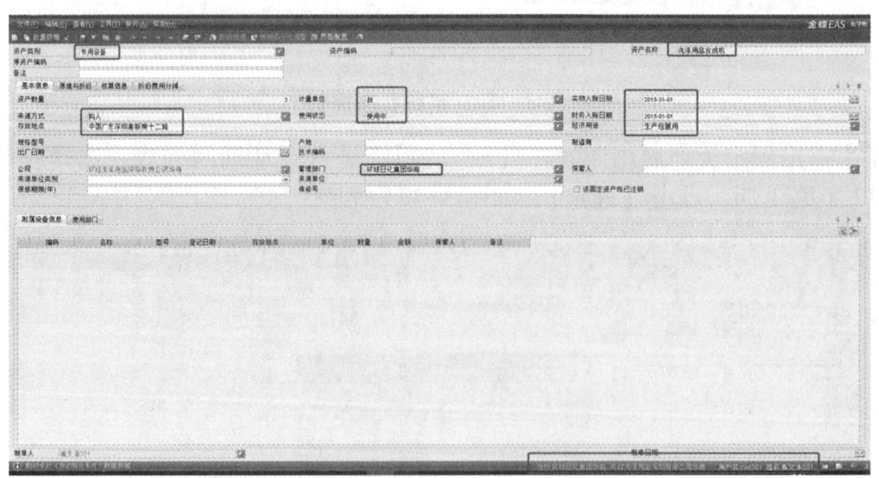

图 3-175　固定资产卡片基本信息录入

学生选择原值与折旧页签，根据实验数据表 3-19（环球洗涤用品深圳有限公司固定资产卡片初始化信息）录入。学生录入完毕后点击【保存】，如图 3-176 所示。

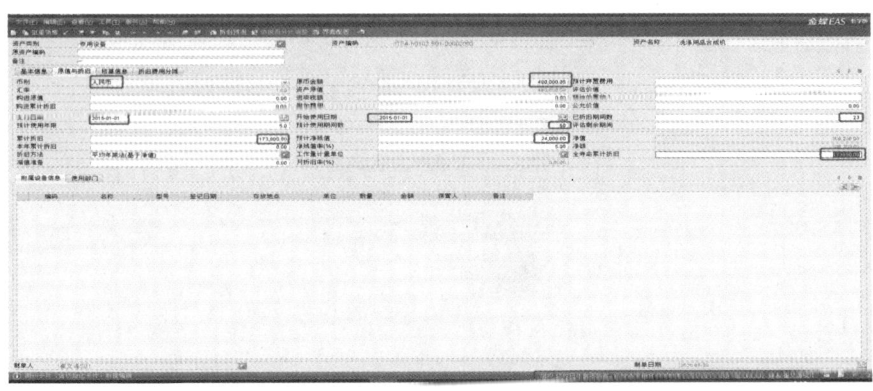

图 3-176　固定资产卡片原值与折旧录入

学生选择核算信息页签，根据实验数据表 3-19（环球洗涤用品深圳有限公司固定资产卡片初始化信息）录入。学生在录入完毕后点击【保存】，如图 3-177 所示。

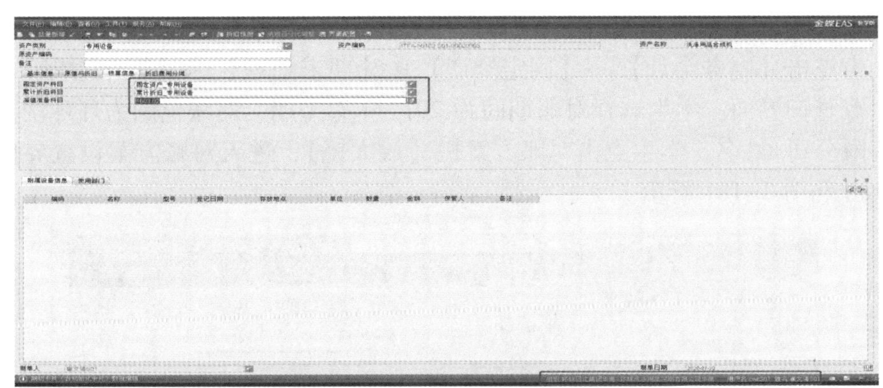

图 3-177　固定资产卡片核算信息录入

学生选择折旧费用分摊页签，根据实验数据表 3-19（环球洗涤用品深圳有限公司固定资产卡片初始化信息）录入。学生在录入完毕后点击【保存】→【提交】，如图 3-178 所示。

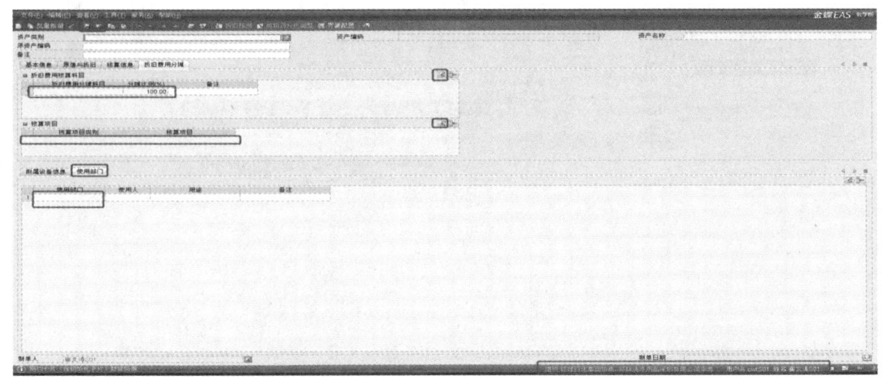

图 3-178　固定资产卡片折旧费用分摊录入及保存提交

学生在固定资产卡片初始化界面，点击【结束初始化】→【开始】，如图 3-179 所示。

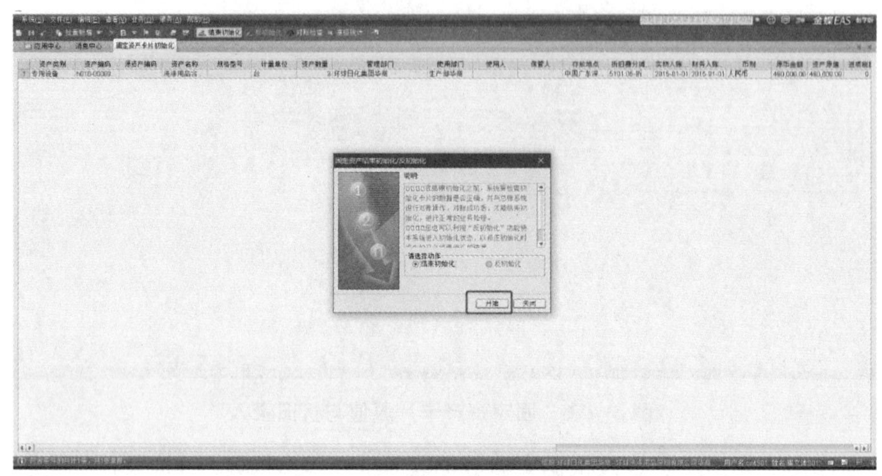

图 3-179　固定资产卡片结束初始化

4. 设置默认对账方案

学生点击【财务会计】→【固定资产】→【期末处理】→【期末对账】，进入期末对账查询界面。学生选择对账期间为 2017 年第 1 期，对账范围为环球洗涤用品深圳有限公司+姓名。学生点击对账方案栏【放大镜】，进入对账方案设置界面，如图 3-180 和图 3-181 所示。

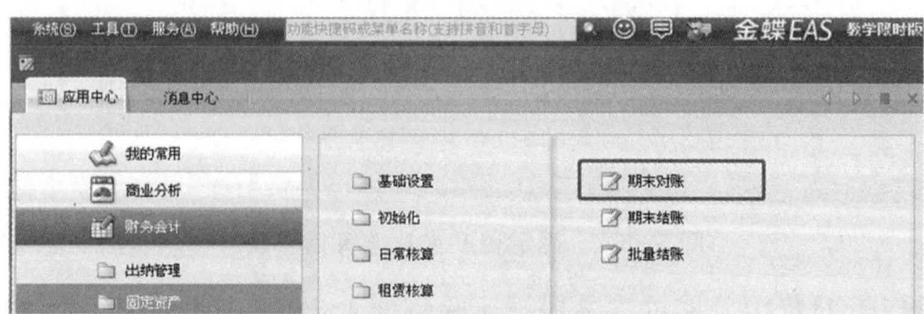

图 3-180　期末对账查询

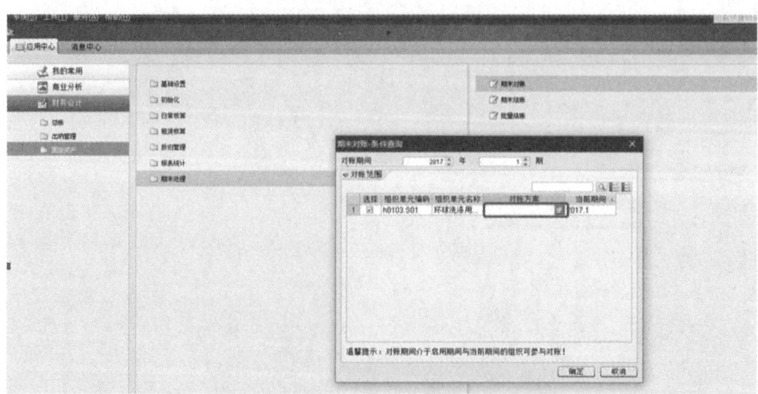

图 3-181　对账方案设置查询

学生根据实验数据表 3-18（环球洗涤用品深圳有限公司对账方案信息）录入，选择固定资产原值科目页签，点击工具栏【新增】，科目列表为 1601 固定资产，如图 3-182 所示。

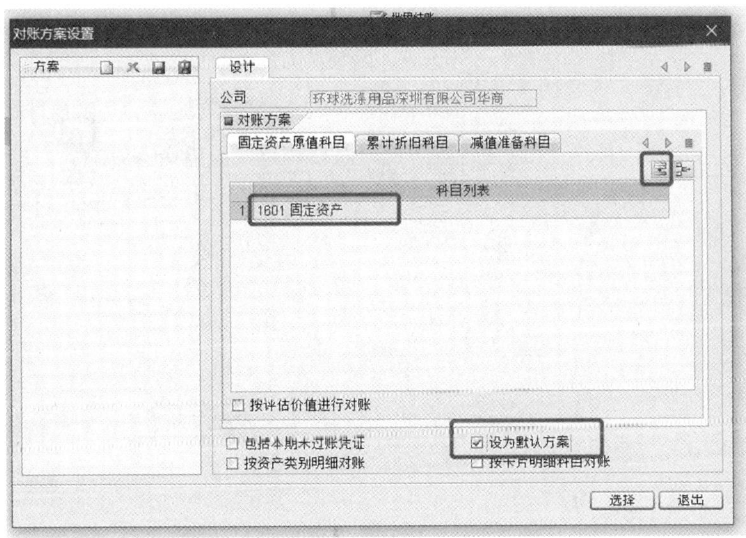

图 3-182　对账方案信息录入

学生选择累计折旧科目页签，点击工具栏【新增】，科目列表为 1602 累计折旧，如图 3-183 所示。

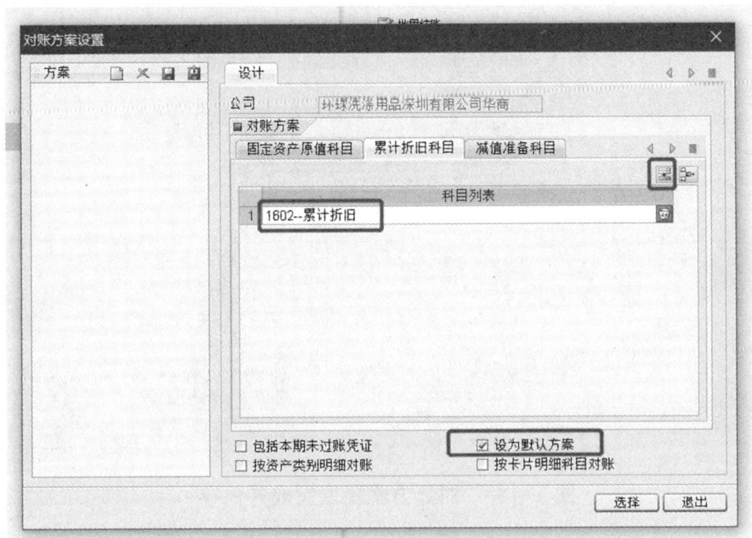

图 3-183　对账方案信息录入

学生选择减值准备科目页签，点击工具栏【新增】，科目列表为 1603 固定资产减值准备，选择设为默认方案，点击工具栏【选择】，如图 3-184 所示。

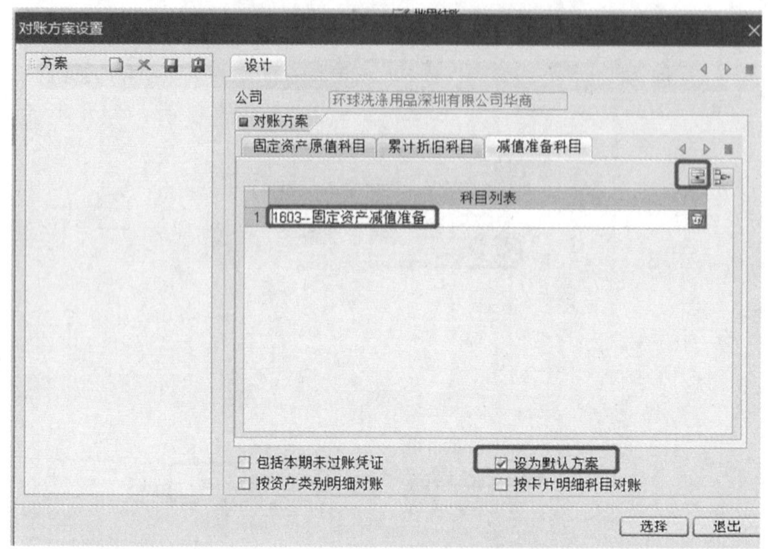

图 3-184　对账方案信息录入

方案名为默认方案+学号。学生点击【确定】，如图 3-185 所示。

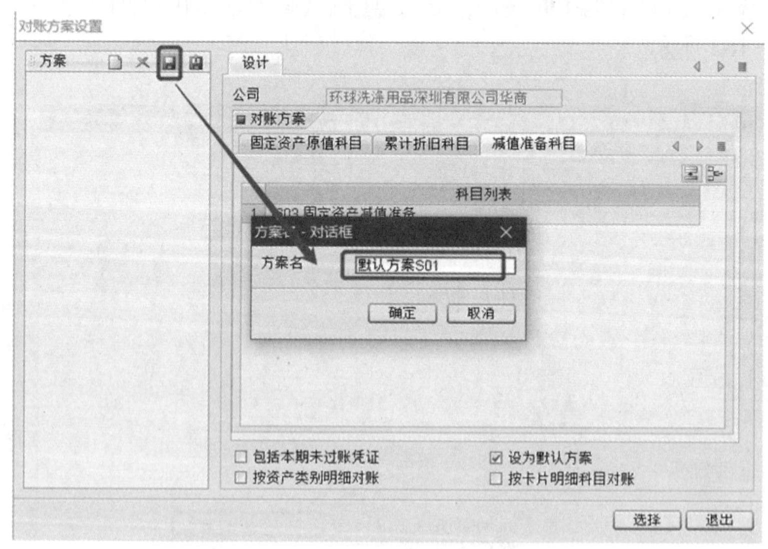

图 3-185　对账方案新增完成并保存

学生在期末对账查询界面，选择对账范围为环球洗涤用品深圳有限公司+姓名，对账方案为默认方案+学号，点击【确定】，如图 3-186 所示。

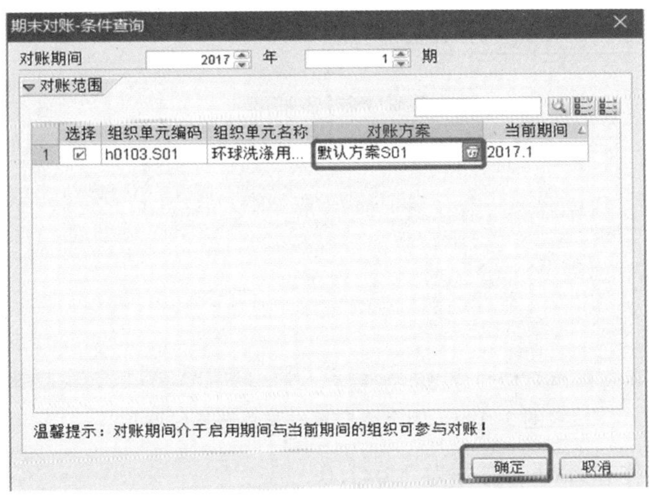

图 3-186　环球洗涤用品深圳有限公司期末对账设置

学生在期末对账页面查看对账结果，如图 3-187 所示。

对账不平原因如下：

（1）总账系统未录入初始数据。

（2）总账系统未完成初始化。

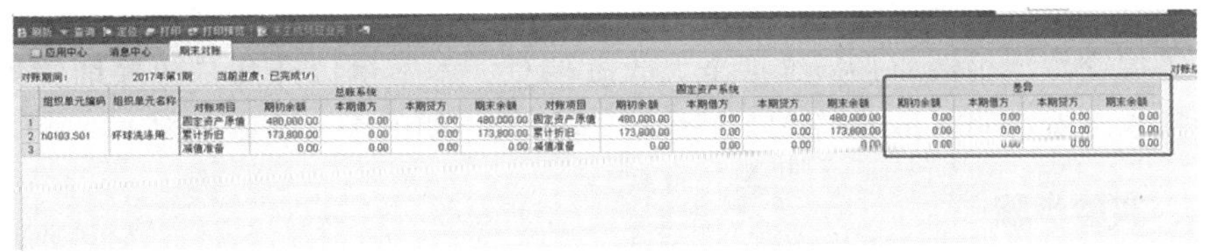

图 3-187　对账结果查询

5. 与总账联用

信息管理员康路达（kld+学号）登录金蝶 EAS 系统，切换组织到环球洗涤用品深圳有限公司+姓名。学生点击【系统平台】→【系统工具】→【系统配置】→【系统状态控制】，选择固定资产，点击工具栏【与总账联用】，完成固定资产与总账系统的联用，如图 3-188 和图 3-189 所示。

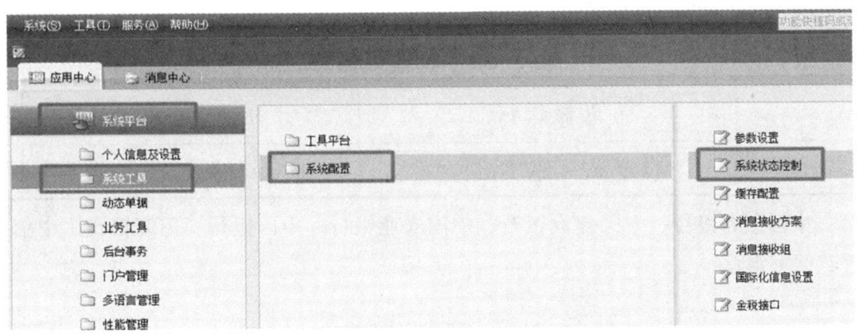

图 3-188　系统状态控制查询

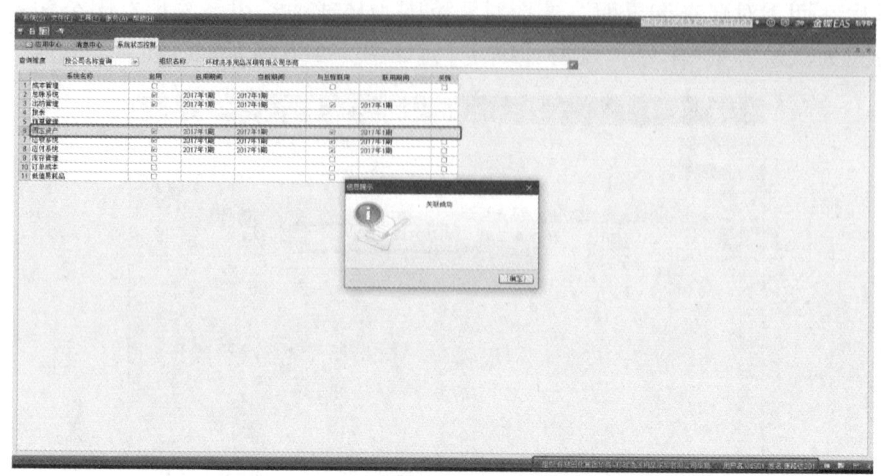

图 3-189　固定资产系统与总账系统联用

完成以上操作，练习十得分为 7.0/7.0。

第六节　费用管理

一、应用场景

费用管理没有初始化概念，无需结束初始化。

员工提交费用报销前必须维护个人收款信息，本案例以环球日化深圳销售有限公司销售人员贺小明（hxm+学号）为例，维护贺小明的个人收款信息。

二、实验步骤

费用管理——收款信息维护。

三、实验前准备

集团资料已全部录入。

四、实验数据

实验数据如表 3-20 所示。

表 3-20　收款人信息

收款人	收款银行	收款账号	是否默认
报销人员姓名+学号	自定义（建议银行）	自定义（建议 16 位数字）	是

（建议银行：中国工商银行、中国建设银行、中国农业银行、中国银行、招商银行、中信银行、中国光大银行、中国邮政储蓄银行。）

五、操作指导

费用报销后涉及收款，报销人员需要自行维护收款信息。环球日化深圳销售有限公司销售人员贺小明（hxm+学号）登录EAS系统，点击【财务会计】→【费用管理】→【基础设置】→【收款信息】，进入收款信息界面，如图3 190所示。

图3-190　收款信息查询

学生点击工具栏【新增】收款信息，根据实验数据表3-20（收款人信息）录入。收款人为贺小明+学号，收款银行为建议银行，收款账号为自定义（建议16位数字）。学生勾选默认账号，录入完毕后点击【保存】，如图3-191所示。

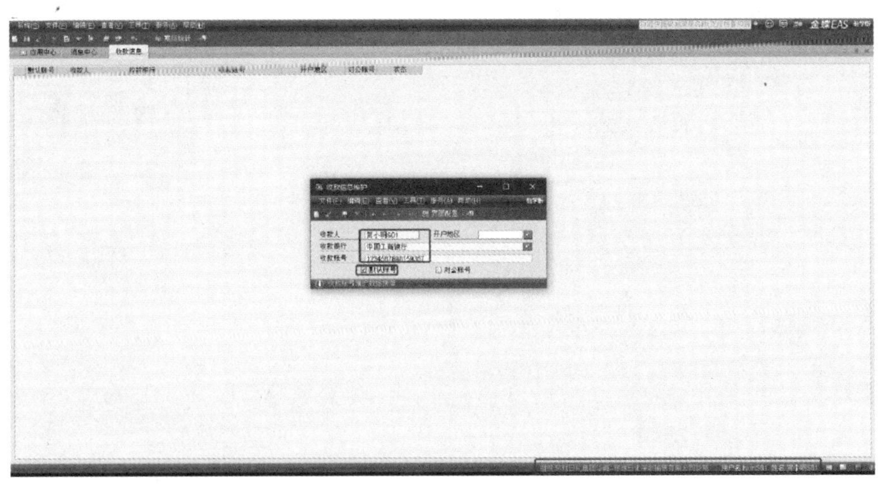

图3-191　收款信息新增

完成以上操作，练习十一得分为1.0/1.0。

第三篇

企业财务集中

第四章 企业业务流程的建立

第一节　业务流程设计

一、案例一：简单工作流配置

（一）应用场景

环球日化集团管理员用户（学生姓名拼音首字母缩写+学号）在金蝶 BOS 集成开发环境新增出差申请单的简单工作流程，并发布流程。

（二）实验步骤

（1）使用现有流程新建新流程。

（2）设置流程属性并发布流程。

（三）实验前准备

（1）完成金蝶财务共享应用实践课程——工作流的学习。

（2）安装金蝶 BOS 集成开发环境。

（3）检查网络环境，是否可以连接到服务器 IP（网际互联协议）地址。

（四）实验数据

实验数据如表 4-1 所示。

表 4-1　出差申请单简单工作流程信息

流程名称	流程编码
出差申请单简单工作流程姓名+学号	学号 .001

（五）操作指导

1. 使用现有流程新建新流程

学生打开桌面快捷方式，或者点击金蝶 BOS 集成开发环境图标，如图 4-1 所示。

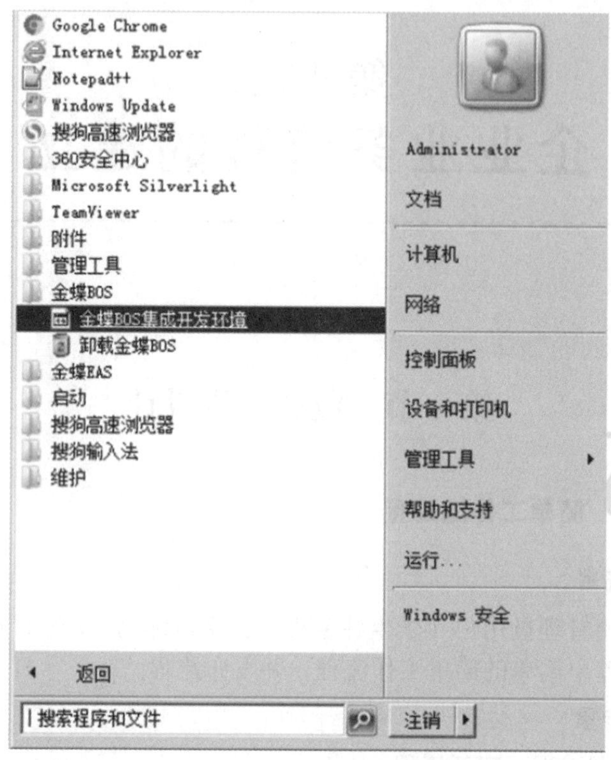

图 4-1 BOS 集成开发环境应用程序

工作空间启动程序设置默认的空间路径。学生点击【确定】，选择流程配置工具，如图 4-2 所示。

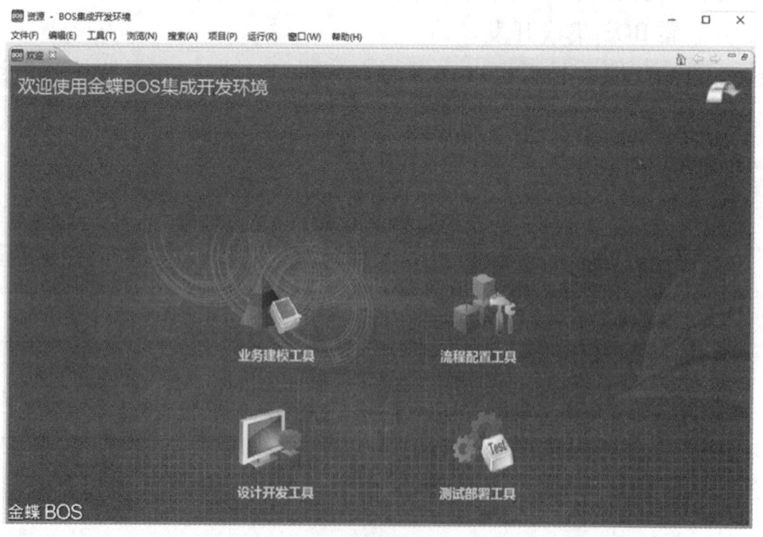

图 4-2 BOS 集成开发环境

学生点击工作流连接界面左下角【将视图显示成快速视图】按钮，点击【连接】，进入工作流连接界面，如图 4-3 所示。

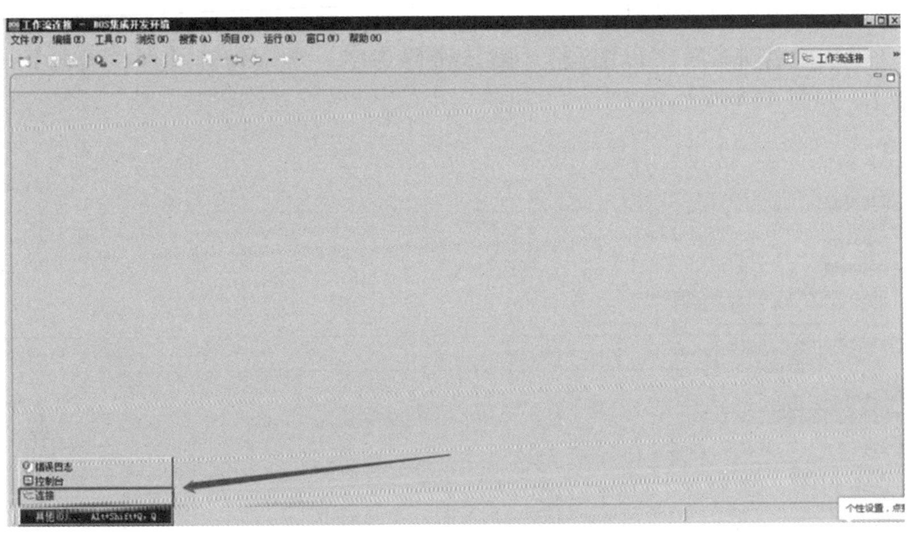

图 4-3　工作流连接查询

学生点击【添加连接】，配置工作流连接信息。学生点击【工作流连接 1】，配置工作流连接信息，如图 4-4 所示。

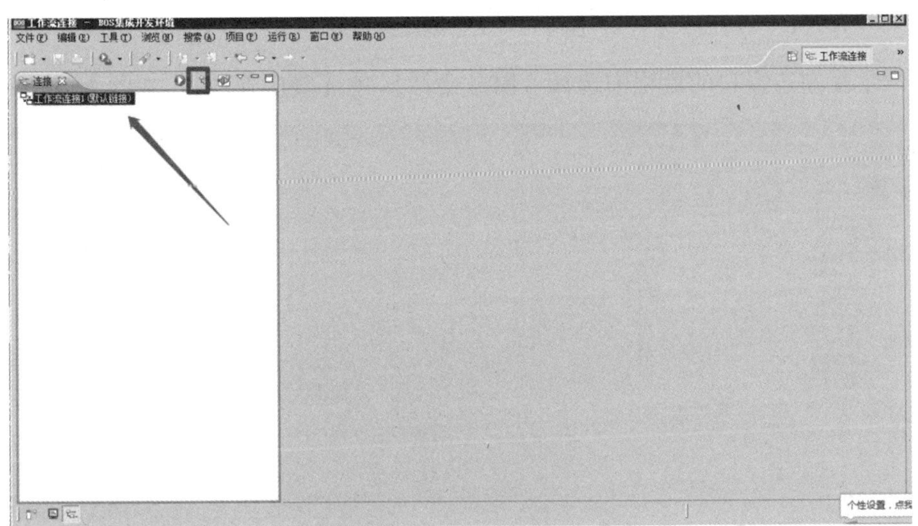

图 4-4　工作流连接信息

应用服务器地址为 EAS 服务器 IP 地址（121.33.188.39），更新端口默认为 8888。学生点击【刷新】，更新出该服务器下所有数据中心。学生在【数据中心】中勾选自己班级教师创建的数据中心（如 ftsls2）。登录用户为环球日化集团管理员用户（学生姓名拼音首字母缩写），默认密码为空。学生勾选【保存密码】，点击【登录】，如图 4-5 所示。

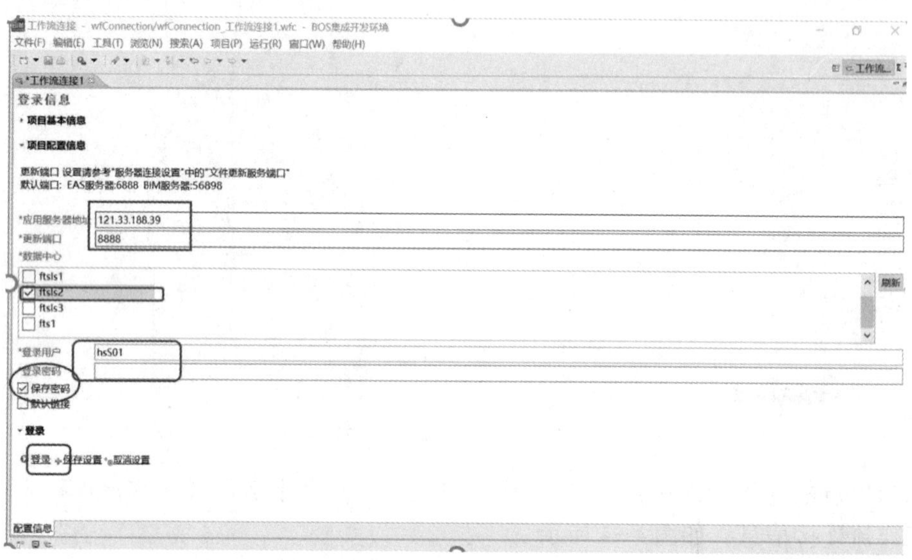

图 4-5　工作流连接信息

学生在左边窗口的流程中选择【财务会计】→【费用管理】，如图 4-6 所示。

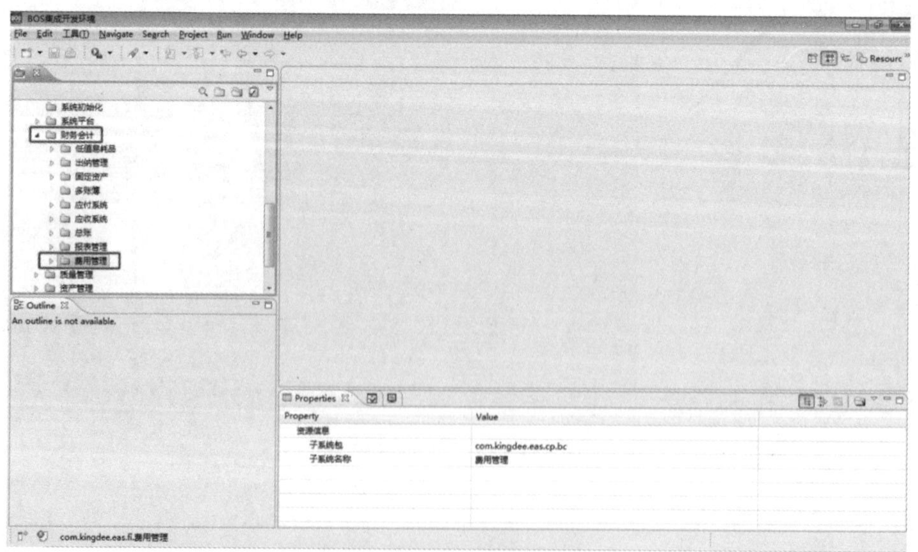

图 4-6　费用管理节点查询

学生选择费用管理节点，点击鼠标右键，点击【新建业务流程】，进入业务流程新建界面，如图 4-7 所示。

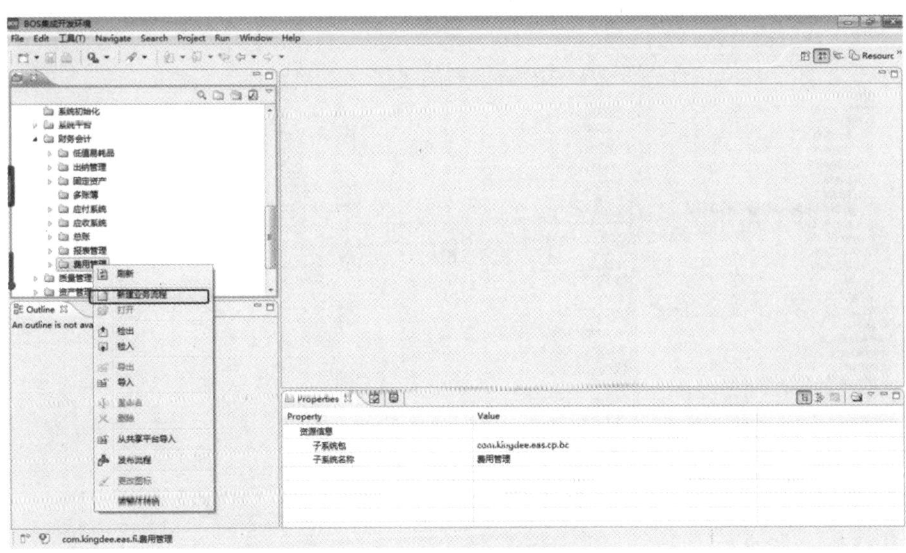

图 4-7　业务流程新建查询

学生根据实验数据表 4-1（出差申请单简单工作流程信息）录入。流程名称为出差申请单简单工作流程姓名+学号，流程编码为学号 .001，创建方式为空流程创建。学生在录入完毕后点击【下一步】，如图 4-8 所示。

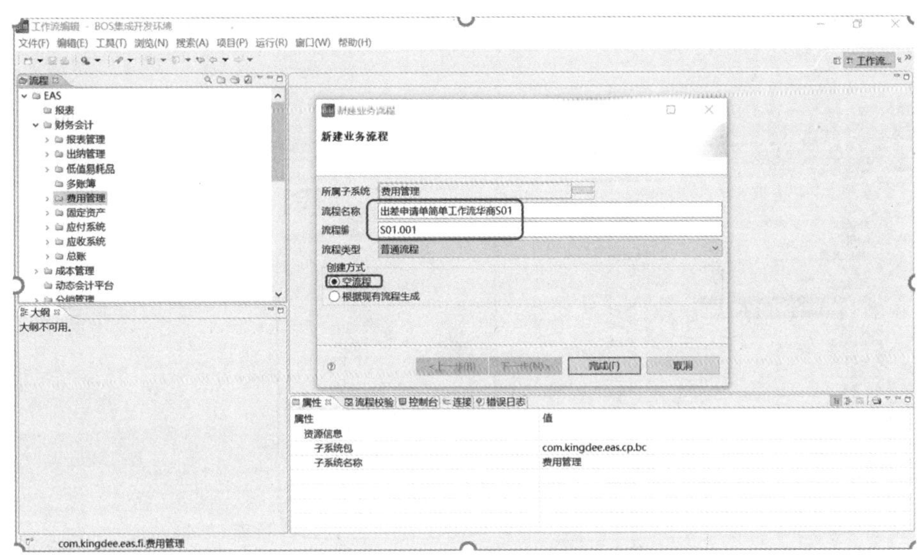

图 4-8　业务流程新建

学生分别将节点组里的【自动】【消息】【人工】【审批】拖拉至白板处，调整布局后如图 4-9 所示。

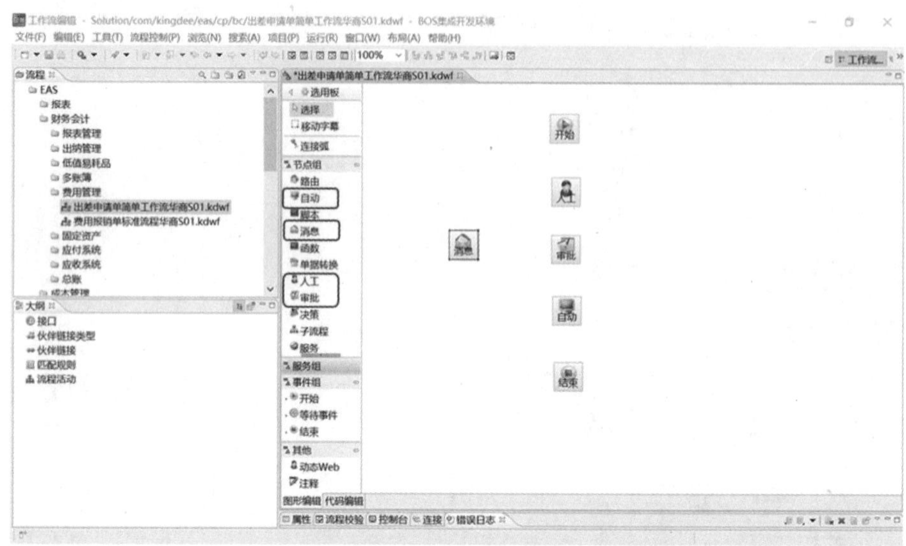

图 4-9　业务流程各节点

学生点击【连接弧】，先后点击连接弧连接的两个节点。消息与结束之间的连接弧可以通过选用版中的【选择】调整后拖拉成直角，如图 4-10 所示。

为了美观起见，学生可以点击【选择】，将流程图的开始结束框起来，之后点击【居中对齐】，再将消息与审批节点框起来，之后点击【顶部对齐】，如图 4-11 所示。

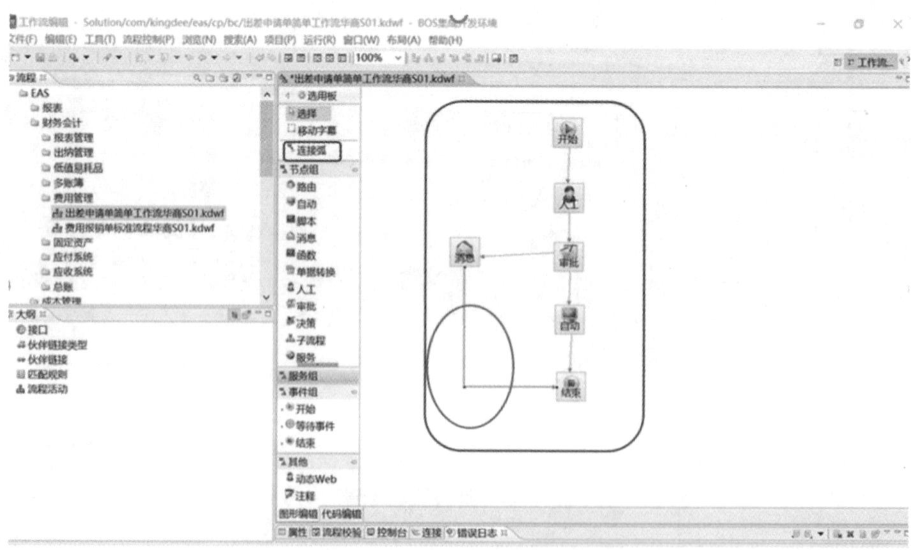

图 4-10　业务流程最初结构

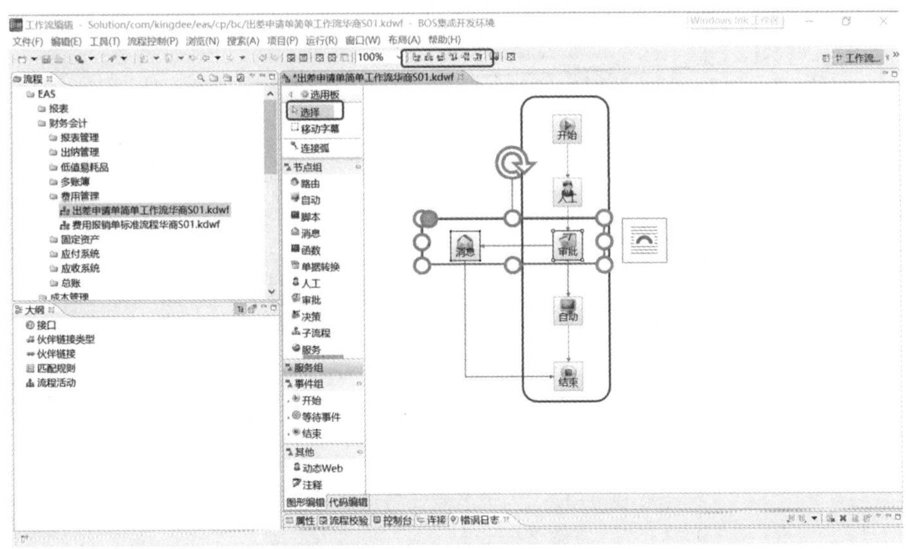

图 4-11　美化后流程图

2. 设置流程属性并发布流程

（1）人工节点属性设置。学生点击【人工】节点，进入基本界面，名称为提交，如图 4-12 所示。学生进入任务界面，点击任务名称对应框最右边，选择【财务会计】→【费用管理】→【出差申请单业务功能列表】→【提交】，如图 4-13 所示。学生选择任务名称后的界面如图 4-14 所示。学生进入参与人界面，点击参与人下方最右边的小框（或者点击【新增参与人】），选择【职位】→【环球日化集团姓名】→【营销中心姓名】→【销售员学号】→【添加】，点击【确定】，如图 4-15 所示。

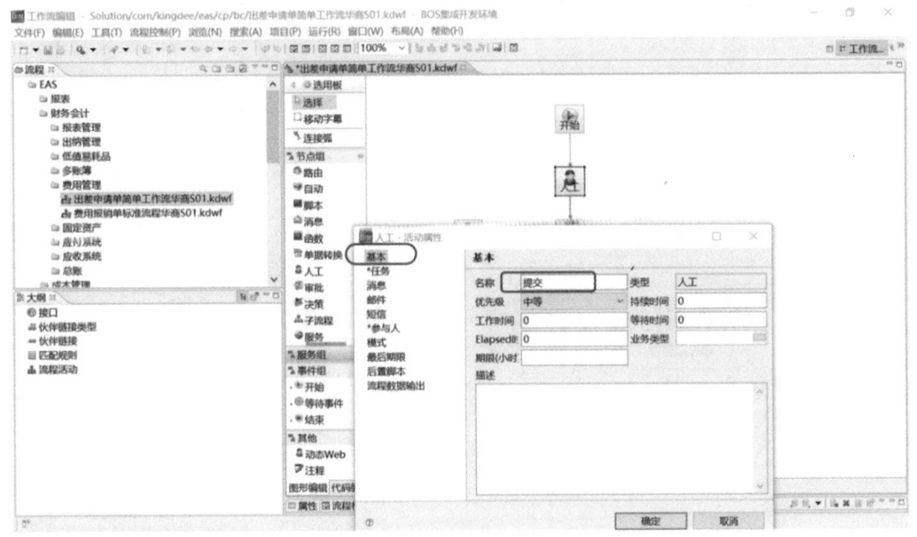

图 4-12　人工节点基本界面

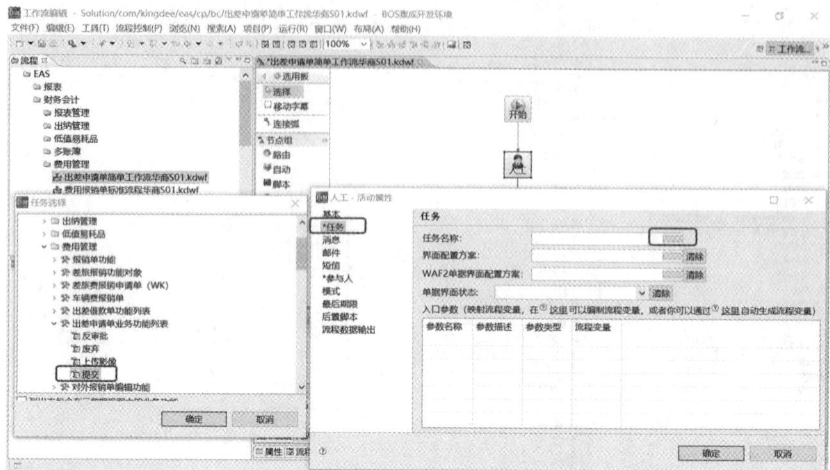
图 4-13　人工节点任务选择界面

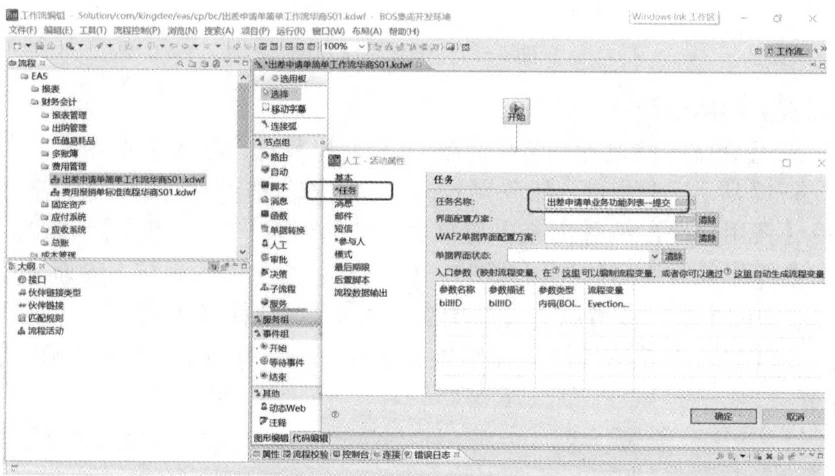
图 4-14　人工节点的任务界面

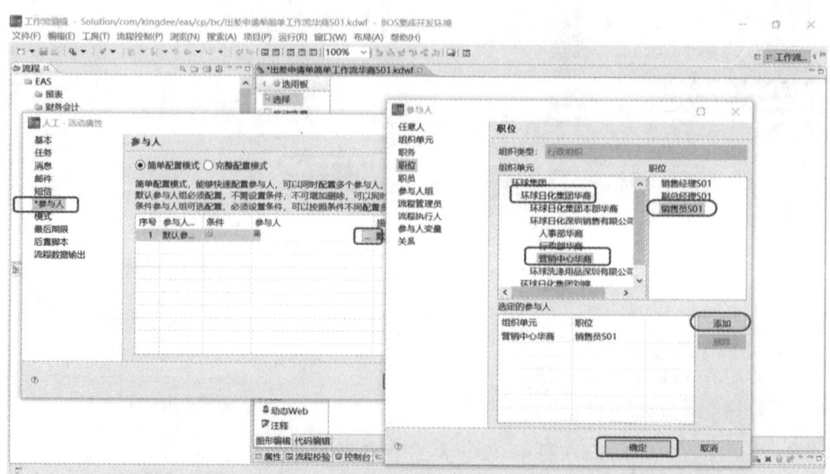
图 4-15　人工节点的参与人选择界面

（2）审批节点属性设置。学生点击【审批】节点，进入基本界面，名称改为经理审批，如图 4-16 所示。学生进入参与人界面，点击参与人下方最右边的小框（或者点击【新增参与人】），选择【关系】→【流程发起人】→【直接上级】→【添加】，如图 4-17 所示。学生点击【确定】，最终的参与人界面如图 4-18 所示。学生再点击【确定】。

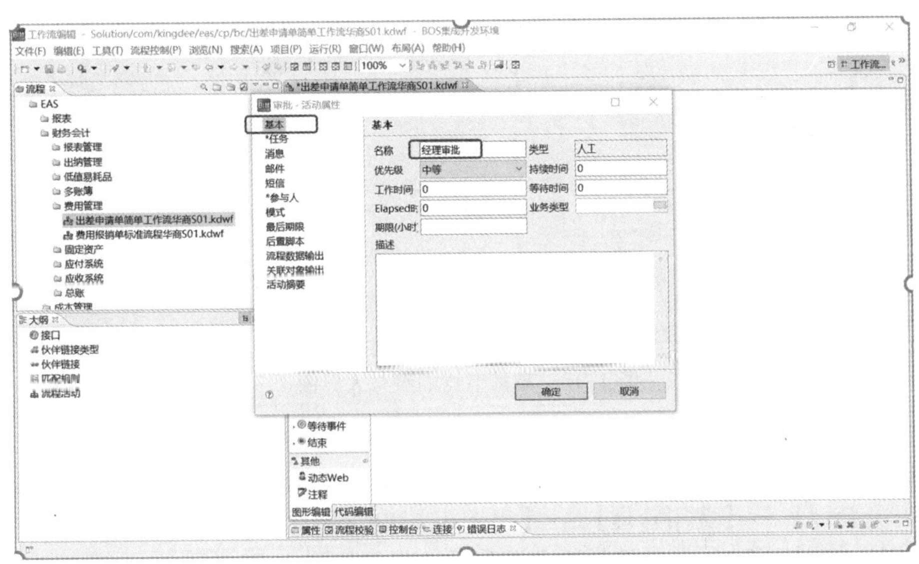

图 4-16　审批节点的基本界面

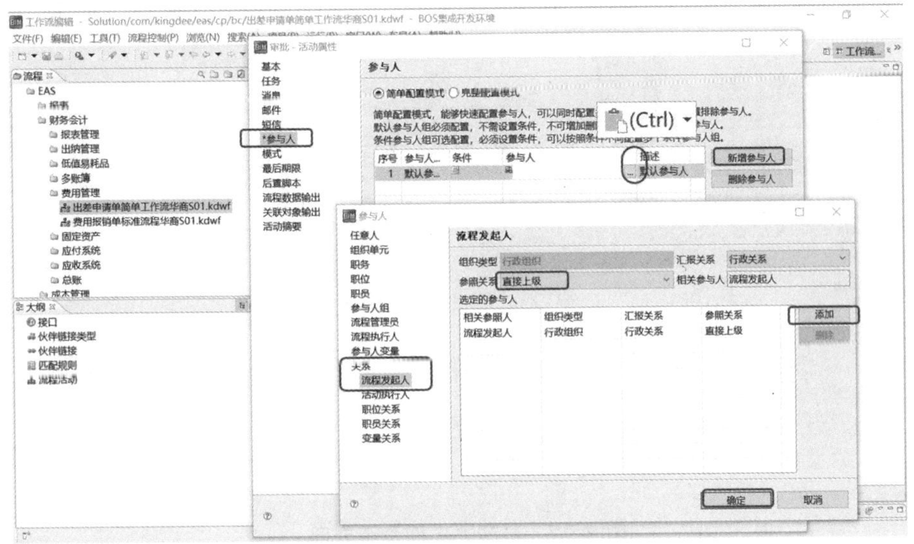

图 4-17　审批节点的参与人选择界面

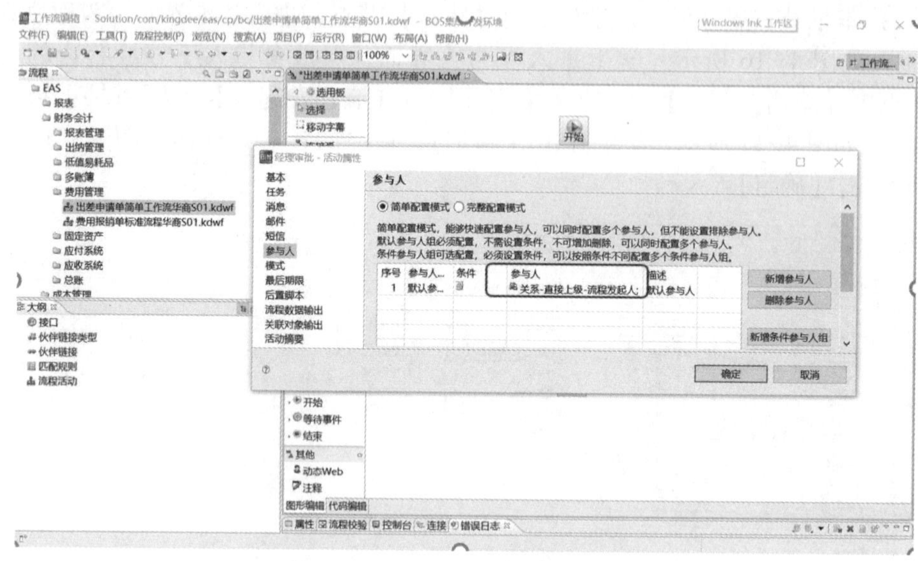

图 4-18　审批节点的参与人界面

（3）自动节点属性设置。学生点击【自动】节点，进入基本界面，名称为设置审批通过，如图 4-19 所示。学生进入任务界面，点击任务名称最右边的小框，选择【财务会计】→【费用管理】→【出差申请单业务功能列表】→【设置审批通过状态】，如图 4-20 所示。选择任务名称后的界面如图 4-21 所示。

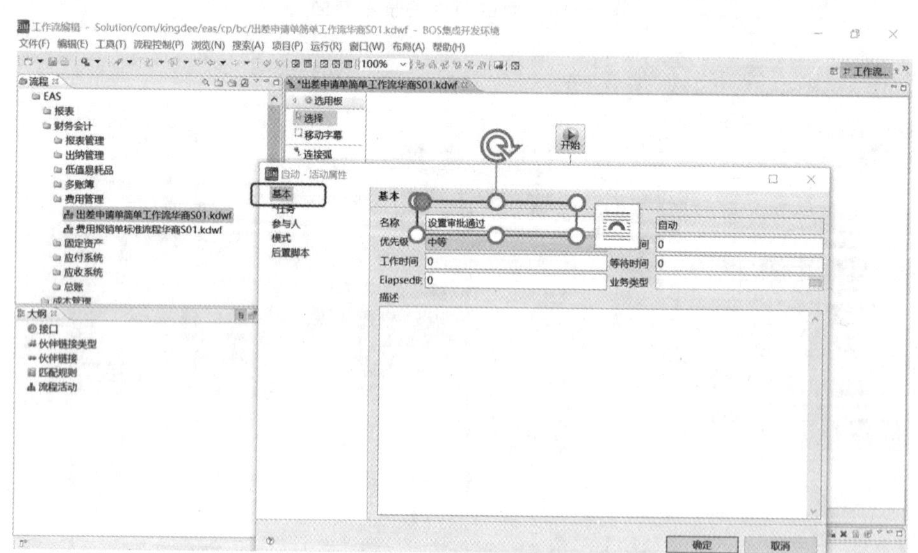

图 4-19　自动节点的基本界面

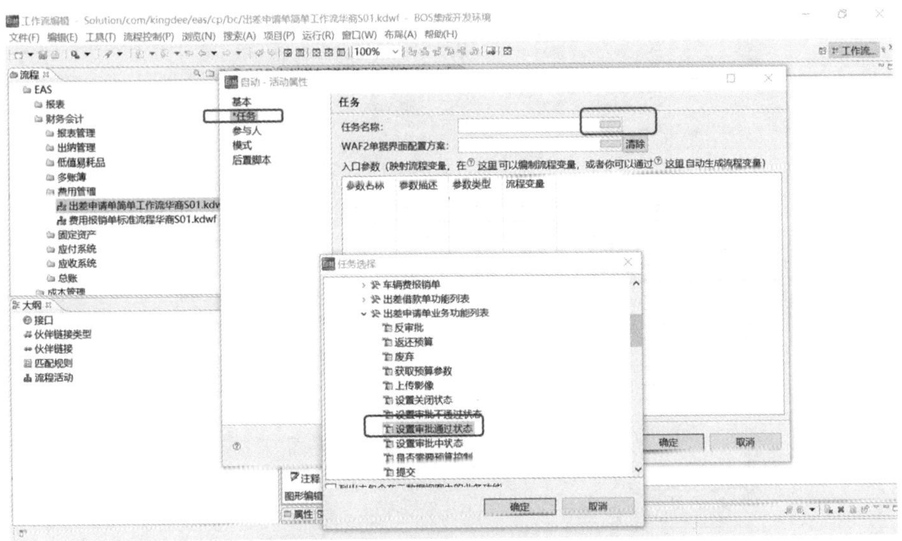

图 4-20　自动节点的任务选择界面

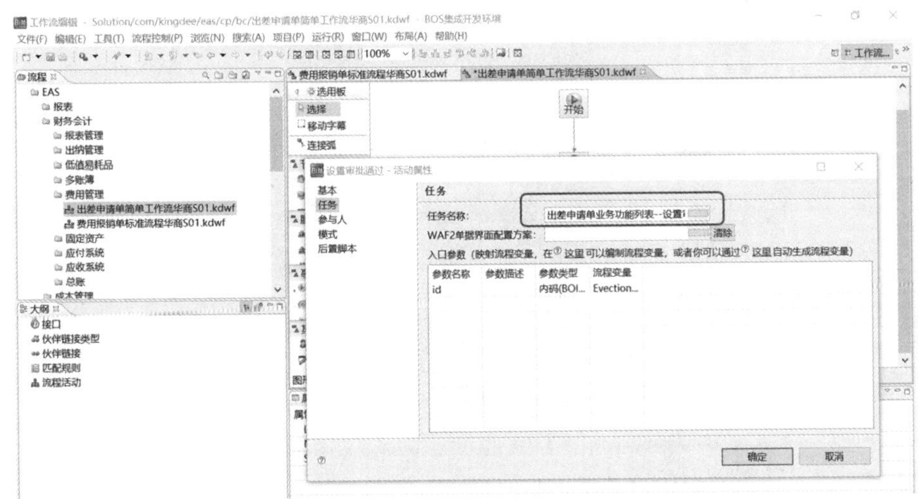

图 4-21　自动节点的任务界面

（4）消息节点属性设置。学生点击【消息】节点，进入参与人界面，点击参与人下方最右边的小框（或者点击【新增参与人】），选择【关系】→【流程发起人】→【本人】→【添加】，如图 4-22 所示。学生点击【经理审批】节点，进入消息界面，输入：请处理单据：@@EvectionReqBill. number，并复制该部分内容（@@EvectionReqBill. number），如图 4-23 所示。学生再回到【消息】节点的消息界面，粘贴该部分内容，并在其两端分别加上"出差申请单"与"被驳回"字符（切记该部分内容前后必须各留一个空格），如图 4-24 所示。

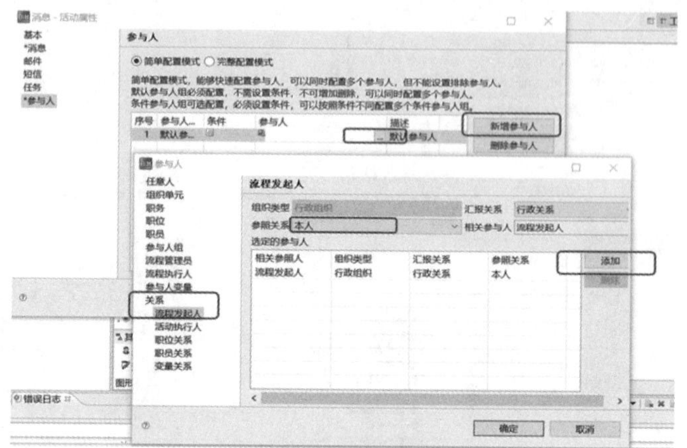

图 4-22　消息节点的参与人界面

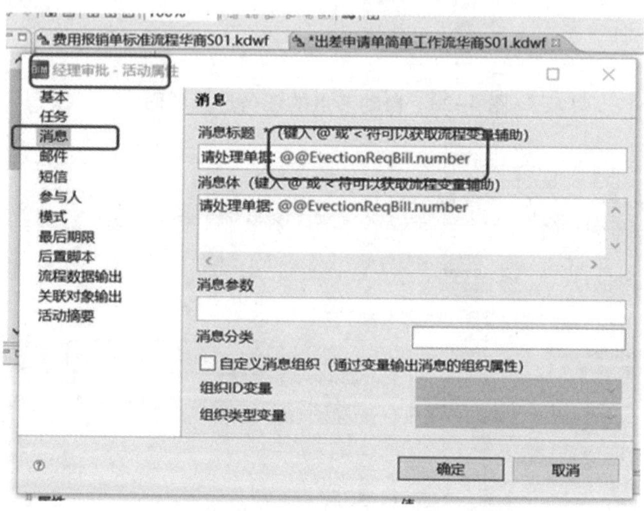

图 4-23　经理审批节点的消息界面

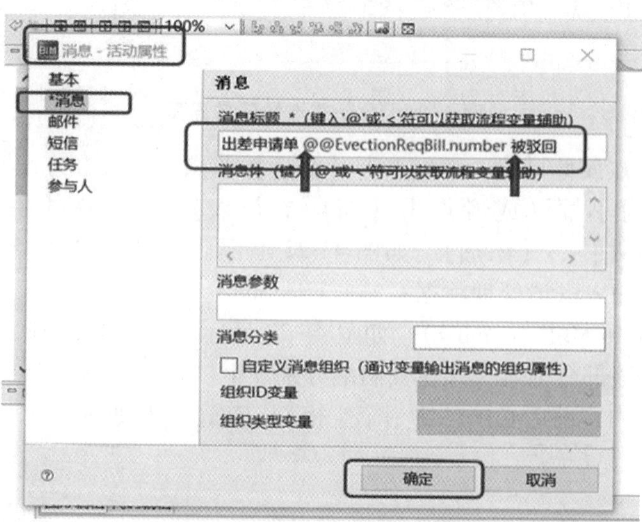

图 4-24　消息节点的消息界面

（5）连接弧节点属性设置（若找不到相关业务变量，请重启服务器进入操作）。学生点击【经理审批】与【设置审批通过】之间的连接弧，鼠标右击选择【节点属性】，进入连接弧属性界面，显示名称为审批通过。学生点击【添加条件】，业务属性选择【业务变量】→【approveResult（审批结果对象）】→【审批结果(isPass)】→【确定】，如图4-25所示。比较符为“=”，比较值选择【常量】→【审批结果】→【同意】，如图4-26所示。学生点击【确定】，流程图如图4-27所示。

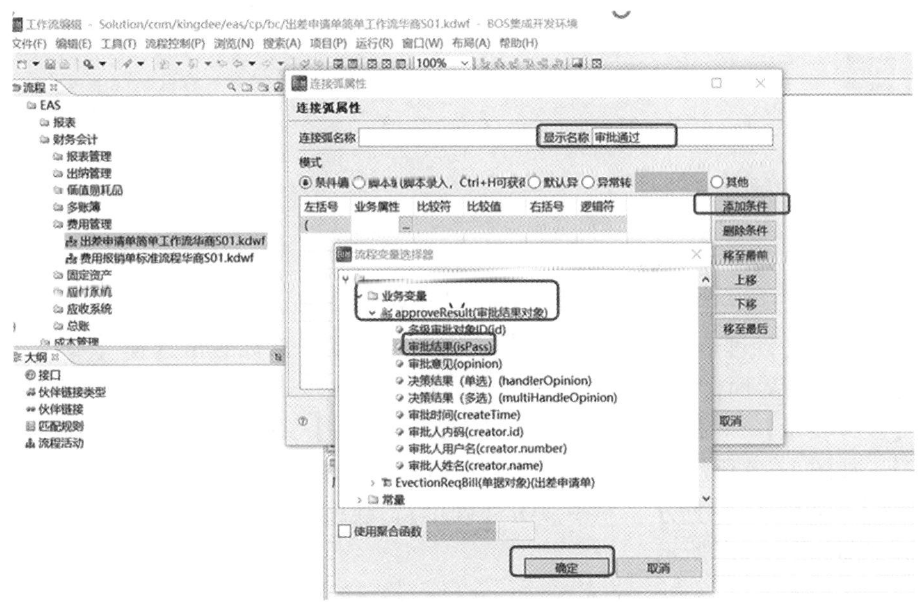

图4-25 连接弧业务属性选择界面

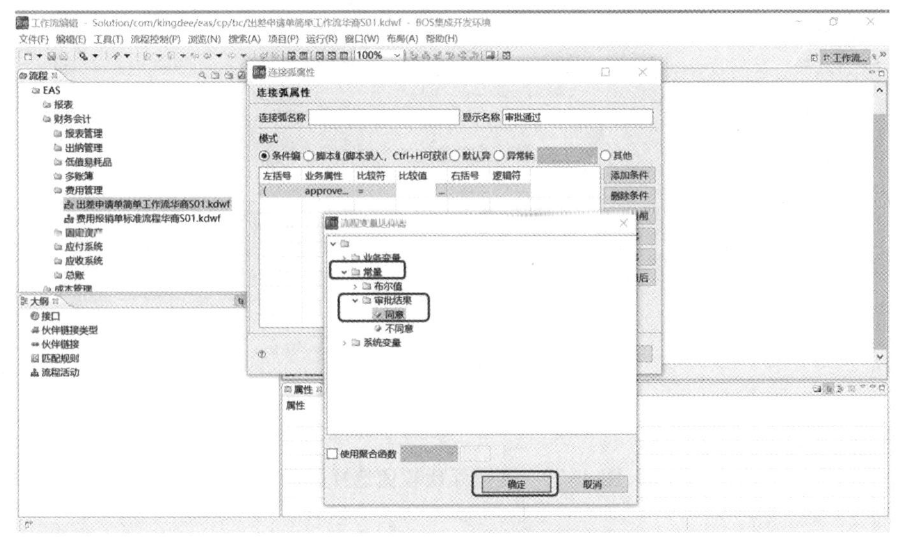

图4-26 连接弧比较值选择界面

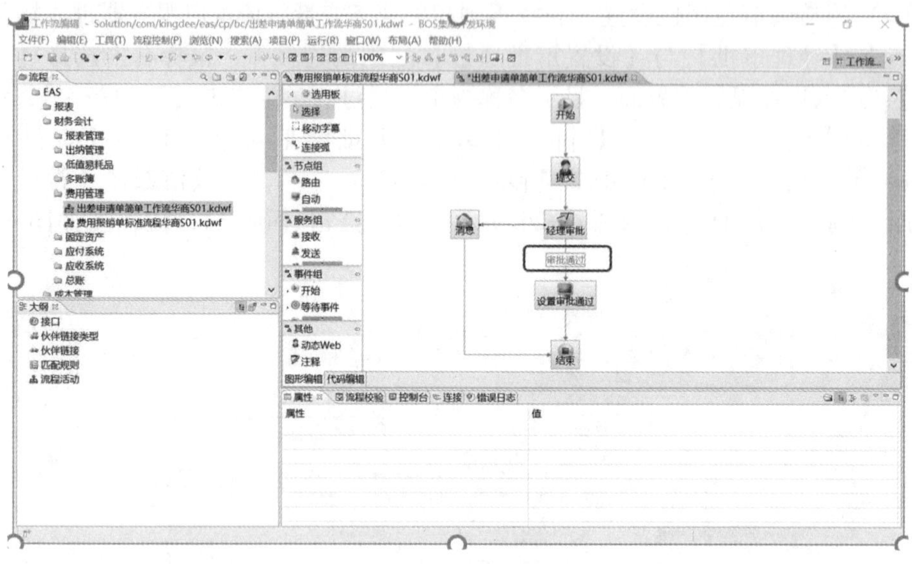

图 4-27　流程图

学生点击【经理审批】与【消息】之间的连接弧，鼠标右击选择【节点属性】进入连接弧属性界面，显示名称为审批不通过。学生点击【添加条件】，业务属性选择【业务变量】→【approveResult（审批结果对象）】→【审批结果（isPass）】→【确定】，如图 4-28 所示。比较符为“=”，比较值选择【常量】→【审批结果】→【不同意】，如图 4-29 所示。学生点击【确定】，连接弧属性最终界面如图 4-30 所示。流程图如图 4-31 所示。

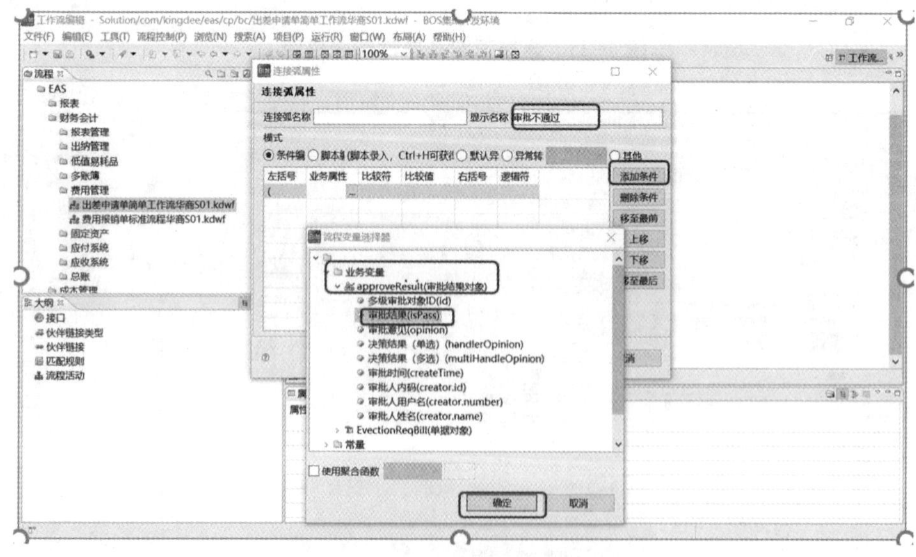

图 4-28　连接弧比较值选择界面

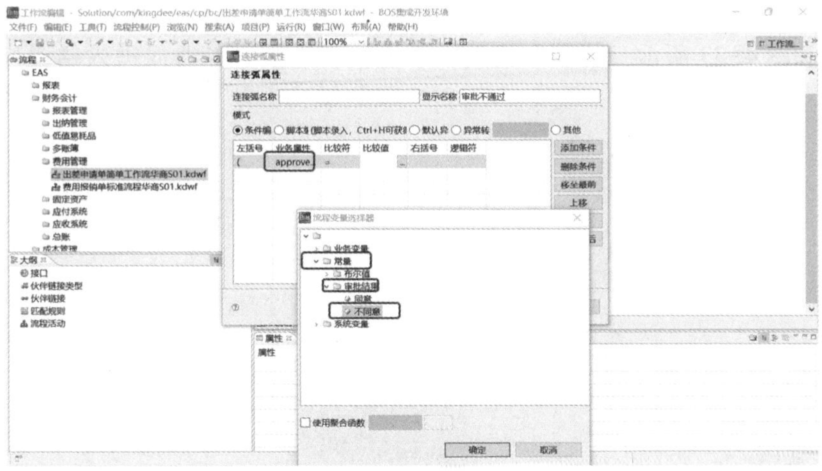

图 4-29　连接弧比较值选择界面

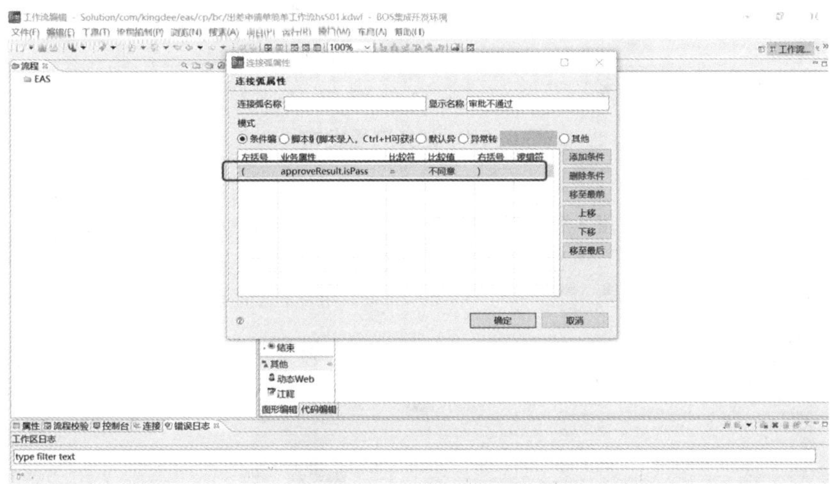

图 4-30　连接弧界面

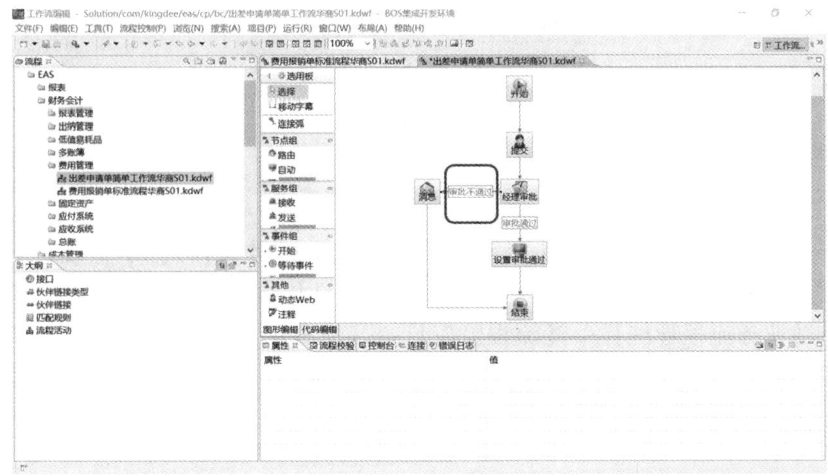

图 4-31　流程图

（6）发布流程。学生在流程的空白处点击【右键】→【发布】流程，如图 4-32 和图 4-33 所示。若发布失败，学生重新连接服务器或进入错误代码查看详情。

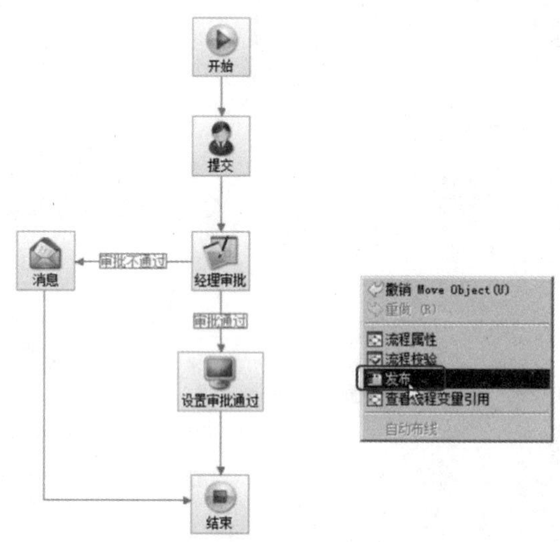

图 4-32　业务流程发布

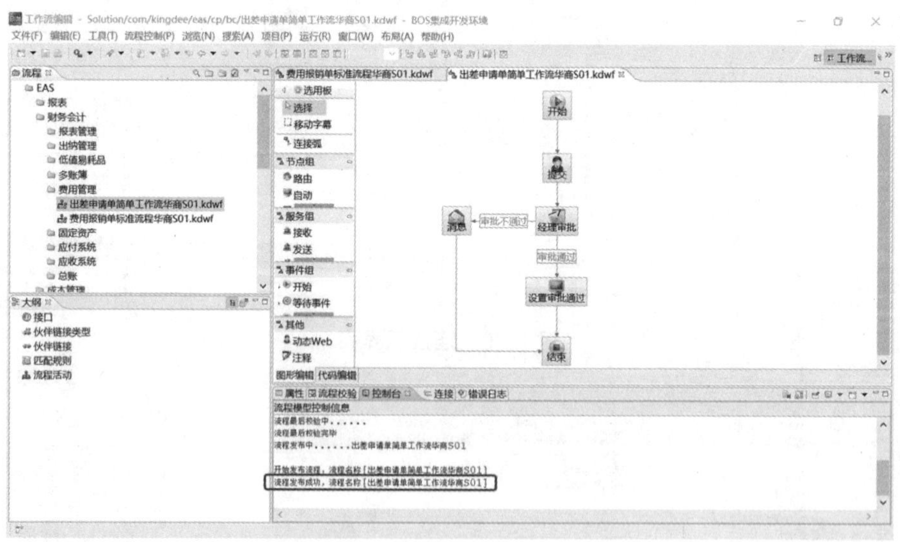

图 4-33　业务流程发布成功

（7）查看流程（此步骤不是必需步骤，缺少也可得满分）。学生以姓名拼音首字母+学号登录金蝶 EAS 系统，切换组织到环球日化集团+姓名。学生点击【企业建模】→【业务流程管理】→【流程监控】→【流程定义表】，如图 4-34 和图 4-35 所示。

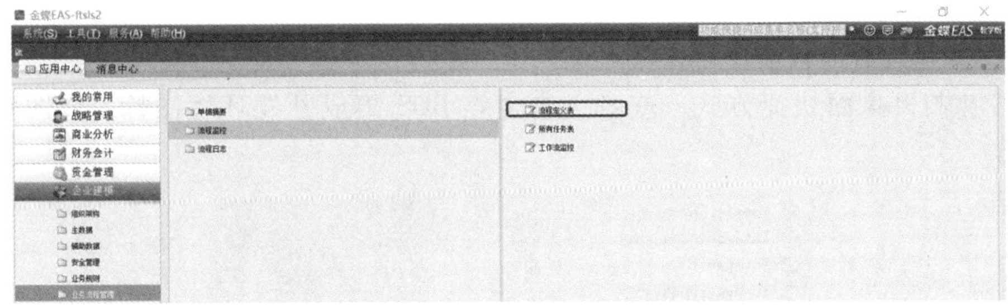

图 4-34　流程定义表向导

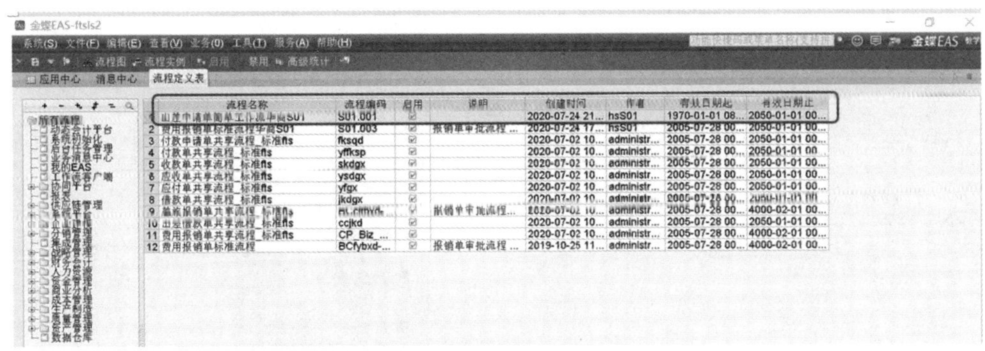

图 4-35　流程定义表向导

二、案例二：预置流程引入

（一）应用场景

环球日化集团管理员用户（学生姓名拼音首字母缩写+学号）在金蝶 BOS 集成开发环境新增费用报销单的标准流程，并发布流程。

（二）实验步骤

（1）使用现有流程新建新流程。

（2）修改并发布流程。

（三）实验前准备

（1）完成金蝶财务共享应用实践课程——工作流中简单工作流配置的学习。

（2）安装金蝶 BOS 集成开发环境。

（3）检查网络环境，是否可以连接到服务器 IP 地址。

（四）实验数据

实验数据如表 4-2 所示。

表 4-2　费用报销单标准流程信息

流程名称	流程编码
费用报销单标准流程姓名+学号	学号 .003

（五）操作指导

1. 使用现有流程新建新流程

学生打开桌面快捷方式，或者点击金蝶 BOS 集成开发环境图标，如图 4-36 所示。

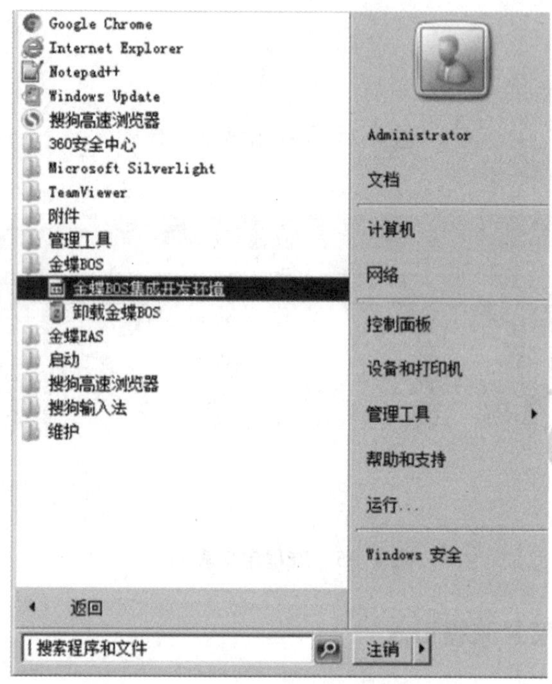

图 4-36　BOS 集成开发环境应用程序

工作空间启动程序设置默认的空间路径。学生点击【确定】，点击工作流连接界面左下角【将视图显示成快速视图】，点击【连接】，进入工作流连接界面，如图 4-37 所示。

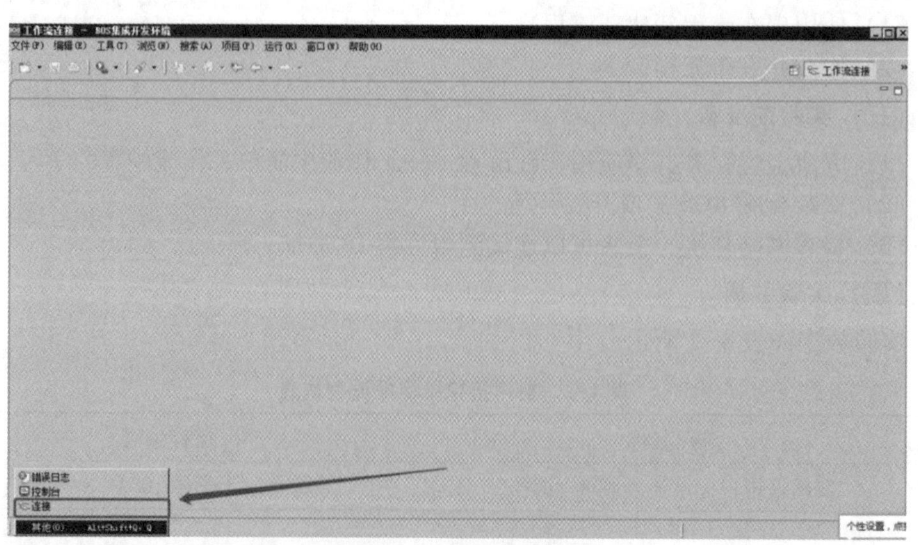

图 4-37　工作流连接查询

学生点击【工作流连接 1】，配置工作流连接信息，如图 4-38 所示。

图 4-38　工作流连接信息

应用服务器地址为 EAS 服务器 IP 地址（121. 33. 188. 39），更新端口默认为 8888。学生点击【刷新】，更新出该服务器下所有数据中心。学生在【数据中心】中勾选自己班级教师创建的数据中心（如 ftsls2）。登录用户为环球日化集团管理员用户（学生姓名拼音首字母缩写），默认密码为空。学生勾选【保存密码】，点击【登录】，如图 4-39 所示。

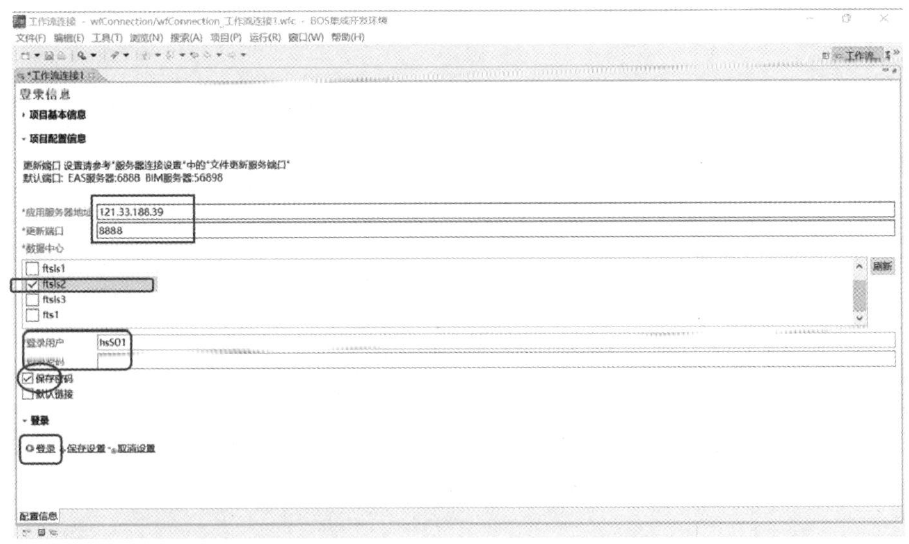

图 4-39　工作流连接信息

学生在左边窗口的流程中选择【财务会计】→【费用管理】，如图 4-40 所示。

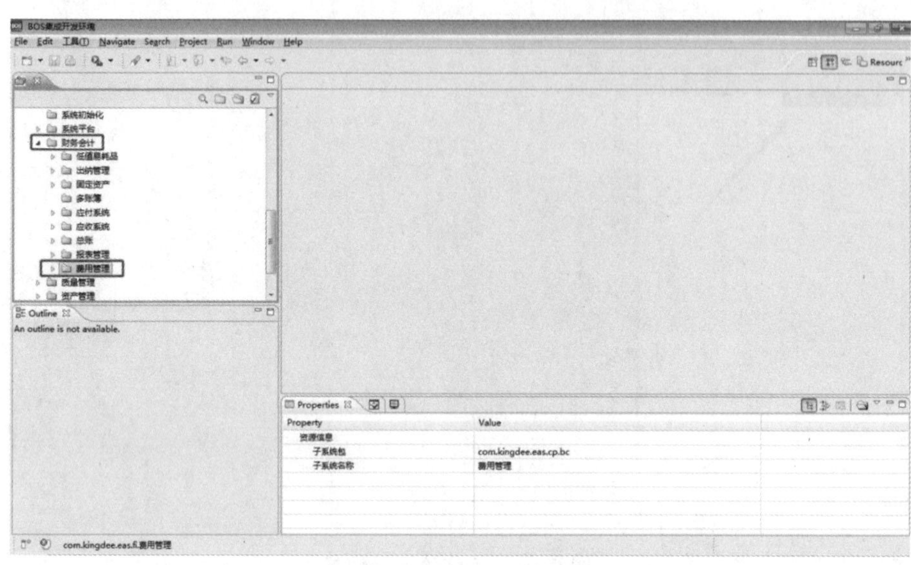

图 4-40　费用管理节点查询

学生选择费用管理节点，点击鼠标右键，点击【新建业务流程】，进入业务流程新建界面，如图 4-41 所示。

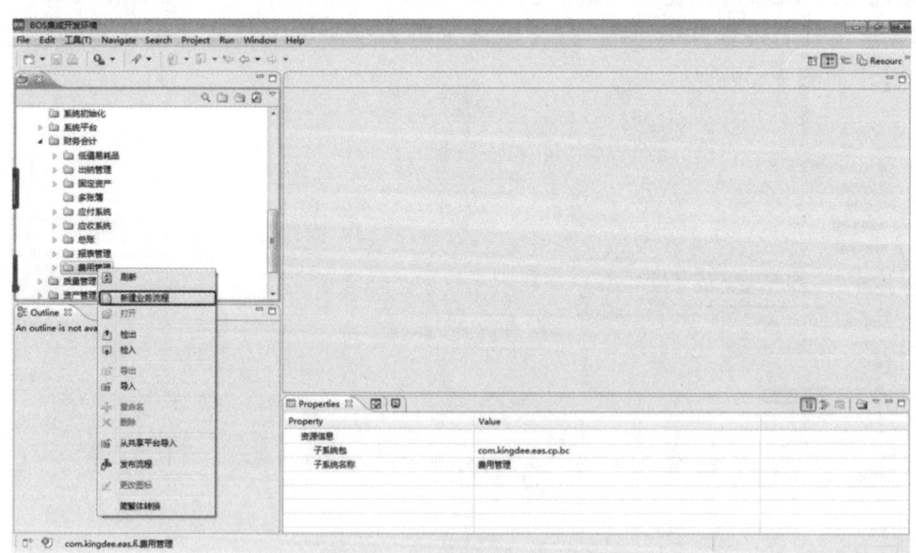

图 4-41　业务流程新建查询

学生根据实验数据表 4-2（费用报销单标准流程信息）录入。流程名称为费用报销单标准流程姓名+学号，流程编码为学号 .003，创建方式为根据现有流程创建。学生在录入完毕后点击【下一步】，如图 4-42 所示。

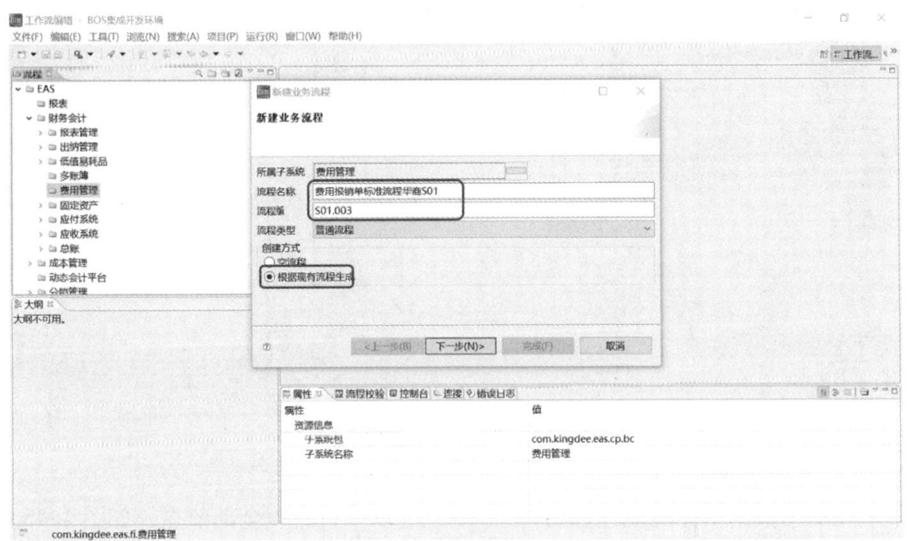

图 4-42　业务流程新建

学生选择要复制的流程模板，路径为【EAS】→【财务会计】→【费用管理】→【费用报销单标准流程】，点击【完成】，如图 4-43 和图 4-44 所示。

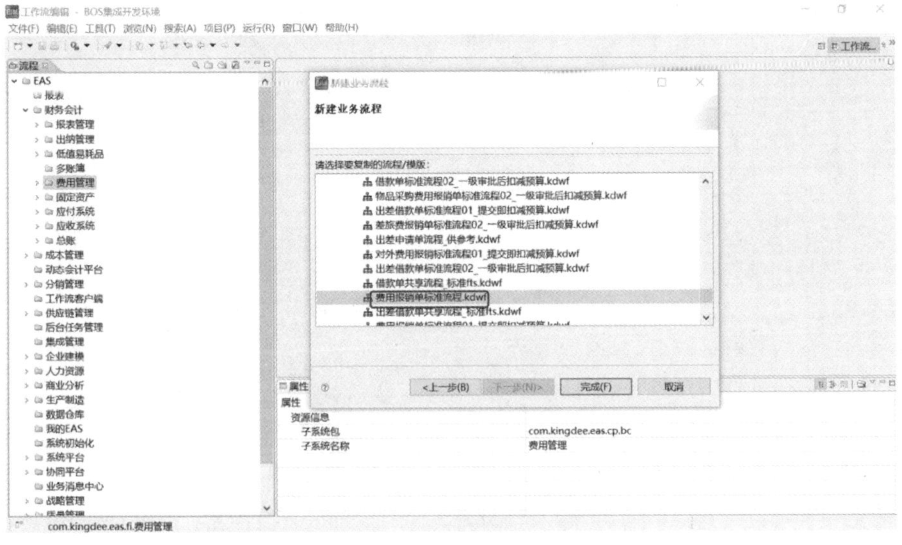

图 4-43　复制流程选择

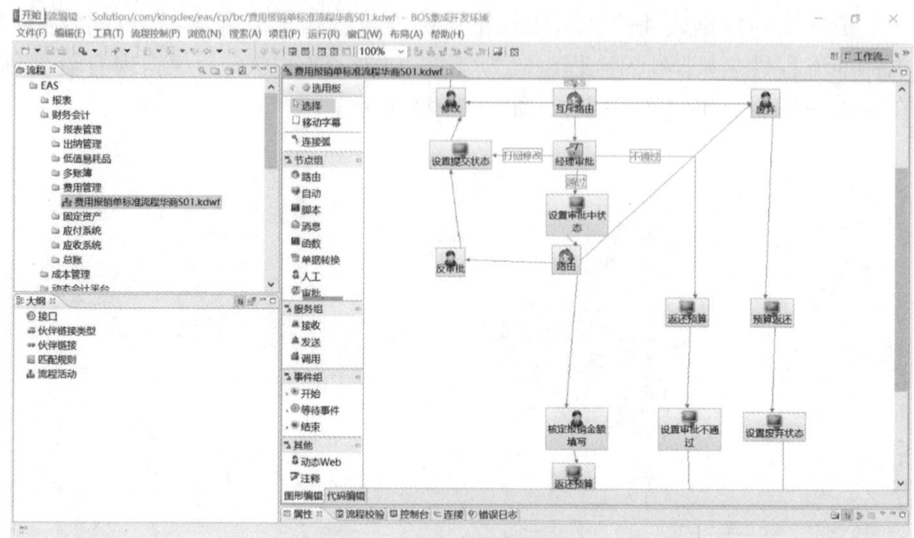

图 4-44 业务流程

2. 修改并发布流程

学生在费用报销单标准流程姓名+学号中，可以查看流程全部节点，如图 4-45 所示。

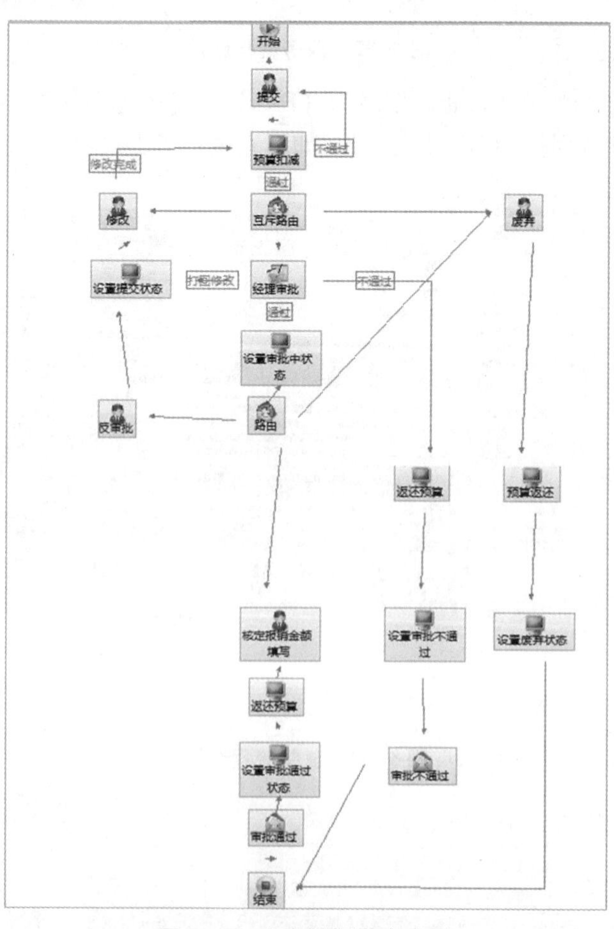

图 4-45 业务流程节点查看

学生点击【提交】节点，修改参与人信息，将默认的参与人删除。新增参与人类型为职位，学生点击【环球日化集团+姓名】→【营销中心+姓名】→【销售员+学号】，修改完成后点击【确认】，如图 4-46 和图 4-47 所示。

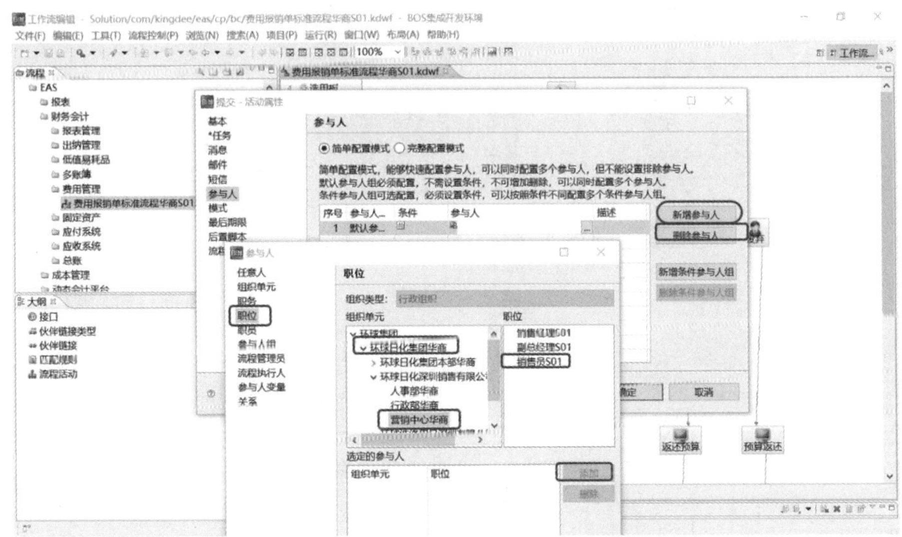

图 4-46　业务流程提交节点参与人信息修改

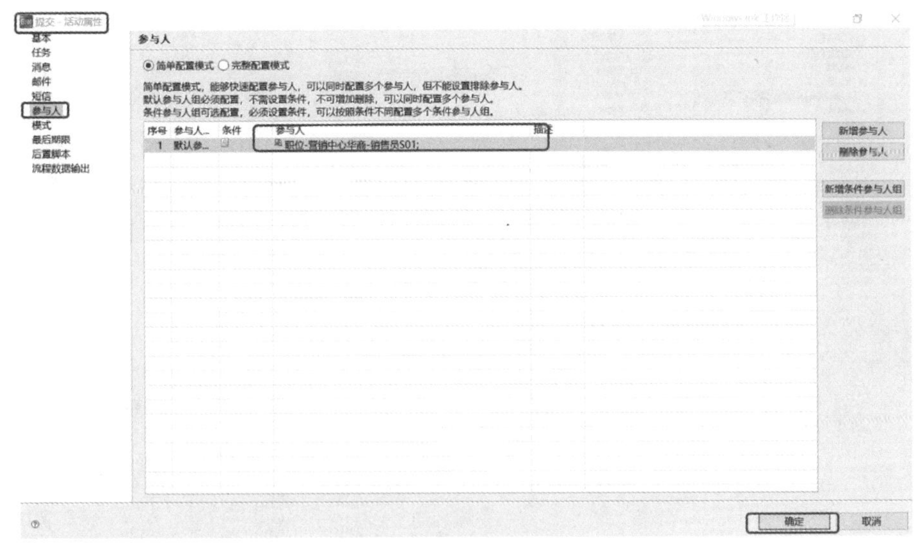

图 4-47　业务流程提交节点参与人信息

关键步骤如下：

学生将流程中的每一个节点的“参与人”都检查一遍，将流程对应的处理人修改为本人新建组织下的处理人（环球日化集团+姓名），修改方法如图 4-46 所示。此处主要是将“经理审批”和“核定报销金额填写”两个节点的参与人修改为“职位-营销中心华商-销售经理 S01”。

学生在流程的空白处点击鼠标右键，点击【发布】流程，如图 4-48 和图 4-49 所示。

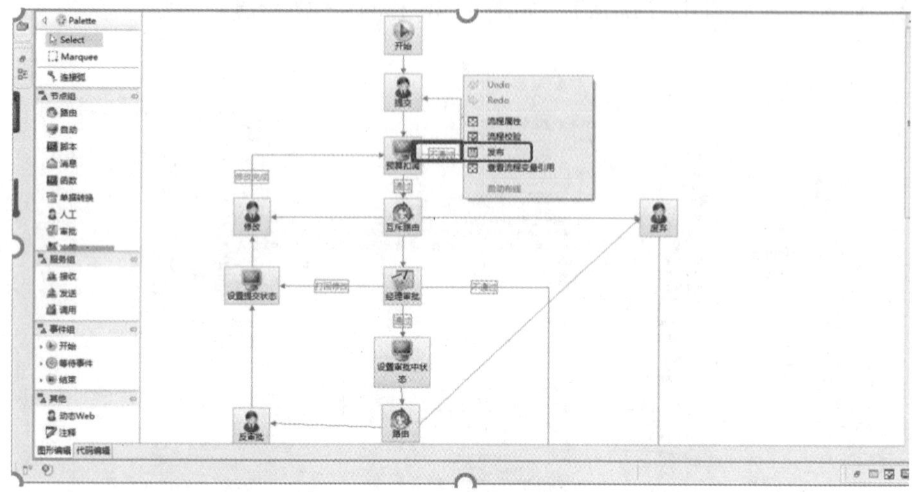

图 4-48　业务流程发布

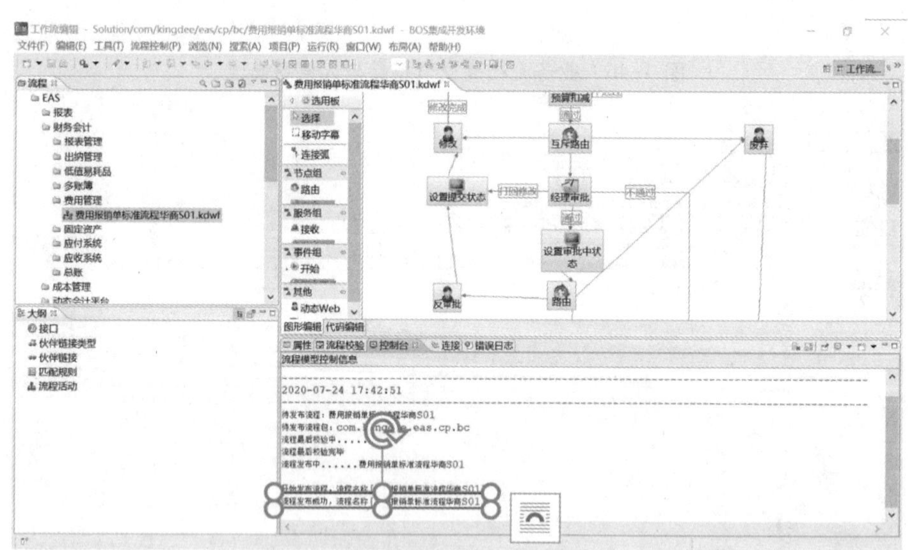

图 4-49　业务流程发布成功

第二节　典型案例分析——费用报销

一、应用场景

2017 年 5 月 2 日，环球日化深圳销售有限公司销售人员贺小明为推动盼盼洗涤用品贸易有限公司项目进展，早日签订合同，发生一笔 12 000 元的客户招待费用。

2017 年 5 月 10 日，贺小明提交招待费用报销单，但销售经理郝晓娇以目前公司现金流不足为由，暂不处理贺小明提交的招待费用报销单，承诺项目收款后再审批该报销单。

2017 年 12 月 5 日，环球日化深圳销售有限公司收到项目款后，销售经理审批报销单，出纳张合凯付款时发现 12 月资金流量项目“支付与其他经营活动有关的现金”超出预算，仍支付了报销款。

二、实验步骤

（1）提交报销单。

（2）审批报销单。

（3）出纳付款。

三、实验前准备

完成建立集团、系统初始化全部案例，并导入费用报销单标准流程。

四、实验数据

本实验数据参考“应用场景”。

五、操作指导

1. 提交报销单

2017 年 5 月 10 日，环球日化深圳销售有限公司销售员贺小明提交费用报销单。贺小明（hxm+学号）登录金蝶 EAS 系统，切换组织到环球日化深圳销售有限公司+姓名。学生点击【财务会计】→【费用管理】→【费用报销】→【费用报销单】，进入费用报销单序时簿，如图 4-50 所示（注意选择当前会计年度为 2017 年）。

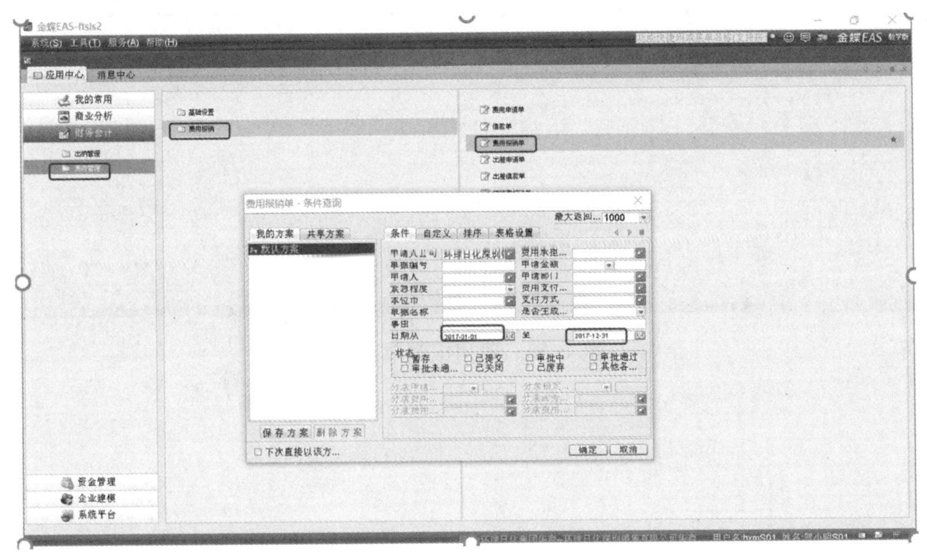

图 4-50　费用报销单查询

学生点击【新增】费用报销单，如图 4-51 所示。

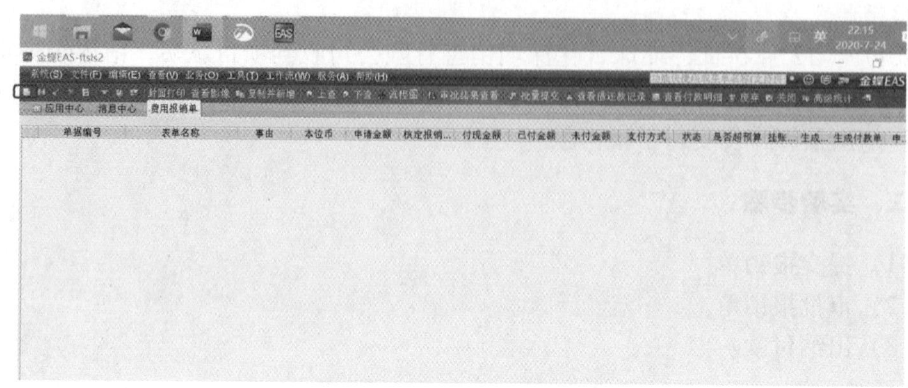

图 4-51 费用报销单新增查询

学生根据案例背景资料录入费用报销单。申请日期为 2017-05-10，报销人为贺小明+学号，申请人部门为营销中心+姓名，费用支付公司为环球日化深圳销售有限公司+姓名。学生填写事由，选择费用清单页签。业务类别为销售费用，费用类型为招待费，发生日期为 2017-05-02，原币申请金额为 12 000 元。学生录入完毕后点击【保存】，如图 4-52 所示。

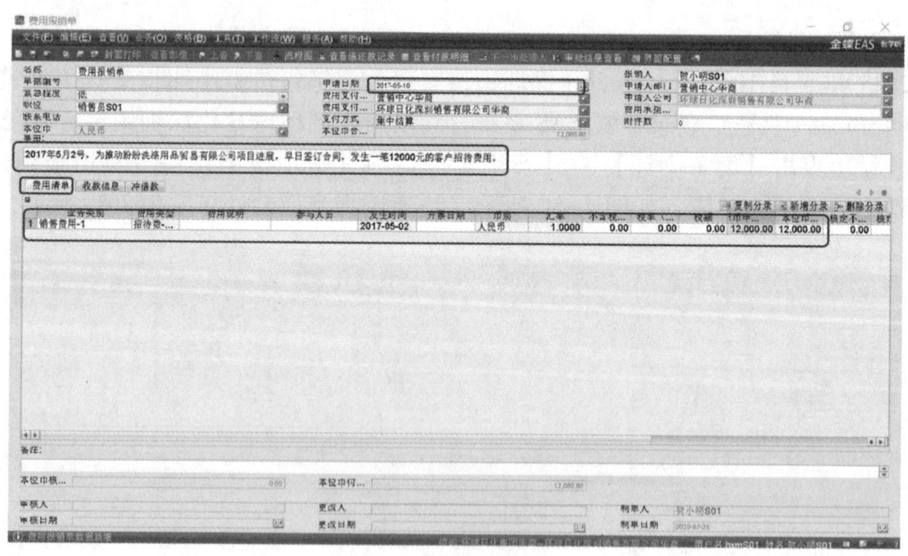

图 4-52 费用报销单新增

学生选择收款信息页签，收款人为贺小明+学号，原币金额为 12 000 元。学生录入完毕后点击【保存】和【提交】，如图 4-53 和图 4-54 所示。

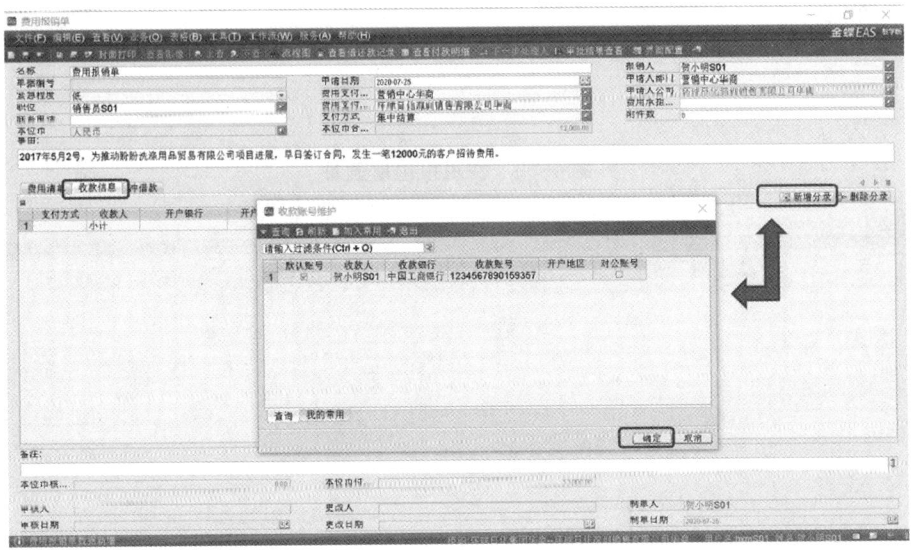

图 4-53　费用报销单新增

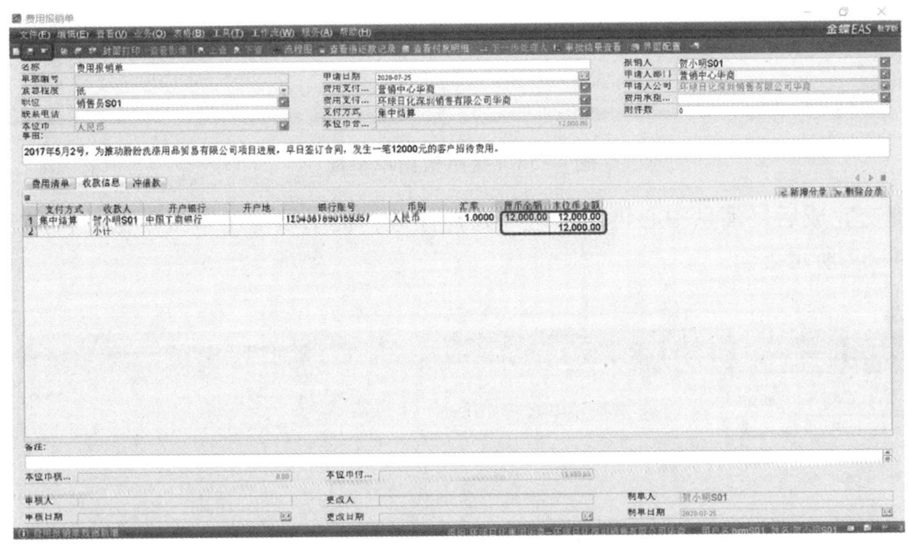

图 4-54　费用报销单新增完成并提交

2. 审批报销单

2017 年 12 月 5 日，环球日化深圳销售有限公司销售经理郝晓娇审批该费用报销单。郝晓娇（hxj+学号）登录金蝶 EAS 系统，切换组织到环球日化深圳销售有限公司+姓名，进入消息中心查看未处理的任务，点击待处理的任务，进入单据处理界面。学生审批处理选择【同意】，点击【提交】，如图 4-55 和图 4-56 所示。

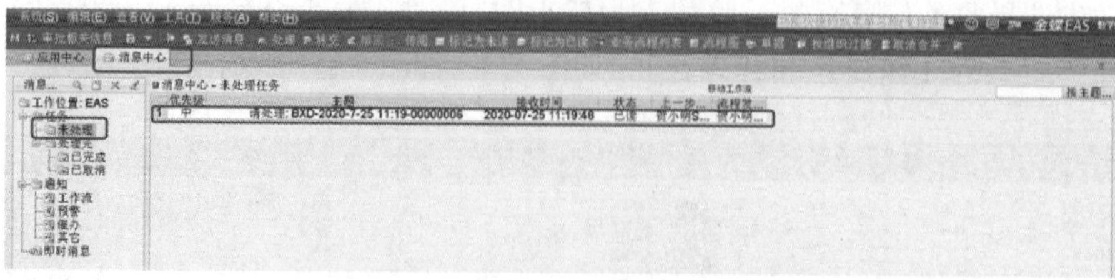

图 4-55 费用报销单查看

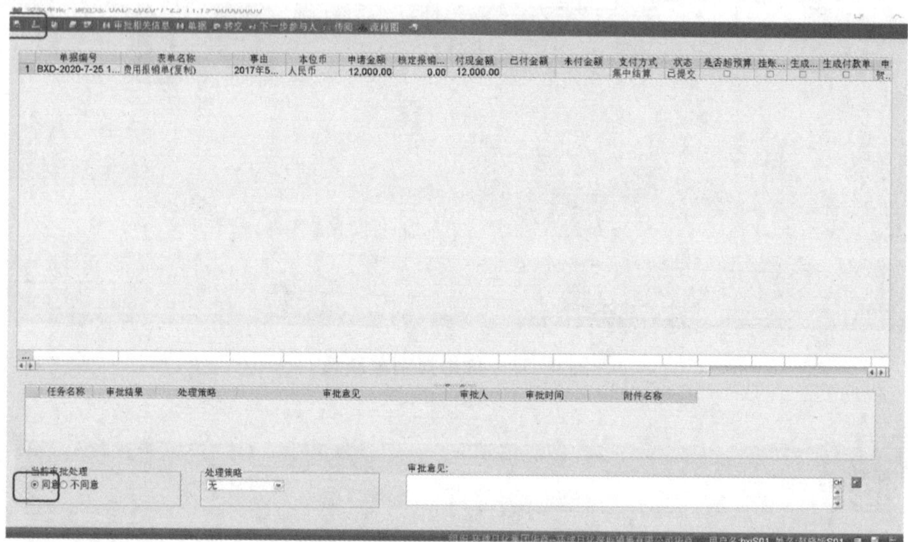

图 4-56 费用报销单审批

提交完成后，消息中心再次推送未处理任务，提示填写已审批单据的核定金额，如图 4-57 所示。

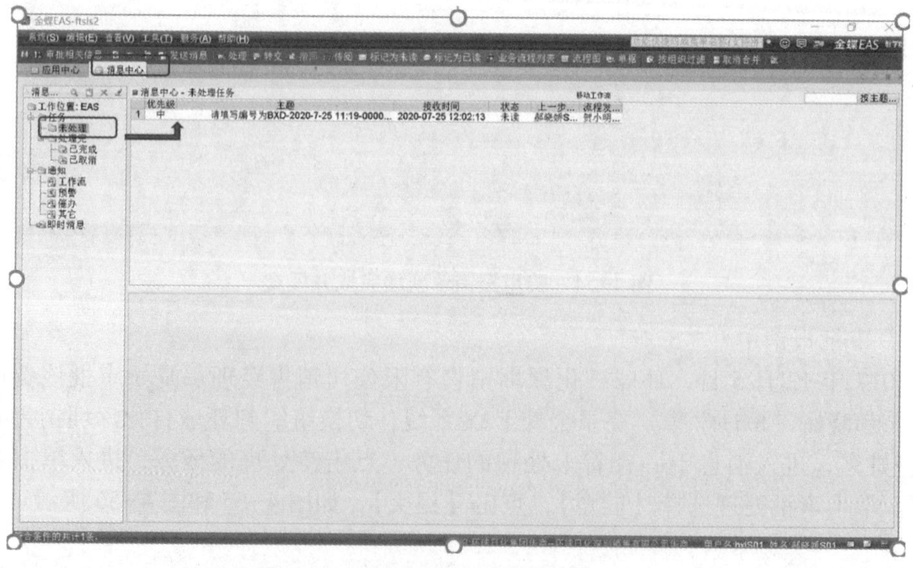

图 4-57 费用报销单查看

学生点击进入单据处理界面，选择费用清单页签，原币核定金额为 12 000 元。学生录入完毕后点击【提交】，如图 4-58 所示。

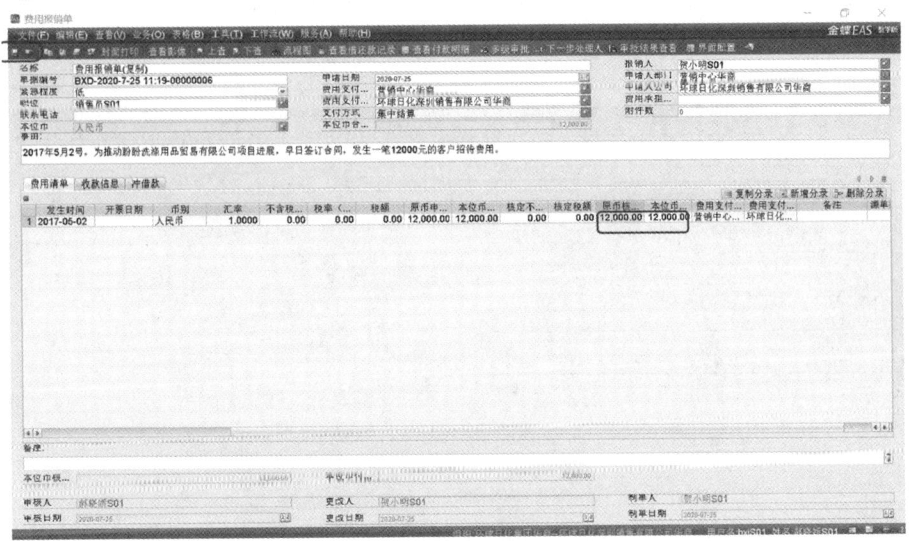

图 4-58　费用报销单原币核定金额录入

3. 出纳付款

2017 年 12 月 5 日，环球日化深圳销售有限公司出纳张合凯审批付款单。出纳张合凯（zhk+学号）登录金蝶 EAS 系统，切换组织到环球日化深圳销售有限公司+姓名。学生点击【财务会计】→【费用管理】→【费用核算】→【费用报销单】（注意选择当前会计年度为 2017 年），选择需要关联生成付款单的费用报销单；点击工具栏【关联生成】，选择目标单据类型为付款单，转换规则为报销单到付款单；点击【确定】生成付款单，如图 4-59 所示。

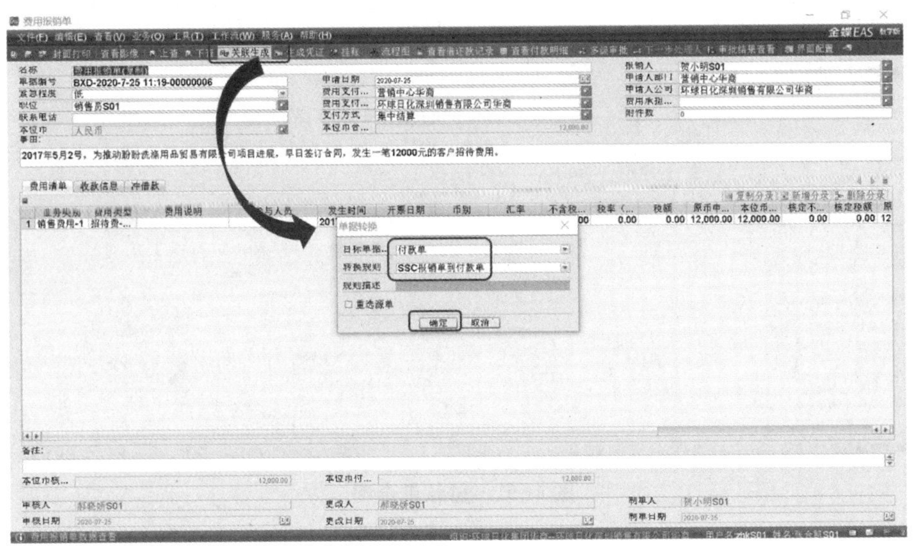

图 4-59　费用报销单关联生成付款单

学生根据案例背景资料录入付款单。单据业务日期为 2017-12-05。学生选择付款账户，付款类型为其他。学生选择付款信息页签，付款金额为 12 000 元，对方科目为 6601.01 销售费用——招待费。学生在录入完毕后点击【保存】和【提交】，如图 4-60 所示。

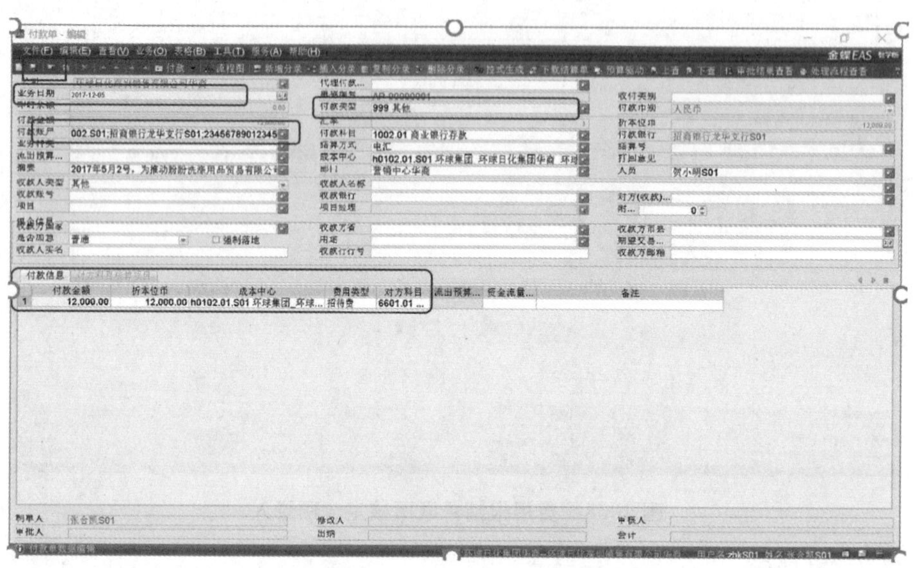

图 4-60　付款单新增完成并提交

学生点击【财务会计】→【出纳管理】→【收付款处理】→【付款单查询】，进入付款单序时簿，如图 4-61 所示（注意业务日期要选择当年会计年度为 2017 年）。

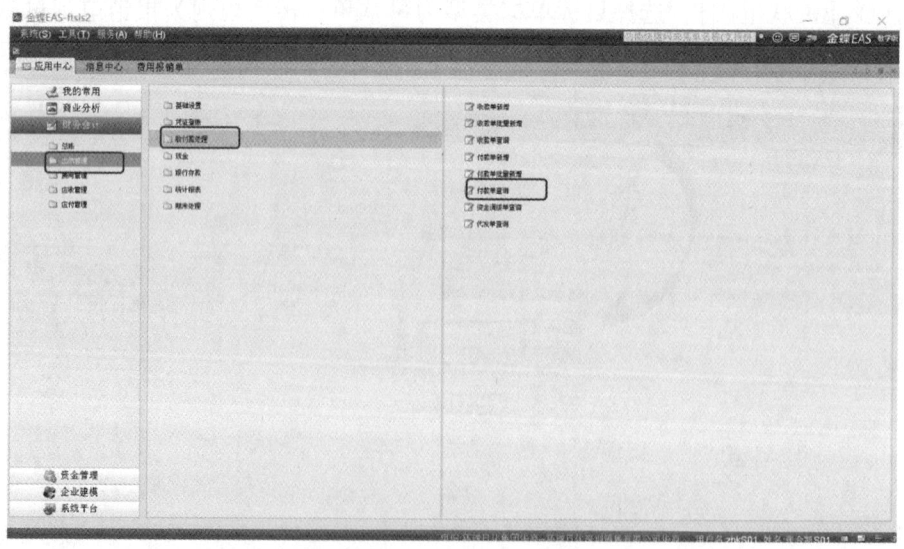

图 4-61　付款单查询

学生选择刚刚提交的付款单，点击工具栏【审批】，完成审批操作；点击工具栏【付款】，完成付款操作，如图 4-62 所示。

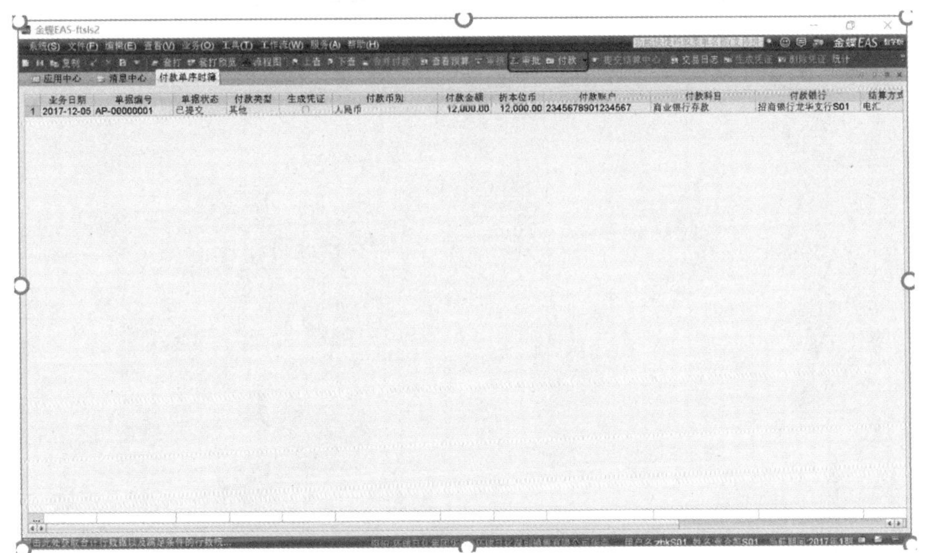

图 4-62　付款单审批并付款

第四篇

建立财务共享

第五章
建立财务共享

第一节　环球日化集团建立财务共享的背景

一、公司管理面临的困难及问题

2007—2009 年是环球日化集团高速发展的 3 年，虽然经历了 2008 年的金融危机，但截至 2008 年年底，环球日化集团的分公司增加了接近 1 倍，达到 80 多家，并且有进一步增加的趋势。环球日化集团在高速成长的同时也暴露出不少问题。

（一）公司成本居高不下，经营质量和效率下降

公司外部，人工、材料、税赋以及营销成本不断增长。各机构分散采购，无法发挥集团统一采购的议价能力和价格优势；公司的人工成本占比由 2006 年的 55% 上涨到 2008 年的 64%。公司内部，新成立的机构都要重复设置一套包括财务在内的职能组织，资源配置不合理。

（二）子（分）公司各自为政，集团管控难度增加

各家子（分）公司在财务管理、人力资源管理、资源配置等方面各自为政，没有统一的标准和规范进行协调。例如，每年年初集团总部给各子（分）公司确认年度经营指标时，总要持续很久，争论的焦点就在于费用是否充足、是否足以支持业务指标的达成。同时，各机构费用标准不统一给成本费用的准确预测带来较大难度。

（三）方法不统一、信息不对称，总部对下属机构的评价遭遇挑战

下属机构是否准确执行了总部战略和政策，下属机构的资源配置是否符合公司战略方向，是这种集团性公司在发展过程中经常遇到的问题。特别对于年度投资总结，总部往往要反复核对、确认机构提供的各种经营数据，才能最终准确确认各机构及业务线的业绩情况。

二、财务管理面临的困难及问题

财务在现代企业经营中发挥着越来越大的作用，但环球日化集团分散式的财务运作模式导致财务对战略支撑不足。财务人员 70%以上的人力和时间用于日常基础业务处理，无法有效深入业务进行支持决策。

财务人员无法形成专业化分工，效率不高，并长期从事基础性工 作，对财务价值的关注、影响和贡献很小，财务能力和价值没有得到有效发挥。财务管理模式和思维模式仍停留在传统职能方面，对先进经验和发展方向学习不足，已不能适应新

的市场和企业环境。

财务团队的管理遇到较大挑战。财务人员特别是派驻外地的责任单位财务负责人在贯彻总部政策方面起到非常重要的作用，环球日化集团对这些财务人员的依赖性较强、要求也较高。一旦出现风吹草动，一方面影响公司业务顺利开展，另一方面需要花很大的精力去进行人员的招聘和培养，时间短的为一两个月，时间长的甚至达半年。

第二节 建立财务共享服务中心

一、案例一：财务共享服务中心设置

（一）应用场景

2019 年年初，环球日化集团在本部规划并建立财务共享服务中心，管理员（学生姓名缩写+学号）在金蝶 EAS 系统新建组织单元、职位、职员、用户、角色，财务共享服务中心管理员（sscadmin）新增财务共享服务中心用户。

（二）实验步骤

（1）新建组织单元。

（2）新建职位、职员、用户、角色。

（3）新建共享角色。

（4）发布共享流程。

（三）实验前准备

完成前序案例。

（四）实验数据

实验数据如表 5-1 至表 5-4 所示。

表 5-1 财务共享服务中心组织属性

选中环球日化集团本部 新建财务共享服务中心 编码：h0101.03.学号 名称：财务共享服务中心+姓名	行政组织	上级行政组织：环球日化集团本部+姓名。 组织层次类型：部门
	成本中心	上级成本中心：环球日化集团本部+姓名。 记账委托财务组织：环球日化集团本部+姓名

表 5-2 职位与职员信息

人员名称/编码	所属职位/编码	所属部门
杨振兴+学号/yzx+学号	财务共享服务中心总经理学号/h03.010.学号	财务共享服务中心+姓名
马超俊+学号/mcj+学号	费用共享岗学号/h04.002.学号	财务共享服务中心+姓名
卢芳军+学号/lfj+学号	收入共享岗学号/h04.003.学号	财务共享服务中心+姓名
赖红玲+学号/lhl+学号	成本共享岗学号/h04.004.学号	财务共享服务中心+姓名
欧阳杨+学号/oyy+学号	资金共享岗学号/h04.005.学号	财务共享服务中心+姓名
樊江波+学号/fjb+学号	总账共享岗学号/h04.006.学号	财务共享服务中心+姓名
齐振英+学号/qzy+学号	固定资产共享岗学号/h04.007.学号	财务共享服务中心+姓名
刘长欢+学号/lch+学号	报表共享岗学号/h04.008.学号	财务共享服务中心+姓名

表 5-3　共享用户与角色信息

用户名称/编码	所属角色	业务组织范围
杨振兴+学号/yzx+学号	全功能角色学号	环球日化集团本部+姓名、环球日化深圳销售有限公司+姓名、环球洗涤用品深圳有限公司+姓名
马超俊+学号/mcj+学号	费用共享岗学号	环球日化集团本部+姓名、环球日化深圳销售有限公司+姓名、环球洗涤用品深圳有限公司+姓名
卢芳军+学号/lfj+学号	收入共享岗学号	环球日化集团本部+姓名、环球日化深圳销售有限公司+姓名、环球洗涤用品深圳有限公司+姓名
赖红玲+学号/lhl+学号	成本共享岗学号	环球日化集团本部+姓名、环球日化深圳销售有限公司+姓名、环球洗涤用品深圳有限公司+姓名
欧阳杨+学号/oyy+学号	资金共享岗学号	环球日化集团本部+姓名、环球日化深圳销售有限公司+姓名、环球洗涤用品深圳有限公司+姓名
樊江波+学号/fjb+学号	总账共享岗学号	环球日化集团本部+姓名、环球日化深圳销售有限公司+姓名、环球洗涤用品深圳有限公司+姓名
齐振英+学号/qzy+学号	固定资产共享岗学号	环球日化集团本部+姓名、环球日化深圳销售有限公司+姓名、环球洗涤用品深圳有限公司+姓名
刘长欢+学号/lch+学号	报表共享岗学号	环球日化集团本部+姓名、环球日化深圳销售有限公司+姓名、环球洗涤用品深圳有限公司+姓名

表 5-4　财务共享服务中心权限设置

角色编码	角色名称	角色类型	任务类型	分配组织	分配用户
01.学号	财务共享服务中心总经理+学号	业务管理员	付款申请单、应收单、应付单、出差借款单、出纳收款单审核、出纳付款单审核、费用报销、差旅报销、借款单	环球日化集团本部+姓名、环球日化深圳销售有限公司+姓名、环球洗涤用品深圳有限公司+姓名	杨振兴+学号
02.学号	费用共享+学号	业务员	借款单、费用报销、出差借款单、差旅报销	环球日化集团本部+姓名、环球日化深圳销售有限公司+姓名、环球洗涤用品深圳有限公司+姓名	马超俊+学号
03.学号	收入共享+学号	业务员	应收单	环球日化集团本部+姓名、环球日化深圳销售有限公司+姓名、环球洗涤用品深圳有限公司+姓名	卢芳军+学号
04.学号	成本共享+学号	业务员	应付单	环球日化集团本部+姓名、环球日化深圳销售有限公司+姓名、环球洗涤用品深圳有限公司+姓名	赖红玲+学号
05.学号	资金共享+学号	业务员	出纳付款单审核、出纳收款单审核、付款申请单	环球日化集团本部+姓名、环球日化深圳销售有限公司+姓名、环球洗涤用品深圳有限公司+姓名	欧阳杨+学号

（五）操作指导

1. 新建组织单元

学生确定财务共享服务中心的组织属性，新建财务共享服务中心组织。环球日化集团管理员（学生姓名缩写+ 学号）登录金蝶 EAS 系统，搭建财务共享服务中心组织，如图 5-1 所示。

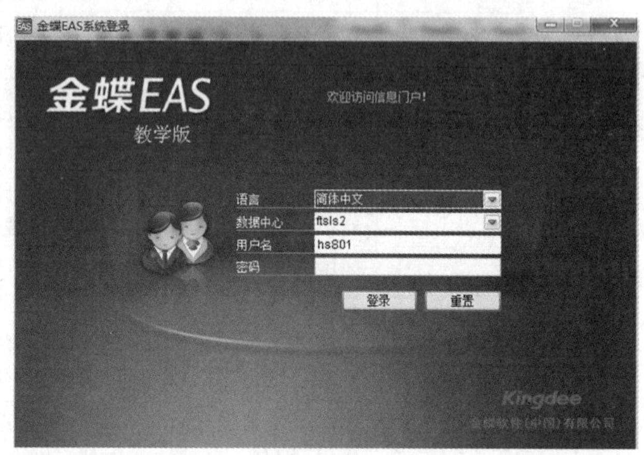

图 5-1 集团管理员登录客户端

学生点击【企业建模】→【组织架构】→【组织单元】→【组织单元】，进入组织单元界面，如图 5-2 所示。

图 5-2 进入组织单元界面

学生在界面左边树节点选择组织环球日化集团本部+姓名，点击工具栏【新增】，根据实验数据表 5-1（财务共享服务中心组织属性）录入。组织编码为 h0101. 03. 学号，名称为财务共享服务中心+姓名。学生选择行政组织页签，上级行政组织为环球日化集团本部+姓名，组织层次类型为部门，如图 5-3 所示。

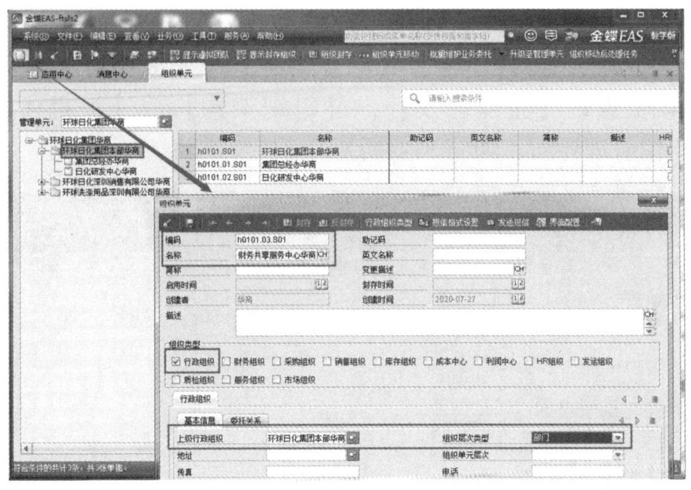

图 5-3 组织单元新增

学生选择成本中心页签，上级成本中心为环球日化集团本部+姓名，记账委托财务组织为环球日化集团本部+姓名，录入完毕后点击【保存】，如图 5-4 所示。保存后学生可以在系统中看到新建的财务共享服务中心，如图 5-5 所示。

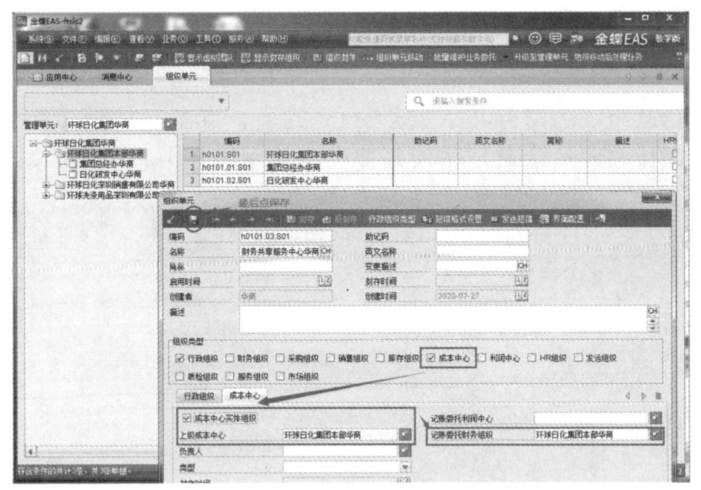

图 5-4 组织单元新增完成并保存

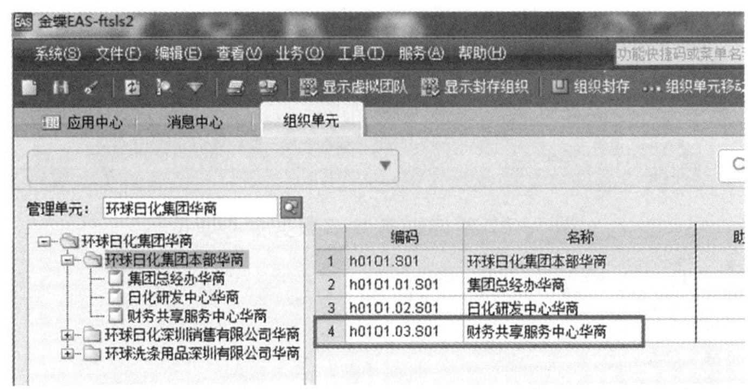

图 5-5 组织单元保存后界面

2. 新建职位、职员、用户、角色

管理员（学生姓名缩写+学号）在组织财务共享服务中心下新增职位、职员、用户、角色。学生点击【企业建模】→【组织架构】→【汇报体系】→【职位管理】，进入职位管理界面，如图 5-6 所示。

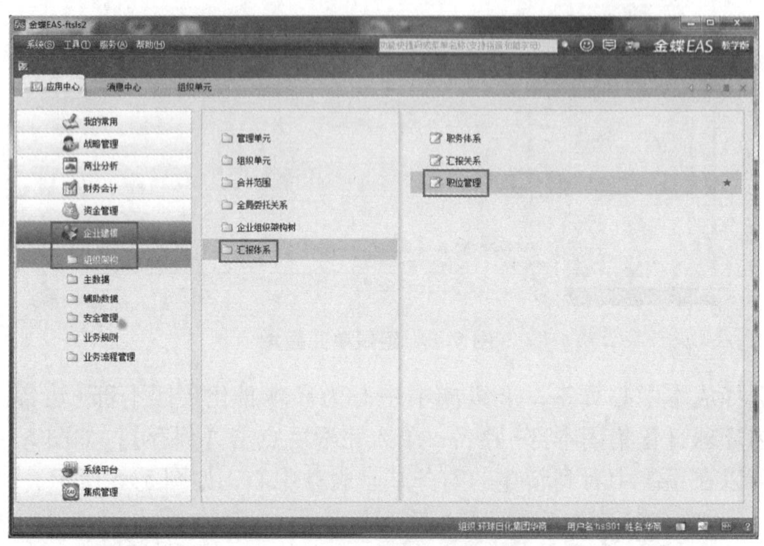

图 5-6　进入职位管理界面

学生选择行政组织为财务共享服务中心+姓名，点击工具栏【新增】，根据实验数据表 5-2（职位与职员信息）依次新建财务共享服务中心职位，如图 5-7 所示。

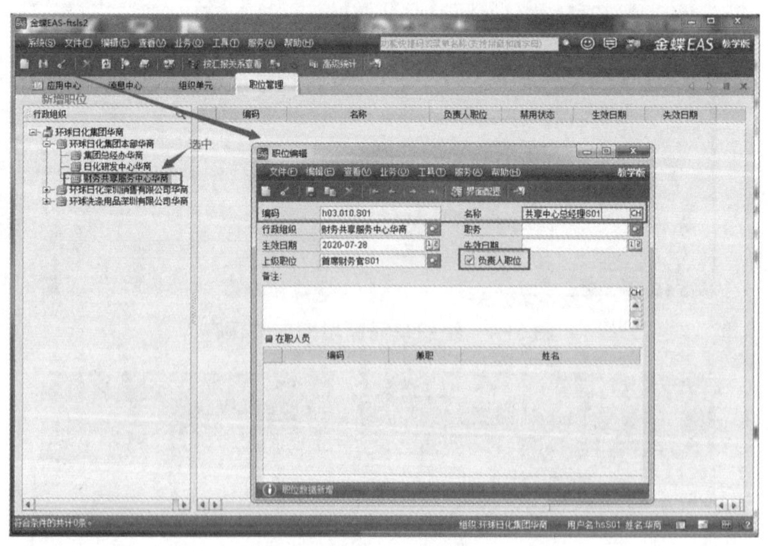

图 5-7　新增财务共享服务中心职位

学生新建并保存所有财务共享服务中心职位后，职位管理界面如图 5-8 所示。

	编码	名称	负责人职位	禁用状态	生效日期	失效日期
1	h03.010.S01	共享中心总经理S01	☑	普通	2020-07-28	
2	h04.002.S01	费用共享岗S01	☐	普通	2020-07-28	
3	h04.003.S01	收入共享岗S01	☐	普通	2020-07-28	
4	h04.004.S01	成本共享岗S01	☐	普通	2020-07-28	
5	h04.005.S01	资金共享岗S01	☐	普通	2020-07-28	
6	h04.006.S01	总账共享岗S01	☐	普通	2020-07-28	
7	h04.007.S01	固定资产共享岗S01	☐	普通	2020-07-28	
8	h04.008.S01	报表共享岗S01	☐	普通	2020-07-28	

图 5-8　职位新增完成界面

财务共享服务中心职位新建完成后，学生新建对应职位的职员。学生点击【企业建模】→【辅助数据】→【员工信息】→【员工】，进入职员列表，如图 5-9 所示。

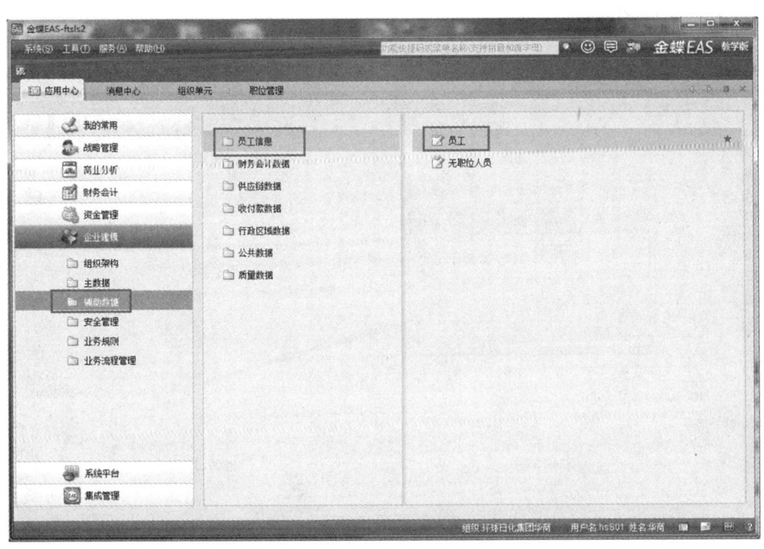

图 5-9　进入职员列表

学生根据实验数据表 5-2（职位与职员信息）录入财务共享服务中心职员信息。注意：杨振兴、齐振英、樊江波是兼任财务共享服务中心岗位，在系统中担任多个职位。

例如，在财务共享服务中心建立前，杨振兴在环球日化集团担任首席财务官（搜索 yzx，点击 yzx+学号查看职员信息）。在职位分配信息栏，杨振兴主要职位为首席财务官。为杨振兴新增其他职位如图 5-10 所示。

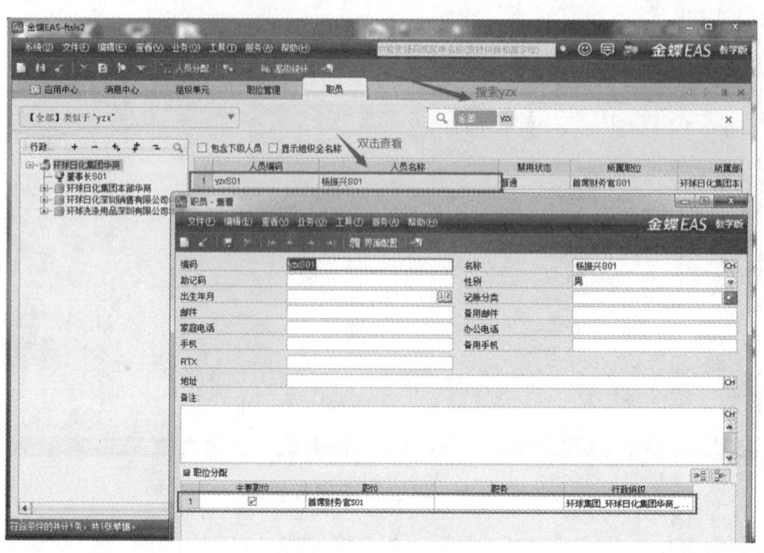

图 5-10　职员查看

在职员信息查看界面，学生点击工具栏【修改】。在职位分配栏右边，学生点击【新增】职位，如图 5-11 所示。

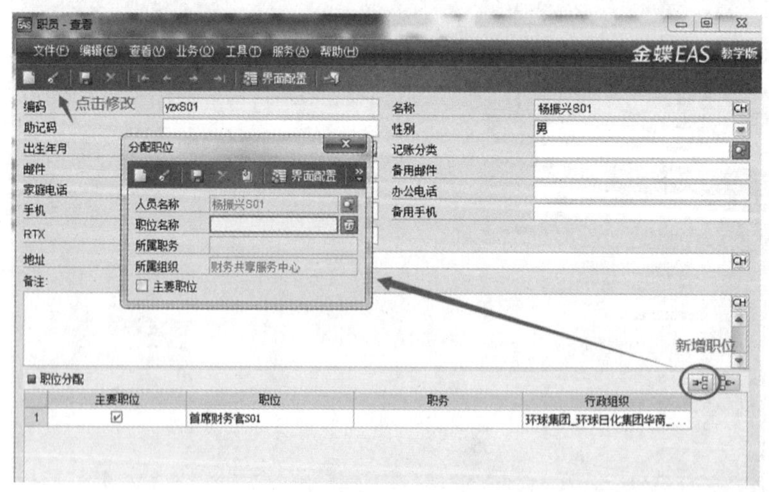

图 5-11　职员新增职位查询

学生选择职位名称为【环球日化集团本部+姓名】→【财务共享服务中心+姓名】→【财务共享服务中心总经理+学号】，录入完毕后点击【保存】，如图 5-12 和图 5-13 所示。

齐振英、樊江波也在财务共享服务中心兼任岗位。新增其他职位的操作步骤同上。财务共享服务中心所有职员设置完毕后，如图 5-14 所示。

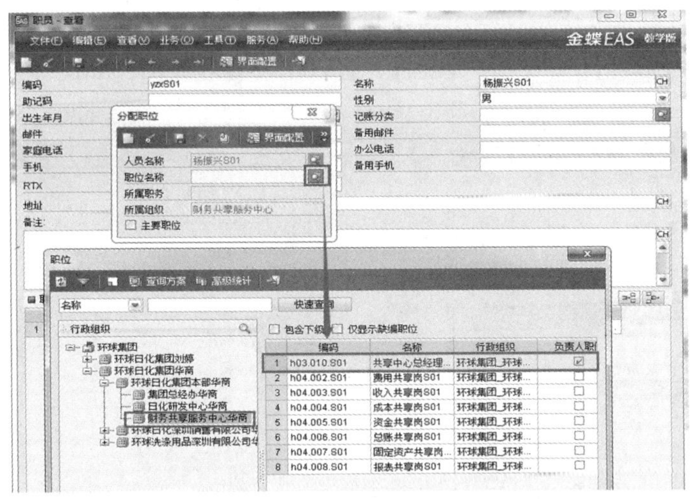

图 5-12　职员新增职位

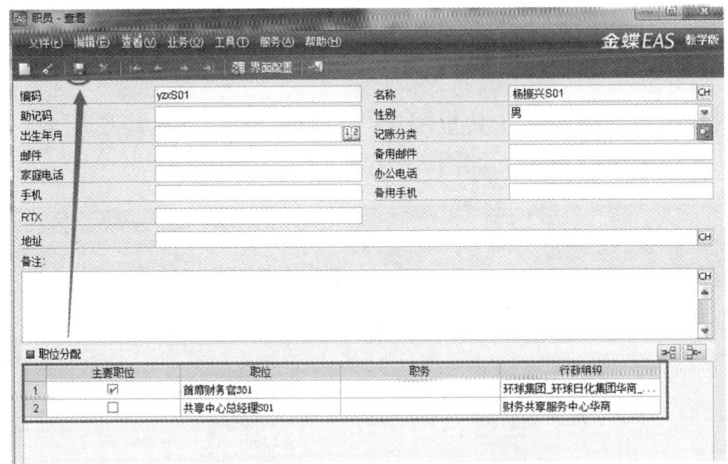

图 5-13　职员新增职位完成并保存

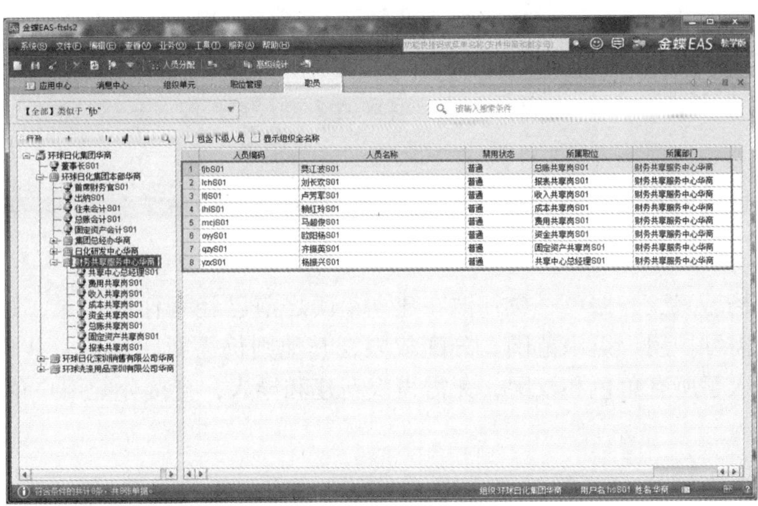

图 5-14　财务共享服务中心职员新增职位

职位、职员设置完毕后，学生新建共享用户。学生点击【企业建模】→【安全管理】→【权限管理】→【用户管理】，进入用户管理界面，如图 5-15 所示。

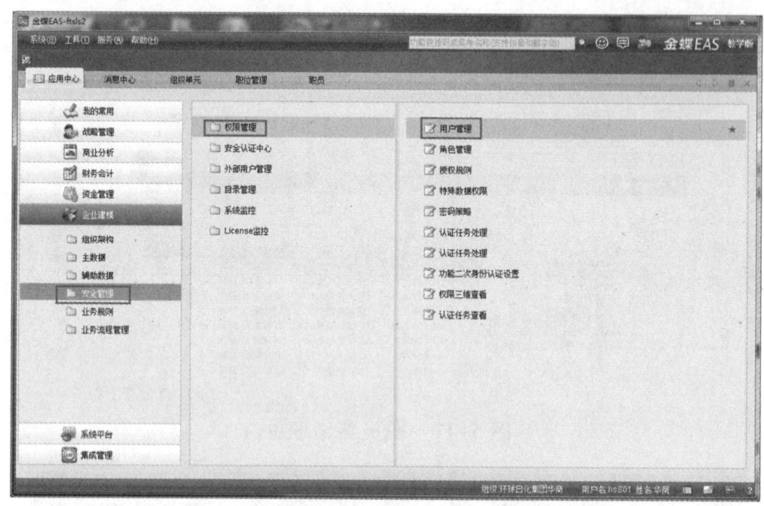

图 5-15　进入用户管理界面

学生按照实验数据表 5-3（共享用户与角色信息）新建共享用户，批量维护用户组织范围，并分配对应角色，如图 5-16 所示。

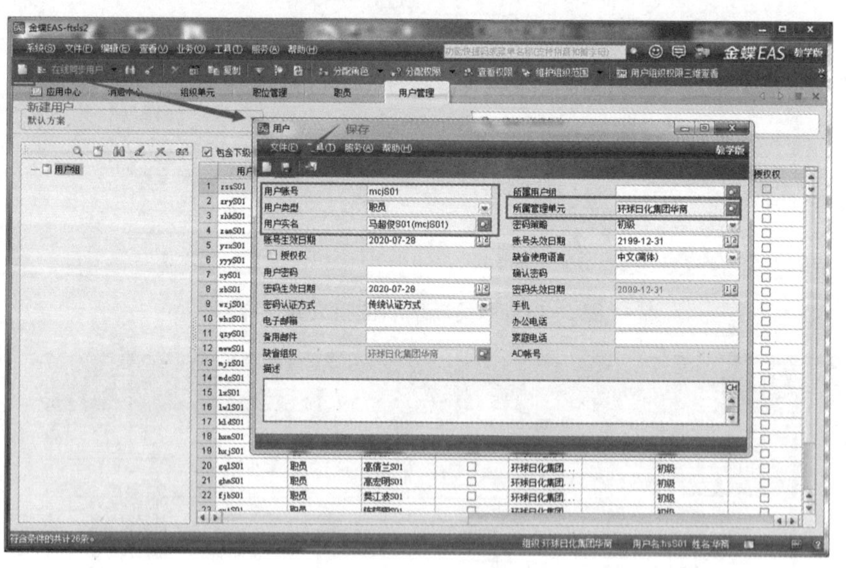

图 5-16　用户新增

注意：杨振兴、齐振英、樊江波在建立集团之前已经有任职记录，跳过新建用户环节，只需维护用户组织范围、分配权限，其他则仍需新建用户。共享角色和权限一次性导入了所有角色和权限，无需再次新建和导入，直接分配用户角色即可。

学生选择新建的所有共享用户，点击工具栏【组织范围批量增加】，一次性维护所有所选用户的组织范围，如图 5-17 和图 5-18 所示。

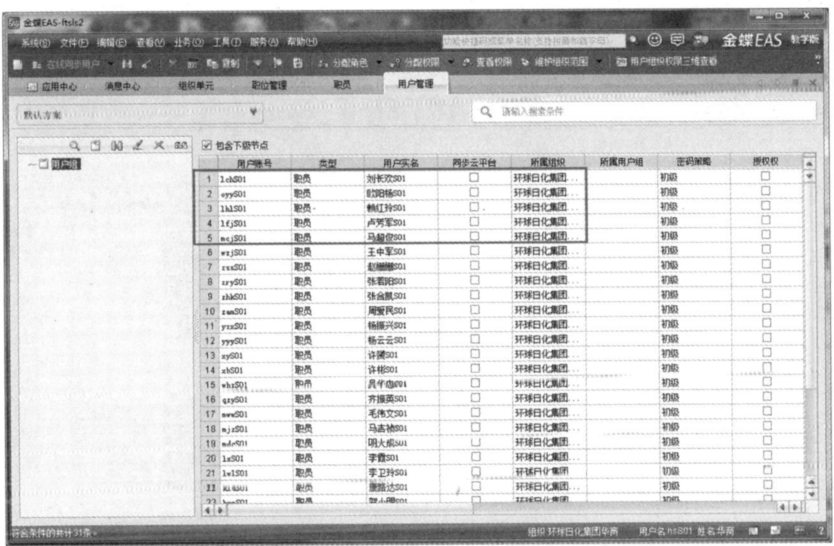

图 5-17　用户管理查询

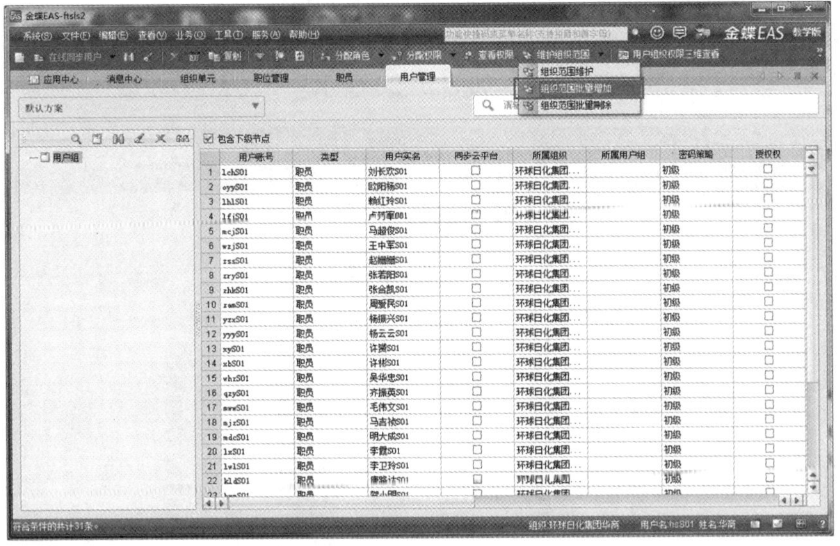

图 5-18　用户组织范围批量增加查询

学生选择组织范围类型为业务组织，点击【选择组织】，加入环球日化集团+姓名下的所有组织；点击用户列表左栏【新增】，添加财务共享服务中心所有用户；点击工具栏【分配】，如图 5-19 所示。

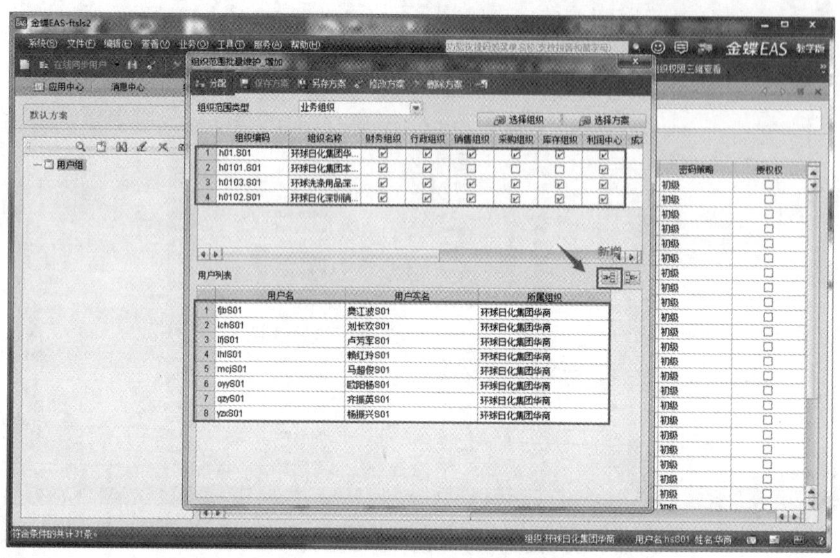

图 5-19　用户组织范围批量增加

如何为一个用户分配多个组织角色权限呢？以欧阳杨为例，学生选择 oyy+学号，点击工具栏【批量分配角色】，如图 5-20 所示。

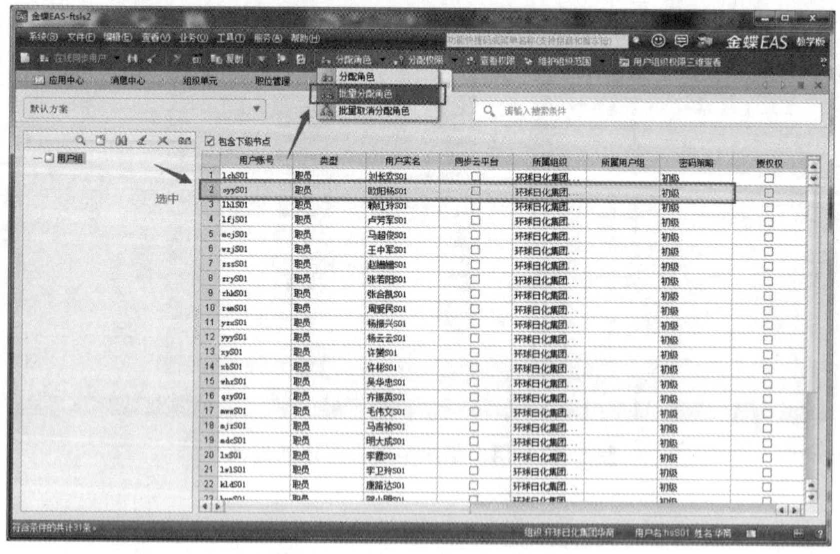

图 5-20　用户批量分配角色查询

学生点击【选择组织】，加入环球日化集团+姓名下的所有组织，添加资金共享岗，点击工具栏【分配】，如图 5-21 所示。

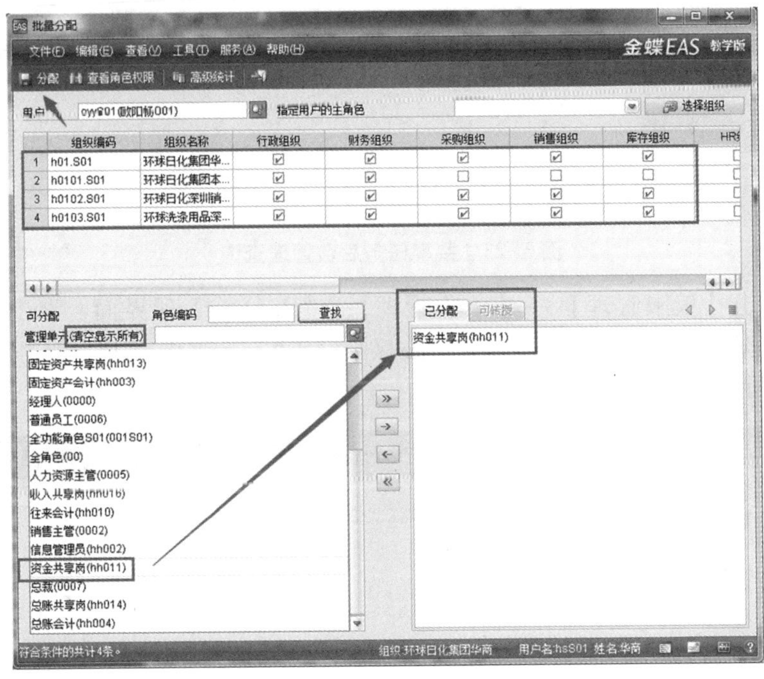

图 5-21　**用户批量分配角色**

学生根据实验数据表 5-3（共享用户与角色信息），给财务共享服务中心其他用户分配对应角色。

3. 新建共享角色

此步骤非常重要，必须按照实验数据设置。

财务共享服务中心通过角色类型来划分岗位职责。由共享管理员 sscadmin 登录金蝶 EAS 网页端设置。网址为 ip：http://121.33.188.39：8888/portal。学生打开网址，选择与金蝶 EAS 系统相同的数据中心，如选择数据中心 ftsls4。用户名为 sscadmin，密码为空。学生点击【登录】，如图 5-22 所示。

图 5-22　**金蝶 EAS 网页端登录**

学生点击【应用】→【财务共享】→【共享任务管理】→【共享任务后台管理】，进入共享任务后台管理界面，如图 5-23 所示。

图 5-23　共享任务后台管理查询

学生点击【权限管理】→【角色管理】，进入角色管理界面，点击【新增】，根据实验数据表 5-4（财务共享服务中心权限设置），新建财务共享服务中心角色，如图 5-24 所示。

图 5-24　财务共享服务中心角色新增

以费用共享角色为例，学生点击【新增】，设置编码为 02.学号，名称为费用共享+学号，角色类型为业务员，添加任务类型为费用报销、出差借款单、差旅报销、借款单，录入完毕后点击【保存并新增】，如图 5-25 所示。

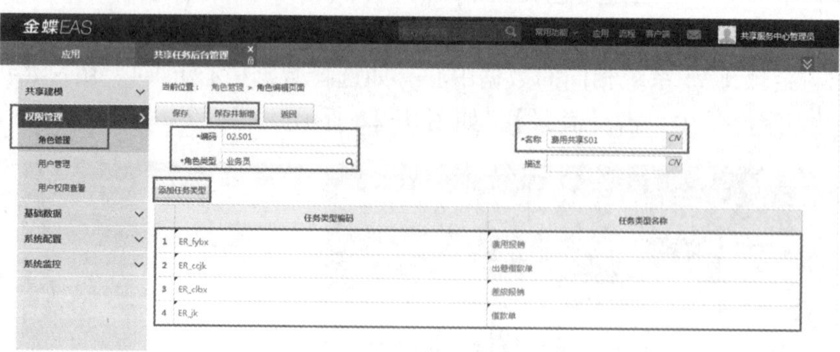

图 5-25　财务共享服务中心角色新增完成并保存

学生根据实验数据表5-4（财务共享服务中心权限设置），添加其他角色，如图5-26所示。

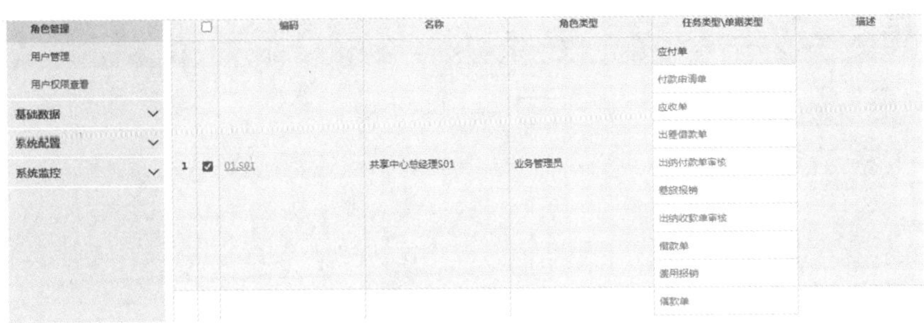

图 5-26 财务共享服务中心角色权限设置

学生添加全部共享角色后，返回角色管理，为新建好的角色分配组织。学生点击界面右上角【搜索】，通过学号筛选出自己创建的角色，选择带自己学号的角色，点击【批量分配组织】，如图5-27所示。

注意：学生在分配组织时一定要注意选择带自己学号的角色分配到自己创建的组织。在角色管理界面，学生通过筛选学号，筛选自己创建的角色。学生在分配组织时，只添加自己创建的集团下的组织。

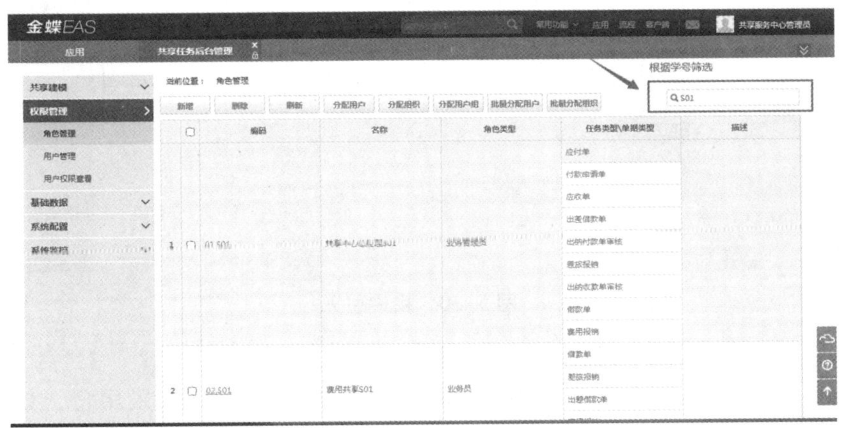

图 5-27 角色管理查询

学生在给角色添加组织界面中，选择自己创建的集团——环球日化集团+姓名，点击【确定】，如图5-28所示。

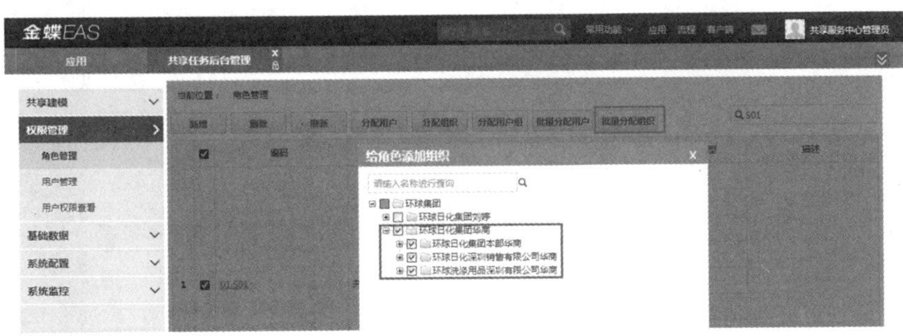

图 5-28 共享角色批量分配组织

学生点击【权限管理】→【用户管理】→【引入用户】，引入在金蝶 EAS 系统创建的用户，如图 5-29 所示。

图 5-29　引入用户查询

学生选择组织为财务共享服务中心+学号下的用户，点击【确定】，先引入财务共享服务中心的所有用户，如图 5-30 所示。

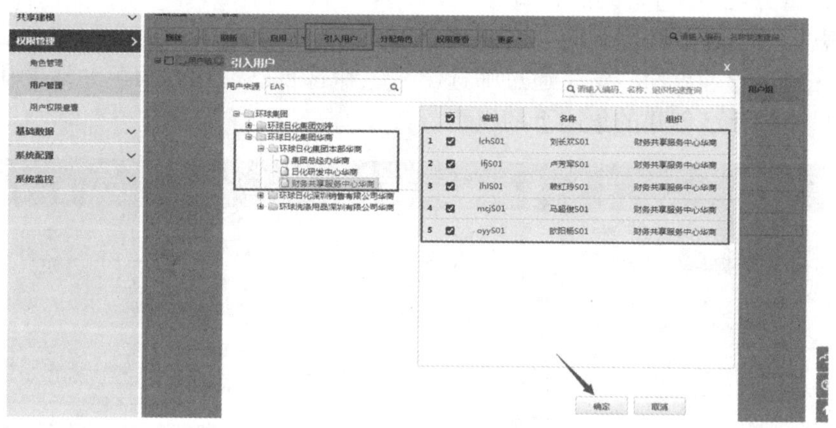

图 5-30　用户引入

之后学生再引入兼职的樊江波、齐振英、杨振兴。

注意：切换下一页会清空已经选择的用户，学生应逐页引入用户，如图 5-31 所示。

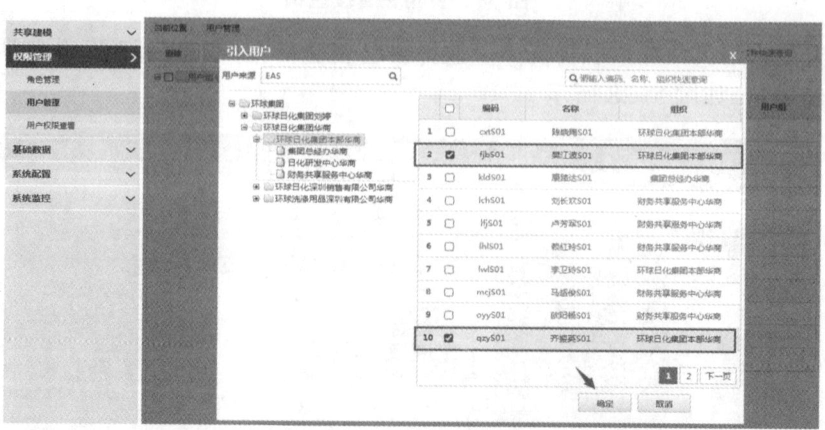

图 5-31　用户引入

通过筛选学号，学生可以筛选出自己引入的所有用户，如图 5-32 所示。

图 5-32　引入用户查看

学生在用户引入后，为引入的用户添加角色。学生在添加角色时，通过学号筛选到自己创建的角色，选择该用户对应的角色分配。例如，学生选择用户欧阳杨，点击【分配角色】，进入给用户添加角色的界面，通过学号筛选自己创建的角色，选择资金共享+学号，点击【确定】，完成分配，如图 5-33 和图 5-34 所示。

图 5-33　用户分配角色

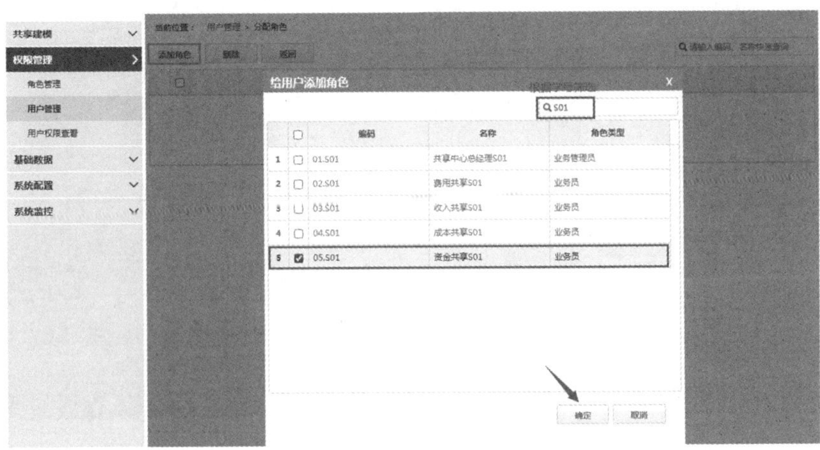

图 5-34　用户分配角色

学生根据实验数据表 5-4（财务共享服务中心权限设置）分配对应角色。

4. 发布共享流程

学生打开金蝶 BOS 集成开发环境，录入登录信息，选择正确的数据中心，使用自己创建的管理员登录操作。学生录入教师提供的 IP 地址为应用服务器地址，更新端口默认为 8888，点击【刷新】，更新出该服务器下所有数据中心，选择实验用到的数据中心。登录用户为环球日化集团管理员用户（学生姓名缩写+学号），默认密码为空。学生勾选保存密码，点击【登录】，如图 5-35 所示。

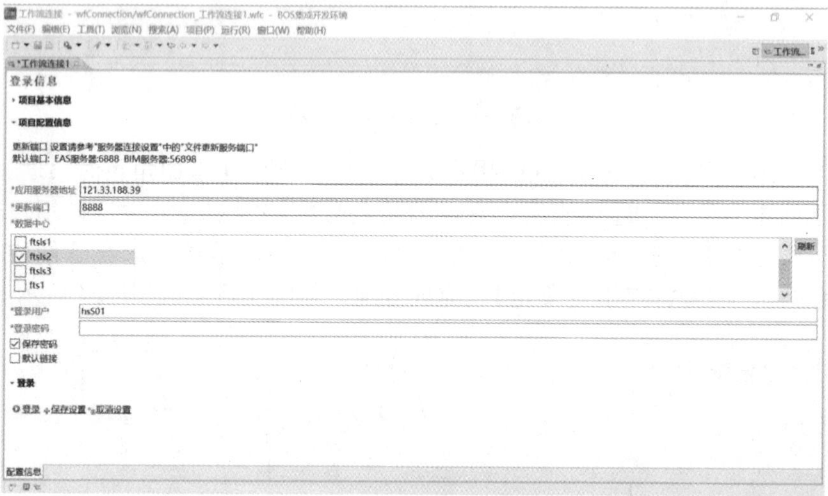

图 5-35　工作流连接信息

以费用报销单为例，学生在流程中选择【财务会计】→【费用管理】，点击鼠标右键，选择【新建业务流程】，如图 5-36 所示。

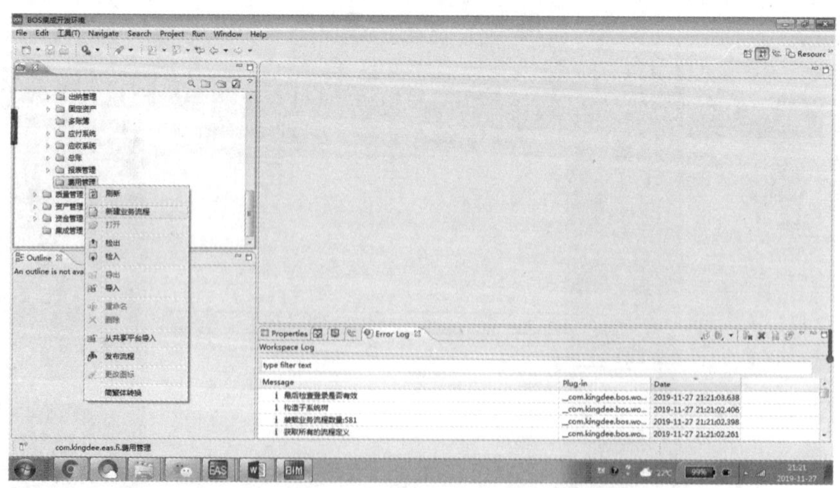

图 5-36　新建业务流程查询

流程编码为 001.学号，流程名称为费用报销单共享+姓名学号，流程类型为普通流程，创建方式为根据现有流程生成。学生点击【下一步】，如图 5-37 所示。

图 5-37　业务流程新建

在流程选择界面，学生点击【财务会计】→【费用管理】，选择名称为“费用报销单共享流程_标准 fts”的流程，点击【下一步】，如图 5-38 所示。

图 5-38　选择标准流程

流程导入后，学生需要修改的内容如下：修改提交节点的参与人。学生点击提交节点进入参与人界面，将原参与人删除，点击【新增参与人】，如图 5-39 所示。

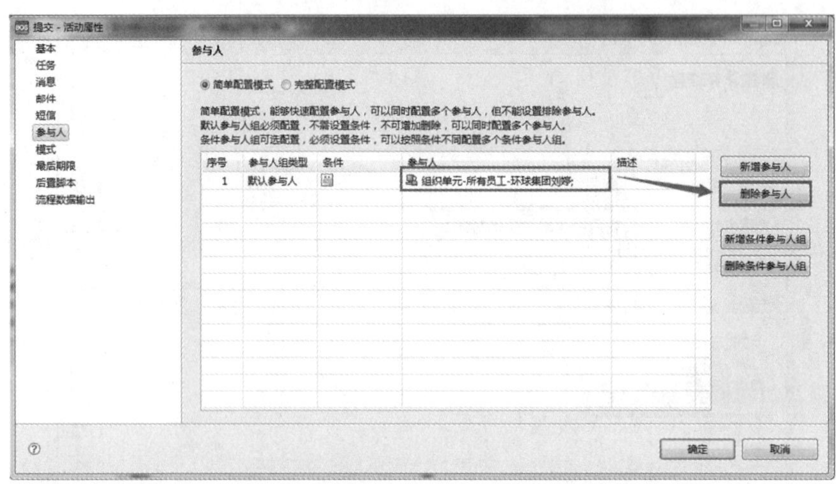

图 5-39　业务流程提交节点参与人修改

学生在界面左侧选择参与人类型为组织单元，组织单元为环球日化集团+姓名。学生点击【添加】→【确定】，如图 5-40 和图 5-41 所示。

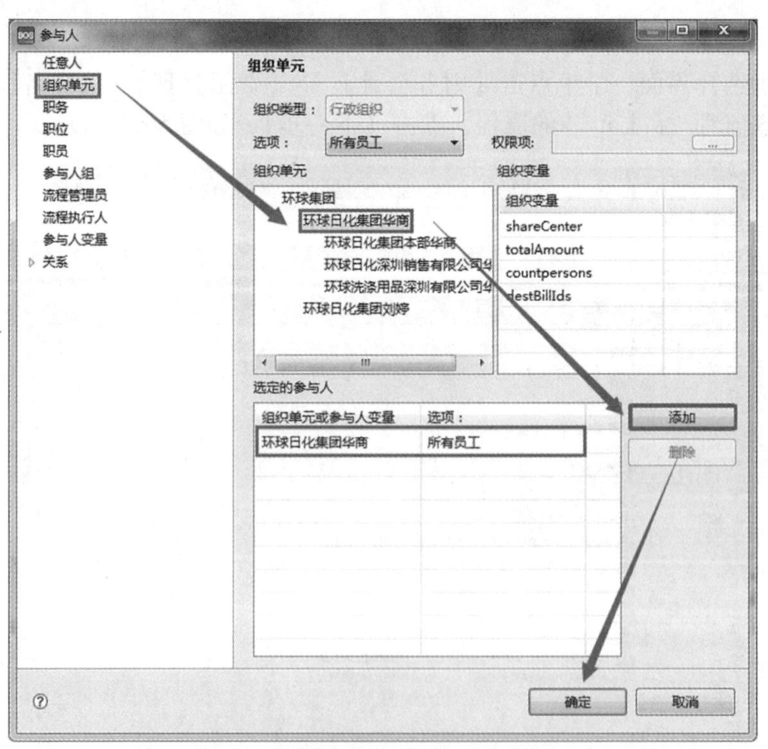

图 5-40　业务流程提交节点参与人修改

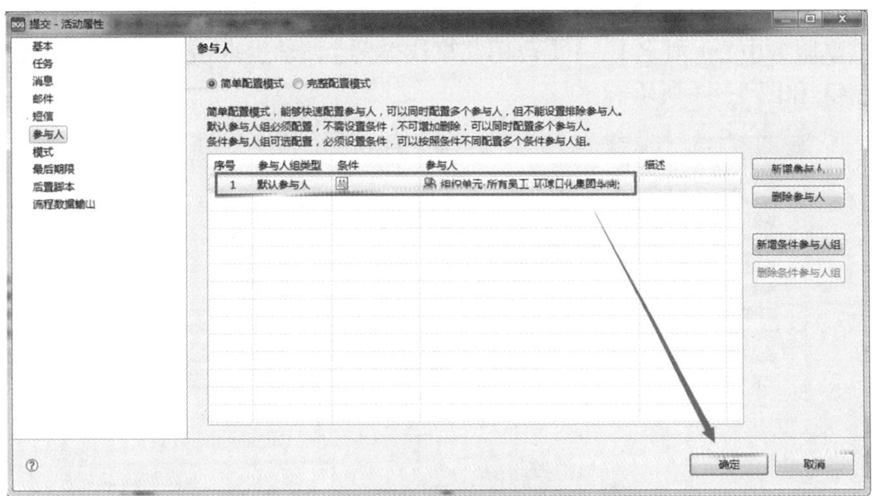

图 5-41　业务流程提交节点参与人修改

学生修改共享审批节点的参与人，点击共享审批节点进入参与人界面，将原参与人删除，点击【新增参与人】，如图 5-42 所示。

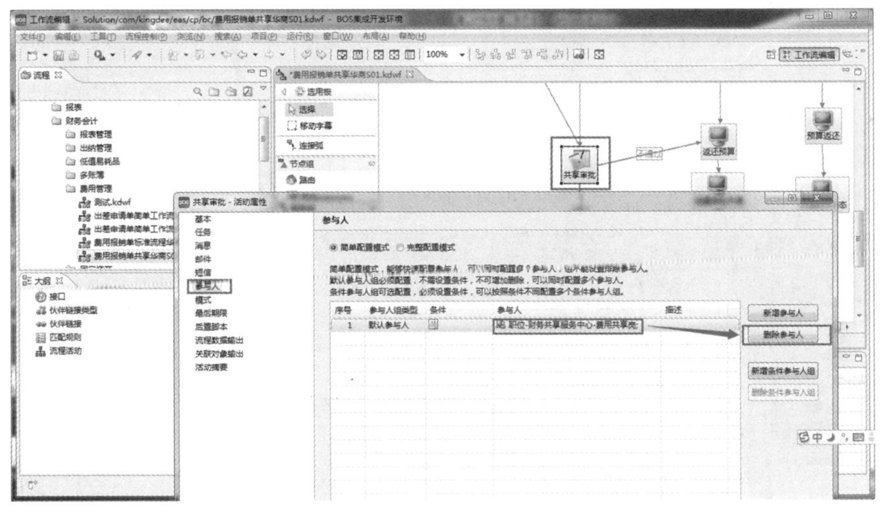

图 5-42　业务流程共享审批节点参与人修改

学生在界面左侧选择参与人类型为职位，职位为【环球日化集团+姓名】→【财务共享服务中心+ 姓名】→【费用共享岗学号】。学生点击【添加】→【确定】，如图 5-43 和图 5-44 所示。

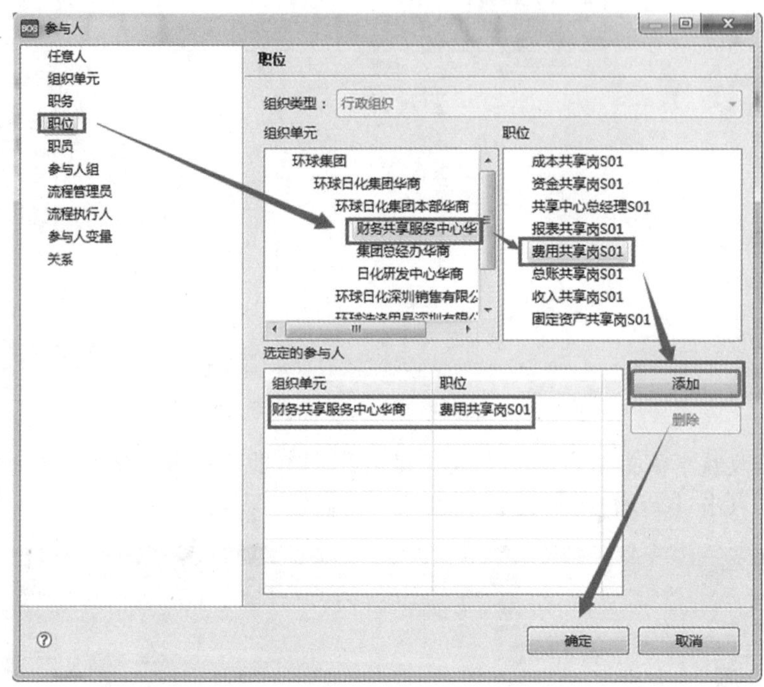

图 5-43　业务流程共享审批节点参与人修改

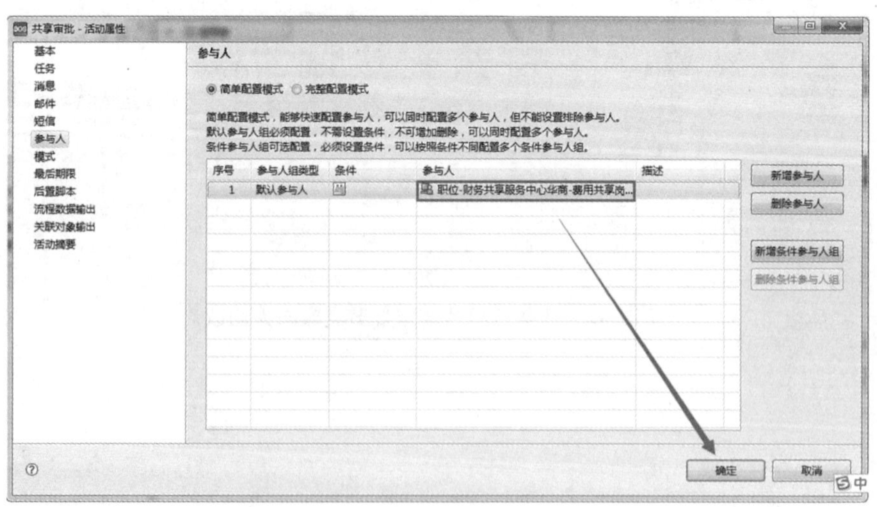

图 5-44　业务流程共享审批节点参与人修改

学生修改设置审批通过节点的参与人。学生点击设置审批通过节点进入参与人界面，将原参与人删除，点击【新增参与人】，如图 5-45 所示。

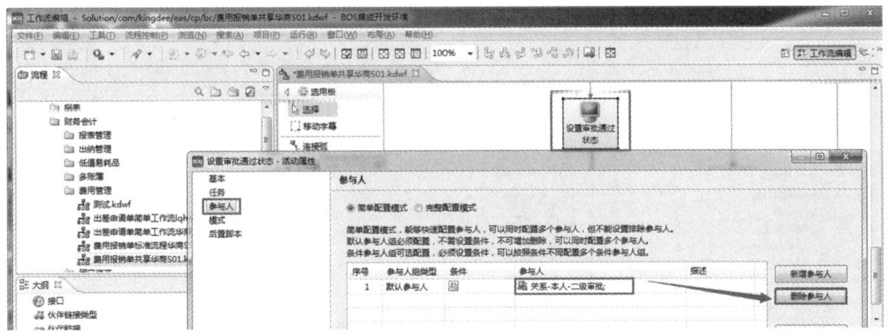

图 5-45　业务流程设置审批通过节点参与人修改

学生在界面左侧选择参与人类型为关系—活动执行人，选择活动集合为共享审批。学生点击【添加】→【确定】，如图 5-46 和图 5-47 所示。

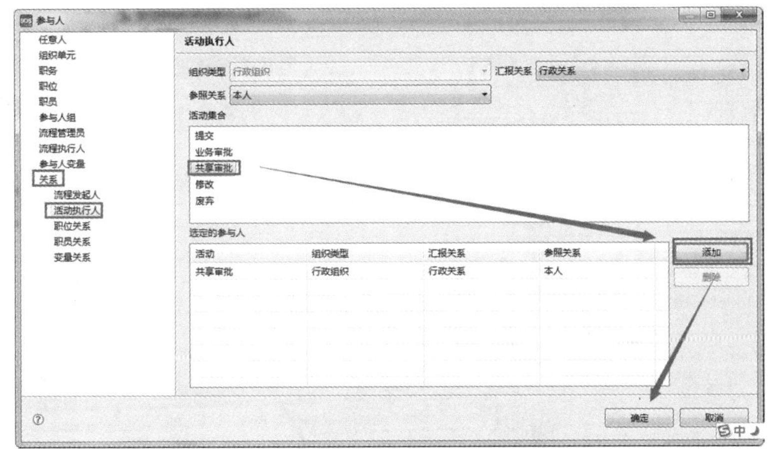

图 5-46　活动执行人设置为共享审批执行人

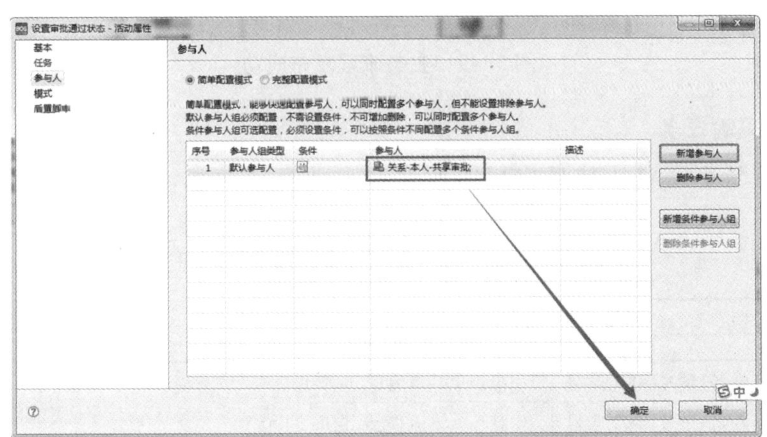

图 5-47　设置审批通过节点参与人为共享审批本人

流程设置完毕，并检查无误后，学生在流程空白处点击鼠标右键，点击【发布】，如图 5-48 和图 5-49 所示。

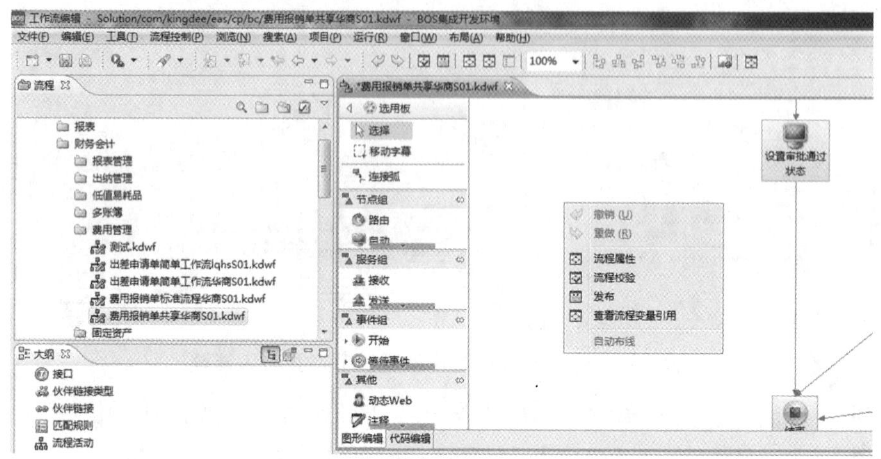

图 5-48 业务流程发布

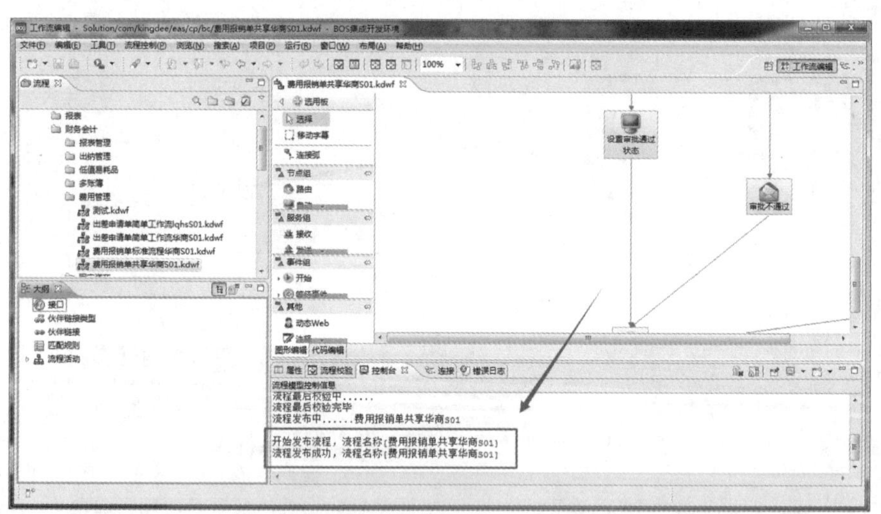

图 5-49 业务流程发布成功

(六) 实验任务

根据表 5-5 完成环球日化集团所有共享业务员信息，并发布其他模块共享流程。

表 5-5 新建共享流程

新建流程名称	新建流程编码	引入流程名称	修改节点
费用报销单共享姓名+学号	001.学号	费用报销单共享流程_标准 fts	提交节点参与人:学生创建集团下所有人 共享审批节点参与人:费用共享岗 审批通过节点参与人:共享审批本人
费用借款单共享姓名+学号	002.学号	借款单共享流程_标准 fts	
出差借款单共享姓名+学号	003.学号	出差借款单共享流程_标准 fts	
差旅报销单共享姓名+学号	004.学号	差旅报销单共享流程_标准 fts	

表5-5(续)

新建流程名称	新建流程编码	引入流程名称	修改节点
应收单共享姓名+学号	005.学号	应收单共享流程_标准 fts	提交节点参与人:职位-往来会计 业务审批节点参与人:职位-销售经理 共享审批节点参与人:收入共享岗 设置审批通过状态节点参与人:共享审批本人
应付单共享姓名+学号	006.学号	应付单共享流程_标准 fts	提交节点参与人:职位-往来会计 业务审批节点参与人:职位-采购经理 共享审批节点参与人:成本共享岗 设置审批通过状态节点参与人:共享审批本人
付款申请单共享姓名+学号	007.学号	付款申请单共享流程_标准 fts	提交节点参与人:学生创建集团下所有人 共享审批节点参与人:资金共享岗 设置审批通过状态节点参与人:共享审批本人
收款单共享姓名+学号	008.学号	收款单共享流程_标准 fts	
付款单共享姓名+学号	009.学号	付款单共享流程_标准 fts	

流程导入后，学生需要修改的内容如下：

（1）修改提交节点的参与人为学生创建集团下所有人。

（2）共享审批节点设置根据单据类型添加。例如，费用单据共享审批节点审批人为费用共享岗；应收单据共享审批节点审批人为收入共享岗；应付单据共享审批节点审批人为成本共享岗；收、付款单共享审批节点审批人为资金共享岗。

（3）审批通过节点设置参与人为共享审批节点参与人本人。

（4）特殊情况：应收单业务审批参与人职位为销售经理，应付单业务审批参与人职位为采购经理。

第五篇

实践任务

第六章
费用共享实践

一、费用共享管理模式

费用共享管理模式如图 6-1 所示。

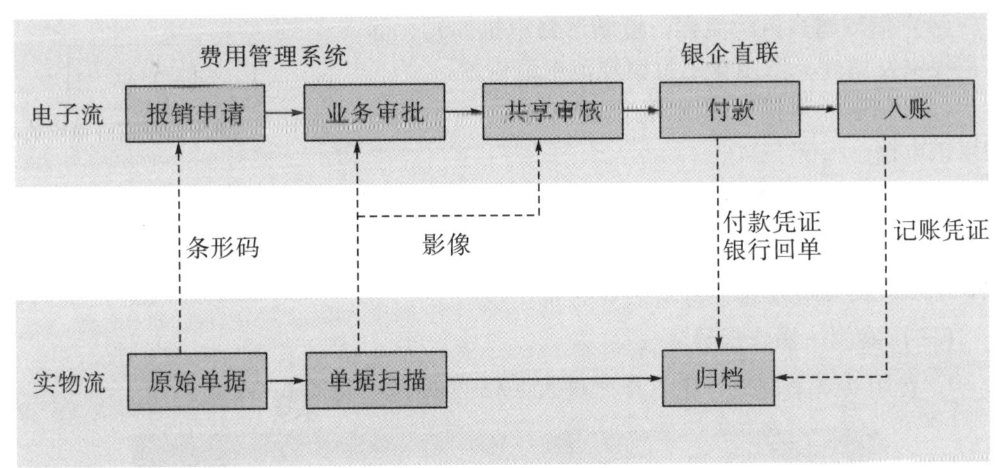

图 6-1　费用共享管理模式

费用共享常用单据如下：

（1）借款单。借款主要指企业员工需要向企业借支办理企业相关事务的费用，如举办市场活动、文化建设、客户接待等费用借款。

（2）出差借款单。出差借款主要指企业商旅人员出差办理企业事务，需要预先向企业借支的差旅费用。

（3）费用报销单。费用报销单主要是企业全体员工用于报销日常费用的单据，如报销通信补贴费用、交通补贴费用、客户接待费用等，需要提交相关的报销发票。

（4）差旅费报销单。差旅费报销单主要是企业商旅人员用于报销差旅费用的单据，需要提交相关报销发票，如机票行程单、出租车发票、住宿发票等。

二、费用共享实践操作流程

费用共享实践操作流程如图 6-2 所示。

（一）实践平台案例规则——借款单

适用范围：专项费用借款、公司日常事务开支借款以及办事处备用金等因公务活动需要借支的款项。

主要审批规则如下：

（1）2 000 元及以下支出不予借款。

（2）同类性质的借款前款不清、后款不借。

（3）遵循“谁执行谁借款、谁借款谁还款”原则，不得有他人代借款和代还款。

（4）借款属高风险流程，遵循严格审批原则，除不需提供发票外，参照费用报销规范申请借款。

（5）借款用途描述需清晰，如有合同，需上传合同以供审核。

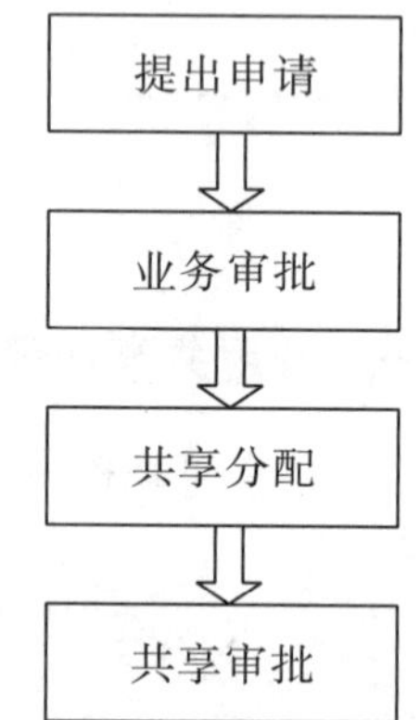

图 6-2　费用共享实践操作流程

（二）实践平台案例

1 月 17 日，环球日化深圳销售有限公司行政经理田俊祥申请重要客户招待费借款 820 元，提交财务共享服务中心审批。

（三）案例一操作指导

1. 费用共享案例——借款单之进入 EAS 网页端（见图 6-3）

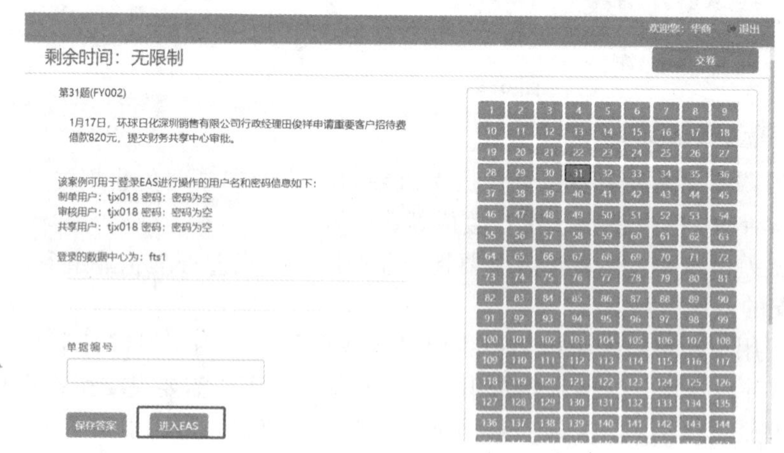

图 6-3　EAS 网页端登录

备注：进入 EAS 网页端有两种方式，一种如本书所示，另一种是直接通过 IP 地址进入。

2. 费用共享案例——借款单之提出申请

应用场景：员工进行借款（非差旅借款）申请，提交财务共享服务中心审批。

操作步骤：【应用】→【财务会计】→【费用管理】→【费用报销】→【报销工作台】→（选择费用类型）→（资料录入）→【保存】→（复制单据编号到题

面并保存答案）→（返回 EAS）→【提交】，如图 6-4 至图 6-12 所示。

备注：学生进入 EAS 网页端后，根据案例背景切换组织，检查账号、数据中心是否与财务共享应用实践平台相应案例下展现一致；若不一致，安全退出，切换正确的数据中心、账号，重新登录。

图 6-4　EAS 网页端登录

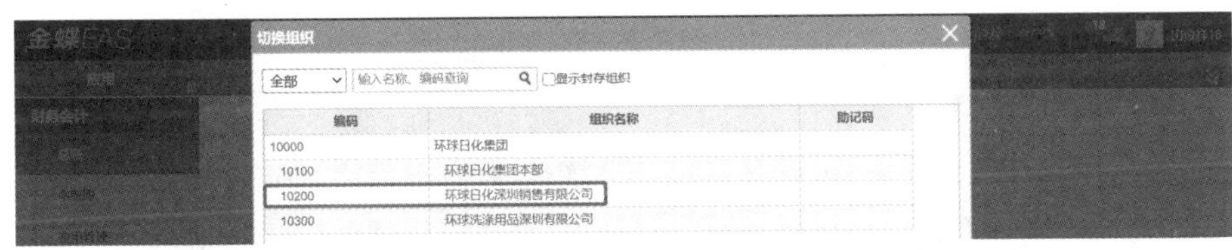

图 6-5　EAS 网页端登录

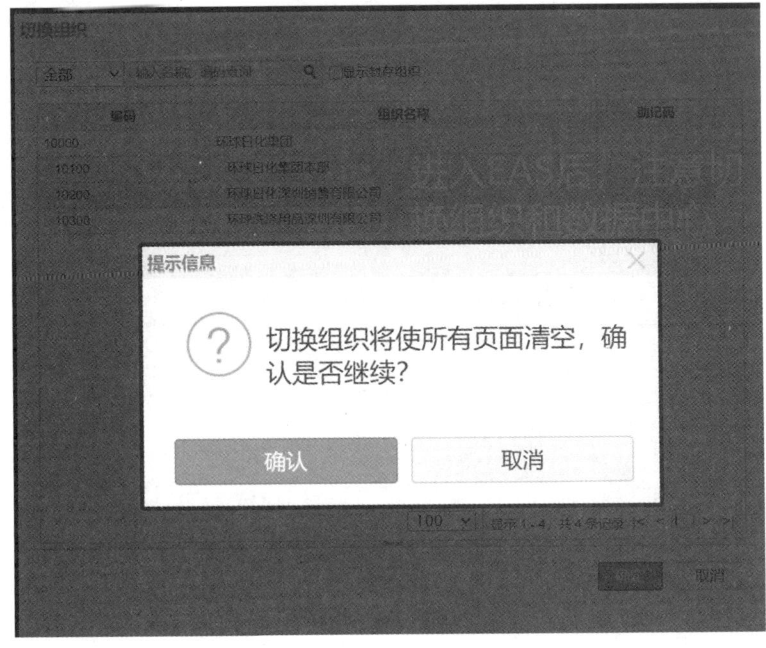

图 6-6　EAS 网页端登录

图 6-7　报销工作台

图 6-8　选择费用类型

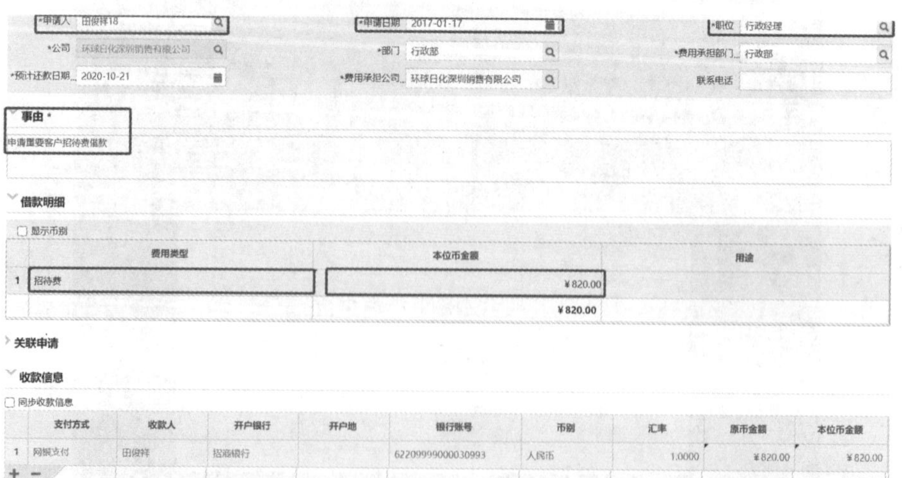

图 6-9　报销工作台资料录入

图 6-10　报销工作台资料保存

图 6-11　复制单据编号

图 6-12　保存单据编号

3. 费用共享案例——借款单之业务审批

操作步骤：【流程】→【待办任务】→【常规待办】→（根据单据编号找到需要审批的单据）→（点击进入查看内容）→【审批同意/不同意】→【提交】，如图6-13和图6-14所示。

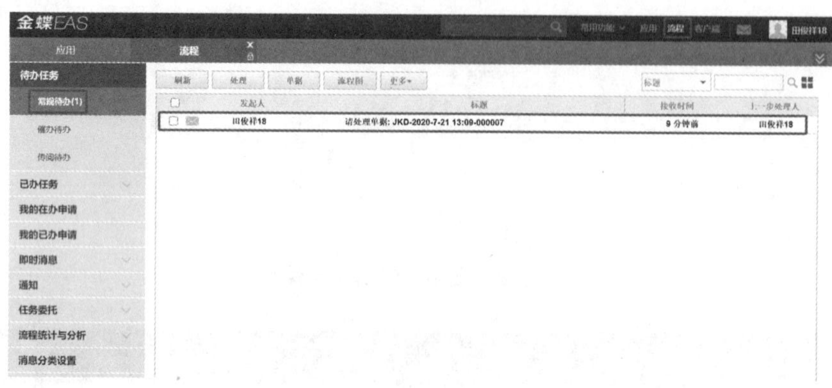

图 6-13 查找审批业务

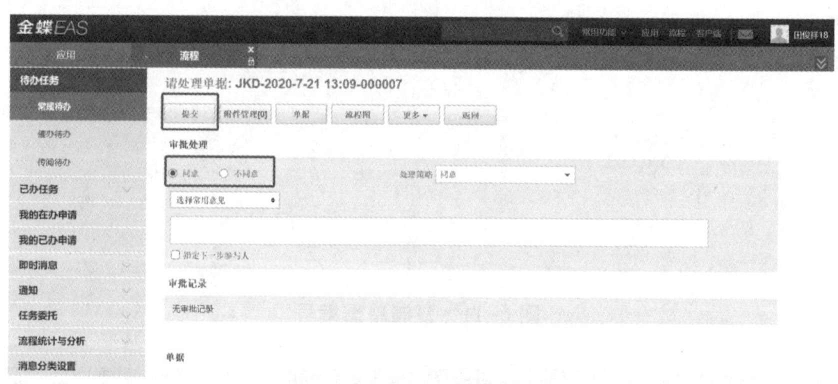

图 6-14 提交审批业务

4. 费用共享案例——借款单之共享任务分配

操作步骤：【应用】→【财务共享】→【共享任务管理】→【共享任务处理】→【共享任务池】→【待分配】→（找到目标单据并勾选）→【更多】→【分配人员】→（搜索待分配人员）→【分配】，如图6-15至图6-19所示。

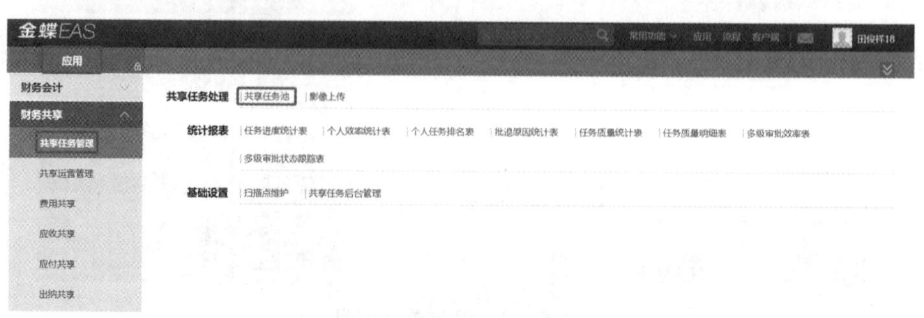

图 6-15 进入共享任务池

图 6-16　待分配任务

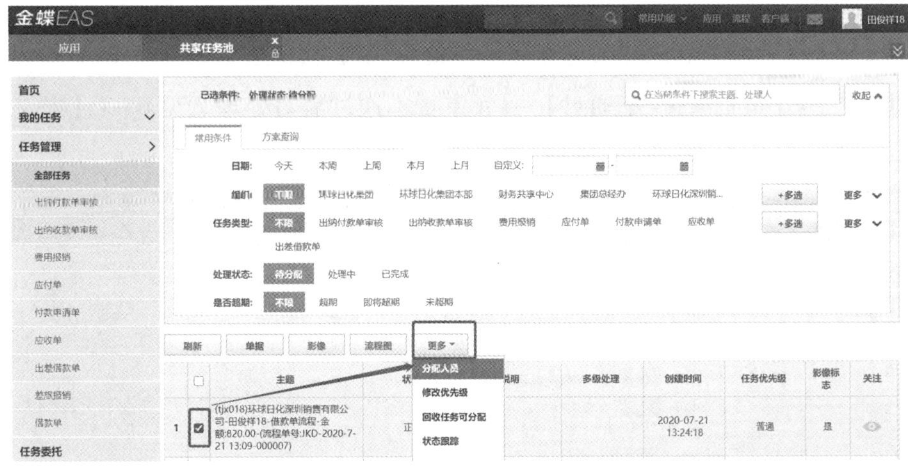

图 6-17　任务分配

图 6-18　任务分配

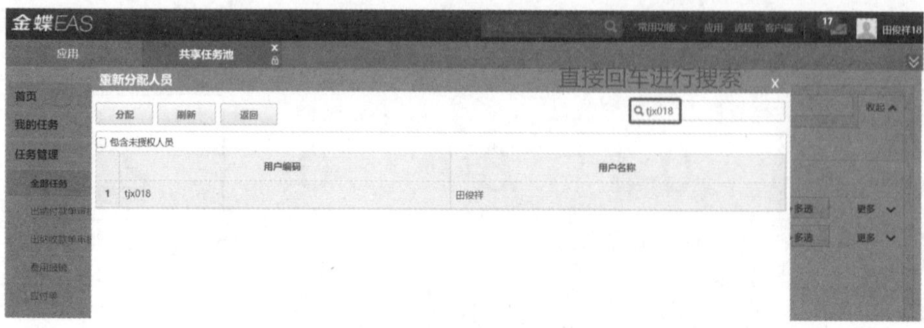

图 6-19　任务分配

5. 费用共享案例——借款单之共享审批

操作步骤:【共享任务池】→【我的任务】→【全部任务】→（找到目标单据点击进入）→【审批通过/不通过】→（审批不通过需写处理意见）→【提交】→【确定】→（重新保存答案），如图 6-20 至图 6-22 所示。

图 6-20　共享任务池全部任务

图 6-21　共享审批

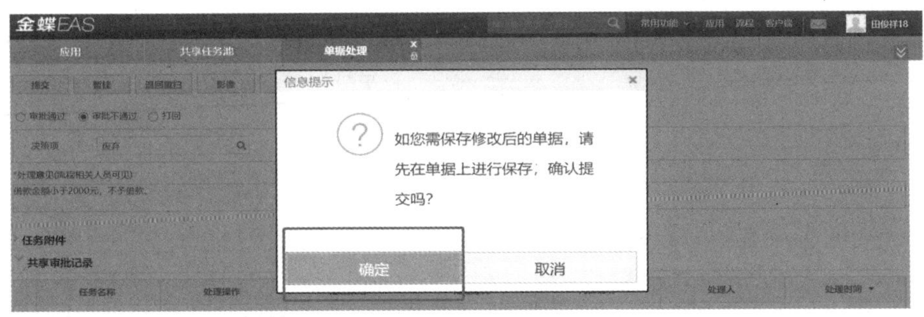

图 6-22　共享审批

（四）实践平台案例规则——出差借款单

适用范围：所有出差任务的申请，出差的机票、车票、船票以及住宿费借款，为项目出差发生的房租、水电费等借款。

主要审批规则如下：

（1）2 000 元及以下支出不予借款。

（2）需事前借款，则需在出差事由中描述具体原因及预计出差费用。

（3）借款时只考虑交通和住宿的合理费用，出差补贴及其他零星费用不予借支，前款不清，后款不借。

（4）出差地点更换时，需要分行填写明细信息。

（五）实践平台案例二

1 月 10 日，行政经理田俊祥申请 1 月 10 日至 11 日赴北京出差与日化行业协会会长交流的差旅费借款，预计差旅费中深圳至北京的机票为 1 200 元，出租车费为 200 元，住宿费为 500 元，北京至深圳的机票为 1 300 元，差旅补贴为 100 元，提交财务共享服务中心审批。

（六）案例二操作指导

1. 费用共享案例——出差借款单之提出申请

操作步骤：【应用】→【财务会计】→【费用管理】→【费用报销】→【报销工作台】→（选择费用类型）→（资料录入）→【保存】→（复制单据编号并保存答案）→（返回 EAS）→【提交】，如图 6-23 至图 6-30 所示。

图 6-23　报销工作台

图 6-24　选择费用类型

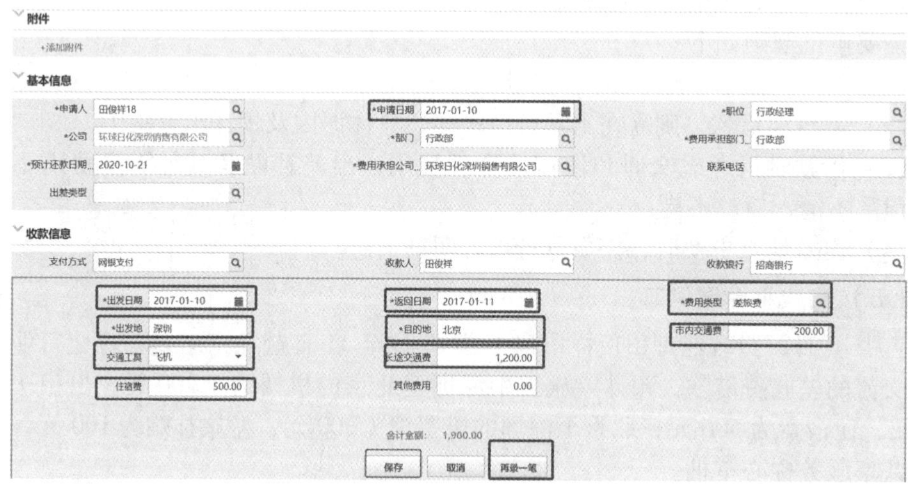

图 6-25　报销工作台资料录入

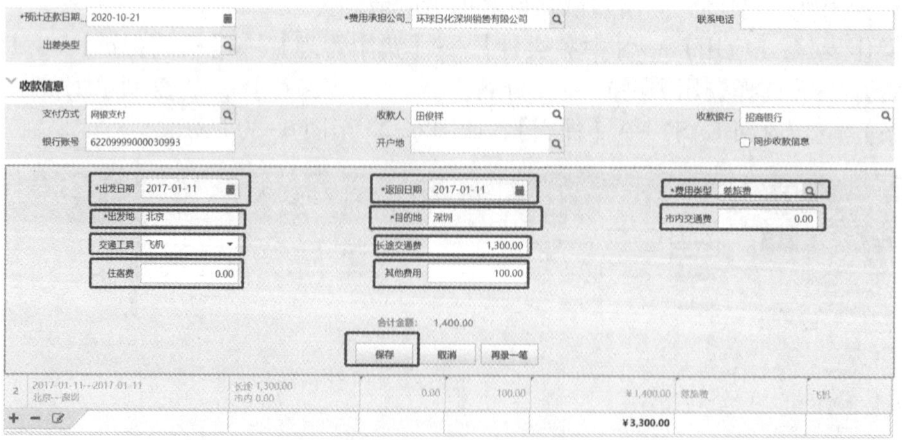

图 6-26　报销工作台资料录入

图 6-27　报销工作台资料录入

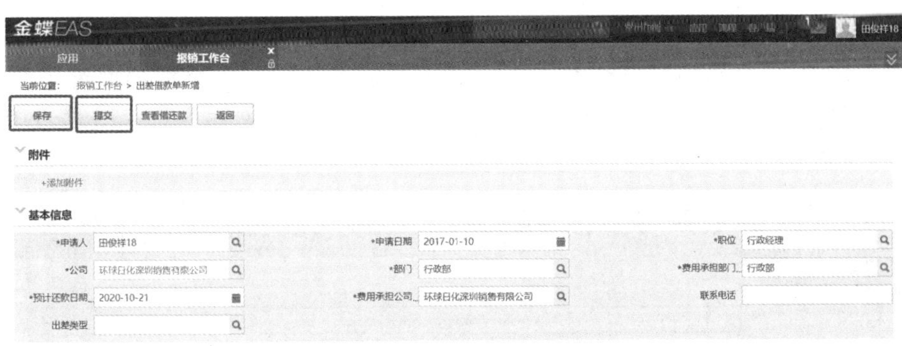

图 6-28　报销工作台资料保存

图 6-29　复制单据编号

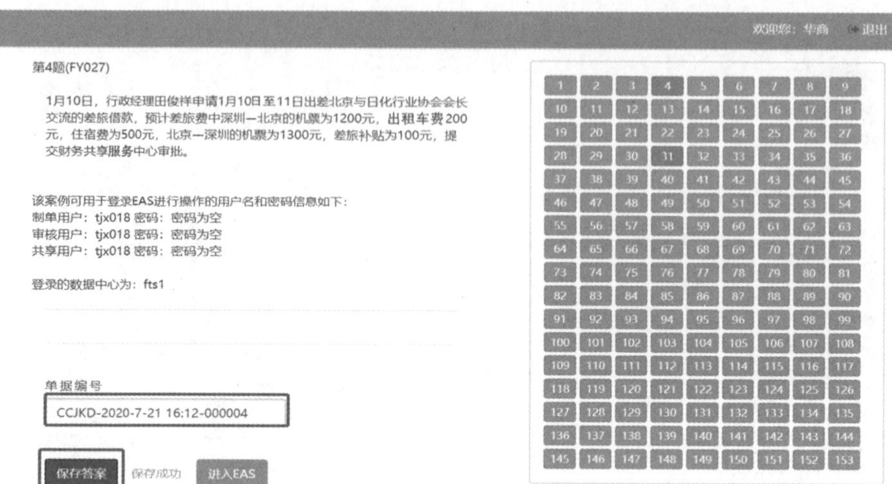

图 6-30 保存单据编号

2. 费用共享案例——出差借款单之业务审批

操作步骤：【流程】→【待办任务】→【常规待办】→（根据单据编号找到需要审批的单据）→（点击进入查看内容）→【审批同意/不同意】→【提交】，如图 6-31 和图 6-32 所示。

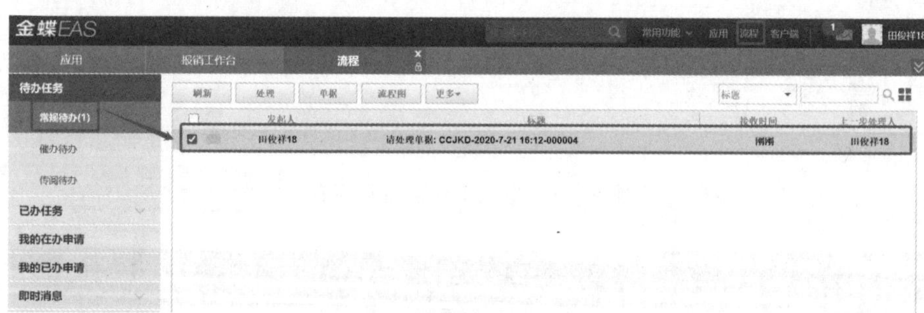

图 6-31 查找审批业务

图 6-32 提交审批业务

3. 费用共享案例——出差借款单之共享任务分配

操作步骤:【应用】→【财务共享】→【共享任务管理】→【共享任务处理】→【共享任务池】→【待分配】→（找到目标单据并勾选）→【更多】→【分配人员】→（搜索待分配人员）→【分配】，如图 6-33 至图 6-36 所示。

图 6-33　进入共享任务池

图 6-34　待分配任务

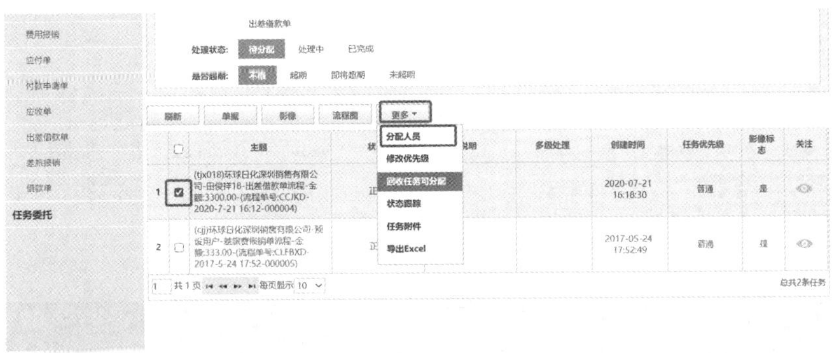

图 6-35　任务分配

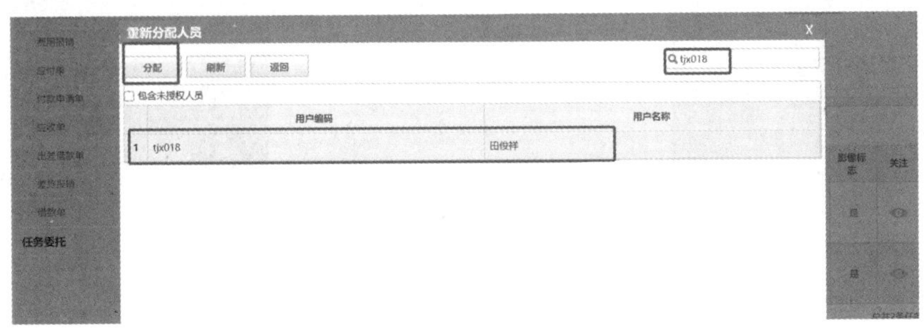

图 6-36　任务分配

4. 费用共享案例——出差借款单之共享审批

操作步骤:【共享任务池】→【我的任务】→【全部任务】→（找到目标单据点击进入）→【审批通过/不通过】→（审批不通过需写处理意见）→【提交】→【确定】→（重新保存答案），如图 6-37 至图 6-39 所示。

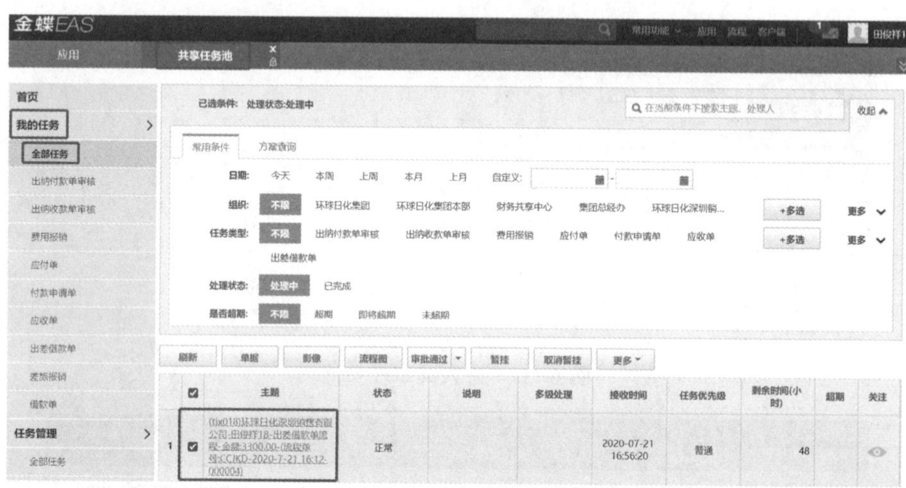

图 6-37　共享任务池全部任务

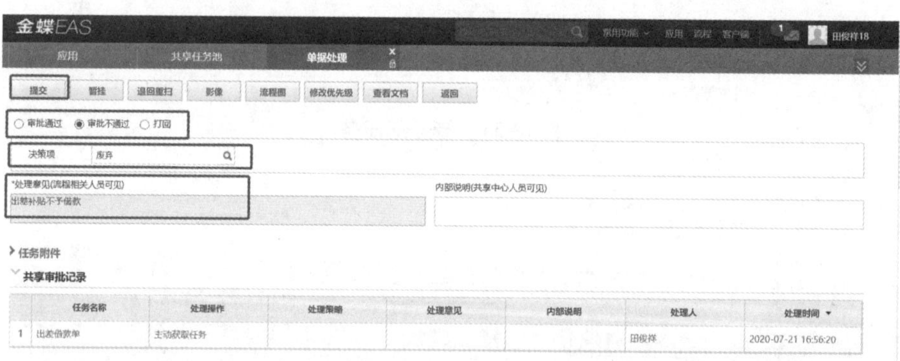

图 6-38　共享审批

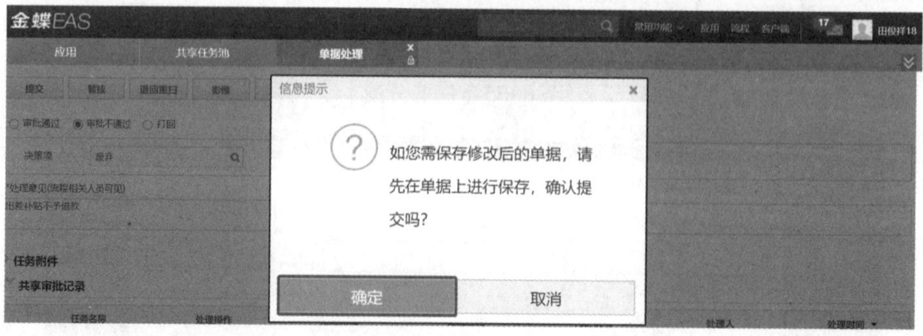

图 6-39　共享审批

（七）实践平台案例规则——费用报销单

适用范围：通信补贴费、交通补贴费、招待费、部门活动费、办公用品费、广告费、品牌费、招聘费等员工费用报销。

主要审批规则如下：

（1）各类型费用报销需要在规定报销标准内进行报销，超过标准不予报销，如通信补贴费为“普通员工 300 元，总监、经理及以上 500 元”。

（2）招待费一般为餐饮娱乐业发票，必须以实际发生费用的票据报销。

（3）广告费发票应为增值税专用发票，若不能开具增值税专用发票，则需扣减税点后支付。

（八）实践平台案例三

1 月 12 日，环球日化深圳销售有限公司行政经理田俊祥报销交通补贴费 600 元，提交财务共享服务中心审批。

（九）案例三操作指导

1. 费用共享案例——费用报销单之提出申请

操作步骤：【应用】→【财务会计】→【费用管理】→【费用报销】→【报销工作台】→（选择费用类型）→（资料录入）→【保存】→（复制单据编号并保存答案）→（返回 EAS）→【提交】，如图 6-40 至图 6-46 所示。

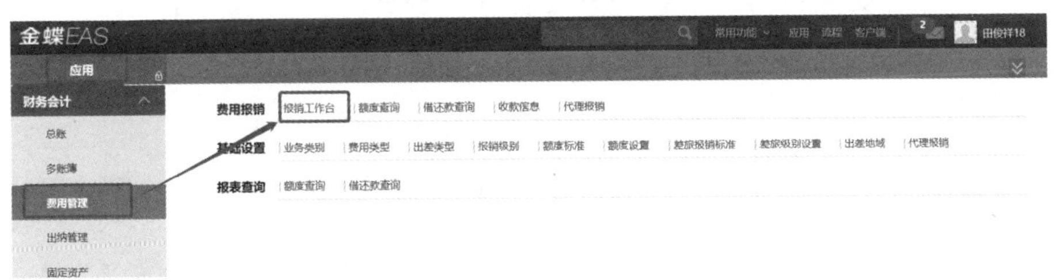

图 6-40　报销工作台

图 6-41　选择费用类型

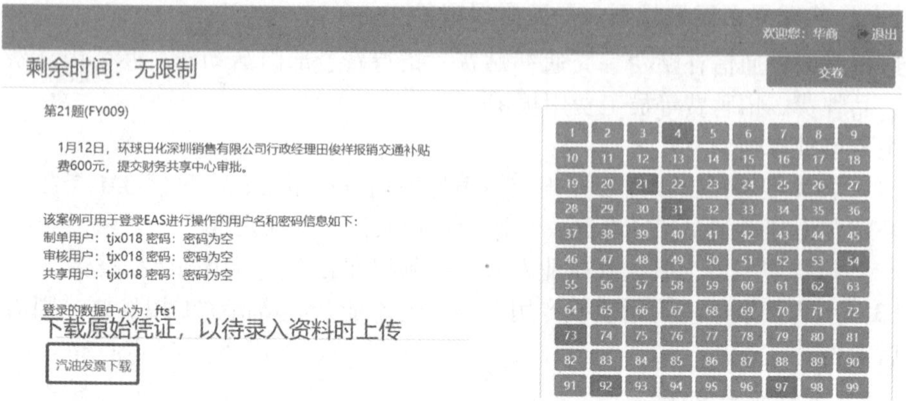

图 6-42　下载原始凭证

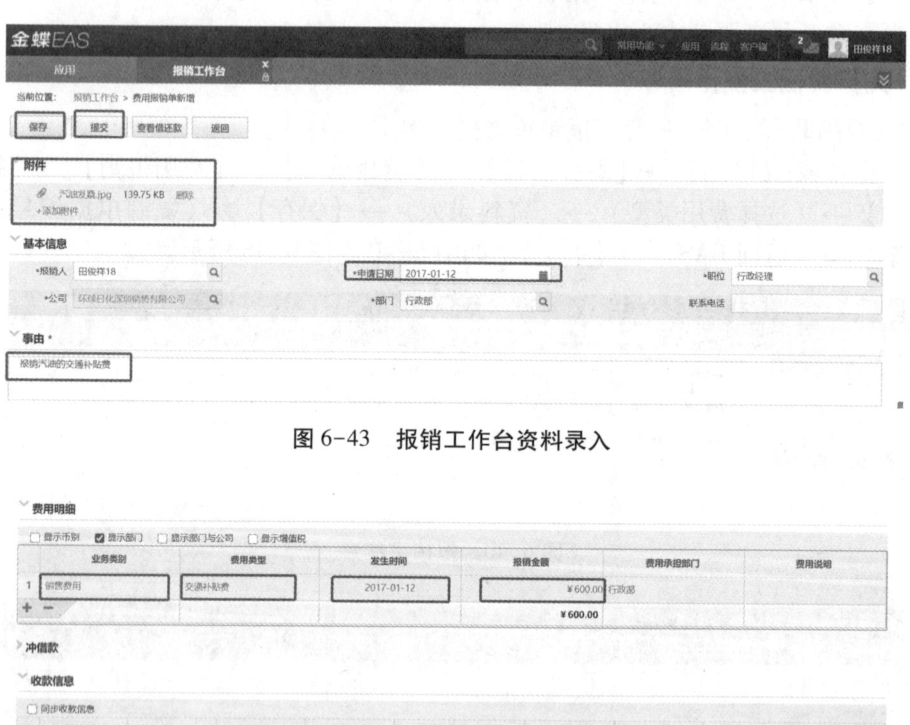

图 6-43　报销工作台资料录入

图 6-44　报销工作台资料录入

图 6-45 复制单据编号

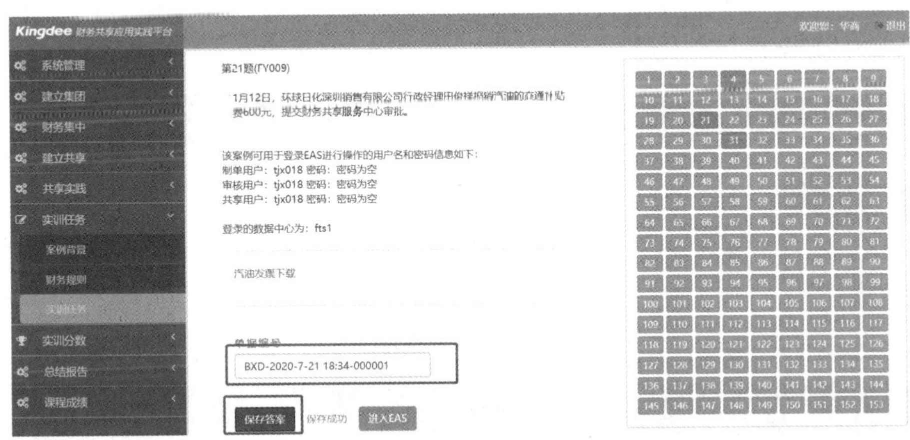

图 6 46 保存单据编号

2. 费用共享案例——费用报销单之业务审批

操作步骤：【流程】→【待办任务】→【常规待办】→（根据单据编号找到需要审批的单据）→（点击进入查看内容）→【审批同意/不同意】→【提交】，如图 6-47 和图 6-48 所示。

图 6-47 查找审批业务

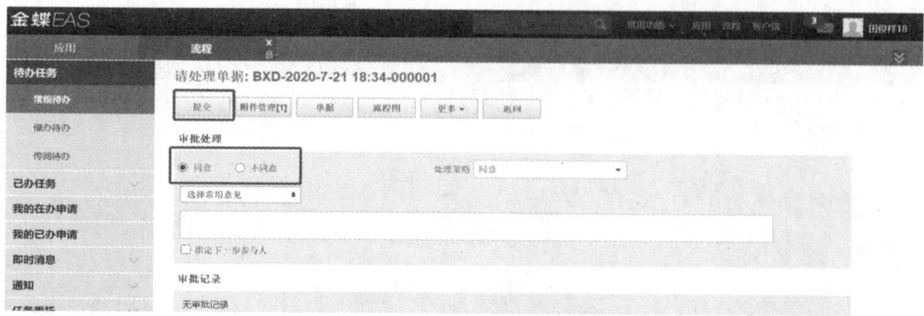

图 6-48　提交审批业务

3. 费用共享案例——费用报销单之共享任务分配

操作步骤:【应用】→【财务共享】→【共享任务管理】→【共享任务处理】→【共享任务池】→【待分配】→（找到目标单据并勾选）→【更多】→【分配人员】→（搜索待分配人员）→【分配】，如图 6-49 至图 6-52 所示。

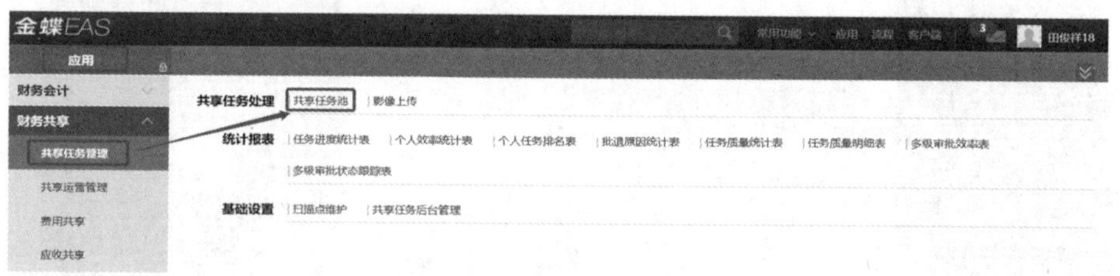

图 6-49　进入共享任务池

图 6-50　待分配任务

图 6-51　任务分配

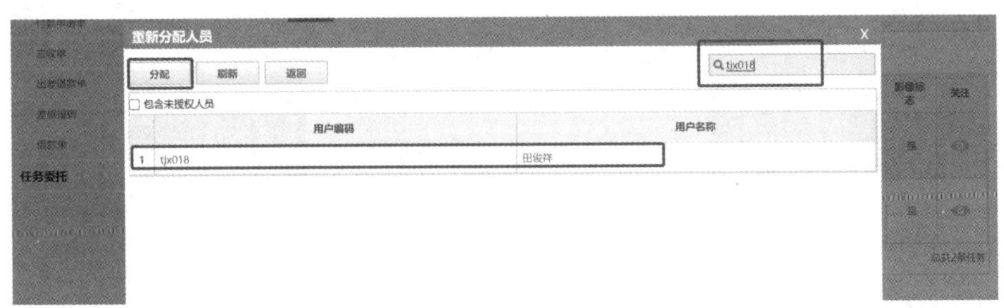

图 6-52　任务分配

4. 费用共享案例——费用报销单之共享审批

操作步骤：【共享任务池】→【我的任务】→【全部任务】→（找到目标单据点击进入）→【审批通过/不通过】→（审批不通过需写处理意见）→【提交】→【确定】→（重新保存答案），如图 6-53 至图 6-55 所示。

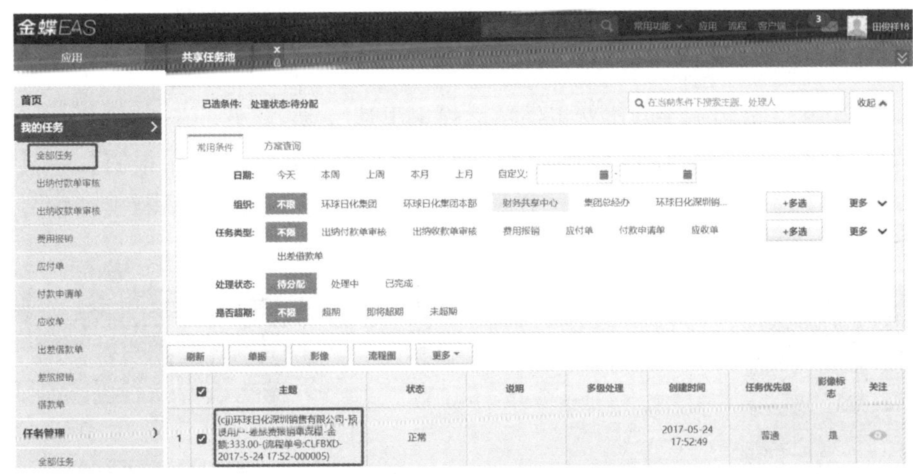

图 6-53　共享任务池全部任务

图 6-54　共享审批

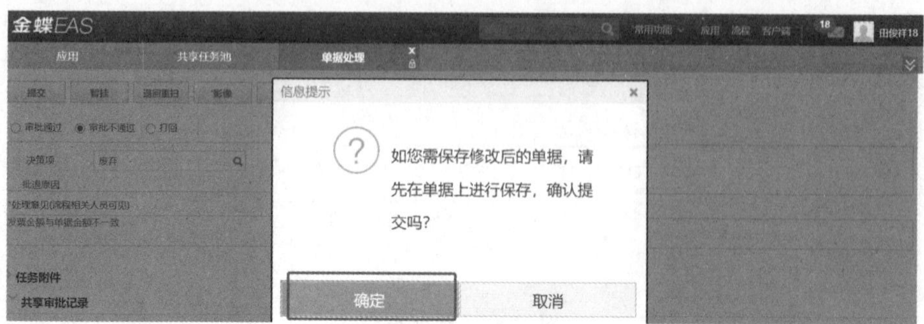

图 6-55　共享审批

（十）实践平台案例四

1 月 9 日至 11 日，人事经理田俊祥到广州参加人力资源培训，根据发票报销差旅费，其中深圳—广州高铁票 80.5 元，出租车票 90 元，住宿发票 716 元，广州—深圳高铁票 80.5 元，提交财务共享服务中心审批。

（十一）案例四操作指导

1. 费用共享案例——差旅费报销单之提出申请

操作步骤:【应用】→【财务会计】→【费用管理】→【费用报销】→【报销工作台】→（选择费用类型）→（资料录入）→【保存】→（复制单据编号并保存答案）→（返回 EAS）→【提交】，如图 6-56 至图 6-67 所示。

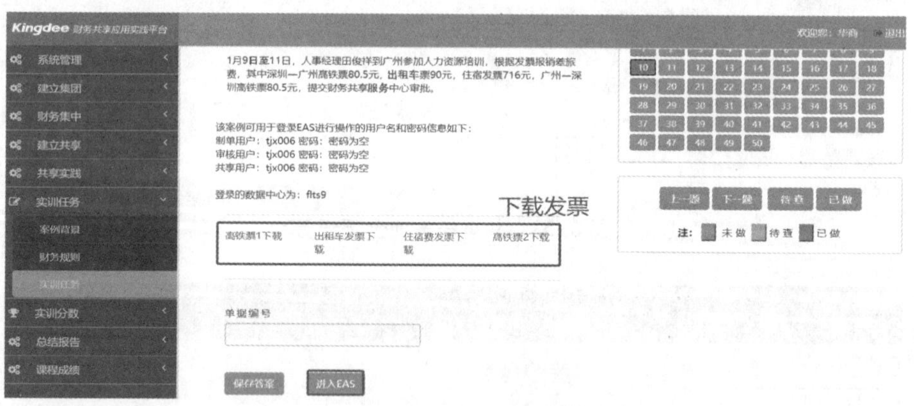

图 6-56　EAS 系统登录

图 6-57　EAS 系统登录

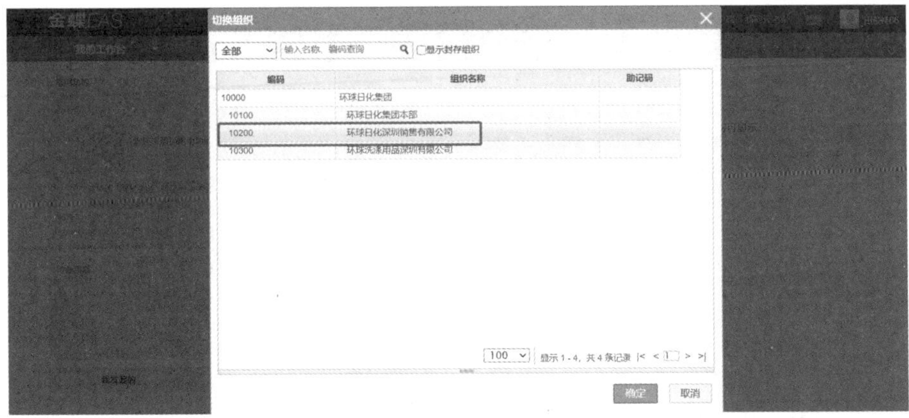

图 6-58　EAS 系统登录

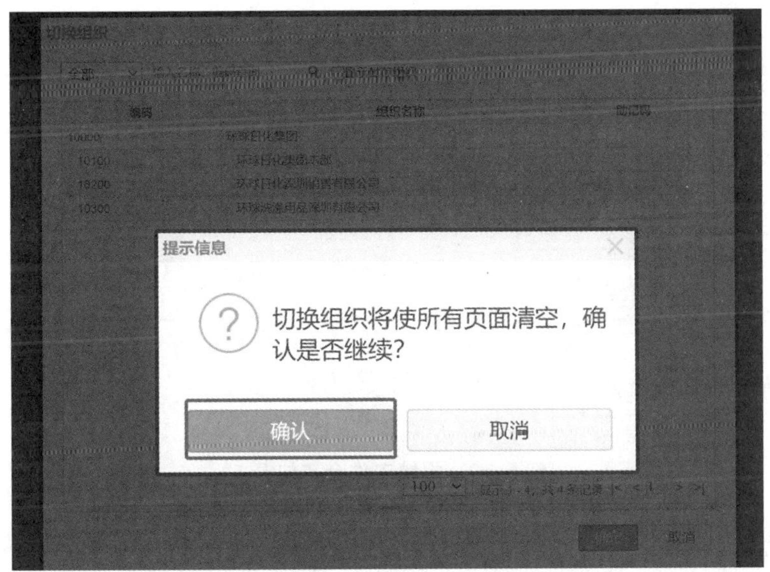

图 6-59　EAS 系统登录

图 6-60　报销工作台

图 6-61　选择费用类型

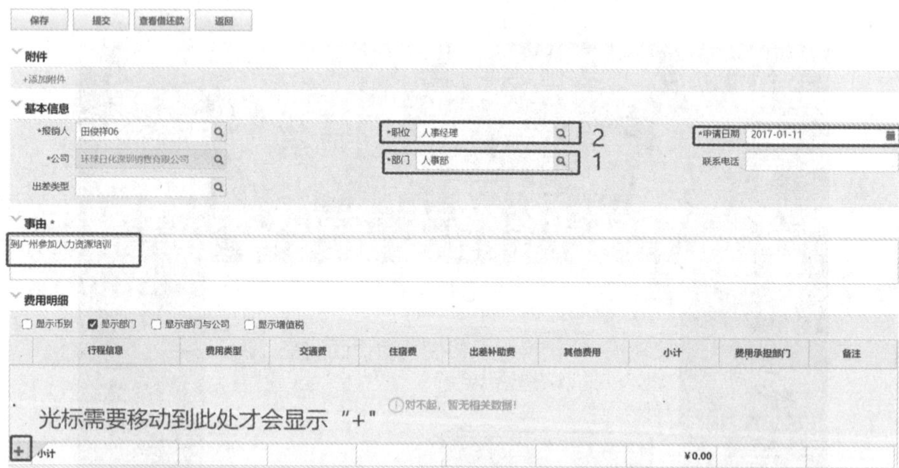

图 6-62　报销工作台资料录入

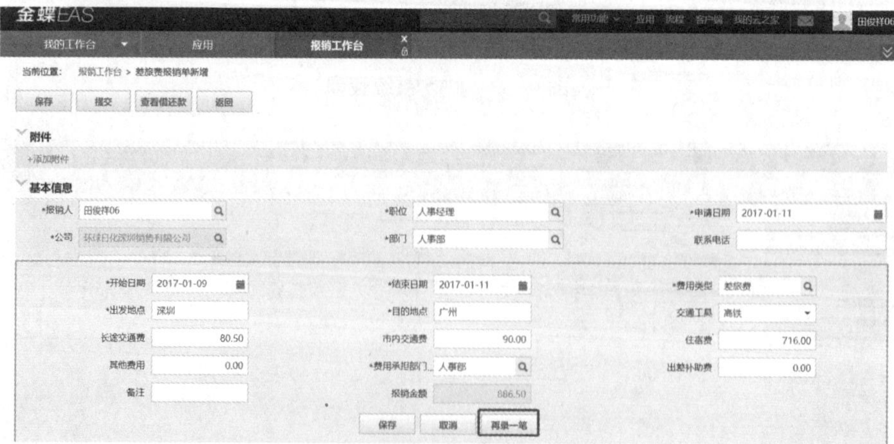

图 6-63　报销工作台资料录入

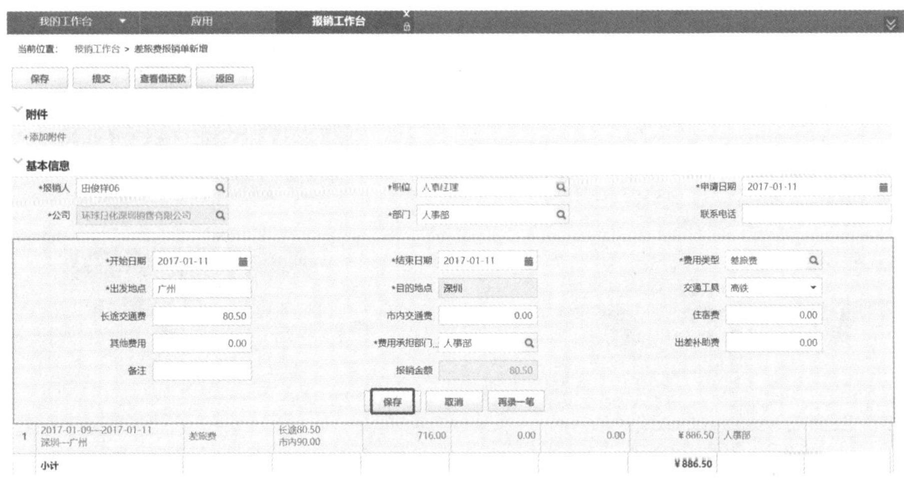

图 6-64　报销工作台资料录入

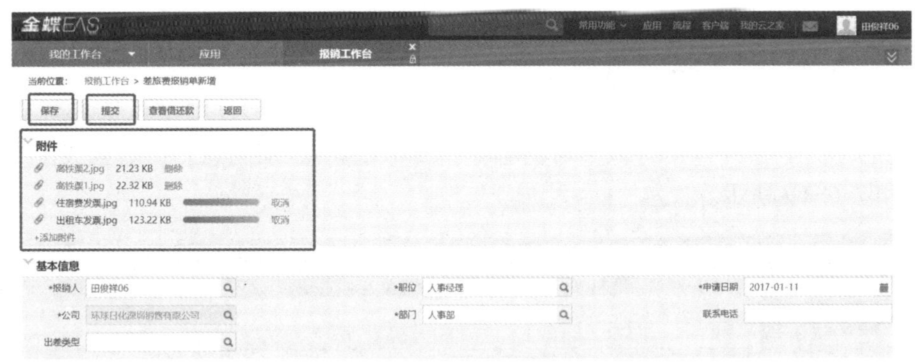

图 6-65　报销工作台资料保存

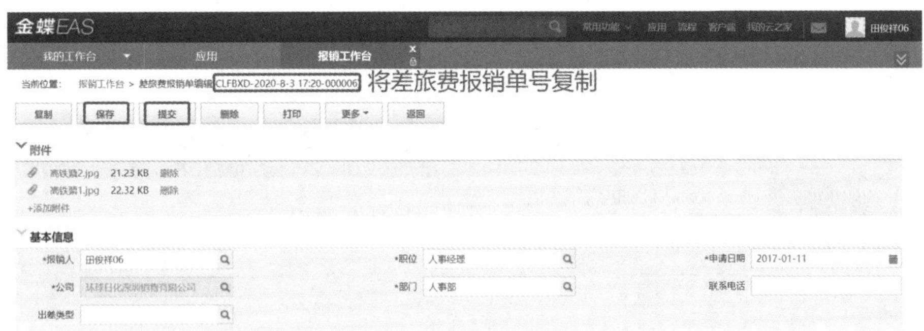

图 6-66　复制单据编号

图 6-67　保存单据编号

2. 费用共享案例——差旅费报销单之业务审批

操作步骤：【流程】→【待办任务】→【常规待办】→（根据单据编号找到需要审批的单据）→（点击进入查看内容）→【审批同意/不同意】→【提交】，如图 6-68 和图 6-69 所示。

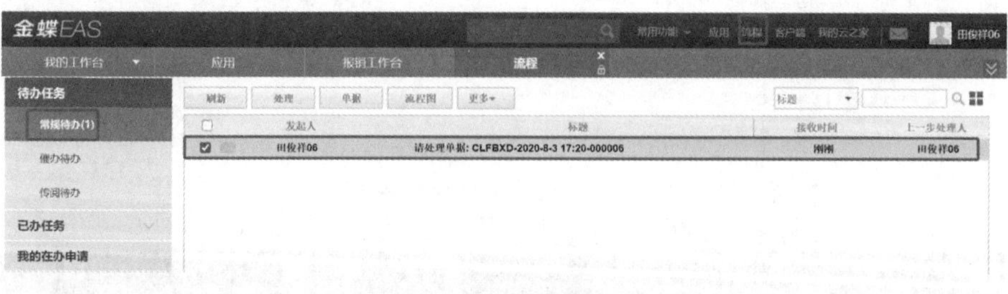

图 6-68　查找审批业务

图 6-69　提交审批业务

3. 费用共享案例——差旅费报销单之共享任务分配

操作步骤:【应用】→【财务共享】→【共享任务管理】→【共享任务处理】→【共享任务池】→【待分配】→(找到目标单据并勾选)→【更多】→【分配人员】→(搜索待分配人员)→【分配】，如图 6-70 至图 6-73 所示。

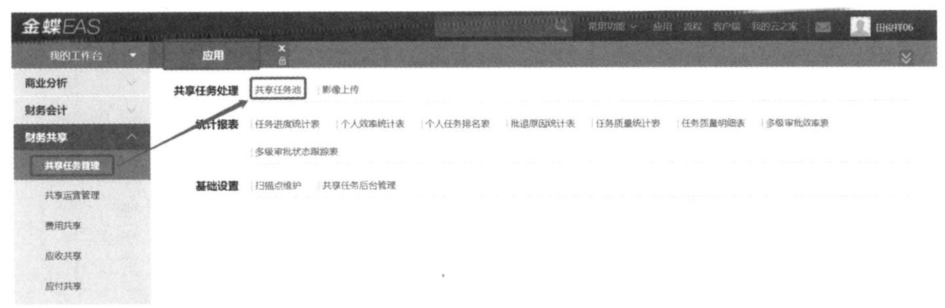

图 6-70　进入共享任务池

图 6-71　待分配任务

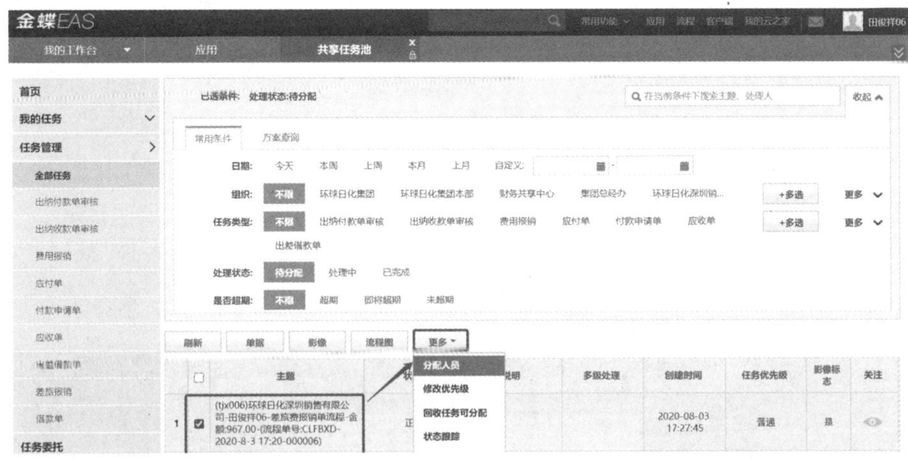

图 6-72　任务分配

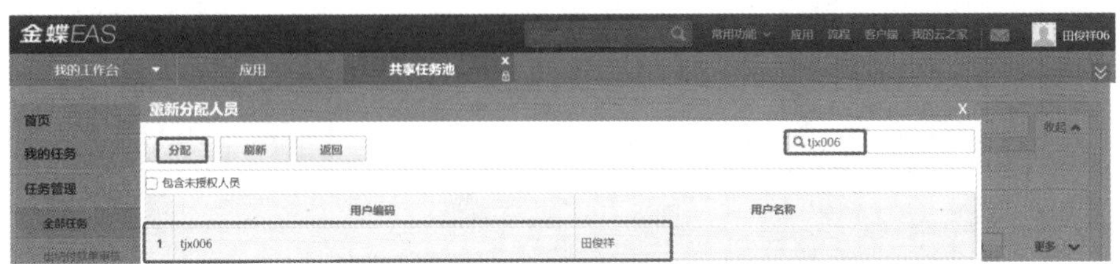

图 6-73　任务分配

4. 费用共享案例——差旅费报销单之共享审批

操作步骤:【共享任务池】→【我的任务】→【全部任务】→(找到目标单据点击进入)→【审批通过/不通过】→(审批不通过需写处理意见)→【提交】→【确定】→(重新保存答案),如图 6-74 至图 6-76 所示。

图 6-74　共享任务池全部任务

图 6-75　共享审批

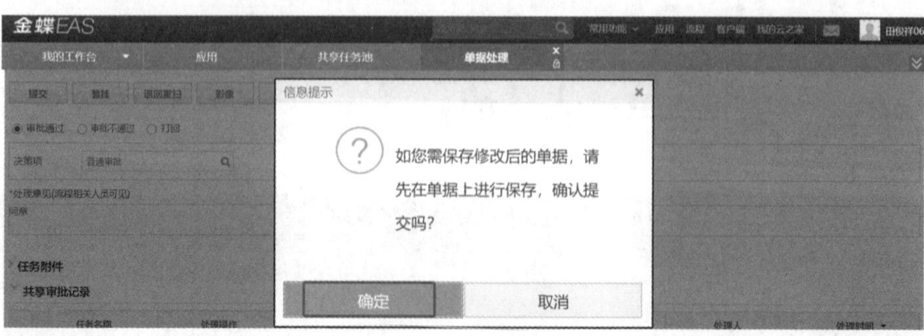

图 6-76　共享审批

第七章
应收共享实践

一、应收共享管理模式

应收共享管理模式如图 7-1 所示。

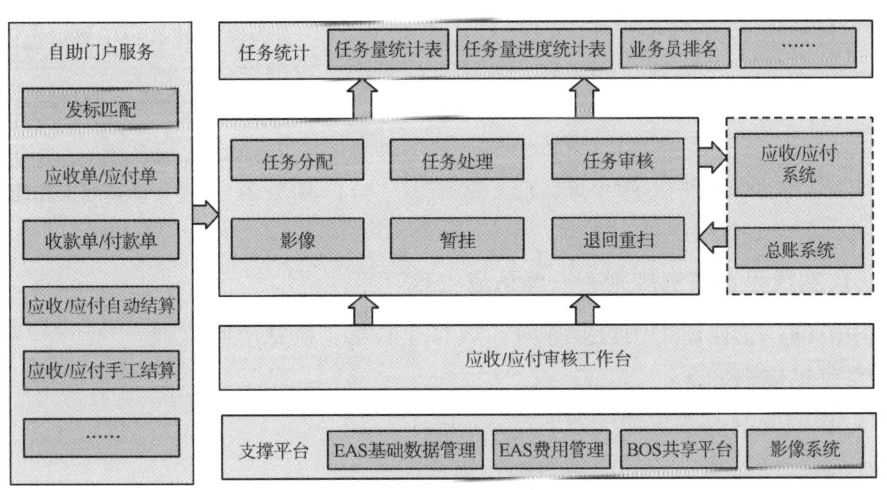

图 7-1　应收共享管理模式

应收共享常用单据如下：

（1）应收单。应收单是用来确认债权的单据，系统采用应收单来统计应收的发生，也是通过应收单生成凭证传递到总账。

（2）收款单。企业收到往来单位款项时，需要制作收款单，以证明已经收到款项。

（3）结算处理。结算是用来将应收单和收款单进行核销勾稽的业务处理。在实际业务中，企业在收到对方单位的款项时，需要与对应的应收单进行核销勾稽，从而确认哪些单据已经收到款、哪些单据未收款。

二、应收共享实践操作流程

应收共享实践操作流程如图 7-2 所示。其主要内容如下：

（1）根据销售业务内容录入应收单，确认应收款。

（2）在流程中进行业务审批，提交业务审批意见。

（3）在共享池中进行应收单的分配与审批。

（4）将审批后的应收单关联生成收款单并维护收款信息。

（5）在共享池中进行收款单的分配与审批。

（6）将审批后的收款单进行收款结算处理。

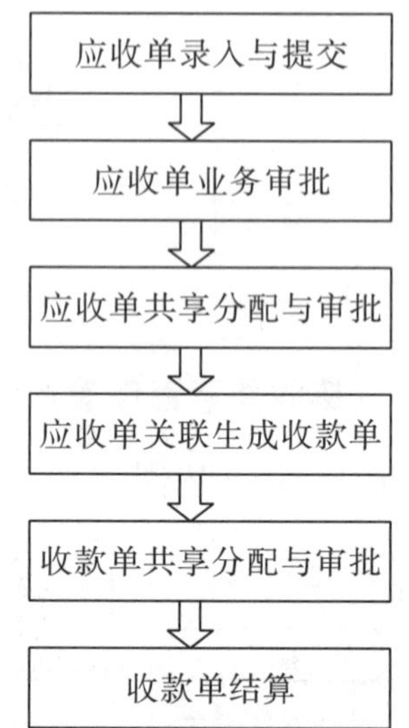

图 7-2　应收共享实践操作流程

（一）实践平台案例规则——确认应收款

适用范围：企业发生销售业务时，填写应收单，确认应收款项。

主要审批规则如下：

（1）税额要与发票税额一致。

（2）需上传盖章生效的销售合同扫描件。

（3）发票均需要盖章生效的增值税专用专票，且开票方与往来户一致。

（二）实践平台案例一

1 月 5 日，环球日化深圳销售有限公司销售 1 000 瓶 520 毫升香熏去屑修护洗发水给广州天天日用贸易公司，含税单价为 58.5 元，税率为 17%。销售员田俊祥根据销售发票填写应收单，并提交财务共享服务中心审批。

（三）案例一操作指导

1. 应收共享案例——确认应收款之应收单录入与提交

操作步骤：【应用】→【财务会计】→【应收管理】→【应收业务处理】→【应收单新增】→（资料录入）→【保存】→（复制单据编号并保存答案）→（返回 EAS）→【提交】，如图 7-3 至图 7-8 所示。

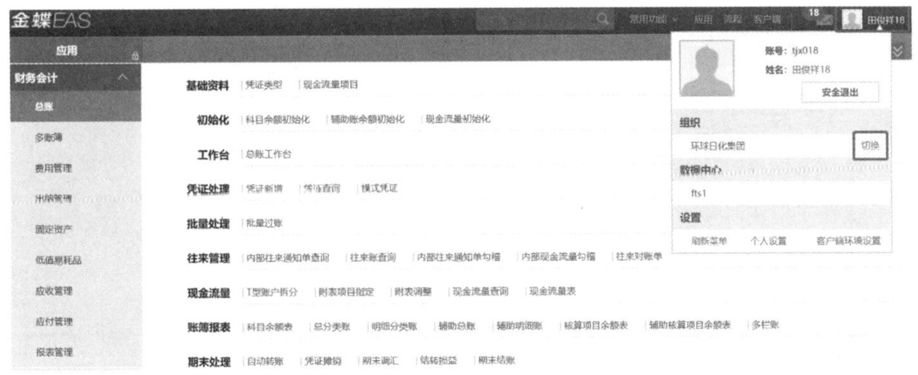

图 7-3　EAS 系统登录

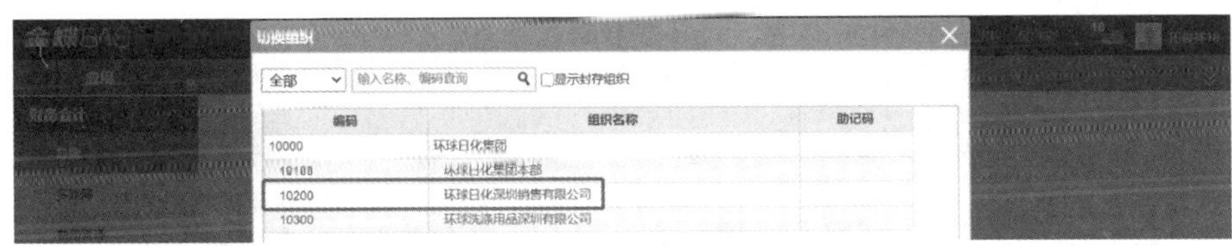

图 7-4　EAS 系统登录

图 7-5　EAS 系统登录

图 7-6　应收单录入

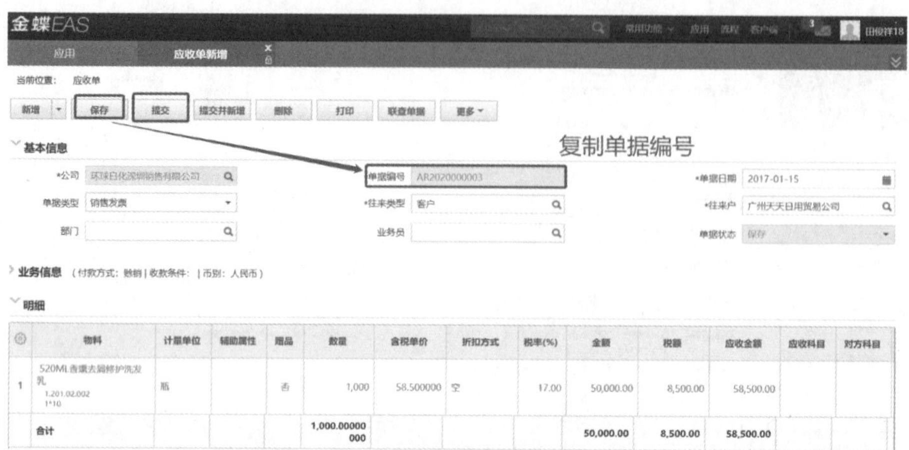

图 7-7　复制单据编号

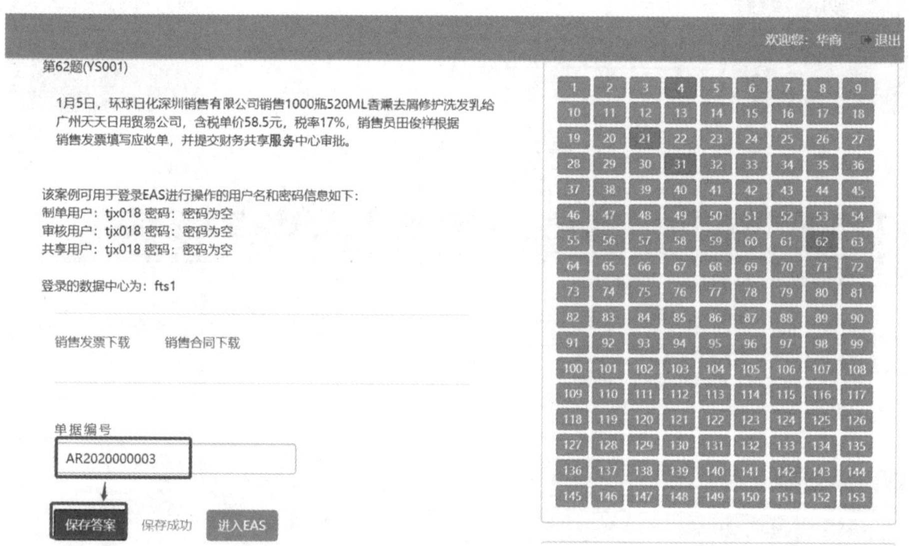

图 7-8　保存单据编号

2. 应收共享案例——确认应收款之应收单业务审批

操作步骤:【流程】→【待办任务】→【常规待办】→(根据单据编号找到需要审批的单据)→(点击进入查看内容)→【审批同意/不同意】→【提交】，如图 7-9 和图 7-10 所示。

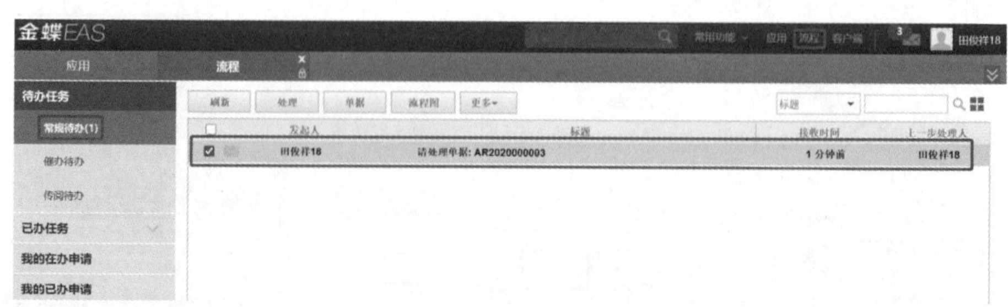

图 7-9　查找审批业务

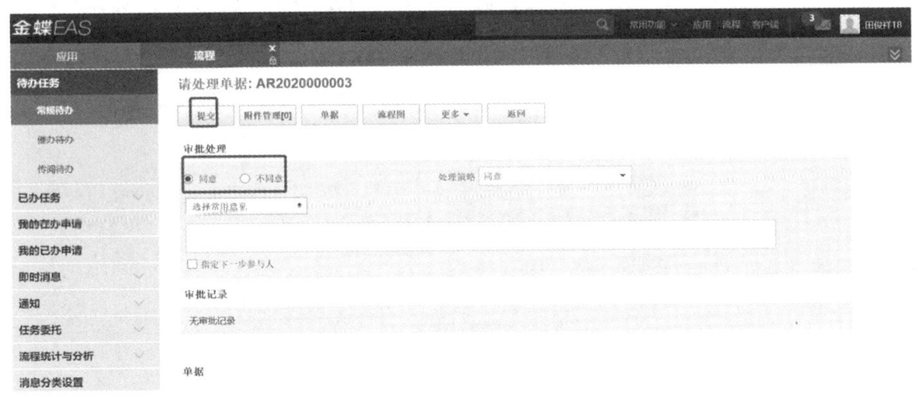

图 7-10 提交审批业务

3. 应收共享案例——确认应收款之应收单共享分配与审批

操作步骤:【应用】→【财务共享】→【共享任务管理】→【共享任务处理】→【共享任务池】→【待分配】→(找到目标单据并勾选)→【更多】→【分配人员】→(搜索待分配人员)→【分配】,如图 7-11 至图 7-14 所示。

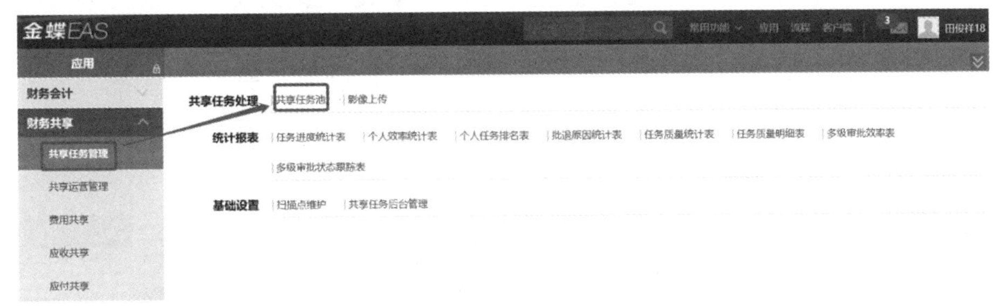

图 7-11 进入共享任务池

图 7-12 待分配任务

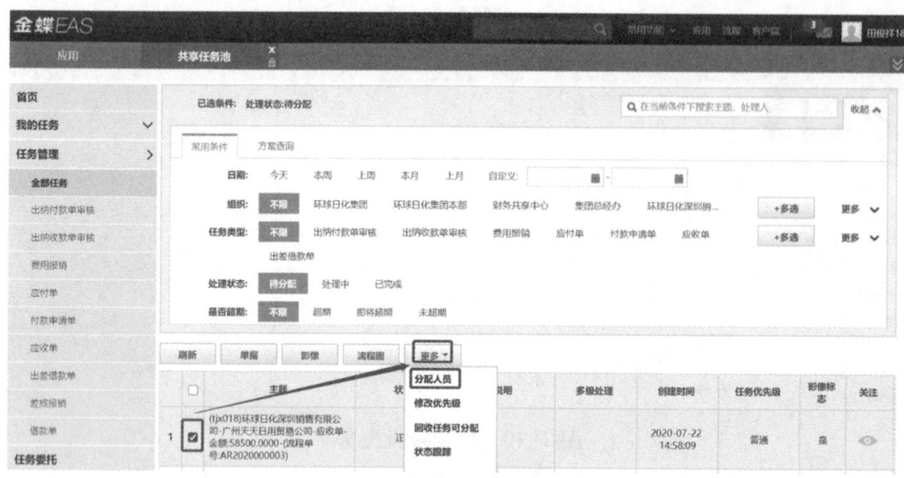

图 7-13　任务分配

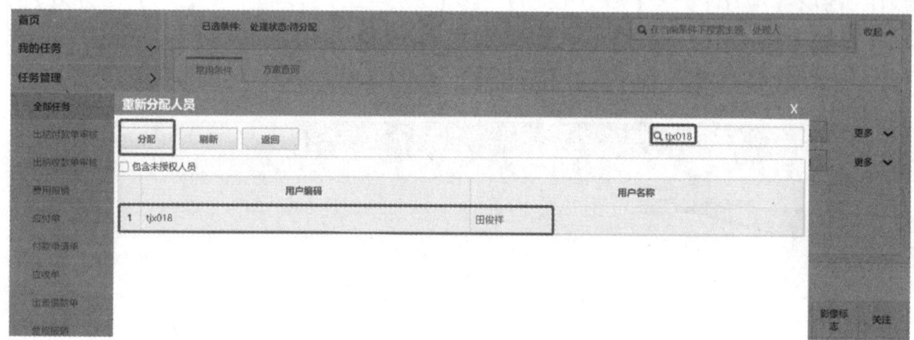

图 7-14　任务分配

4. 应收共享案例——确认应收款之应收单共享分配与审批

操作步骤:【共享任务池】→【我的任务】→【全部任务】→（找到目标单据点击进入）→【审批通过/不通过】→（审批不通过需写处理意见）→【提交】→【确定】→（重新保存答案），如图 7-15 至图 7-17 所示。

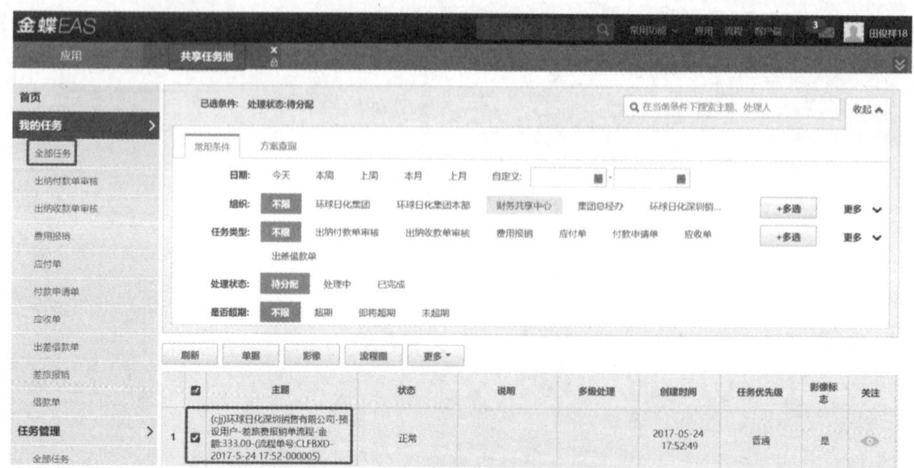

图 7-15　共享任务池全部任务

图 7-16　共享审批

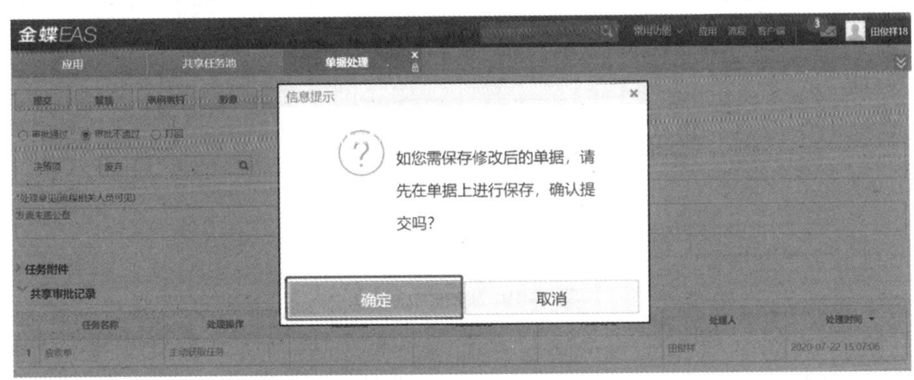

图 7-17　共享审批

（四）实践平台案例规则——收款单

适用范围：企业收到往来款项时，填写收款单记录收款情况。

主要审批规则如下：

（1）已收到款项需提供银行结算票据。

（2）收款单结算方式与银行结算票据需一致。

（3）收款类型需要根据业务真实情况进行填写。

（五）实践平台案例二

1 月 10 日，财务共享服务中心收到广州天天日用贸易公司给环球日化深圳销售有限公司的预付款 117 000 元，应收会计根据银行回单填写预收款单的结算方式为商业汇票，并提交财务共享服务中心审批。

（六）案例二操作指导

1. 应收共享案例——预收款之收款单录入与提交

操作步骤：【应用】→【财务共享】→【出纳共享】→【收付款处理】→【收款单新增】→（资料录入）→【保存】→（复制单据编号并保存答案）→（返回 EAS）→【提交】，如图 7-18 至图 7-22 所示。

图 7-18　EAS 系统登录

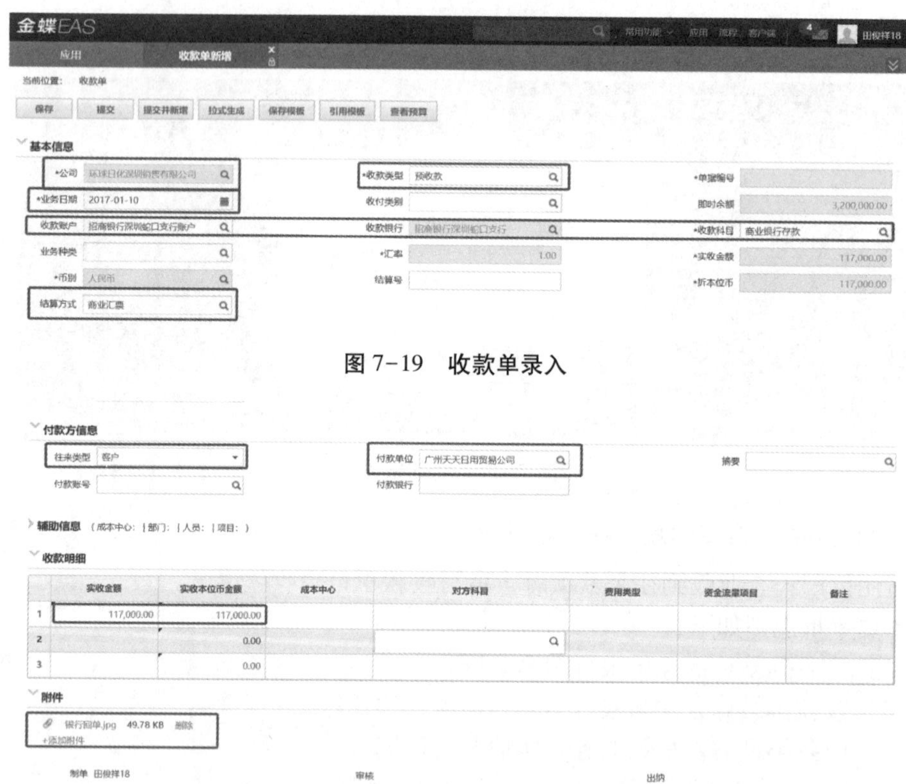

图 7-19　收款单录入

图 7-20　收款单录入

图 7-21　复制单据编号

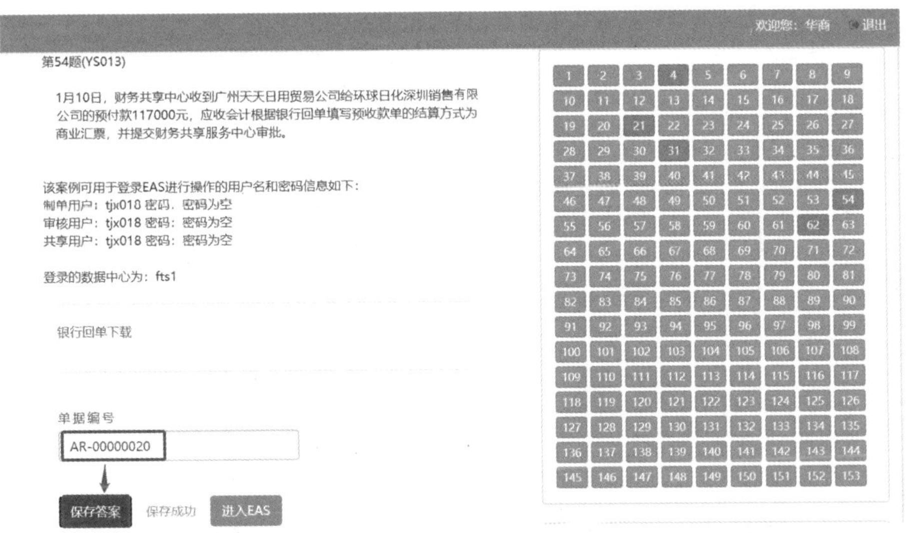

图 7-22　保存单据编号

2. 应收共享案例——预收款之收款单共享分配

操作步骤：【应用】→【财务共享】→【共享任务管理】→【共享任务处理】→【共享任务池】→【待分配】→（找到目标单据并勾选）→【更多】→【分配人员】→（搜索待分配人员）→【分配】，如图 7-23 至图 7-26 所示。

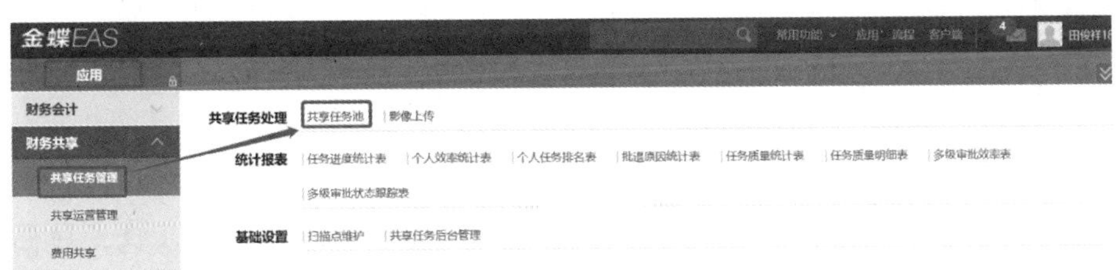

图 7-23　进入共享任务池

图 7-24　待分配任务

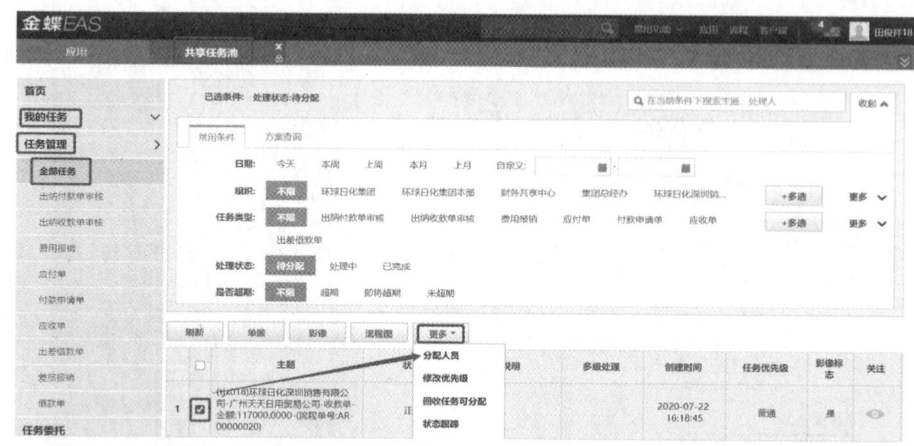

图 7-25 任务分配

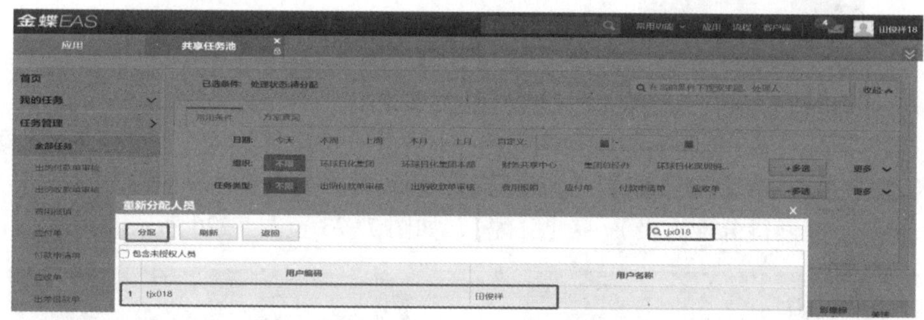

图 7-26 任务分配

3. 应收共享案例——预收款之收款单共享审批

操作步骤:【共享任务池】→【我的任务】→【全部任务】→（找到目标单据点击进入）→【审批通过/不通过】→（审批不通过需写处理意见）→【提交】→【确定】→（重新保存答案），如图 7-27 至图 7-29 所示。

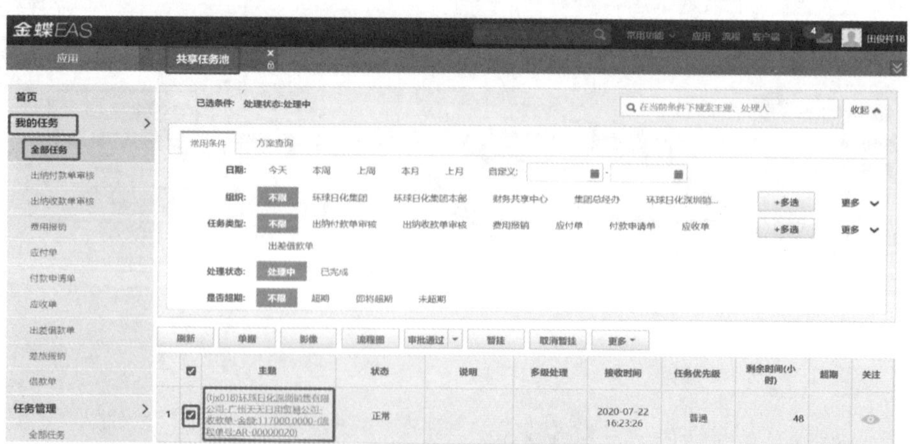

图 7-27 共享任务池全部任务

图 7-28　共享审批

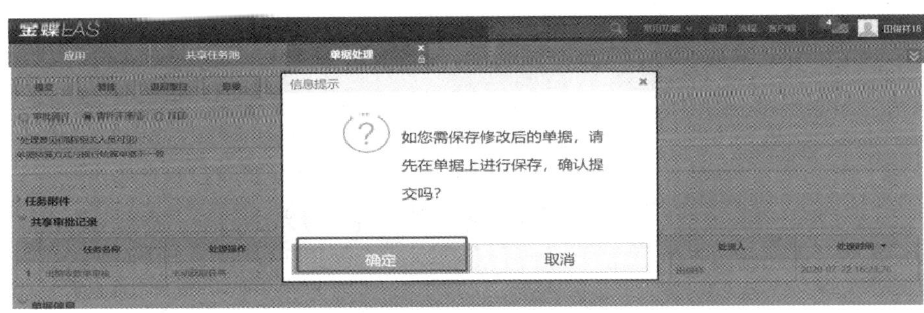

图 7-29　共享审批

（七）实践平台案例规则——应收款结算

适用范围：企业发生销售业务时，填写应收单，确认应收款项，收到款项后关联生成收款单并进行收款结算。

主要审批规则如下：

（1）税额要与发票税额一致。

（2）需上传盖章生效的销售合同扫描件。

（3）发票均需要盖章生效的增值税专用专票，且开票方与往来户一致。

（4）已收到款项需提供银行结算票据。

（5）收款单结算方式与银行结算票据需一致。

（6）收款类型需要根据业务真实情况进行填写。

（八）实践平台案例三

1 月 8 日，环球日化深圳销售有限公司销售 880 瓶 520 毫升香熏去屑修护洗发水给广州佳丽批发公司，含税单价为 58.5 元，税率为 17%。销售员田俊祥根据销售发票填写应收单。1 月 15 日，财务共享服务中心收到广州佳丽批发公司全部货款的网银支付银行回单，应收会计进行应收账款结算。

（九）案例三操作指导

1. 应收共享案例——应收款结算之应收单录入与提交

操作步骤：【应用】→【财务会计】→【应收管理】→【应收业务处理】→【应收单新增】→（资料录入）→【保存】→（复制单据编号并保存答案）→（返回 EAS）→【提交】，如图 7-30 至图 7-34 所示。

图 7-30　EAS 系统登录

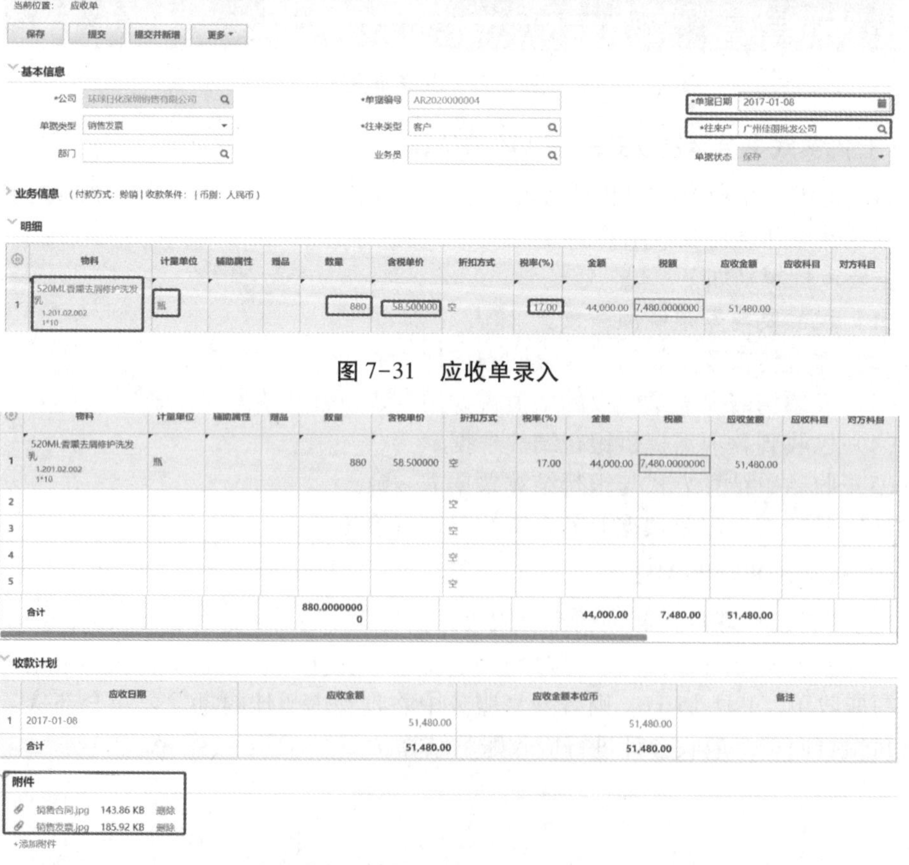

图 7-31　应收单录入

图 7-32　应收单录入

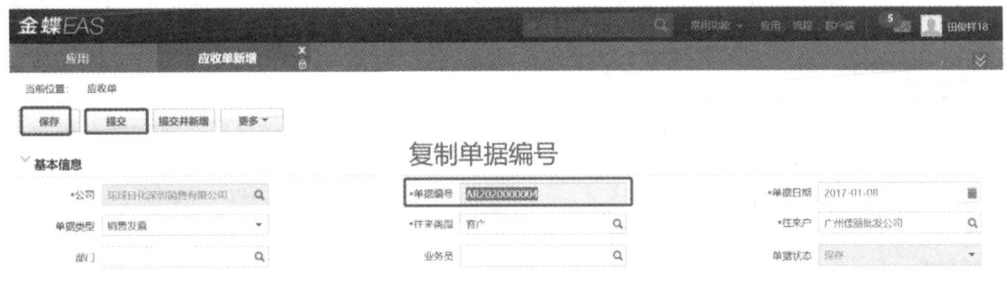

图 7-33　复制单据编号

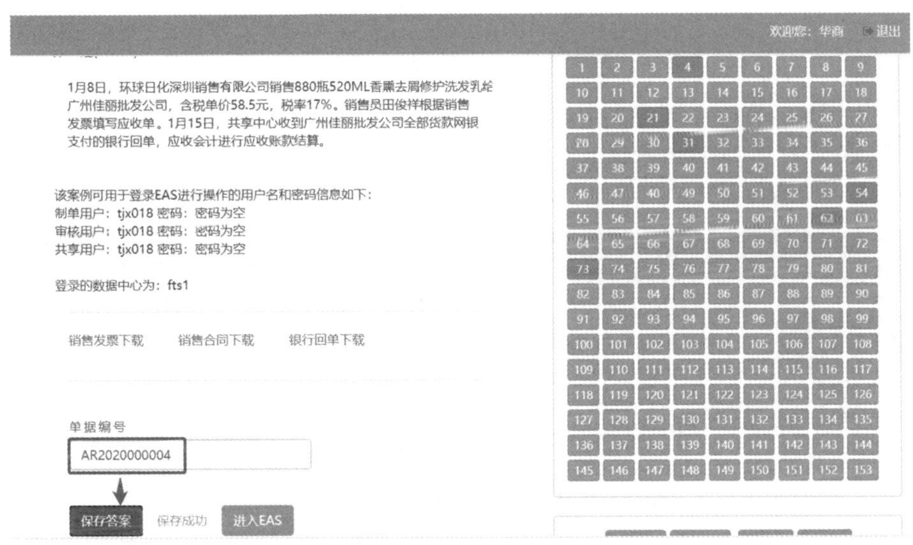

图 7-34　保存单据编号

2. 应收共享案例——应收款结算之应收单业务审批

操作步骤:【流程】→【待办任务】→【常规待办】→（根据单据编号找到需要审批的单据）→（点击进入查看内容）→【审批同意/不同意】→【提交】，如图 7-35 和图 7-36 所示。

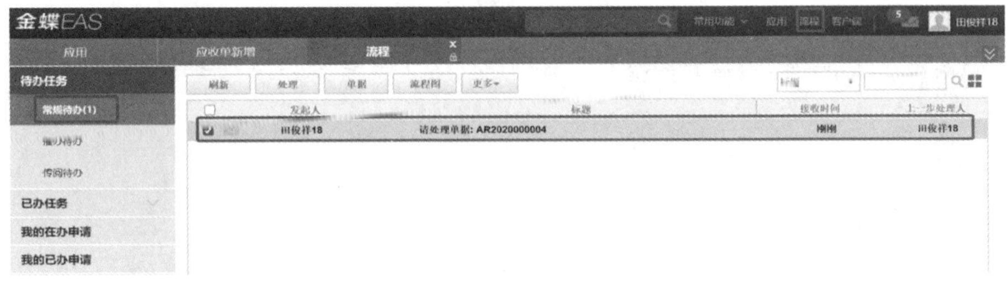

图 7-35　查找审批业务

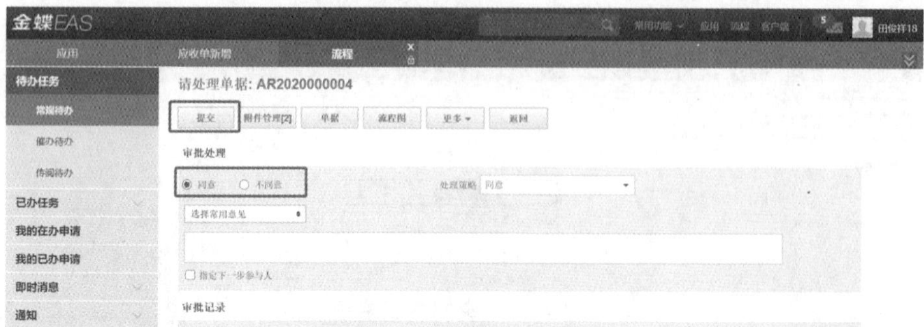

图 7-36　提交审批业务

3. 应收共享案例——应收款结算之应收单共享分配

操作步骤:【应用】→【财务共享】→【共享任务管理】→【共享任务处理】→【共享任务池】→【待分配】→（找到目标单据并勾选）→【更多】→【分配人员】→（搜索待分配人员）→【分配】，如图 7-37 至图 7-40 所示。

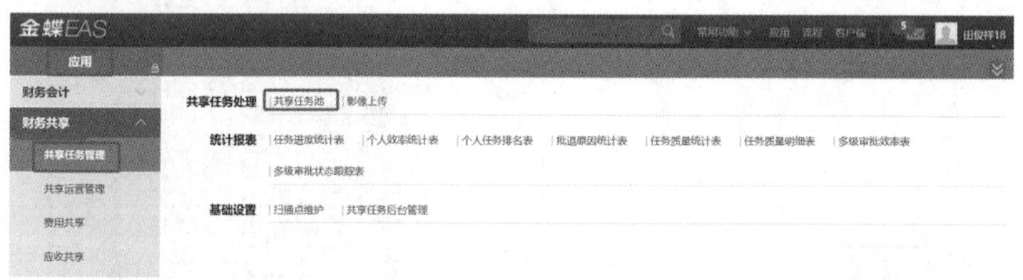

图 7-37　进入共享任务池

图 7-38　待分配任务

图 7-39　任务分配

图 7-40　任务分配

4. 应收共享案例——应收款结算之应收单共享审批

操作步骤:【共享任务池】→【我的任务】→【全部任务】→（找到目标单据点击进入）→【审批通过/不通过】→（审批不通过需写处理意见）→【提交】→【确定】，如图 7-41 至图 7-43 所示。

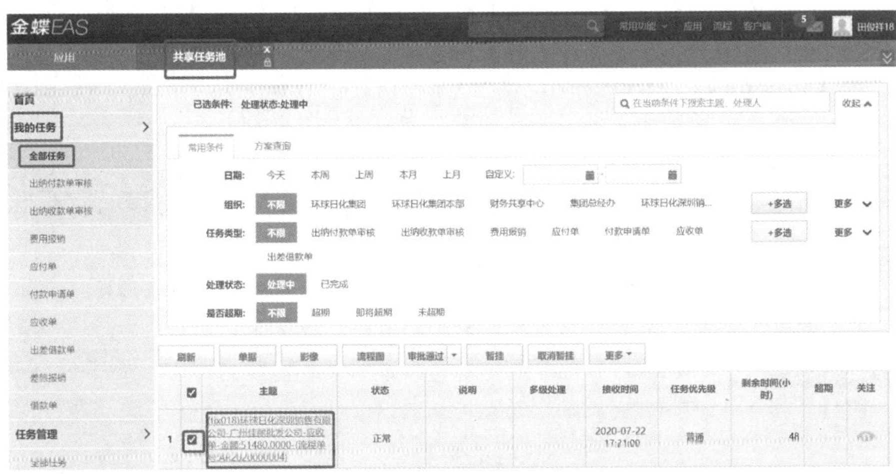

图 7-41　共享任务池全部任务

图 7-42　共享审批

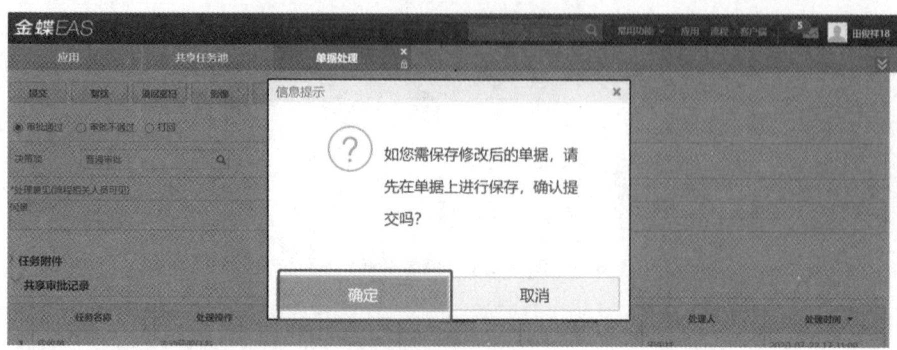

图 7-43　共享审批

5. 应收共享案例——应收款结算之应收单关联生成收款单

操作步骤：【应用】→【财务共享】→【应收共享】→【应收业务处理】→【应收单维护】→（展开）→（日期筛选）→（找到目标单据并勾选）→【关联生成】→【切换界面】→（资料录入）→【保存】→【提交】，如图 7-44 至图 7-49 所示。

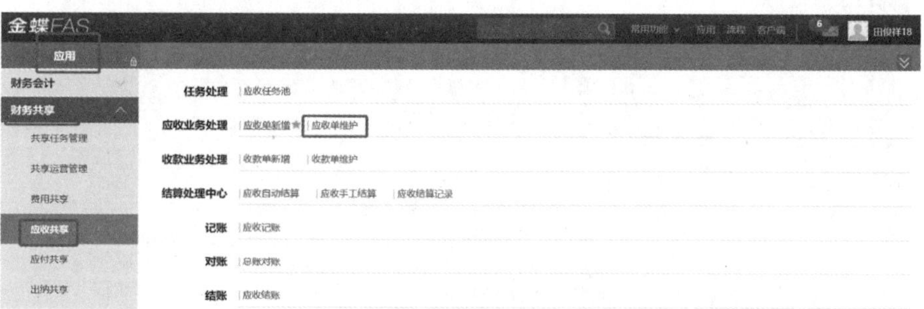

图 7-44　应收单维护

图 7-45　应收单关联

图 7-46　关联生成

图 7-47　切换收款单界面

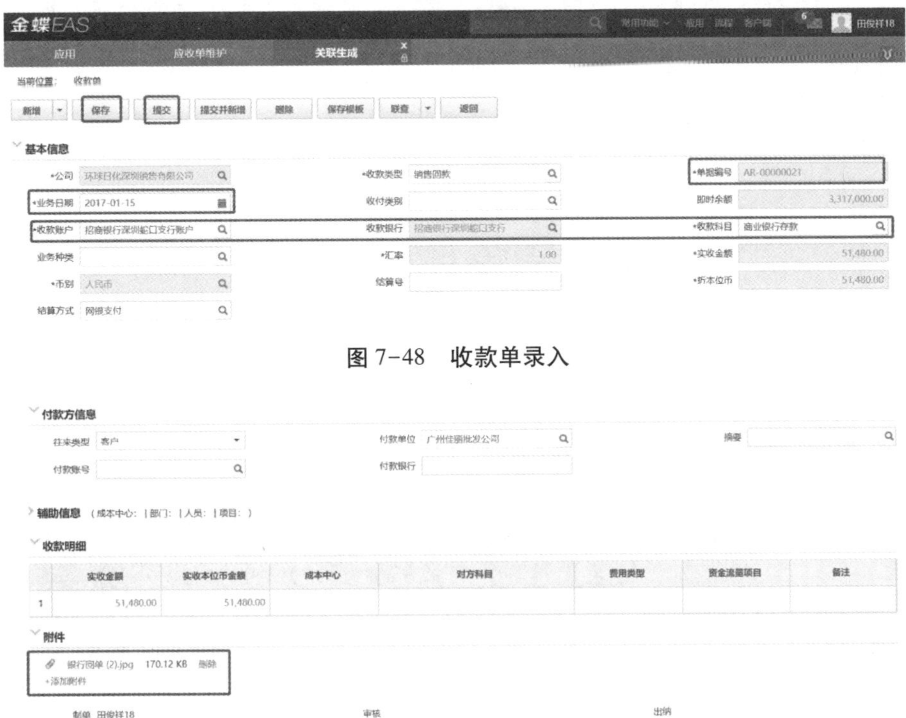

图 7-48　收款单录入

图 7-49　收款单录入

6. 应收共享案例——应收款结算之收款单共享分配

操作步骤:【应用】→【财务共享】→【共享任务管理】→【共享任务处理】→【共享任务池】→【待分配】→（找到目标单据并勾选）→【更多】→【分配人员】→（搜索待分配人员）→【分配】，如图 7-50 至图 7-54 所示。

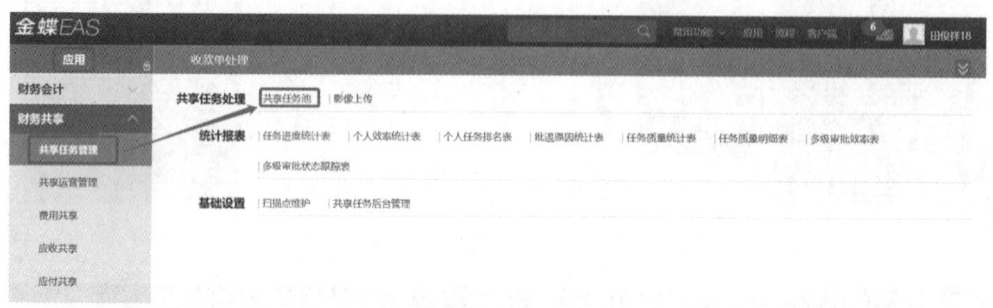

图 7-50　进入共享任务池

图 7-51　待分配任务

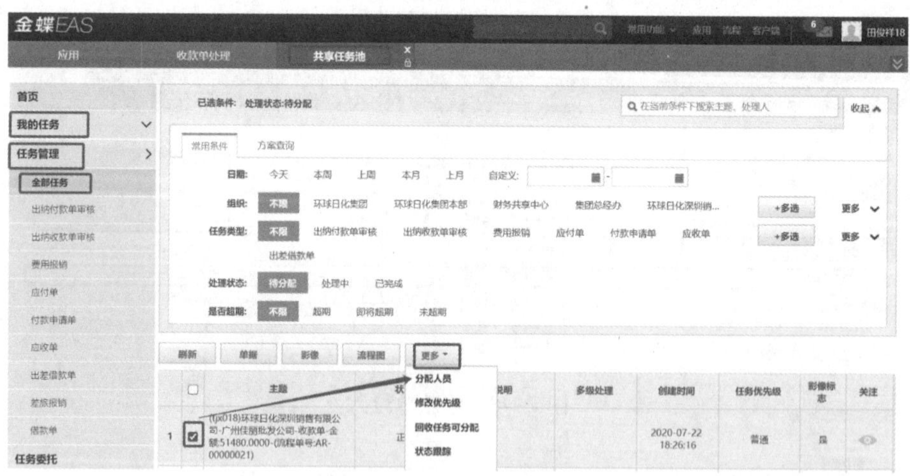

图 7-52　任务分配

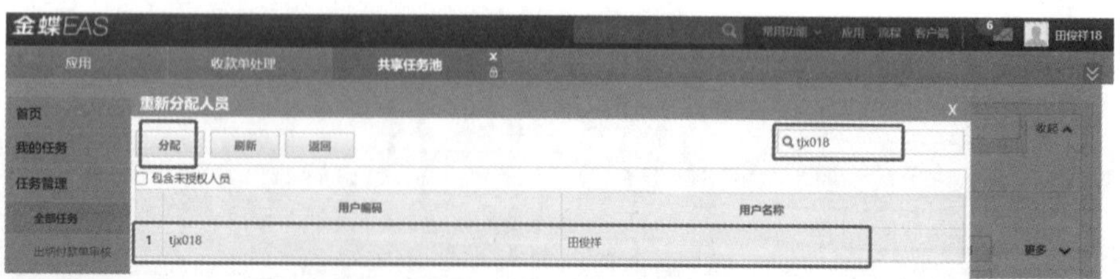

图 7-53　任务分配

7. 应收共享案例——应收款结算之收款单共享审批

操作步骤:【共享任务池】→【我的任务】→【全部任务】→（找到目标单据点击进入）→【审批通过/不通过】→（审批不通过需写处理意见）→【提交】→【确定】，如图 7-54 至图 7-56 所示。

图 7-54　共享任务池全部任务

图 7-55　共享审批

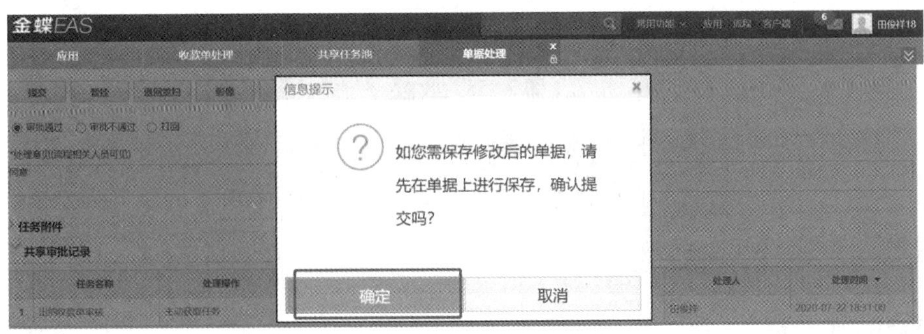

图 7-56　共享审批

8. 应收共享案例——应收款结算之收款单结算

操作步骤:【应用】→【出纳共享】→【收付款处理】→【收款单处理】→（展开）→（日期筛选）→（找到目标单据并勾选）→【收款】→【确认】→（重新保存答案），如图 7-57 至图 7-59 所示。

备注：公司、日期筛选，有关单据的查询要查看一下公司是否为业务发生的公司。

图 7-57 收款单处理

图 7-58 收款

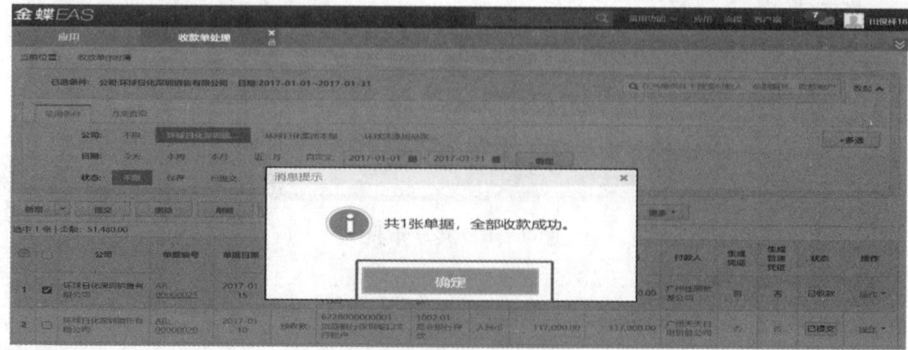

图 7-59 收款完成

第八章
应付共享实践

一、应付共享管理模式

应付共享管理模式如图 8-1 所示。

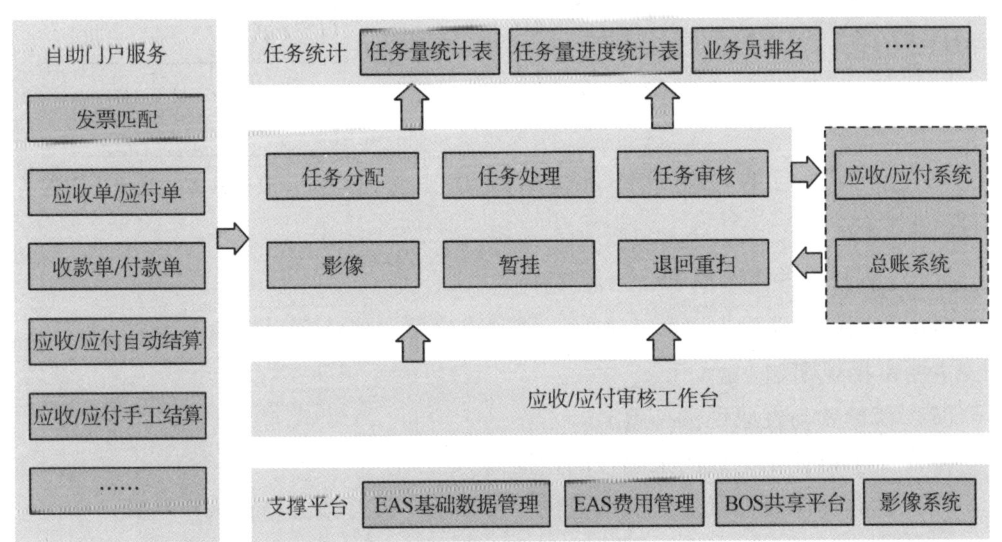

图 8-1　应付共享管理模式

应付共享常用单据如下：

（1）应付单。应付单是用来确认债务的单据，系统采用应付单来统计应付的发生，也是通过应付单生成凭证传递到总账。

（2）付款单。企业支付往来单位款项时，需要制作付款单，以证明已经付出款项。

（3）付款申请单。付款申请单是为了处理应付系统的付款申请跨月的业务而特别增加的一张单据。

（4）结算处理。结算是用来将应付单和付款单进行核销勾稽的业务处理。在实际业务中，企业在付出对方单位的款项时，需要与对应的应付单进行核销勾稽，从而确认哪些单据已经付了款、哪些单据未付款。

二、应付共享实践操作流程

应付共享实践操作流程如图 8-2 所示。其主要内容如下：

(1) 根据采购业务内容录入应付单，确认应付款。

(2) 在流程中进行业务审批，提交业务审批意见。

(3) 在共享池中进行应付单的分配与审批。

(4) 将审批后的应付单关联生成付款单并维护付款信息。

(5) 在共享池中进行付款单的分配与审批。

(6) 将审批后的付款单进行付款结算处理。

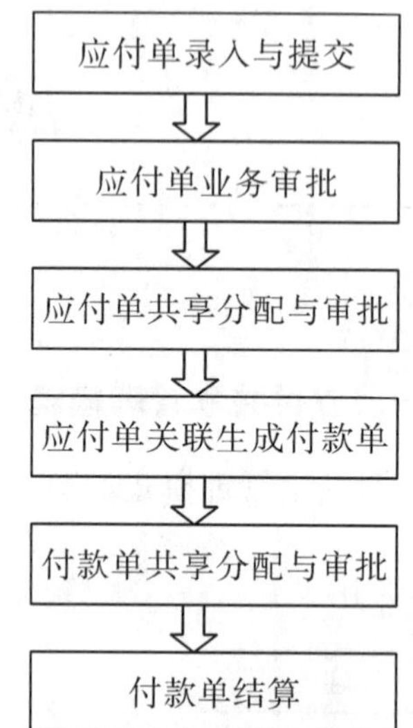

图 8-2 应付共享实践操作流程

(一) 实践平台案例规则——应付单

适用范围：企业发生采购业务时，填写应付单，确认应付款项。

主要审批规则如下：

(1) 税额要与发票税额一致。

(2) 需上传盖章生效的采购合同扫描件。

(3) 发票均需要盖章生效的增值税专用专票，且开票方与往来户一致。

(二) 实践平台案例一

1 月 3 日，环球洗涤用品深圳有限公司购买广州市科萨商贸有限公司的花之语香精 1 000 千克，含税单价为 105. 3 元，税率为 17%。田俊祥根据采购发票确认应付款，提交财务共享服务中心审批。

(三) 案例一操作指导

1. 应付共享案例——确认应付款之应付单录入与提交

操作步骤：【应用】→【财务会计】→【应付管理】→【应付业务处理】→【应付单新增】→（资料录入）→【保存】→（复制单据编号并保存答案）→（返回 EAS）→【提交】，如图 8-3 至图 8-9 所示。

图 8-3　EAS 系统登录

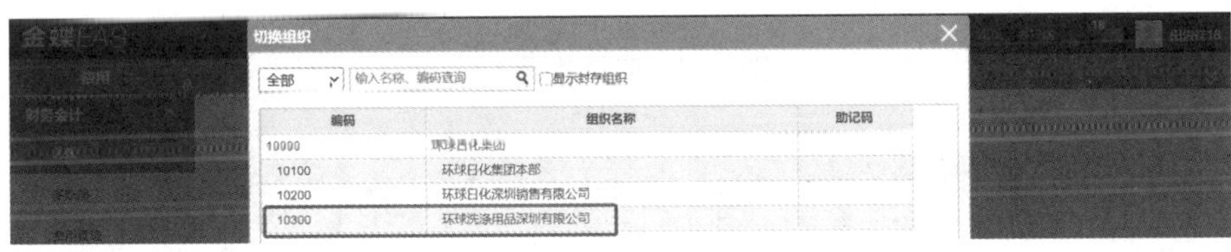

图 8-4　EAS 系统登录

图 8-5　EAS 系统登录

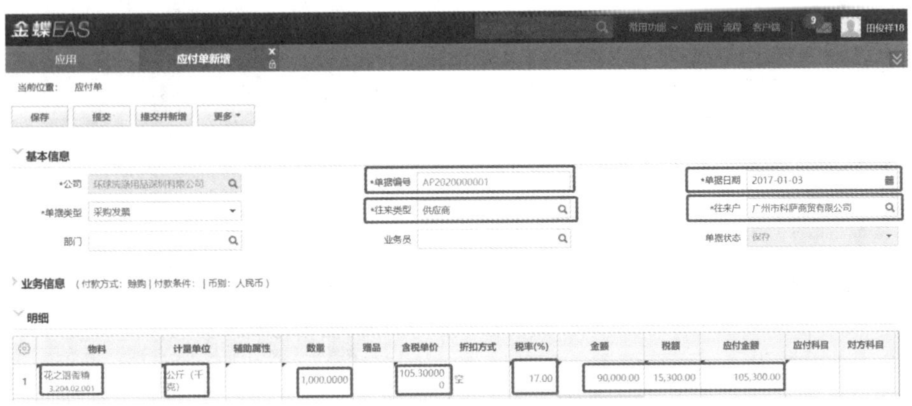

图 8-6　应付单录入

	物料	计量单位	辅助属性	数量	赠品	含税单价	折扣方式	税率(%)	金额	税额	应付金额	应付科目	对方科目
1	花之语香精 3.204.02.001	公斤（千克）		1,000.0000		105.300000	空	17.00	90,000.00	15,300.00	105,300.00		
2							空						
3							空						
4							空						
5							空						
	合计			1,000.00000000					90,000.00	15,300.00	105,300.00		

付款计划

	应付日期	应付金额	应付金额本位币	备注
1	2017-01-03	105,300.00	105,300.00	
	合计	105,300.00	105,300.00	

附件

采购合同.jpg 141.86 KB 删除
采购发票.jpg 229.48 KB 删除
+添加附件

制单人 田俊祥18　修改人　审核人　会计

图 8-7　应付单录入

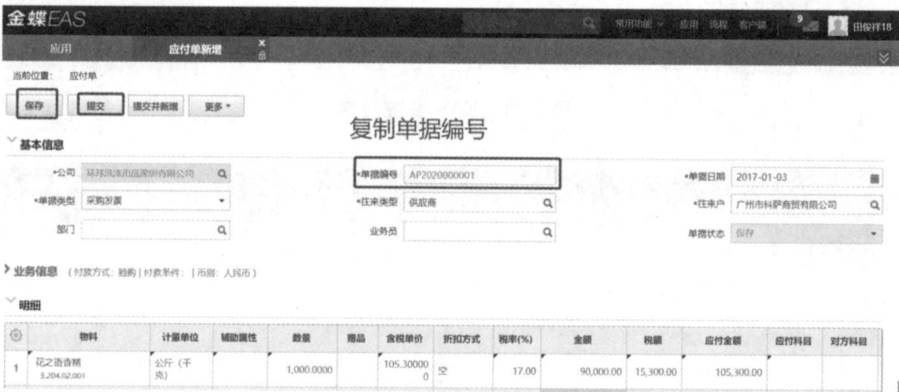

图 8-8　复制单据编号

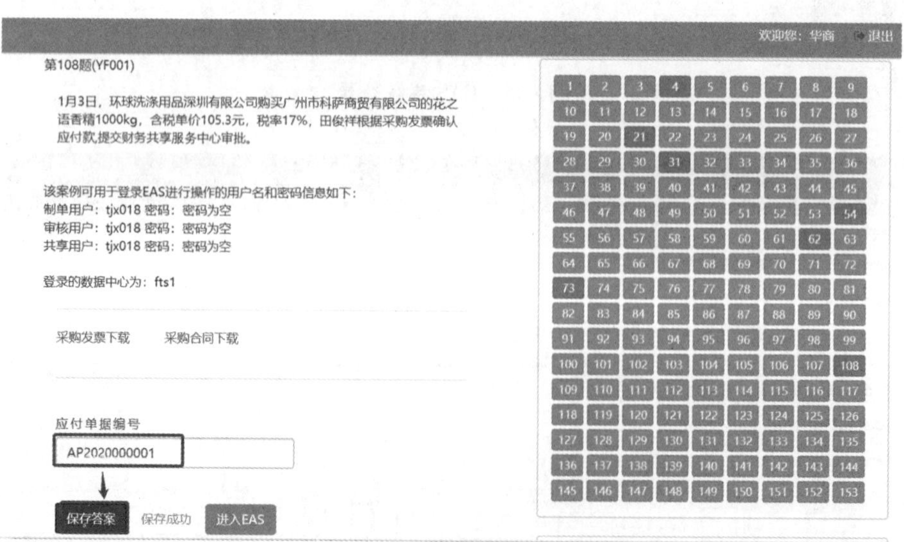

图 8-9　保存单据编号

2. 应付共享案例——确认应付款之应付单业务审批

操作步骤:【流程】→【待办任务】→【常规待办】→（根据单据编号找到需要审批的单据）→（单击进入查看内容）→【审批同意/不同意】→【提交】，如图 8-10 和图 8-11 所示。

图 8-10　查找审批业务

图 8-11　提交审批业务

3. 应付共享案例——确认应付款之应付单共享分配

操作步骤:【应用】→【财务共享】→【共享任务管理】→【共享任务处理】→【共享任务池】→【待分配】→（找到目标单据并勾选）→【更多】→【分配人员】→（搜索待分配人员）→【分配】，如图 8-12 至图 8-15 所示。

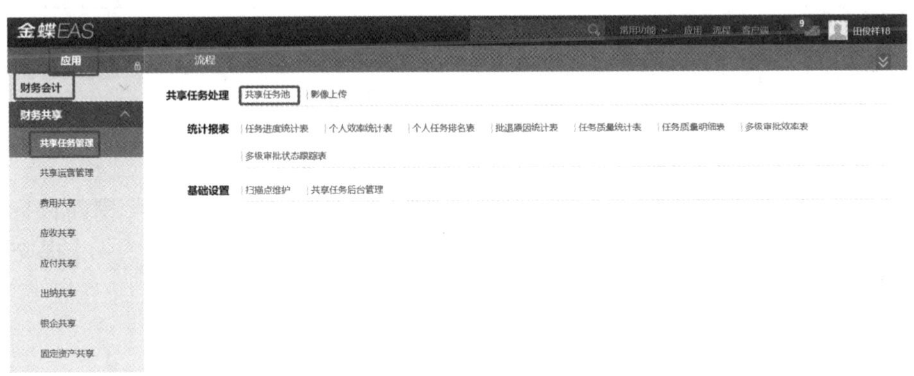

图 8-12　进入共享任务池

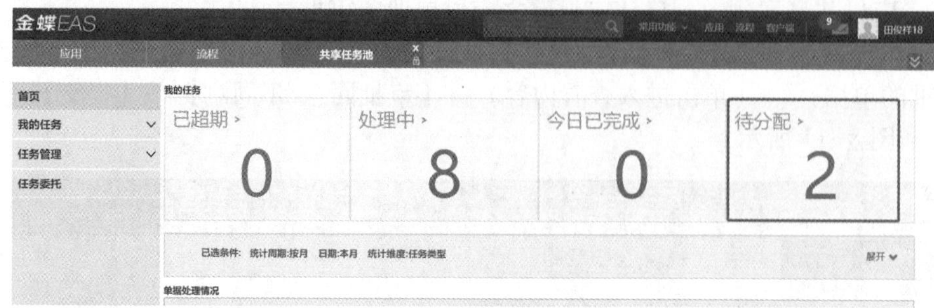

图 8-13　待分配任务

图 8-14　任务分配

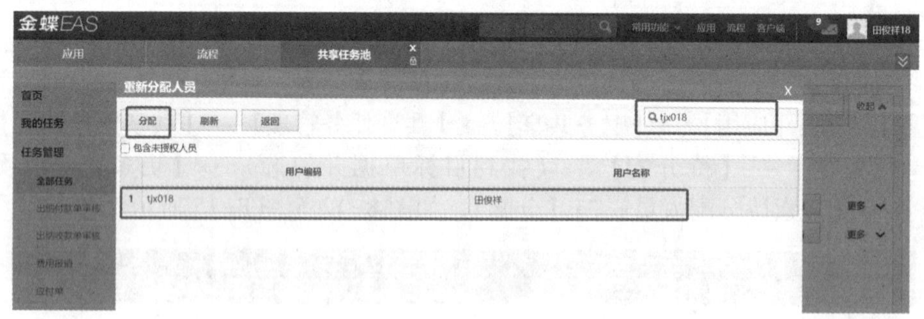

图 8-15　任务分配

4. 应付共享案例——确认应付款之应付单共享审批

操作步骤:【共享任务池】→【我的任务】→【全部任务】→（找到目标单据点击进入）→【审批通过/不通过】→（审批不通过需写处理意见）→【提交】→【确定】→（重新保存答案），如图 8-16 至图 8-18 所示。

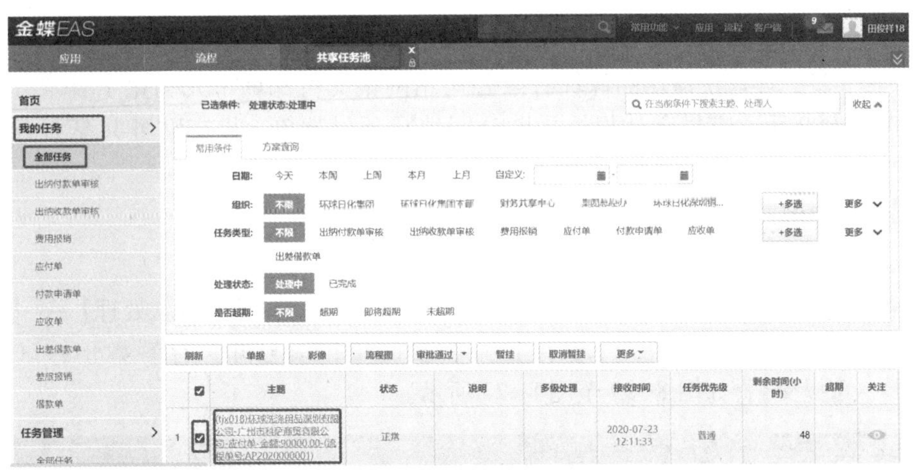

图 8-16　共享任务池全部任务

图 8-17　共享审批

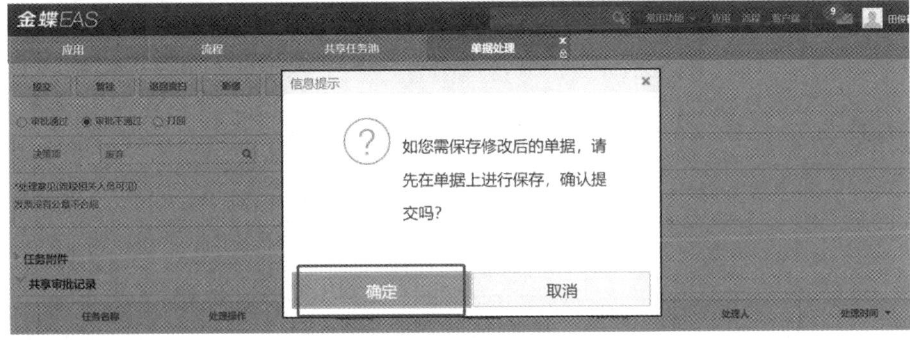

图 8-18　共享审批

（四）实践平台案例规则——付款单

适用范围：企业支付往来款项时，填写付款单，记录付款情况。

主要审批规则如下：

（1）需上传盖章生效的采购合同扫描件。

（2）付款类型需要根据业务真实情况进行填写。

（3）不能跨月审批和付款。

（五）实践平台案例二

1 月 9 日，环球洗涤用品深圳有限公司用网银支付深圳市元动化工有限公司的预付款 10 000 元，应付会计根据采购合同填写预付款单，提交财务共享服务中心审批。

（六）案例二操作指导

1. 应付共享案例——预付款之付款单录入与提交

操作步骤:【应用】→【财务共享】→【出纳共享】→【收付款处理】→【付款单新增】→（资料录入）→【保存】→（复制单据编号并保存答案）→（返回 EAS）→【提交】，如图 8-19 至图 8-23 所示。

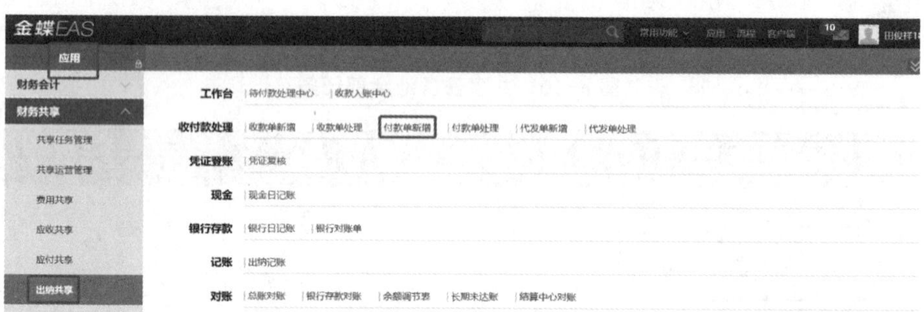

图 8-19　EAS 系统登录

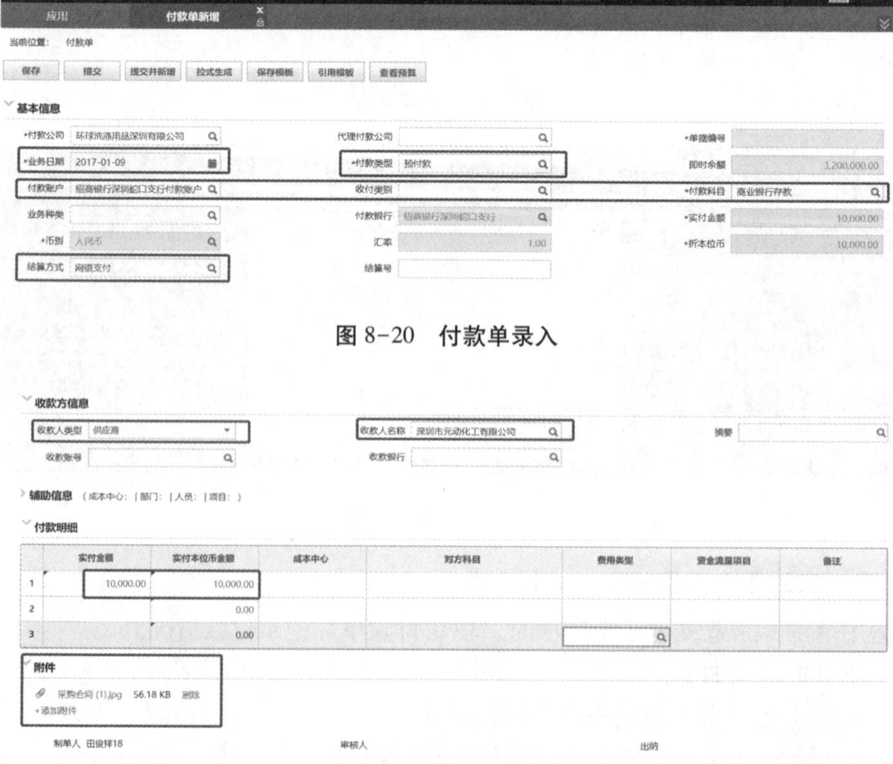

图 8-20　付款单录入

图 8-21　付款单录入

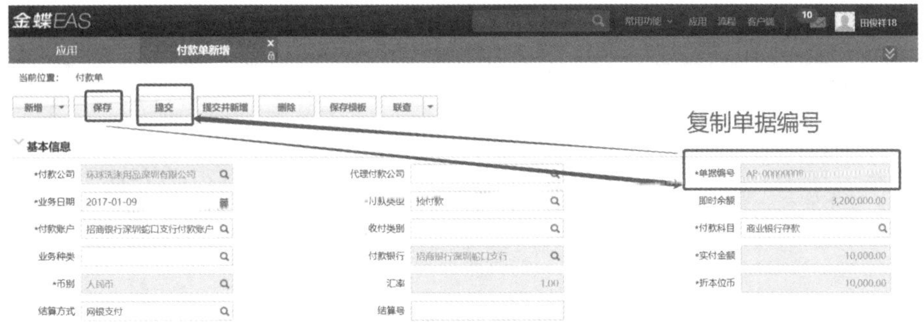

图 8-22　复制单据编号

图 8-23　保存单据编号

2. 应付共享案例——预付款之付款单共享分配

操作步骤：【应用】→【财务共享】→【共享任务管理】→【共享任务处理】→【共享任务池】→【待分配】→（找到目标单据并勾选）→【更多】→【分配人员】→（搜索待分配人员）→【分配】，如图 8-24 至图 8-27 所示。

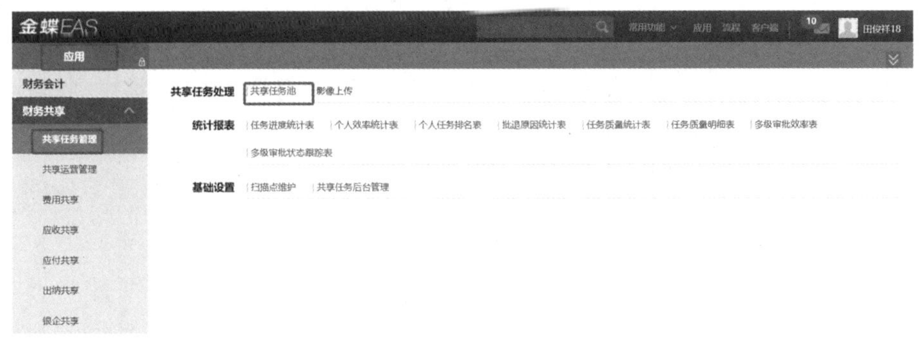

图 8-24　进入共享任务池

图 8-25 待分配任务

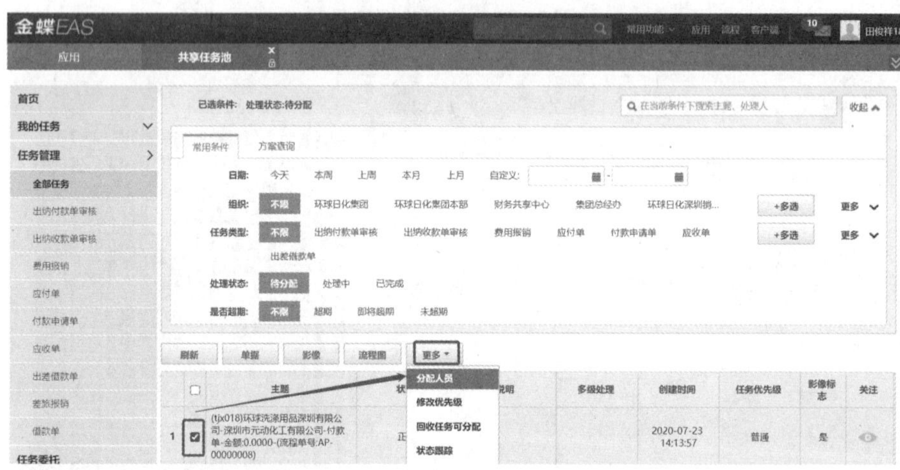

图 8-26 任务分配

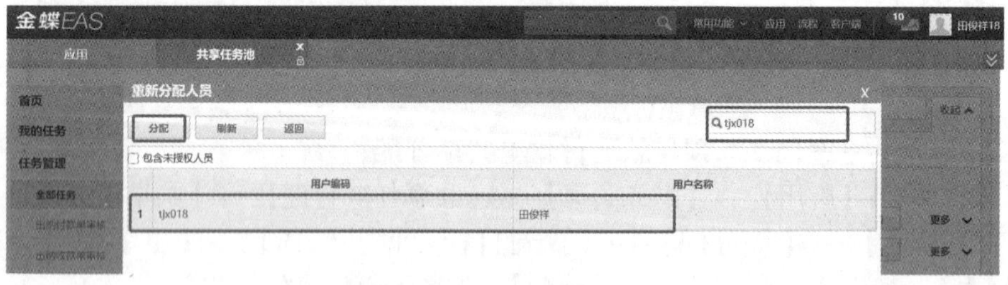

图 8-27 任务分配

3. 应付共享案例——预付款之付款单共享审批

操作步骤:【共享任务池】→【我的任务】→【全部任务】→(找到目标单据点击进入)→【审批通过/不通过】→(审批不通过需写处理意见)→【提交】→【确定】→(重新保存答案),如图 8-28 至图 8-30 所示。

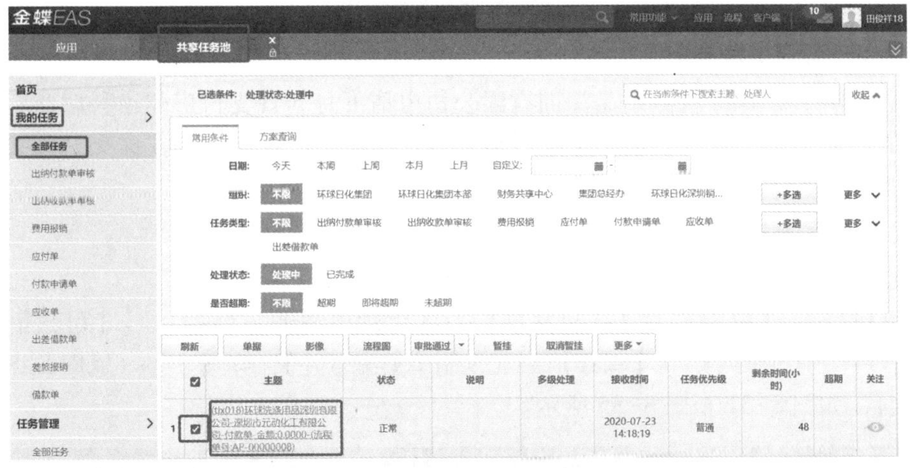

图 8-28　共享任务池全部任务

图 8-29　共享审批

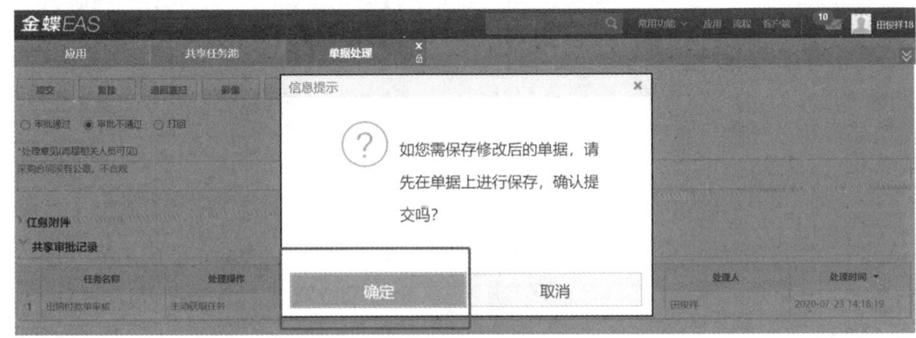

图 8-30　共享审批

（七）实践平台案例规则——付款申请单

适用范围：企业申请跨月支付往来款项时，填写付款申请单，记录付款申请情况。

主要审批规则如下：

（1）需上传盖章生效的采购合同扫描件。

（2）付款类型需要根据业务真实情况进行填写。

（八）实践平台案例三

1 月 10 日，环球洗涤用品深圳有限公司申请下月 5 日支付广州市科萨商贸有限公司的预付款 20 000 元，应付会计根据采购合同填写付款申请单，提交财务共享服务中心审批。

（九）案例三操作指导

1. 应付共享案例——跨月付款申请之付款申请单录入与提交

操作步骤：【应用】→【应付共享】→【付款申请业务处理】→【付款申请单新增】→（资料录入）→【保存】→（复制单据编号并保存答案）→（返回 EAS）→【提交】，如图 8-31 至图 8-35 所示。

图 8-31　EAS 系统登录

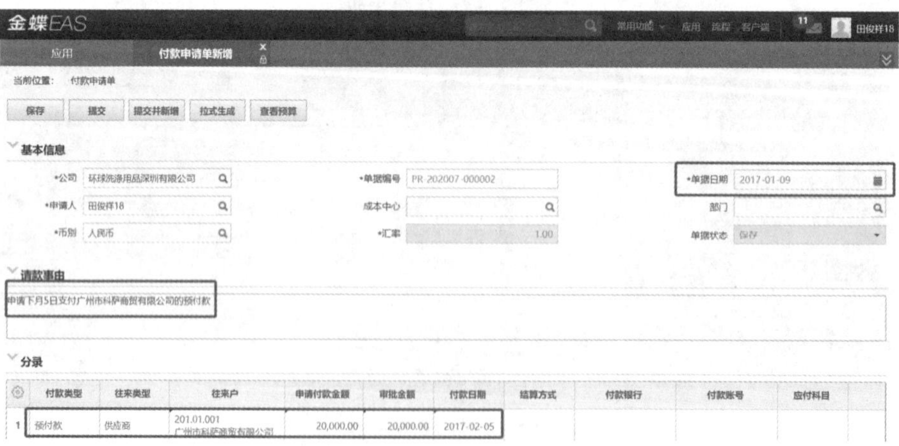

图 8-32　付款申请单录入

图 8-33　付款申请单录入

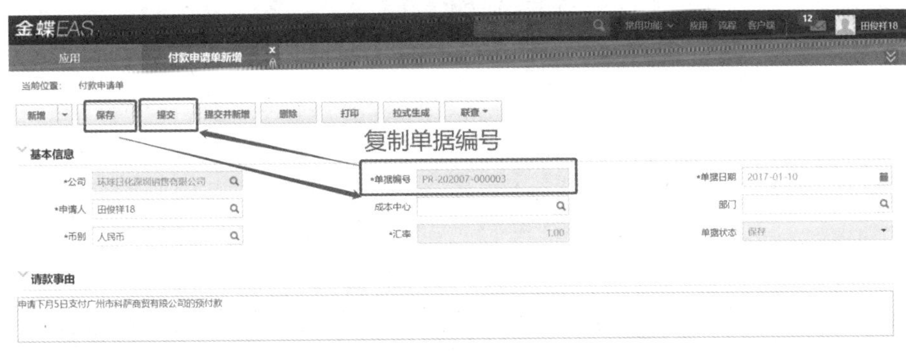

图 8-34　复制单据编号

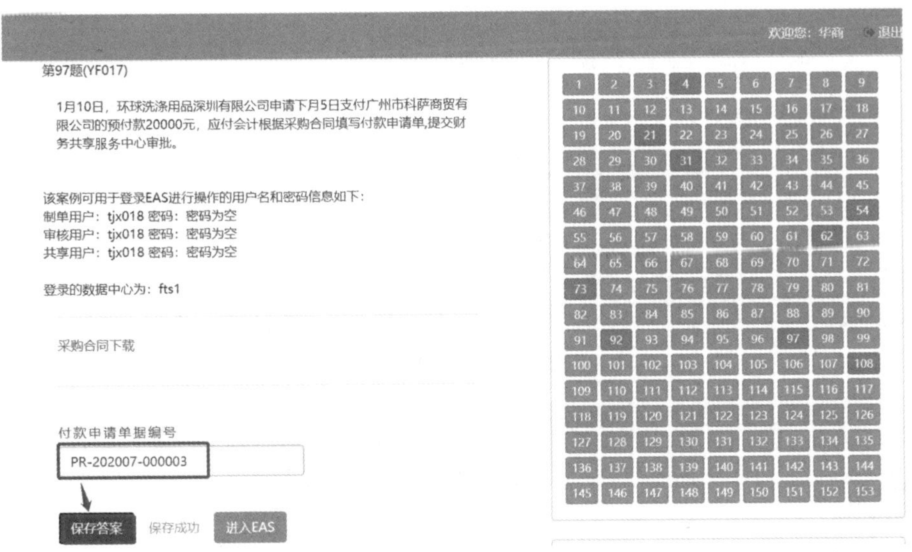

图 8-35　保存单据编号

2. 应付共享案例——跨月付款申请之付款申请单共享分配

操作步骤:【应用】→【财务共享】→【共享任务管理】→【共享任务处理】→【共享任务池】→【待分配】→(找到目标单据并勾选)→【更多】→【分配人员】→(搜索待分配人员)→【分配】,如图 8-36 至图 8-39 所示。

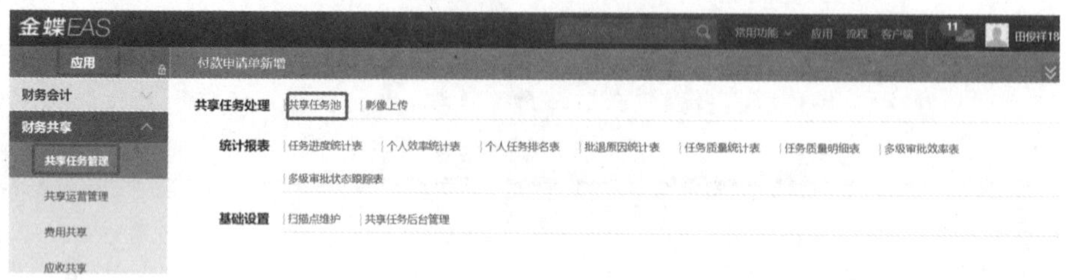

图 8-36　进入共享任务池

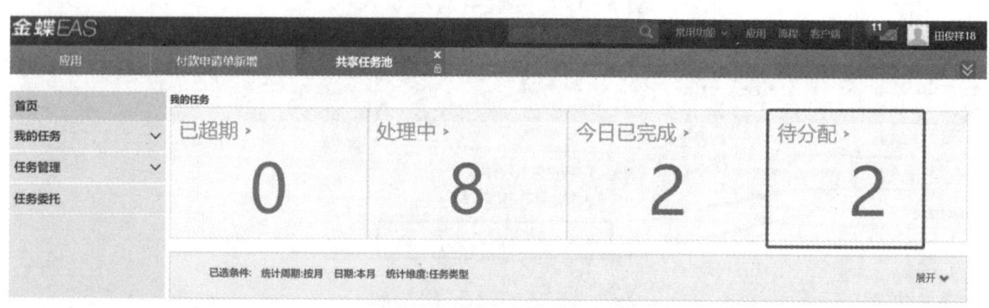

图 8-37　待分配任务

图 8-38　任务分配

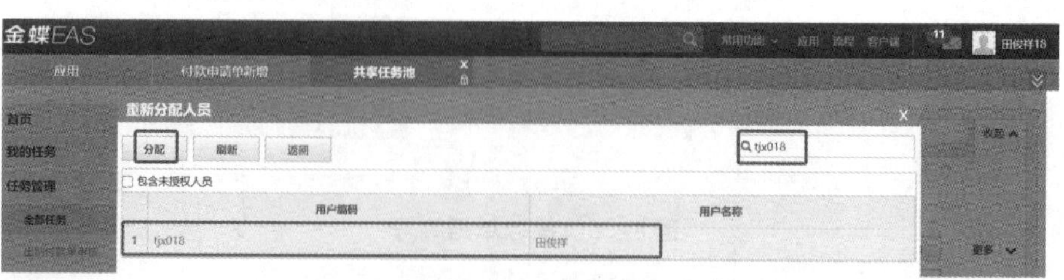

图 8-39　任务分配

3. 应付共享案例——跨月付款申请之付款申请单共享审批

操作步骤:【共享任务池】→【我的任务】→【全部任务】→（找到目标单据点击进入）→【审批通过/不通过】→（审批不通过需写处理意见）→【提交】→【确定】→（重新保存答案），如图 8-40 至图 8-42 所示。

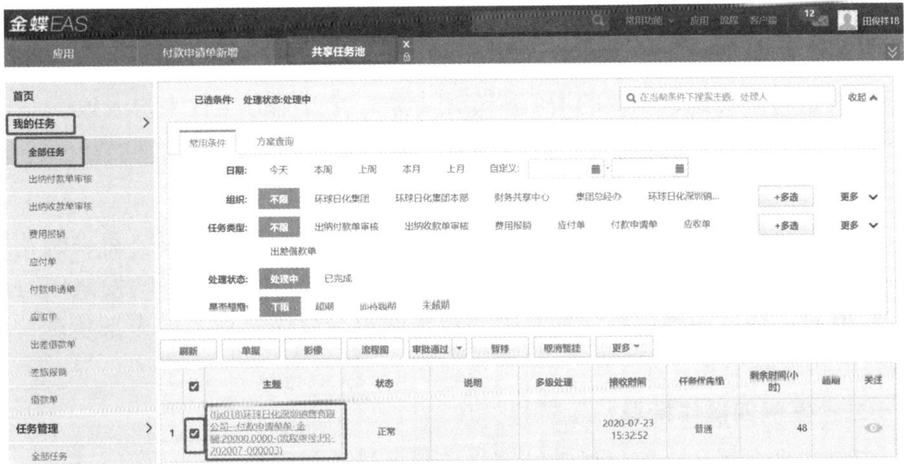

图 8-40　共享任务池全部任务

图 8-41　共享审批

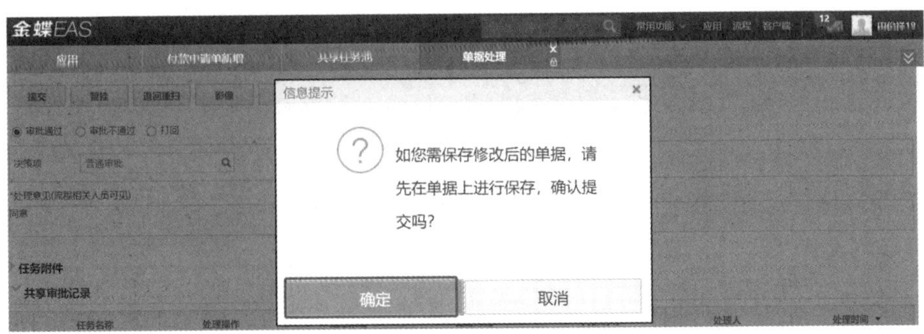

图 8-42　共享审批

（十）实践平台案例规则——应付付款结算

适用范围：企业发生采购业务时，填写应付单，确认应付款项，支付款项时关联生成付款单并进行付款结算。

主要审批规则如下：

（1）税额要与发票税额一致。

（2）需上传盖章生效的采购合同扫描件。

（3）发票均需要盖章生效的增值税专用专票，且开票方与往来户一致。

（4）付款类型需要根据业务真实情况进行填写。

（十一）实践平台案例四

1 月 3 日，环球洗涤用品深圳有限公司向广州市科萨商贸有限公司采购花之语香精 2 000 千克，含税单价为 117 元，税率为 17%。田俊祥根据采购发票填写应付单。1 月 20 日，环球洗涤用品深圳有限公司用网银支付该笔业务的全部货款，应付会计进行应付账款结算。

（十二）案例四操作指导

1. 应付共享案例——应付付款结算之应付单录入与提交

操作步骤：【应用】→【财务会计】→【应付管理】→【应付业务处理】→【应付单新增】→（资料录入）→【保存】→（复制单据编号并保存答案）→（返回 EAS）→【提交】，如图 8-43 至图 8-47 所示。

图 8-43　EAS 系统登录

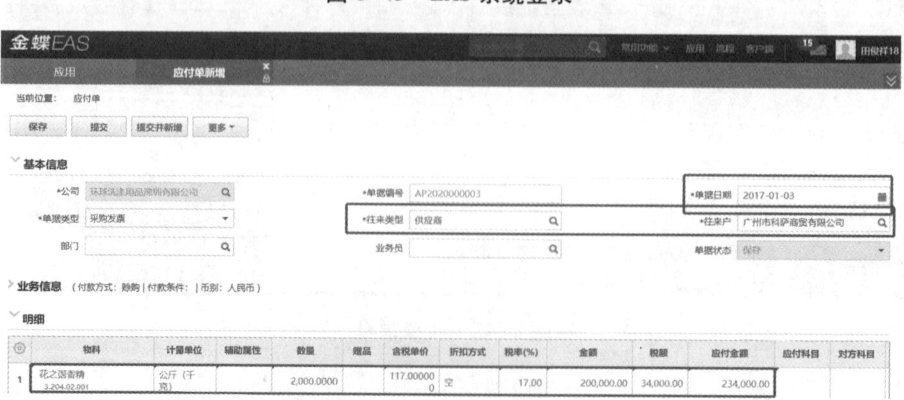

图 8-44　应付单录入

图 8-45　应付单录入

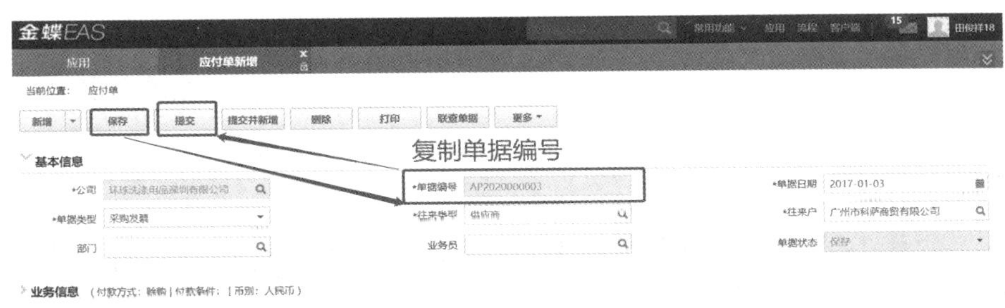

图 8-46　复制单据编号

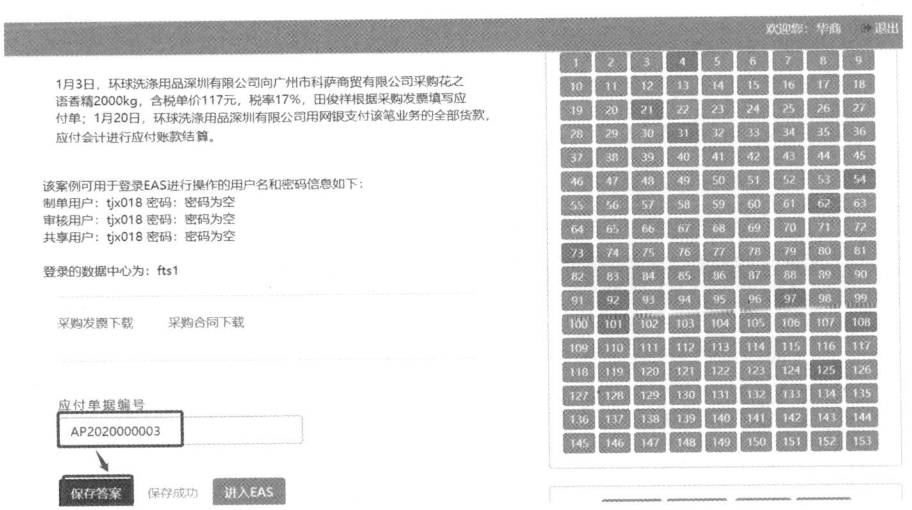

图 8-47　保存单据编号

2. 应付共享案例——应付付款结算之应付单业务审批

操作步骤:【流程】→【待办任务】→【常规待办】→（根据单据编号找到需要审批的单据）→（点击进入查看内容）→【审批同意/不同意】→【提交】，如图 8-48 和图 8-49 所示。

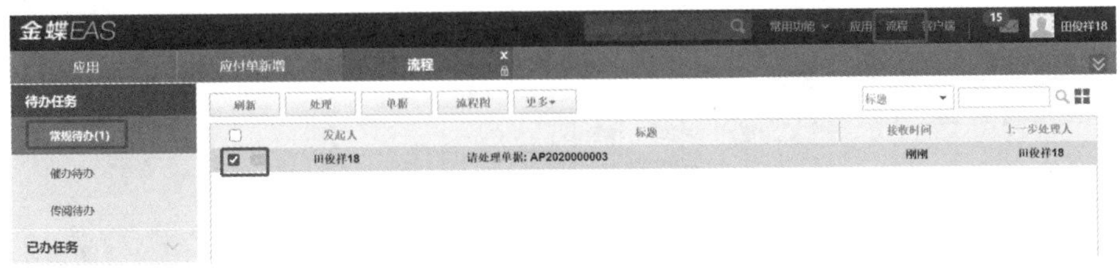

图 8-48　查找审批业务

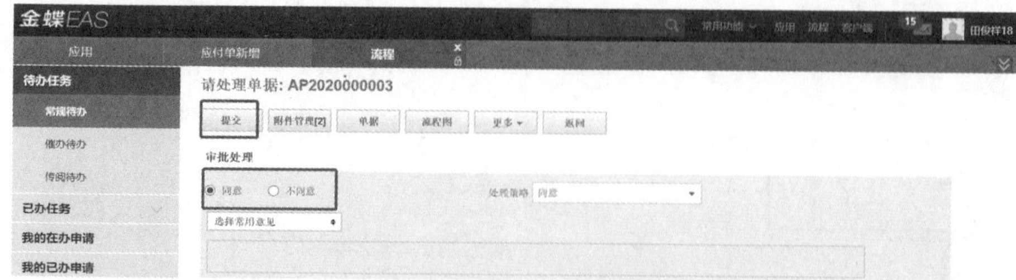

图 8-49　提交审批业务

3. 应付共享案例——应付付款结算之应付单共享分配

操作步骤:【应用】→【财务共享】→【共享任务管理】→【共享任务处理】→【共享任务池】→【待分配】→（找到目标单据并勾选）→【更多】→【分配人员】→（搜索待分配人员）→【分配】，如图 8-50 至图 8-53 所示。

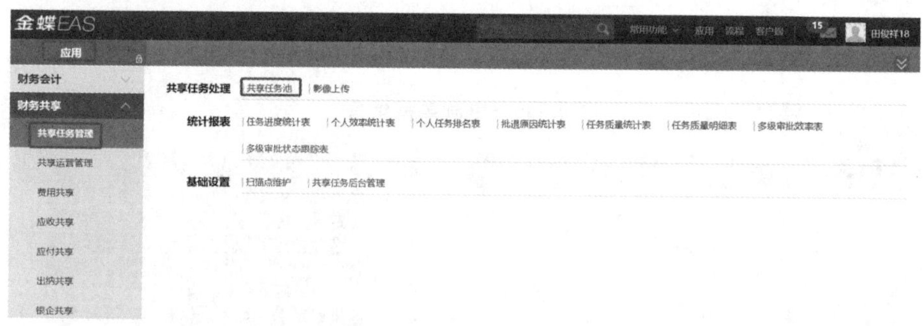

图 8-50　进入共享任务池

图 8-51　待分配任务

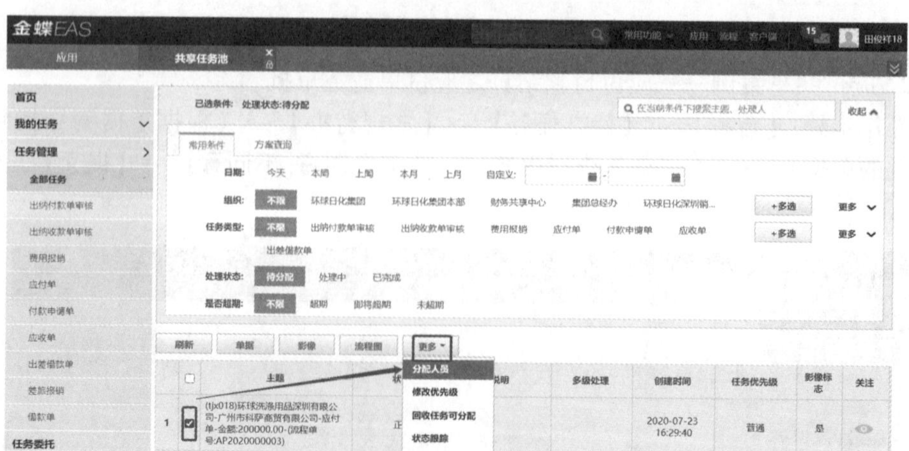

图 8-52　任务分配

图 8-53 任务分配

4. 应付共享案例——应付付款结算之应付单共享审批

操作步骤:【共享任务池】→【我的任务】→【全部任务】→(找到目标单据点击进入)→【审批通过/不通过】→(审批不通过需写处理意见)→【提交】→【确定】,如图 8-54 至图 8-56 所示。

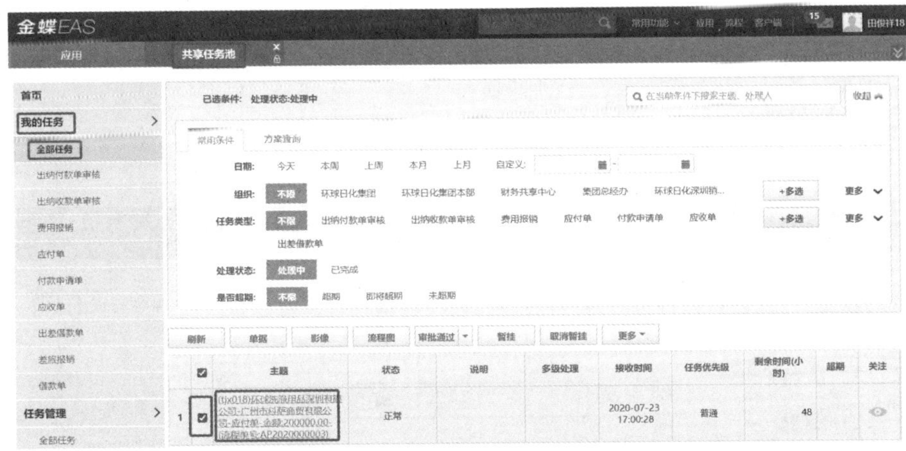

图 8-54 共享任务池全部任务

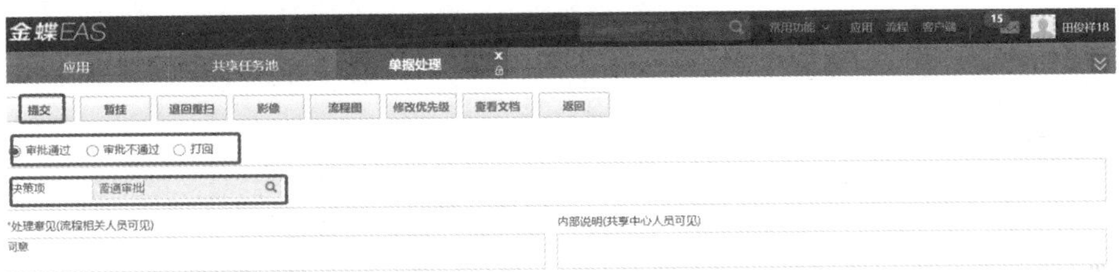

图 8-55 共享审批

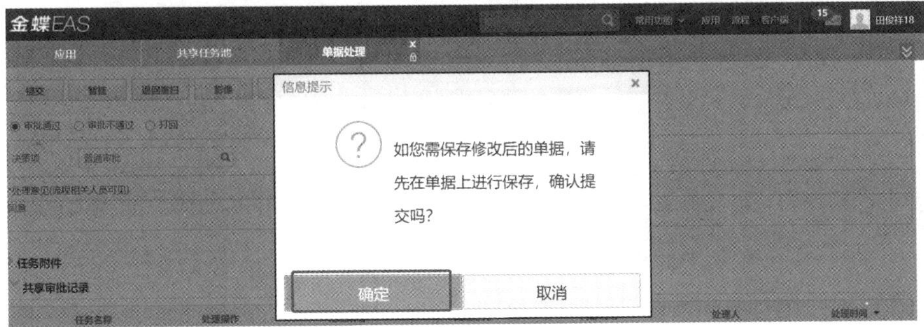

图 8-56 共享审批

5. 应付共享案例——应付付款结算之应付单关联生成付款单

操作步骤:【应用】→【财务共享】→【应付共享】→【应付业务处理】→【应付单维护】→(展开)→(日期筛选)→(找到目标单据并勾选)→【关联生成】→【切换界面】→(资料录入)→【保存】→【提交】,如图 8-57 至图 8-62 所示。

图 8-57 应付单维护

图 8-58 应付单关联

图 8-59 关联生成

图 8-60　切换收款单界面

图 8-61　付款单录入

图 8-62　付款单录入

6. 应付共享案例——应付付款结算之付款单共享分配

操作步骤:【应用】→【财务共享】→【共享任务管理】→【共享任务处理】→【共享任务池】→【待分配】→(找到目标单据并勾选)→【更多】→【分配人员】→(搜索待分配人员)→【分配】,如图 8-63 至图 8-66 所示。

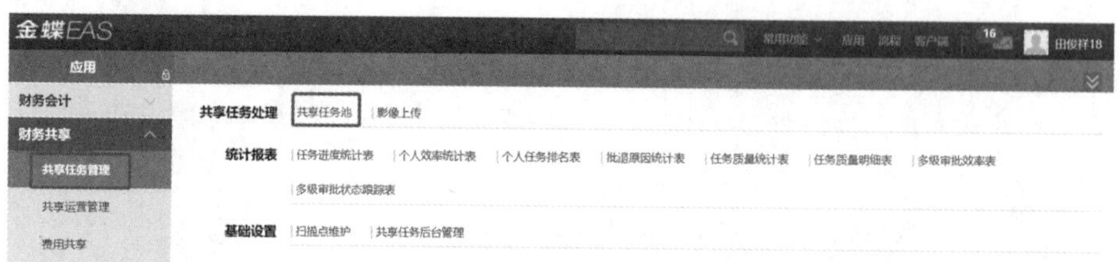

图 8-63　进入共享任务池

图 8-64　待分配任务

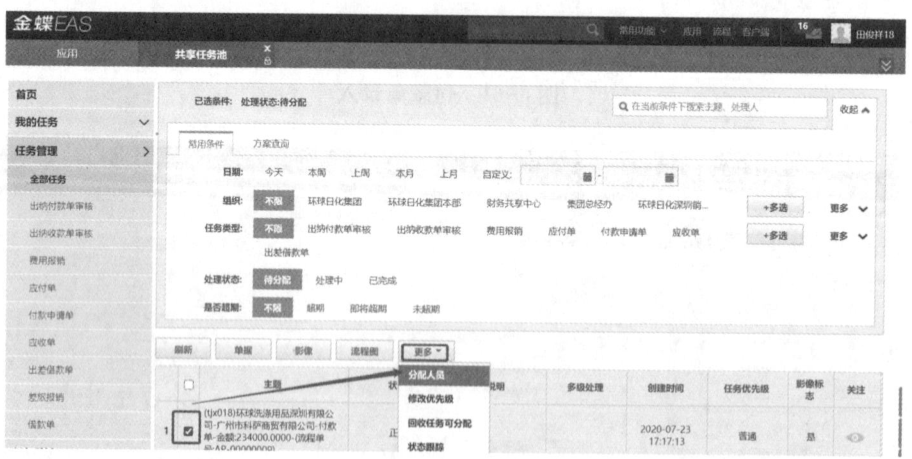

图 8-65　任务分配

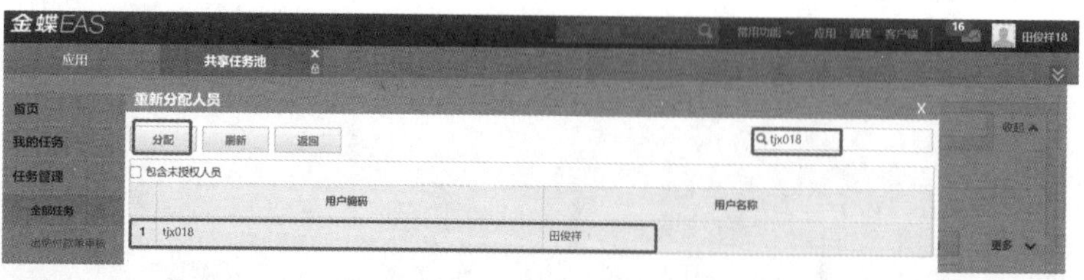

图 8-66　任务分配

7. 应付共享案例——应付付款结算之付款单共享审批

操作步骤:【共享任务池】→【我的任务】→【全部任务】→（找到目标单据点击进入）→【审批通过/不通过】→（审批不通过需写处理意见）→【提交】→【确定】，如图 8-67 至图 8-69 所示。

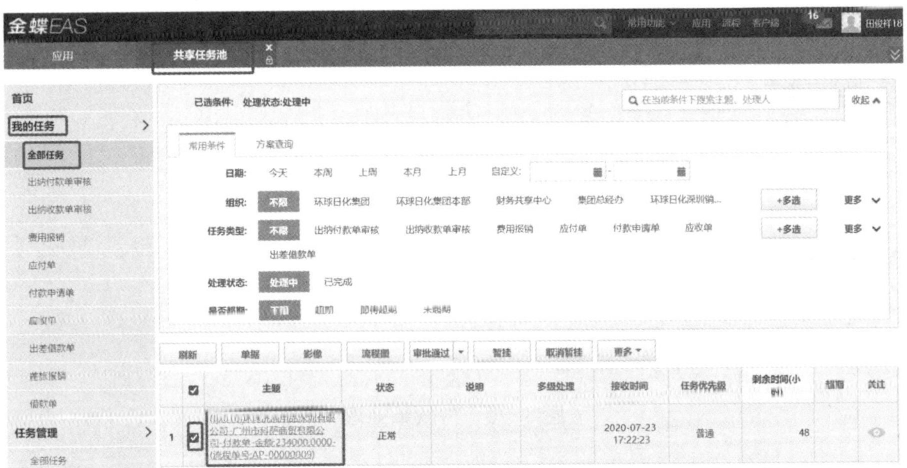

图 8-67　共享任务池全部任务

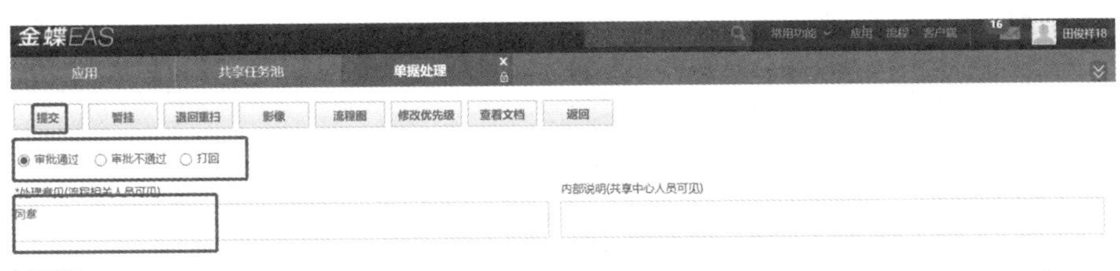

图 8-68　共享审批

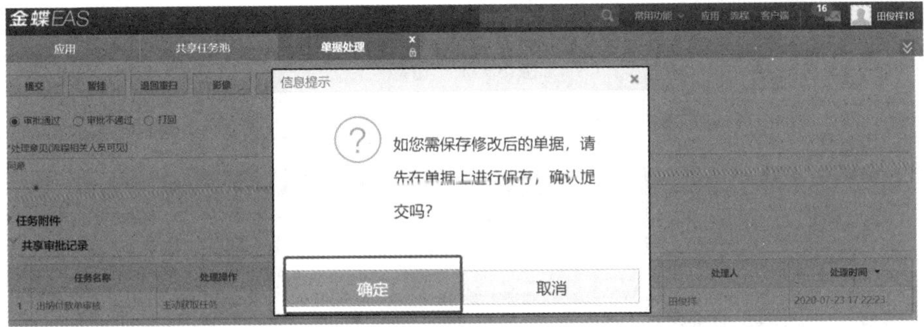

图 8-69　共享审批

8. 应付共享案例——应付付款结算之付款单结算

操作步骤：【应用】→【出纳共享】→【收付款处理】→【付款单处理】→（展开）→（日期筛选）→（找到目标单据并勾选）→【付款】→【确认】→（重新保存答案），如图 8-70 至图 8-72 所示。

图 8-70 付款单处理

		公司	单据编号	单据日期	付款类型	付款账户	付款科目	币别	付款金额	折本位币	收款人	生成凭证	生成管理凭证	状态	操作
1	☑	环球洗涤用品深圳有限公司	AP-00000009	2017-01-20	采购付款	6226888800880 招商银行深圳蛇口支行付款账户	1002.01 商业银行存款	人民币	234,000.00	234,000.00	广州市科萨商贸有限公司	否	否	已审批	操作
2	☐	环球洗涤用品深圳有限公司	AP-00000008	2017-01-09	预付款	6226888800880 招商银行深圳蛇口支行付款账户	1002.01 商业银行存款	人民币	10,000.00	10,000.00	深圳市元动化工有限公司	否	否	已提交	操作

图 8-71 付款

备注：公司、日期筛选，有关单据的查询要查看一下公司是否为业务发生的公司。

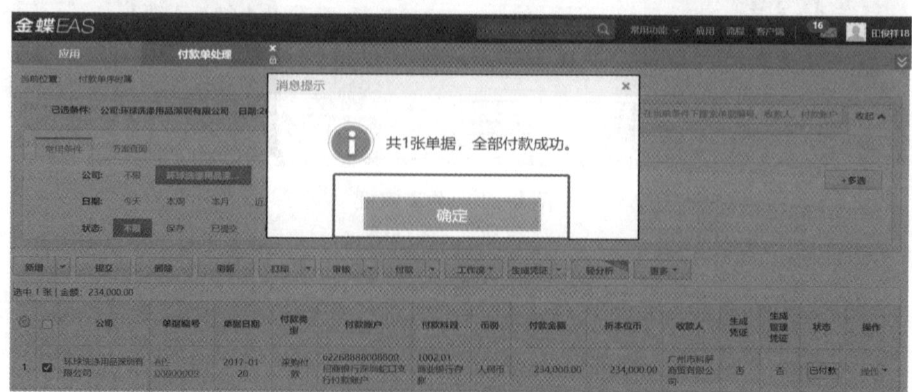

图 8-72 付款成功

第九章 固定资产共享实践

一、固定资产共享管理模式

固定资产共享管理模式如图 9-1 所示。

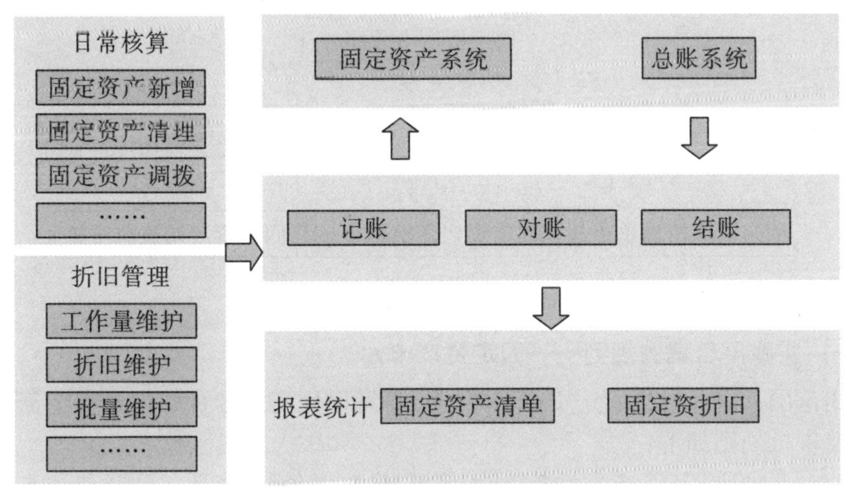

图 9-1　固定资产共享管理模式

固定资产共享常用单据如下：

（1）固定资产卡片。固定资产卡片是记录固定资产信息的载体。通过新增卡片，企业可以对增加的资产进行登记处理。

（2）固定资产清理。当因报废、出售、投资、捐赠等发生减少固定资产的情况时，企业需要进行固定资产清理。

（3）固定资产变更。当固定资产信息发生变化时，企业可以通过固定资产变更单据进行变更。

（4）固定资产调拨。当集团内部公司间发生固定资产转移的时候，集团公司可以进行资产的调拨处理，从而提高固定资产的使用效率。

二、固定资产共享实践操作流程

固定资产共享实践操作流程如图 9-2 所示。其主要内容如下：

（1）企业根据新增资产的信息填写固定资产卡片。

（2）根据固定资产审批规则进行审核。

（3）在不同场景下，选择卡片来新增固定资产清理单、固定资产变更单以及固定资产调拨单。

（4）根据企业财务规则进行固定资产清理单、固定资产变更单以及固定资产调拨单的审核。

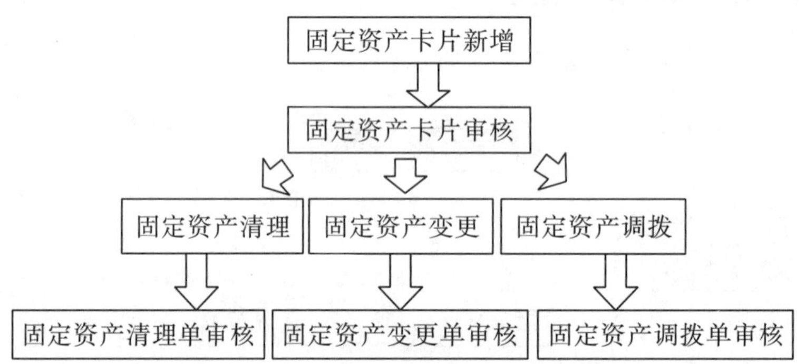

图 9-2　固定资产共享实践操作流程

（一）实践平台案例规则——固定资产卡片

适用范围：企业发生固定资产新增时，填写固定资产卡片，记录固定资产信息。

主要审批规则如下：

（1）采购的固定资产发票需要盖章生效的增值税发票，且开票方与往来户一致。

（2）收到捐赠的固定资产需要上传捐赠单位的增值税发票。

（二）实践平台案例一

1 月 10 日，环球洗涤用品深圳有限公司计划部购入服务器一台，原值 5 000 元，田俊祥填写固定资产卡片。

（三）案例一操作指导

1. 固定资产共享案例——固定资产新增之固定资产卡片录入

操作步骤：【应用】→【财务共享】→【固定资产共享】→【日常核算】→【固定资产新增】→（固定资产卡片录入）→【保存】→（复制资产编号并保存答案）→（返回 EAS）→【提交】，如图 9-3 至图 9-16 所示。

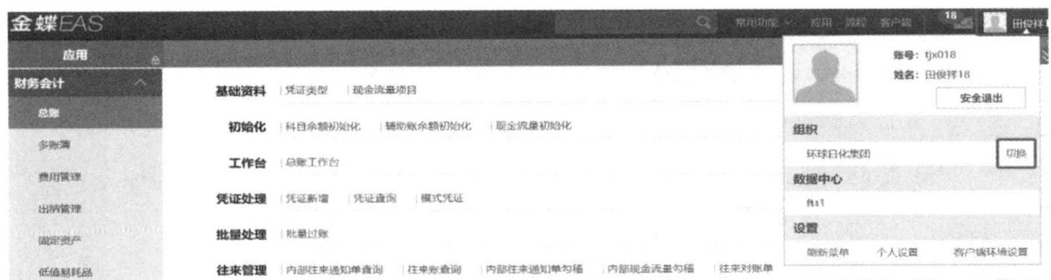

图 9-3　EAS 系统登录

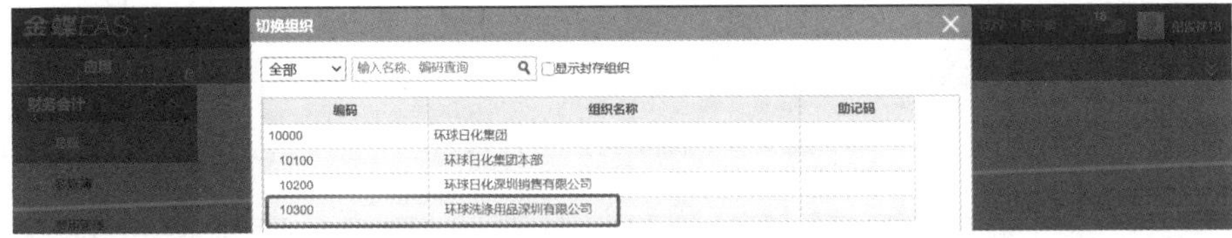

图 9-4　EAS 系统登录

图 9-5　EAS 系统登录

图 9-6　固定资产卡片录入

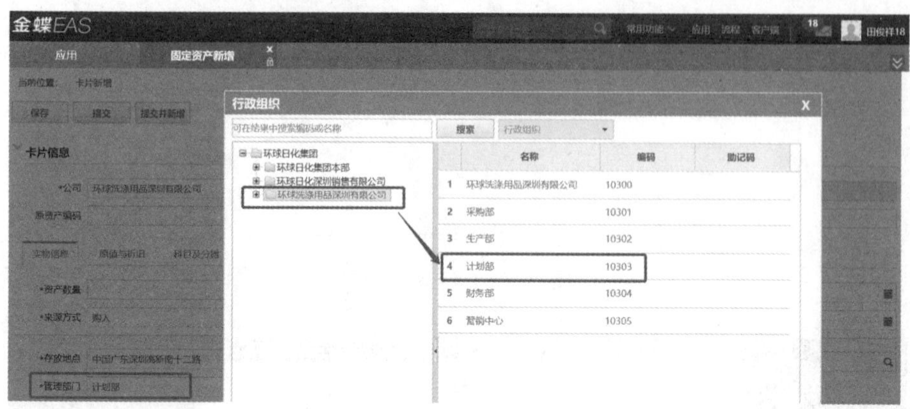

图 9-7　固定资产卡片录入

图 9-8　固定资产卡片录入

金蝶EAS
应用　固定资产新增
当前位置：卡片新增
保存　提交　提交并新增
卡片信息
*公司 环球洗涤用品深圳有限公司　*资产类别 通用设备　*资产编码
原资产编码　*资产名称 服务器　备注
实物信息　原值与折旧　科目及分摊　使用部门　附属设备
*币别 人民币　*汇率 1.00　*原币金额 5,000.00
资产原值 5,000.00　进项税 0.00　评估价值 0.00
购进原值 5,000.00　购进累计折旧 0.00
*开始使用日期 2017-01-10　已折旧期间 0　评估剩余期间 0
预计使用年限 10.0　*预计使用期间 120
净残值率(%) 5.00　预计净残值 250.00　减值准备 0.00

图 9-9　固定资产卡片录入

图 9-10　固定资产卡片录入

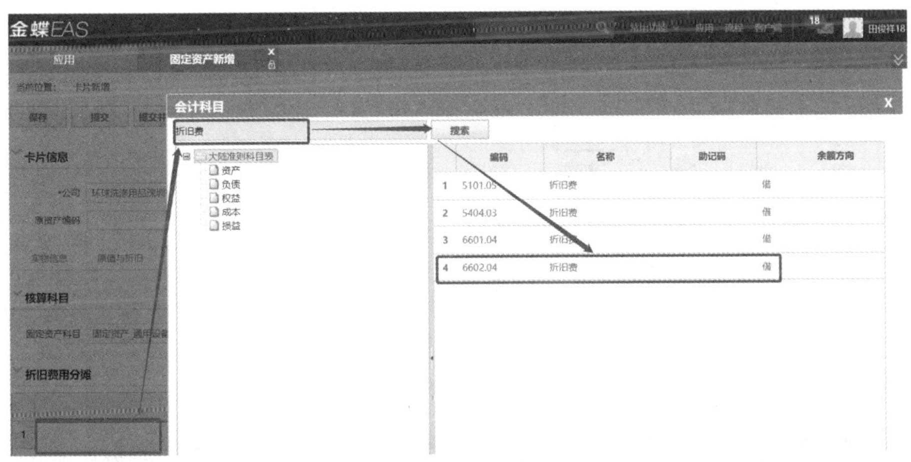

图 9-11　固定资产卡片录入

备注：勾选显示长级名称，可以看到明细科目。

	编码	名称	助记码	
1	5101.05	折旧费	制造费用	借
2	5404.03	折旧费	经营成本	借
3	6601.04	折旧费	销售费用	借
4	6602.04	折旧费	管理费用	借

图 9-12　固定资产卡片录入

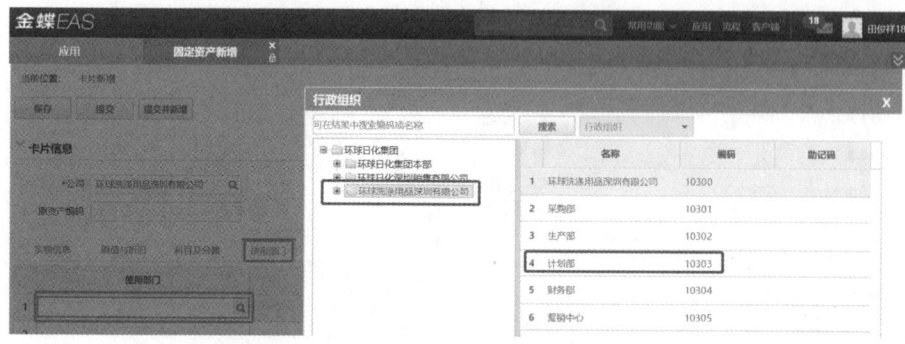

图 9-13　固定资产卡片录入

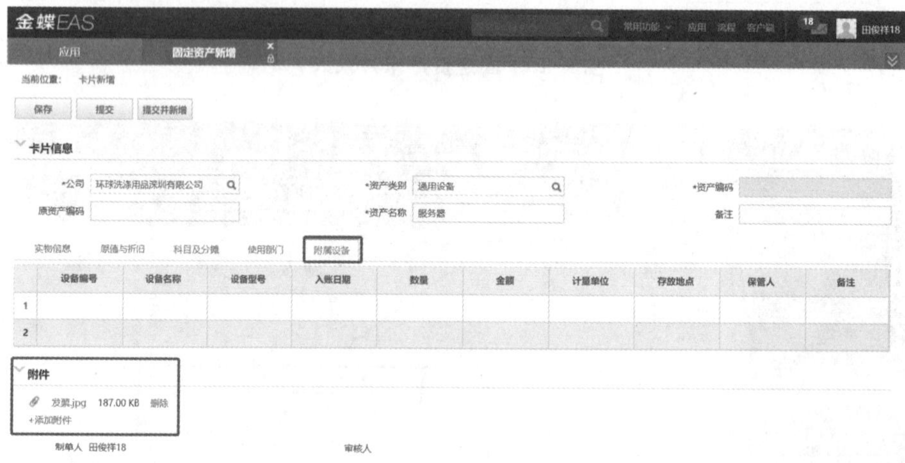

图 9-14　固定资产卡片录入

图 9-15　复制单据编号

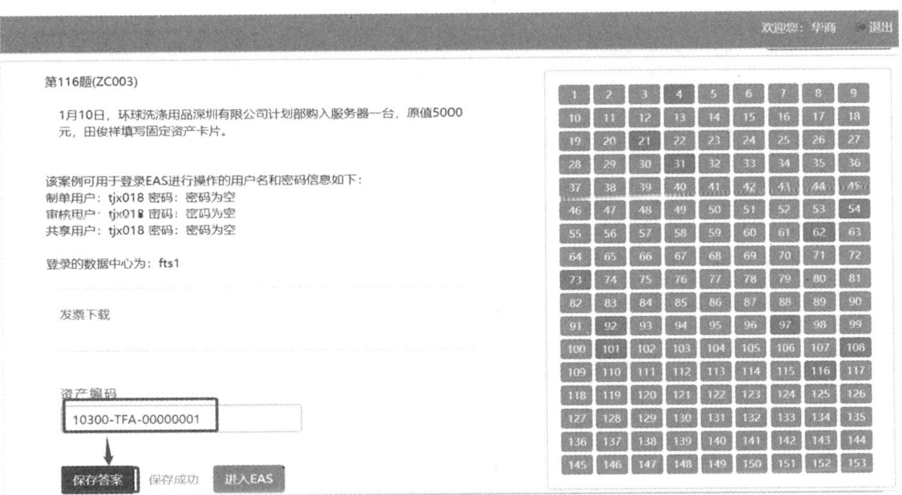

图 9-16　保存单据编号

2. 固定资产共享案例——固定资产新增之固定资产卡片审核

操作步骤：【应用】→【财务共享】→【固定资产共享】→【日常核算】→【固定资产查询】→（展开）→（日期筛选）→（找到目标单据并勾选）→【审核】→（复制资产编码并保存答案），如图 9-17 至图 9-20 所示。

图 9-17　固定资产查询

图 9-18　固定资产查询

备注：筛选“公司”。

图 9-19　固定资产审核

备注：固定资产审批，若符合审批规则，则审批；若不符合审批规则，则不审批。

图 9-20　保存资产编号

（四）实践平台案例规则——固定资产清理

适用范围：当因报废、出售、投资、捐赠等发生减少固定资产的情况时，需要新增固定资产清理单。

主要审批规则如下：

（1）进行清理的固定资产卡片需附有盖章生效的发票。

（2）因报废进行清理的资产需提供固定资产报废申请。

（3）因出售进行清理的资产需提供收据等证明文件。

（五）实践平台案例二

1 月 7 日，环球洗涤用品深圳有限公司生产部购入洗涤剂加工设备一台，原值 12 000 元，田俊祥填写固定资产卡片。1 月 31 日，该资产因报废进行清理，出售残料收到 2 000 元。

（六）案例二操作指导

1. 固定资产共享案例——固定资产清理之固定资产新增

操作步骤：【应用】→【财务共享】→【固定资产共享】→【日常核算】→【固定资产新增】→（固定资产卡片录入）→【保存】→（复制单据编号并保存答案）→（返回 EAS）→【提交】，如图 9-21 至图 9-31 所示。

图 9-21　EAS 系统登录

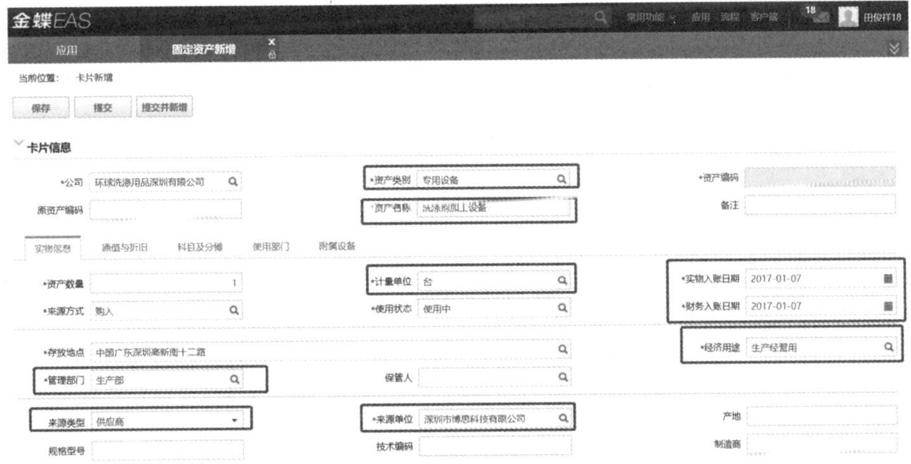

图 9-22　固定资产卡片录入

图 9-23　固定资产卡片录入

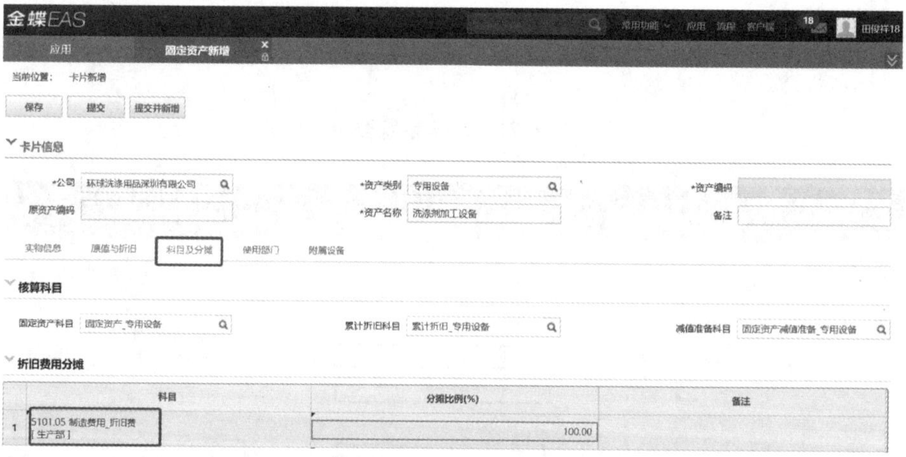

图 9-24　固定资产卡片录入

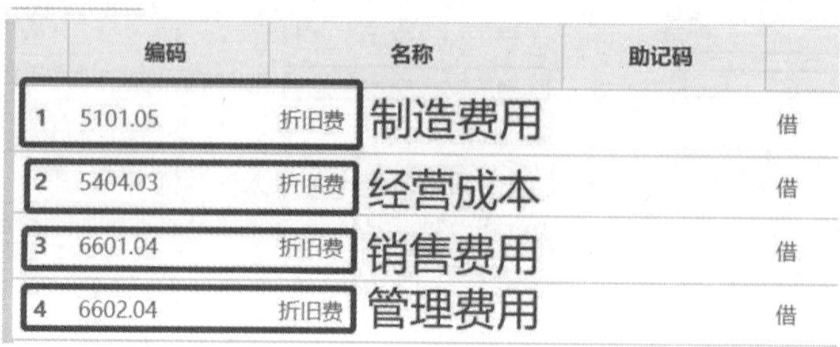

	编码	名称	助记码	
1	5101.05	折旧费 制造费用		借
2	5404.03	折旧费 经营成本		借
3	6601.04	折旧费 销售费用		借
4	6602.04	折旧费 管理费用		借

图 9-25　固定资产卡片录入

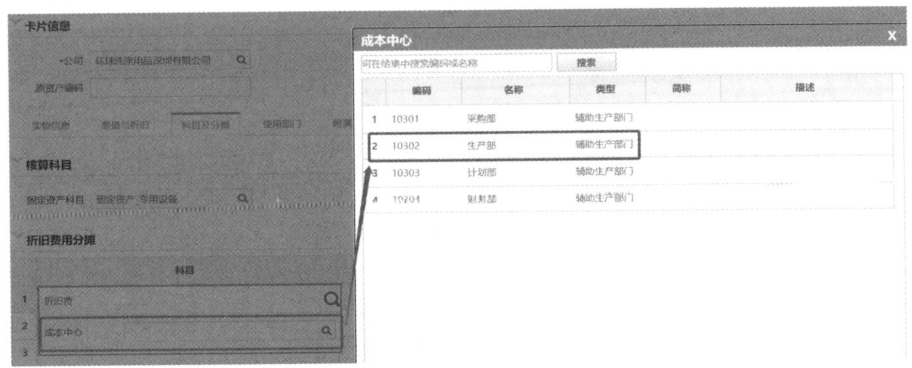

图 9-26　固定资产卡片录入

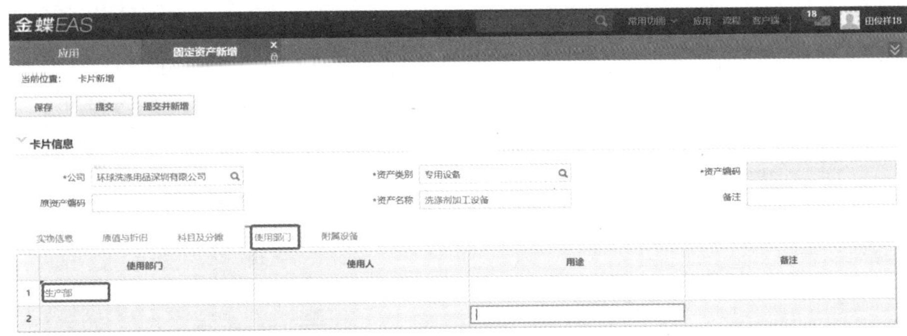

图 9-27　固定资产卡片录入

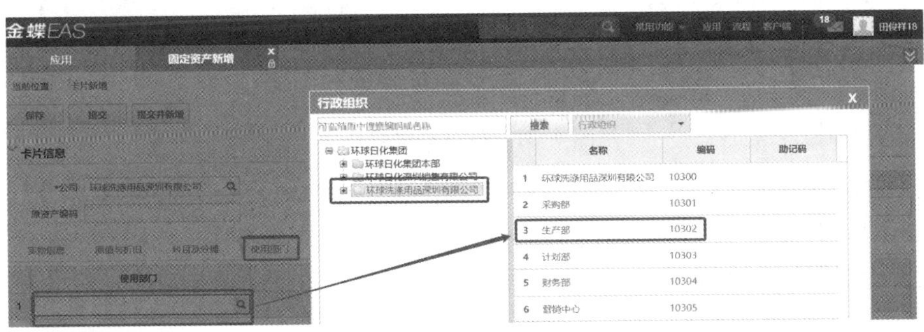

图 9-28　固定资产卡片录入

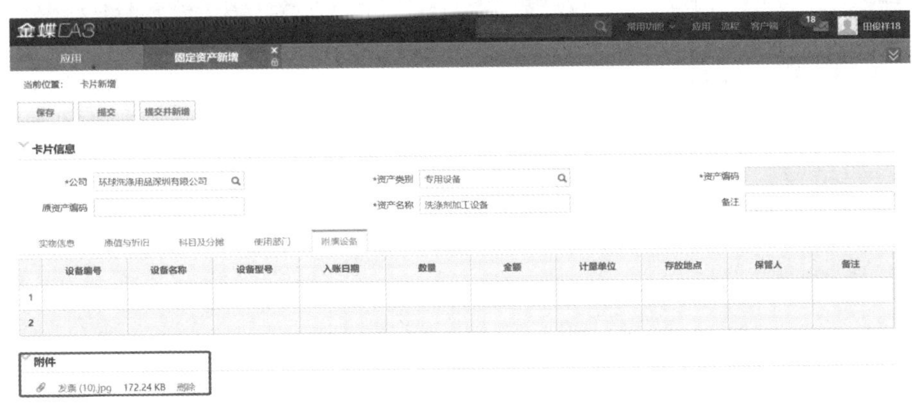

图 9-29　固定资产卡片录入

图 9-30 复制单据编号

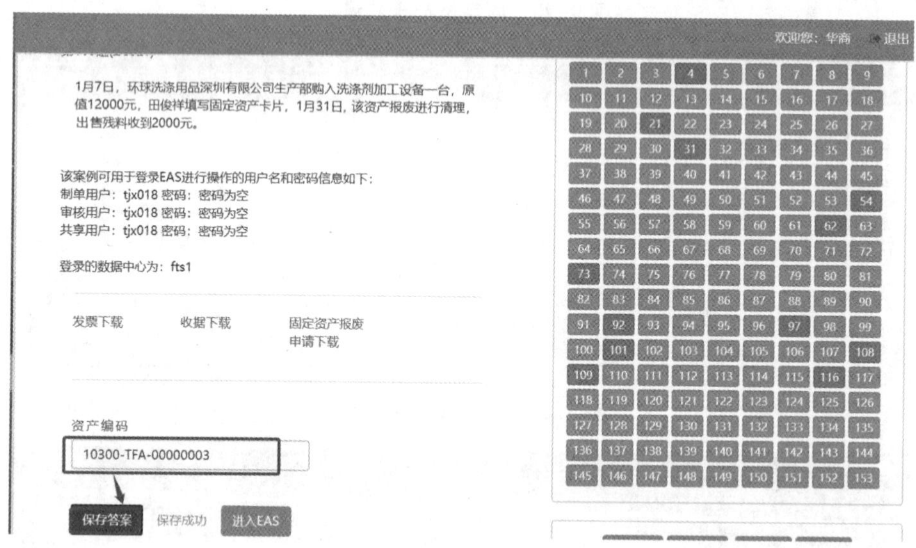

图 9-31 保存单据编号

2. 固定资产共享案例——固定资产清理之固定资产卡片审核

操作步骤：【应用】→【财务共享】→【固定资产共享】→【日常核算】→【固定资产查询】→（展开）→（日期筛选）→（找到目标单据并勾选）→【审核】，如图 9-32 至图 9-34 所示。

图 9-32 固定资产查询

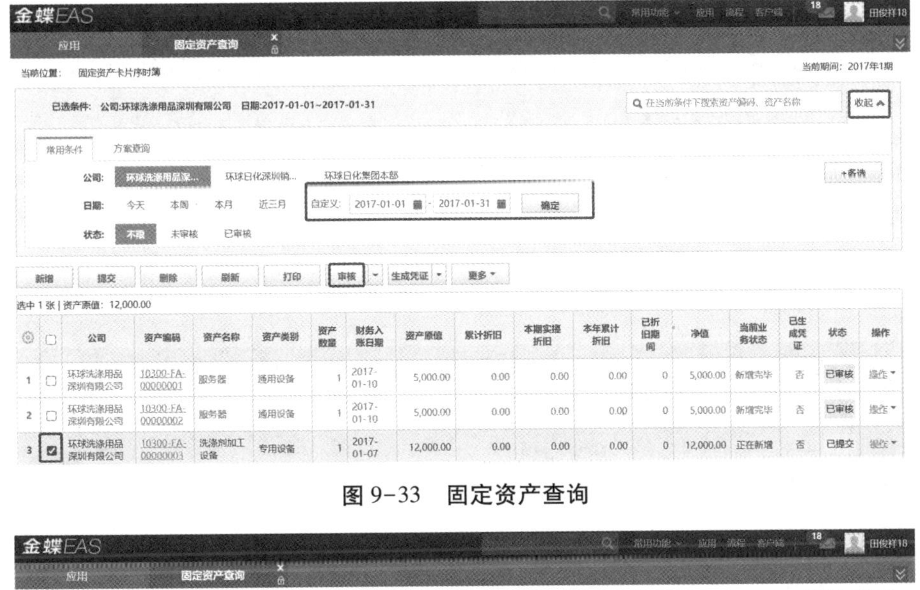

图 9-33　固定资产查询

图 9-34　固定资产审核

3. 固定资产共享案例——固定资产清理之固定资产清理单新增

操作步骤：【应用】→【财务共享】→【固定资产共享】→【日常核算】→【固定资产清理】→【新增】→（找到目标单据并勾选）→【确定】→（资料录入）→【保存】→【提交】，如图 9-35 至图 9-38 所示。

图 9-35　固定资产清理

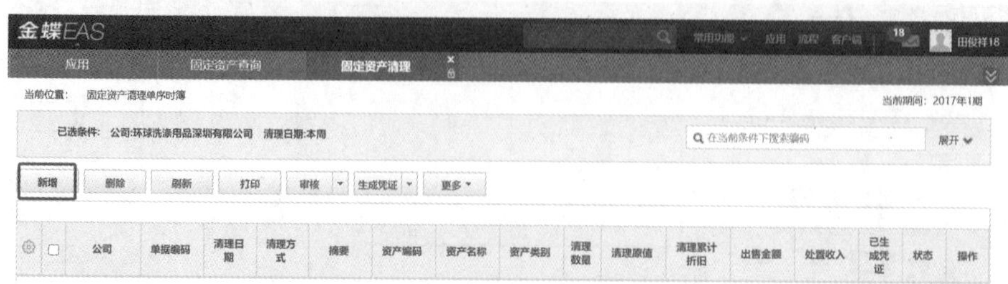

图 9-36 新增固定资产清理

图 9-37 固定资产清理

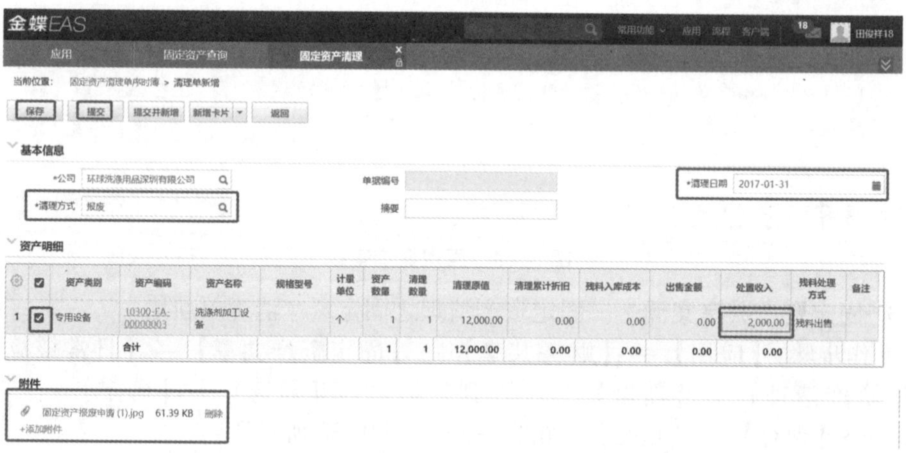

图 9-38 固定资产清理单提交

4. 固定资产共享案例——固定资产清理之固定资产清理单审核

操作步骤：当前界面→【审核】→（复制资产编码并保存答案），如图 9-39 和图 9-40 所示。

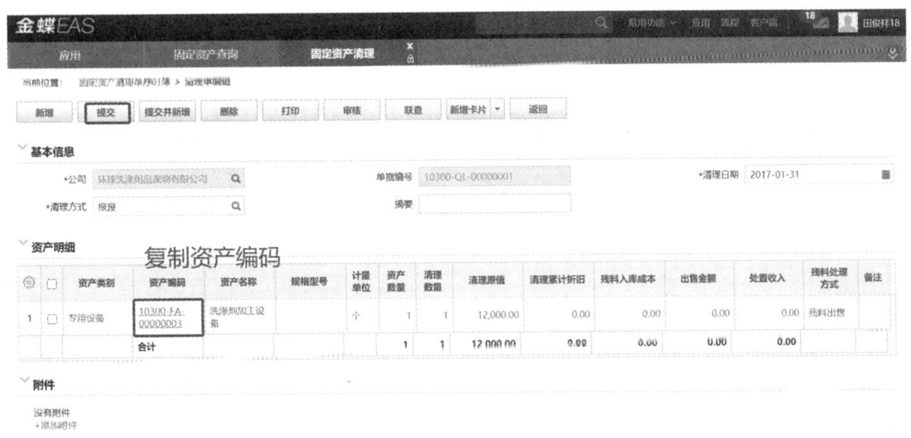

图 9-39　固定资产清理单审核

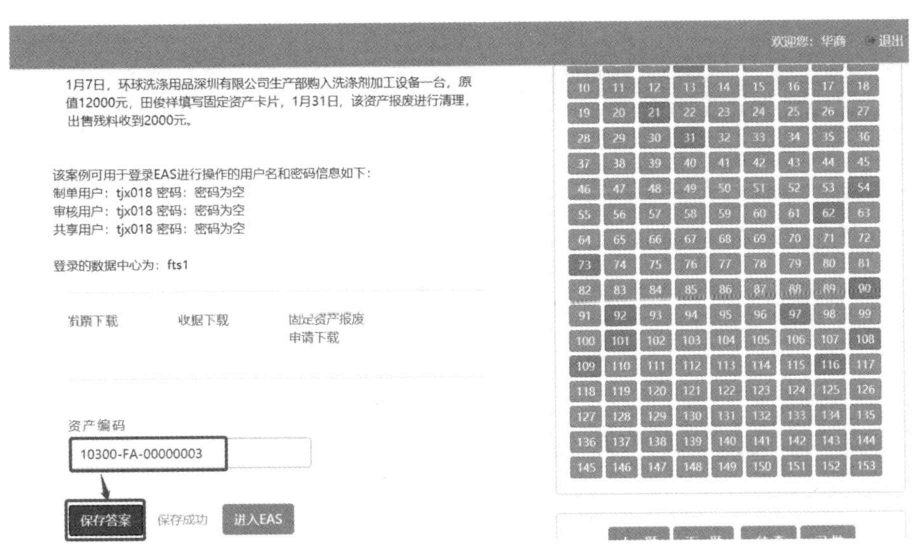

图 9-40　保存资产编号

（七）实践平台案例规则——固定资产变更

适用范围：当企业固定资产信息发生变化时，可以通过固定资产变更单进行变更。

主要审批规则：进行固定资产变更的卡片需附有盖章生效的发票。

（八）实践平台案例三

1 月 8 日，环球洗涤用品深圳有限公司生产部购入洗涤用品合成机一台，原值 9 000 元，田俊祥填写固定资产卡片，1 月 31 日，该资产原值变更为 8 000 元。

（九）案例三操作指导

1. 固定资产共享案例——固定资产变更之固定资产新增

操作步骤：【应用】→【财务共享】→【固定资产共享】→【日常核算】→【固定资产新增】→（固定资产卡片录入）→【保存】→（复制单据编号并保存答案）→（返回 EAS）→【提交】，如图 9-41 至图 9-47 所示。

图 9-41　EAS 系统登录

图 9-42　固定资产卡片录入

图 9-43　固定资产卡片录入

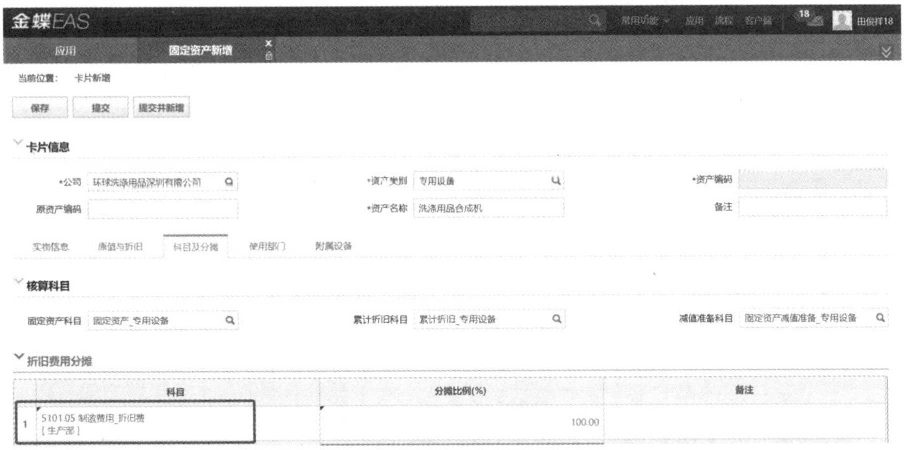

图 9-44　固定资产卡片录入

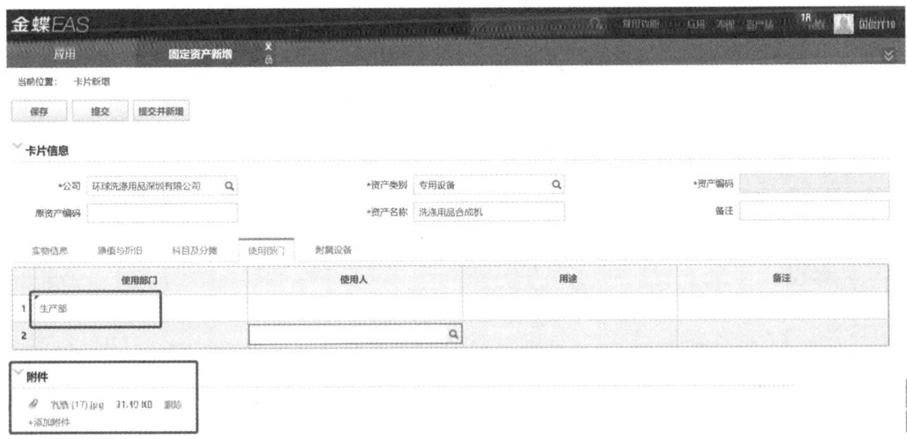

图 9-45　固定资产卡片录入

图 9-46　复制单据编号

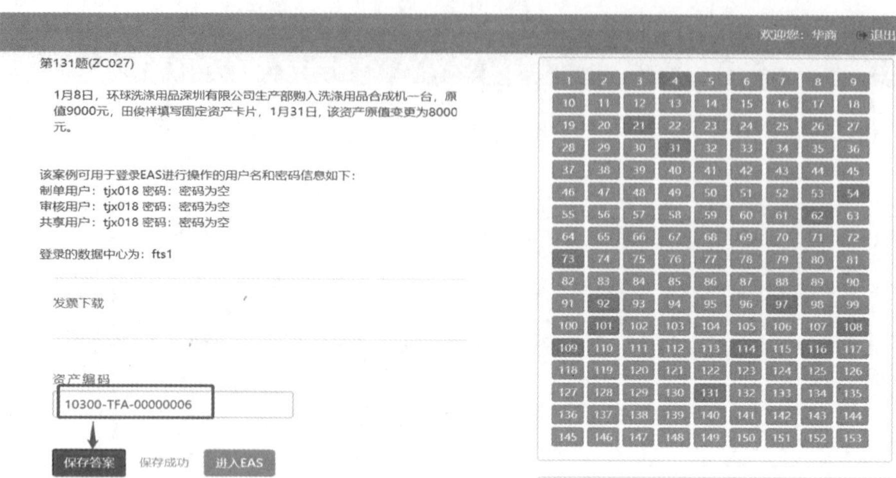

图 9-47　保存单据编号

2. 固定资产共享案例——固定资产变更之固定资产卡片审核

操作步骤：【应用】→【财务共享】→【固定资产共享】→【日常核算】→【固定资产查询】→（展开）→（日期筛选）→（找到目标单据并勾选）→【审核】，如图 9-48 和图 9-49 所示。

图 9-48　固定资产查询

		公司	资产编码	资产名称	资产类别	资产数量	财务入账日期	资产原值	累计折旧	本期实提折旧	本年累计折旧	已折旧期间	净值	当前业务状态	已生成凭证	状态	操作
1	☐	环球洗涤用品深圳有限公司	10300-FA-00000001	服务器	通用设备	1	2017-01-10	5,000.00	0.00	0.00	0.00	0	5,000.00	新增完毕	否	已审核	操作
2	☐	环球洗涤用品深圳有限公司	10300-FA-00000002	服务器	通用设备	1	2017-01-10	5,000.00	0.00	0.00	0.00	0	5,000.00	新增完毕	否	已审核	操作
3	☐	环球洗涤用品深圳有限公司	10300-FA-00000003	洗涤剂加工设备	专用设备	1	2017-01-07	12,000.00	0.00	0.00	0.00	0	12,000.00	完全清理完毕	否	已作废	操作
4	☐	环球洗涤用品深圳有限公司	10300-FA-00000004	洗涤剂加工设备	专用设备	1	2017-01-07	12,000.00	0.00	0.00	0.00	0	12,000.00	完全清理完毕	否	已作废	操作
5	☐	环球洗涤用品深圳有限公司	10300-FA-00000005	台式电脑	通用设备	1	2017-01-08	4,800.00	0.00	0.00	0.00	0	4,800.00	新增完毕	否	已审核	操作
6	☑	环球洗涤用品深圳有限公司	10300-FA-00000006	洗涤用品合成机	专用设备	1	2017-01-08	9,000.00	0.00	0.00	0.00	0	9,000.00	正在新增	否	已提交	操作

图 9-49　固定资产审核

3. 固定资产共享案例——固定资产变更之固定资产变更单新增

操作步骤：【应用】→【财务共享】→【固定资产共享】→【日常核算】→【固定资产变更】→【新增】→（找到目标单据并勾选）→【确定】→（资料录入）→【保存】→【提交】，如图 9-50 至图 9-54 所示。

图 9-50　固定资产变更

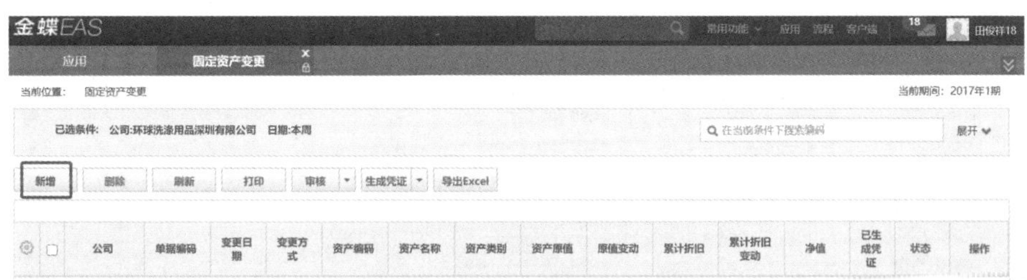

图 9-51　新增固定资产变更

图 9-52　固定资产变更

图 9-53　固定资产资料录入

图 9-54　固定资产变更提交

4. 固定资产共享案例——固定资产变更之固定资产变更单审核

操作步骤：当前界面→【审核】→（复制资产编号并保存），如图 9-55 和图 9-56 所示。

图 9-55　固定资产变更审核

图 9-56　保存资产编号

（十）实践平台案例规则——固定资产调拨

适用范围：集团内部公司间发生固定资产转移的时候，需要填写固定资产调拨单。

主要审批规则如下：

（1）进行调拨的卡片需附有盖章生效的发票。

（2）进行固定资产调拨时需提供盖章生效的资产调拨申请。

（十一）实践平台案例四

1 月 3 日，环球洗涤用品深圳有限公司计划部购入笔记本电脑一台，原值 5 000 元，田俊祥填写固定资产卡片。1 月 31 日，该资产调出到销售公司，由销售公司潘炎负责。

（十二）案例四操作指导

1. 固定资产共享案例——固定资产调拨之固定资产新增

操作步骤：【应用】→【财务共享】→【固定资产共享】→【日常核算】→【固定资产新增】→（固定资产卡片录入）→【保存】→（复制单据编号并保存答案）→（返回 EAS）→【提交】，如图 9-57 至图 9-63 所示。

图 9-57　EAS 系统登录

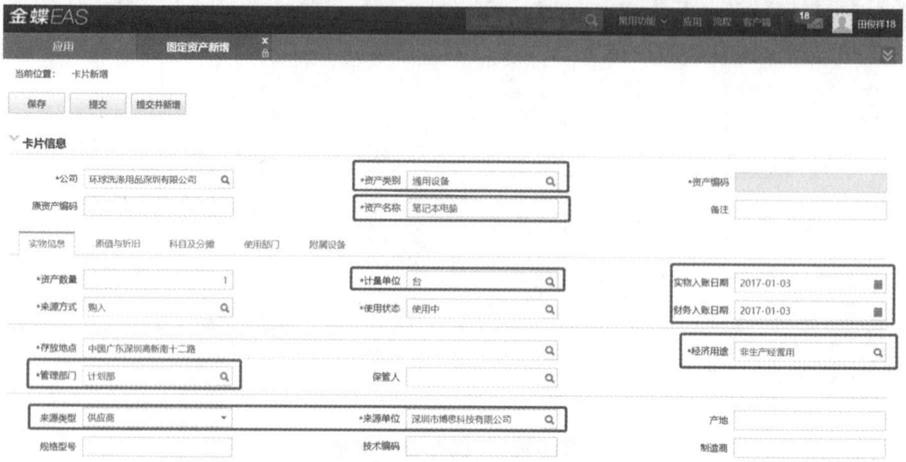

图 9-58　固定资产卡片录入

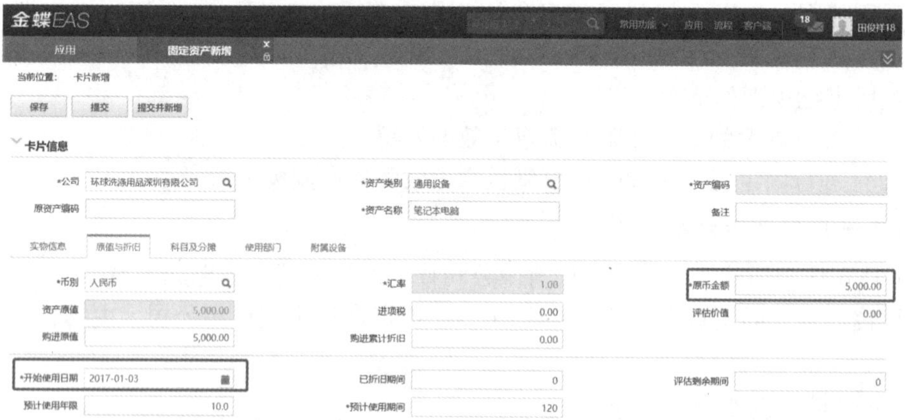

图 9-59　固定资产卡片录入

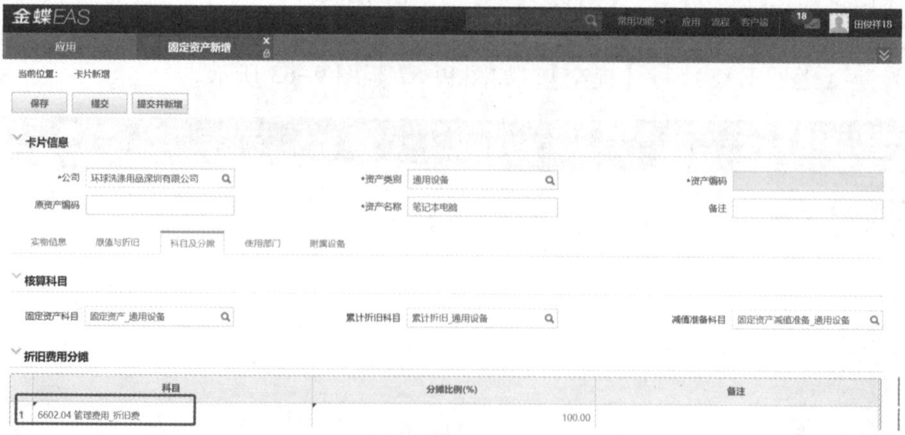

图 9-60　固定资产卡片录入

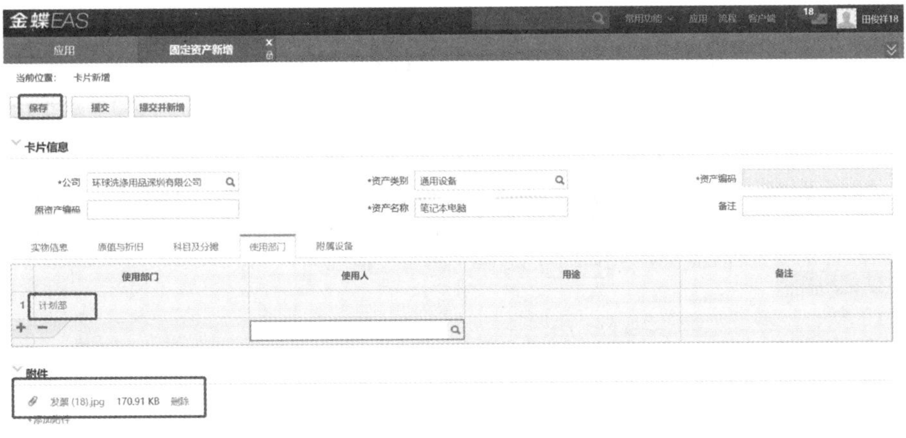

图 9-61　固定资产卡片录入

图 9-62　复制单据编号

图 9-63　保存单据编号

2. 固定资产共享案例——固定资产调拨之固定资产卡片审核

操作步骤:【应用】→【财务共享】→【固定资产共享】→【日常核算】→【固定资产查询】→(展开)→(日期筛选)→(找到目标单据并勾选)→【审核】,如图 9-64 和图 9-65 所示。

图 9-64 固定资产查询

图 9-65 固定资产审核

3. 固定资产共享案例——固定资产调拨之固定资产调拨新增

操作步骤:【应用】→【财务共享】→【固定资产共享】→【日常核算】→【固定资产调拨】→【新增】→(找到目标单据并勾选)→【确定】→(资料录入)→【保存】→【提交】,如图 9-66 至图 9-73 所示。

图 9-66　固定资产调拨

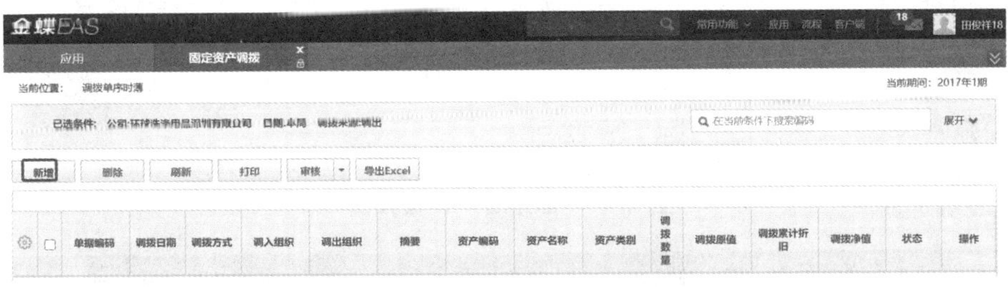

图 9-67　新增固定资产调拨

图 9-68　固定资产调拨

图 9-69　固定资产调拨人员

7	lch	刘长欢	正式员工	财务共享中心	普通
8	ljf	李金峰	正式员工	行政部	普通
9	nqs	聂启胜	正式员工	采购部	普通
10	pe	彭宥	正式员工	行政部	普通
11	py	潘炎	正式员工	环球洗涤用品深圳有限公司	普通
12	tjx	田俊祥	正式员工	环球日化深圳销售有限公司	普通
13	tjx	田俊祥	正式员工	行政部	普通
14	tjx001	田俊祥01	正式员工	人事部	普通
15	tjx001	田俊祥01	正式员工	行政部	普通

☑ 包含下级 ☑ 显示所有组织 ☐ 显示不在职人员　　1 2 3 4 5 … 54 下一页

图 9-70　固定资产调拨人员

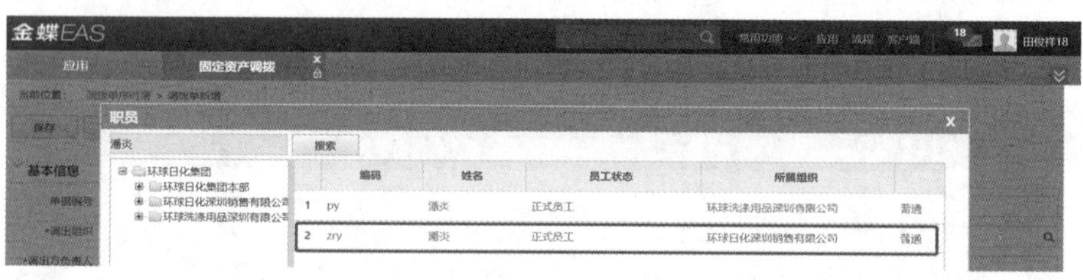

图 9-71　固定资产调拨人员

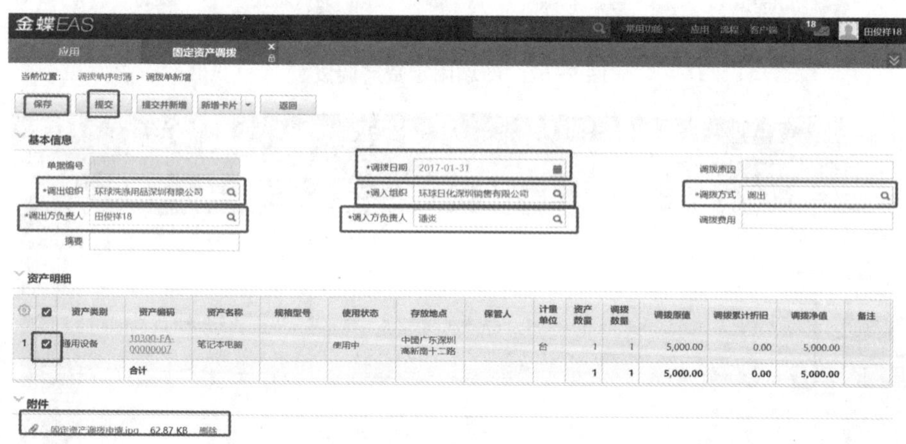

图 9-72　固定资产调拨

图 9-73　固定资产调拨提交

4. 固定资产共享案例——固定资产调拨之固定资产调拨审核

操作步骤：当前界面→【审核】→（复制编号并保存），如图 9-74 至图 9-76 所示。

图 9-74　固定资产调拨单审核

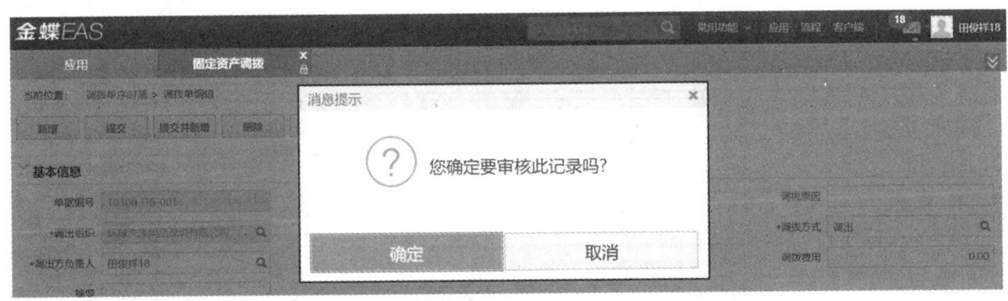

图 9-75　固定资产调拨单审核确认

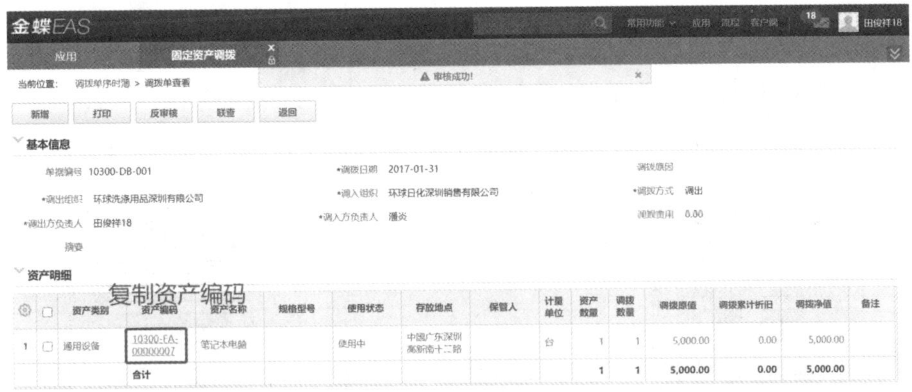

图 9-76　保存资产编号

第十章 出纳与总账共享实践

一、出纳共享管理模式

出纳共享管理模式如图 10-1 所示。

出纳共享	影像集成	打印封面	调阅影像	ORC生成付款单	
	任务推送	付款提交	付款审批	付款结算	生成凭证
收款共享	影像集成	打印封面	调阅影像	ORC生成收款单	
	任务推送	收款提交	收款审批	收款结算	生成凭证
角色工作台	业务员	一站式任务处理	云沟通	个人效率分析	
	管理员	任务监控	定义任务调配	团队绩效分析	
三个中心	待付款业务处理中心	到账通知入账处理中心	银企支付中心		

图 10-1　出纳共享管理模式

二、总账共享管理模式

总账共享管理模式如图 10-2 所示。

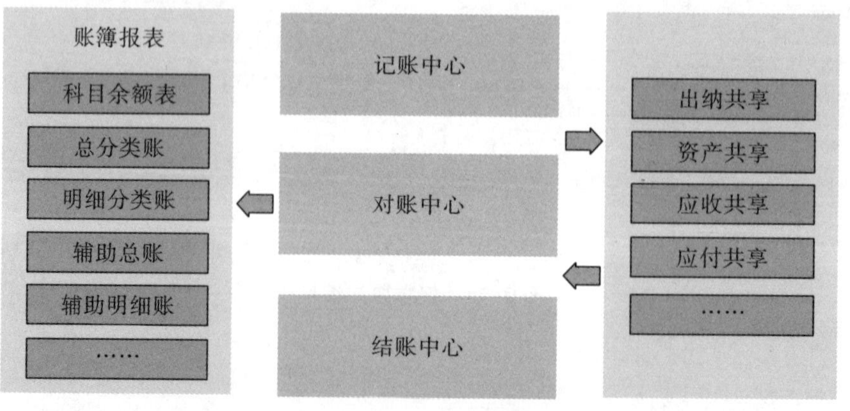

图 10-2　总账共享管理模式

出纳与总账共享常用单据如下：

（1）收款单。收款是企业经营活动、投资活动和筹资活动实现资金流入的一种表现。企业通过收款完成企业的收益。收款的类型包含但不局限于以下几种：预收款、代收款、员工还款、集团资金下拨等。

（2）付款单。相对于收款而言，付款是企业资金流出的一种形式。常见的付款类型有采购付款、预付款、应付票据兑付、费用报销付款、资金上划、资金调拨等。

（3）记账凭证。会计核算处理系统是以“证、账、表”为核心的有关企业财务信息的加工系统。会计凭证是整个会计核算系统的主要数据来源，是整个会计核算系统的基础。系统支持手工新增凭证和从其他业务系统生成凭证。

三、出纳与总账共享实践操作流程

出纳与总账共享实践操作流程如图 10-3 所示。其内容如下：

（1）根据业务内容录入收/付款单并保存、提交。

（2）在共享池中进行收/付款单的分配与审批。

（3）审批后的收/付款单自动生成记账凭证。

（4）为生成的记账凭证指定现金流量。

（5）提交、复核、审核记账凭证。

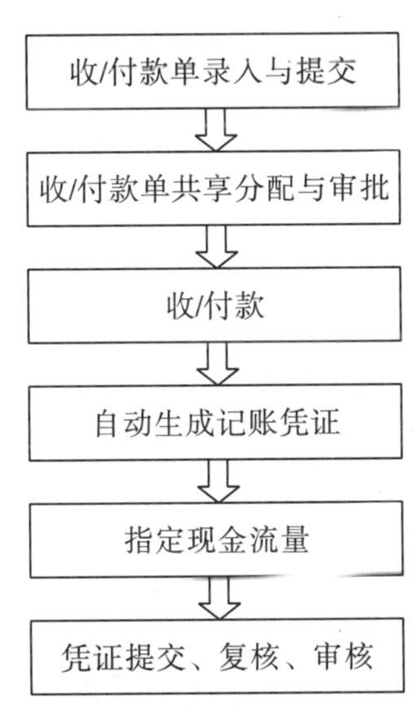

图 10-3　出纳与总账共享实践操作流程

（一）实践平台案例规则——出纳收款并生成凭证

适用范围：财务共享服务中心集中结算收款业务时，填写收款单，自动生成记账凭证并指定现金流量后提交、复核、审核。

主要审批规则如下：

（1）已收到款项需提供银行结算票据。

（2）收款单结算方式与银行结算票据需一致。

（二）实践平台案例一

1 月 18 日，环球日化集团本部财务共享服务中心集中结算收到的广州佳佳洗涤用品贸易公司的包装物租金 20 000 元，出纳田俊祥进行收款处理并生成凭证，将生成的凭证指定现金流量并复核，会计进行凭证的审核。

（三）案例一操作指导

1. 出纳总账共享案例——出纳收款并生成凭证之收款单录入

操作步骤：【应用】→【财务共享】→【出纳共享】→【收付款处理】→【收款单新增】→（资料录入）→【保存】→（复制单据编号并保存答案）→（返回 EAS）→【提交】，如图 10-4 至图 10-11 所示。

图 10-4 EAS 系统登录

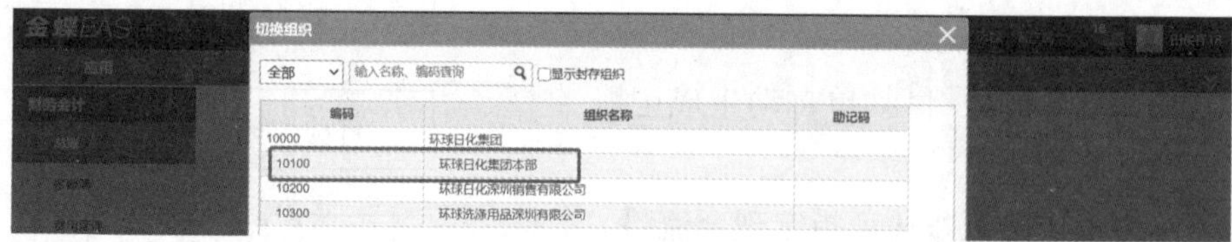

图 10-5 切换组织

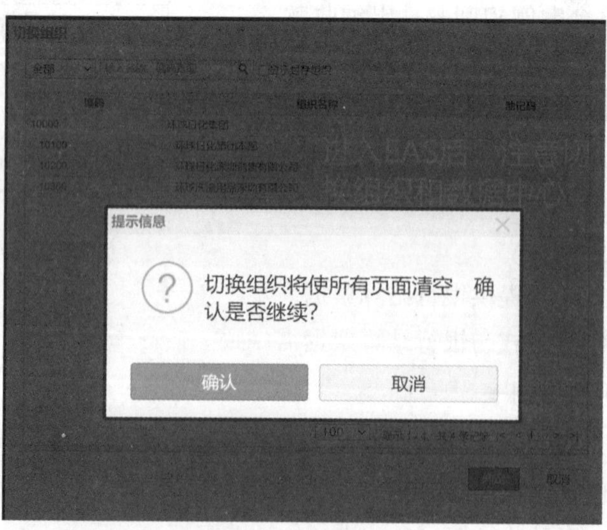

图 10-6 切换组织

图 10-7　收款单新增

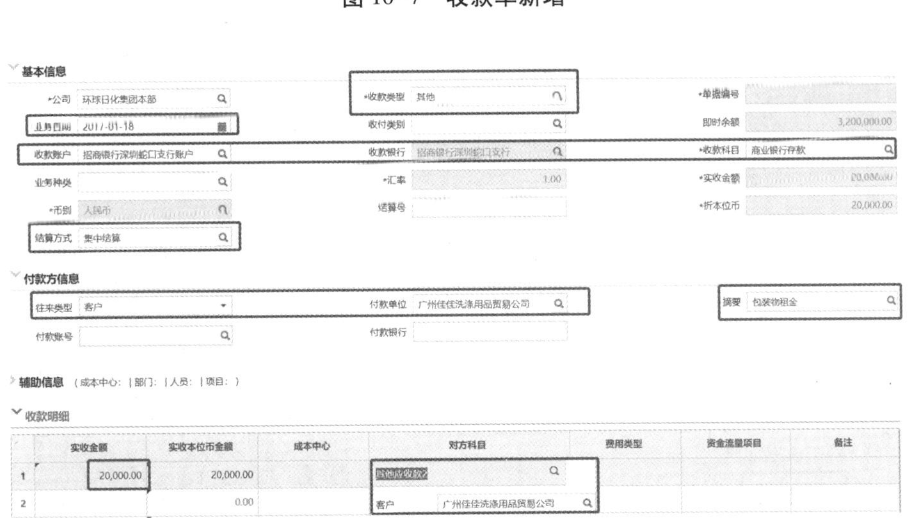

图 10-8　收款单录入

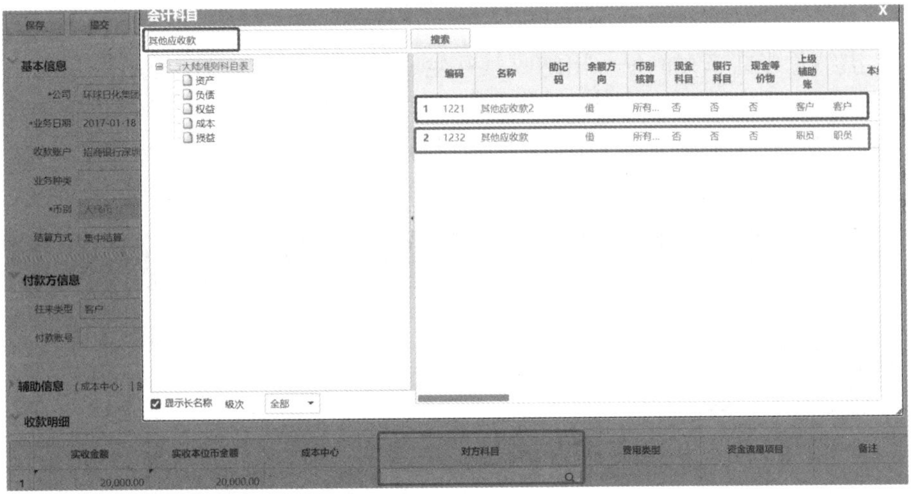

图 10-9　收款单录入

图 10-10　复制单据编号

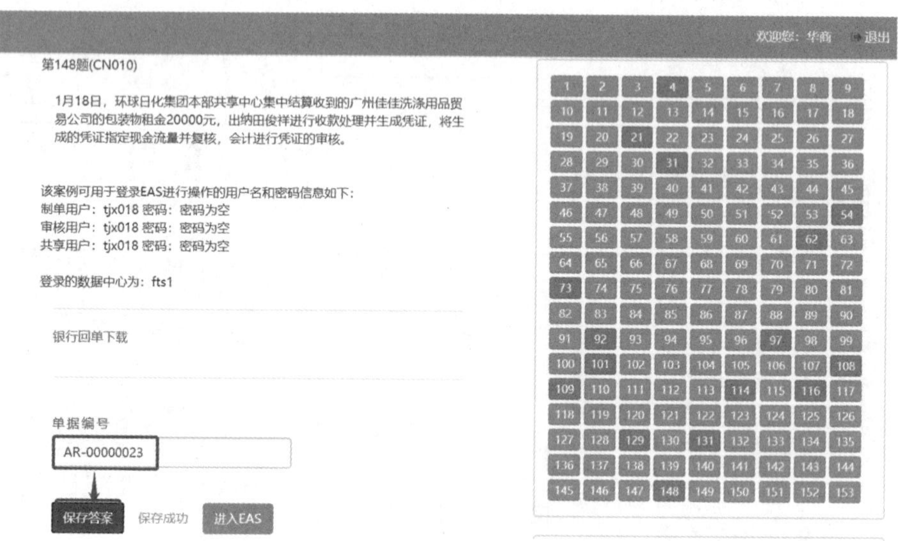

图 10-11　保存单据编号

2. 出纳总账共享案例——出纳收款并生成凭证之收款单分配与审批

操作步骤：【应用】→【财务共享】→【共享任务管理】→【共享任务处理】→【共享任务池】→【待分配】→（找到目标单据并勾选）→【更多】→【分配人员】→（搜索待分配人员）→【分配】，如图 10-12 至图 10-15 所示。

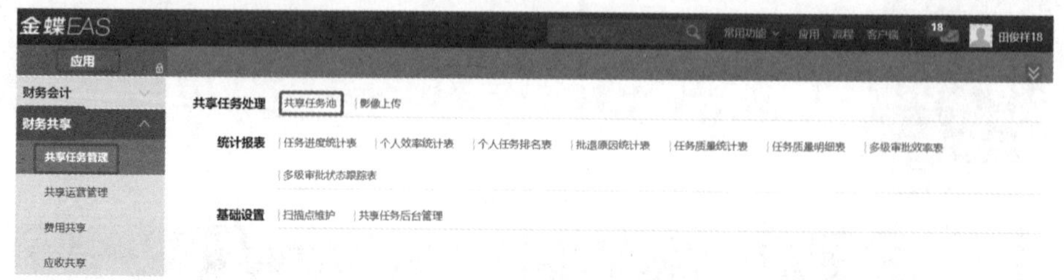

图 10-12　进入共享任务池

图 10-13　待分配任务

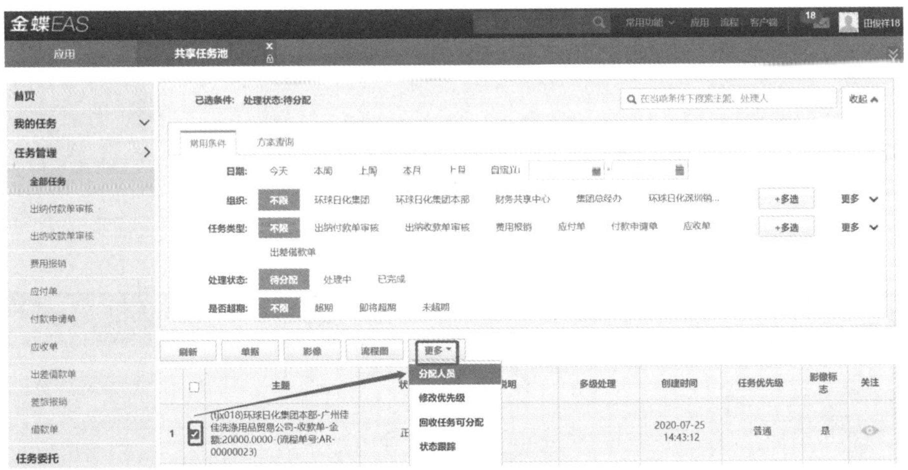

图 10-14　任务分配

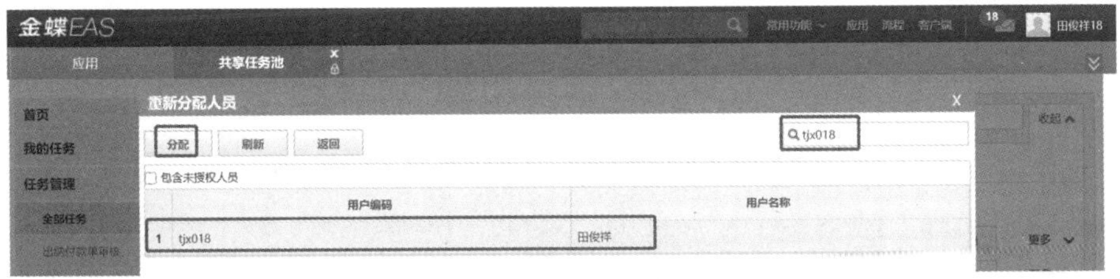

图 10-15　任务分配

操作步骤:【共享任务池】→【我的任务】→【全部任务】→(找到目标单据点击进入)→【审批通过/不通过】→(审批不通过需写处理意见)→【提交】→【确定】,如图 10-16 至图 10-18 所示。

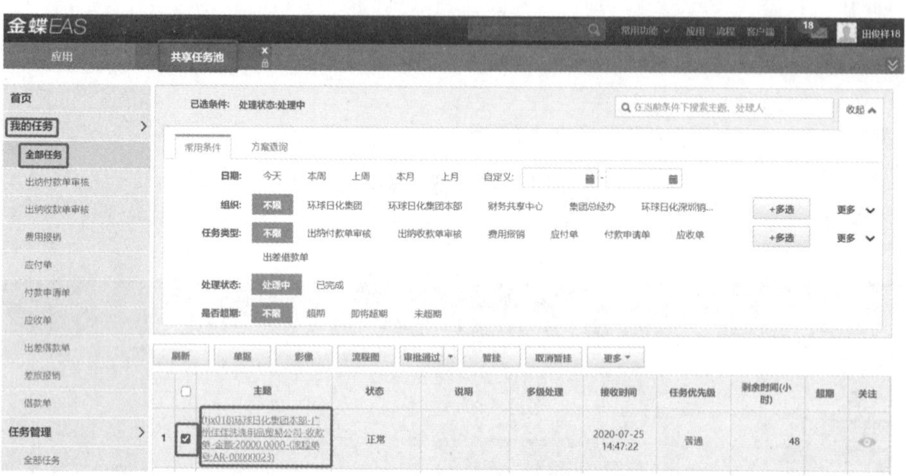

图 10-16 共享任务池全部任务

图 10-17 共享审批

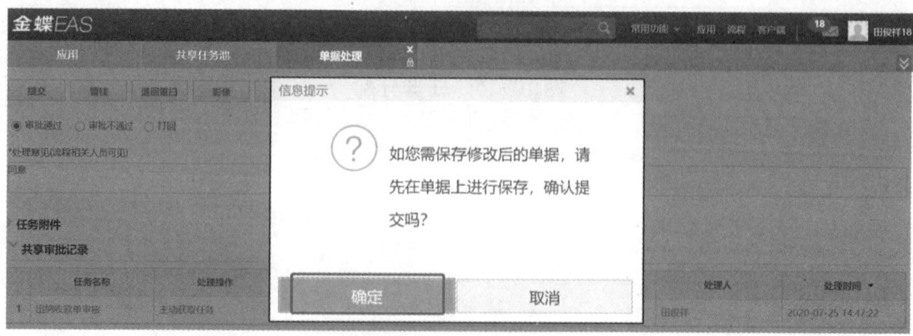

图 10-18 共享审批

3. 出纳总账共享案例——出纳收款并生成凭证之收款

操作步骤：【财务共享】→【出纳共享】→【收付款处理】→【收款单处理】→（找到目标单据并勾选）→【收款】→【确定】，如图 10-19 至图 10-21 所示。

图 10-19 收款单处理

图 10-20 收款单收款

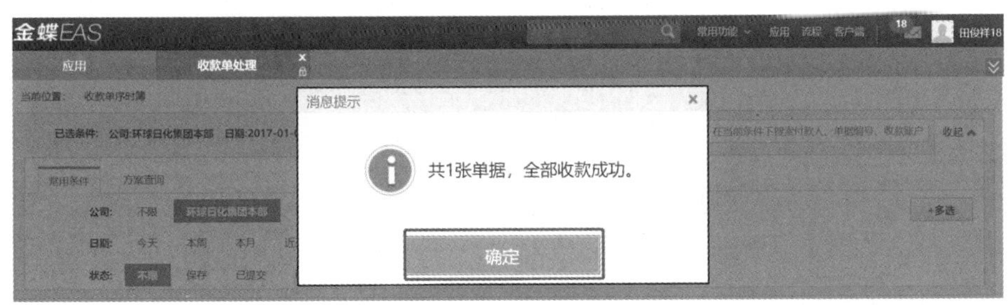

图 10-21 收款单收款

4. 出纳总账共享案例——出纳收款并生成凭证之生成凭证

操作步骤：在当前界面→（找到目标单据并勾选）→【生成凭证】，如图 10-22 所示。

图 10-22 生成凭证

5. 出纳总账共享案例——出纳收款并生成凭证之指定现金流量

操作步骤：【现金流量】→【主表项目】→（资料录入）→【确定】→【保存】，如图 10-23 至图 10-26 所示。

图 10-23 指定现金流量

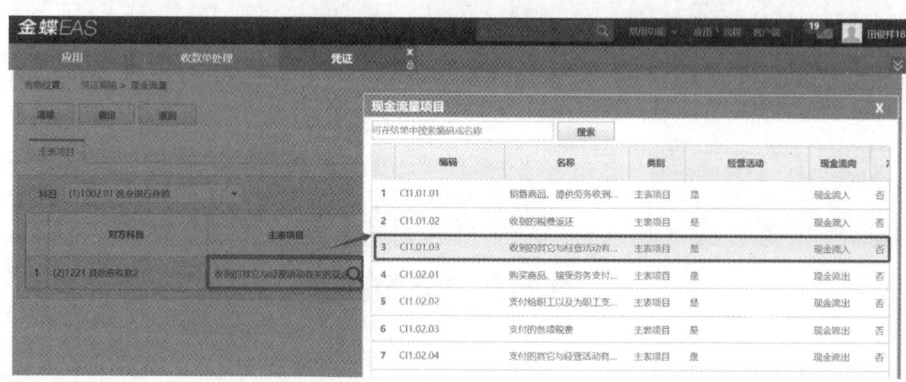

图 10-24 凭证录入

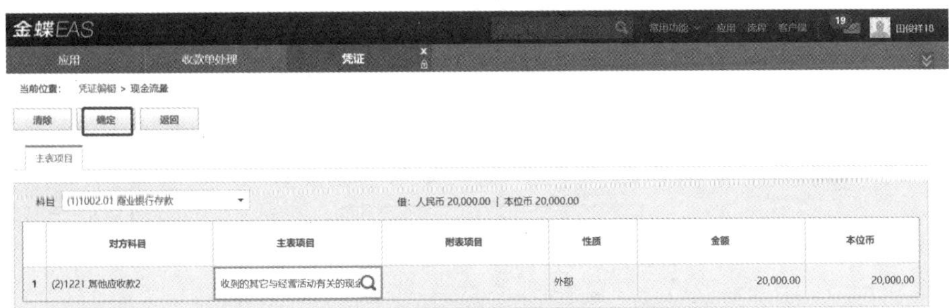

图 10-25　凭证录入

图 10-26　凭证保证

6. 出纳总账共享案例——出纳收款并生成凭证之凭证处理

操作步骤：【财务共享】→【总账共享】→【记账】→【凭证查询】→（找到目标单据并勾选）→【提交】→【确定】→【更多】→【复核】→【确定】→【审核】→【确定】→（重新保存答案），如图 10-27 至图 10-38 所示。

备注：设置登账参数。

操作步骤：【应用】→【财务共享】→【出纳共享】→【凭证登账】→【凭证复核】→【登账设置】→【确定】。

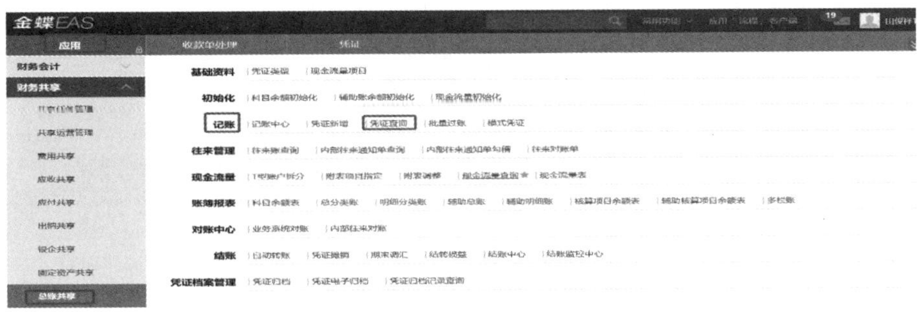

图 10-27　凭证查询

图 10-28　凭证提交

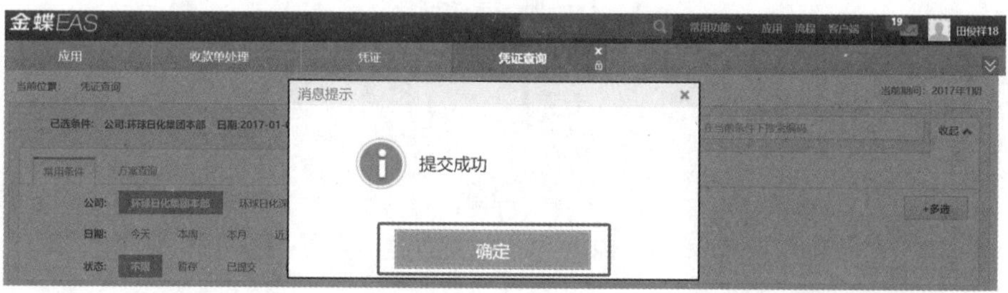

图 10-29　凭证提交

图 10-30　凭证复核

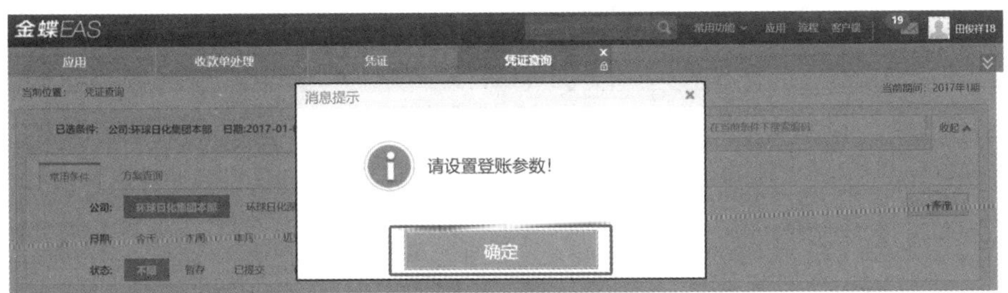

图 10-31　设置登账参数

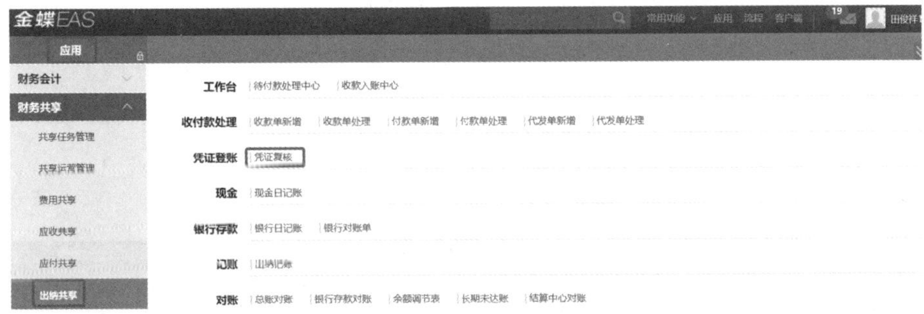

图 10-32　设置登账参数

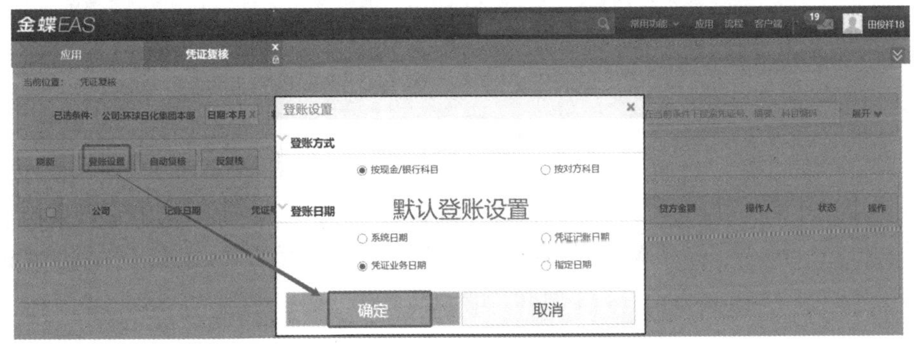

图 10-33　设置登账参数

备注：每个用户只需要设置一次登账参数。

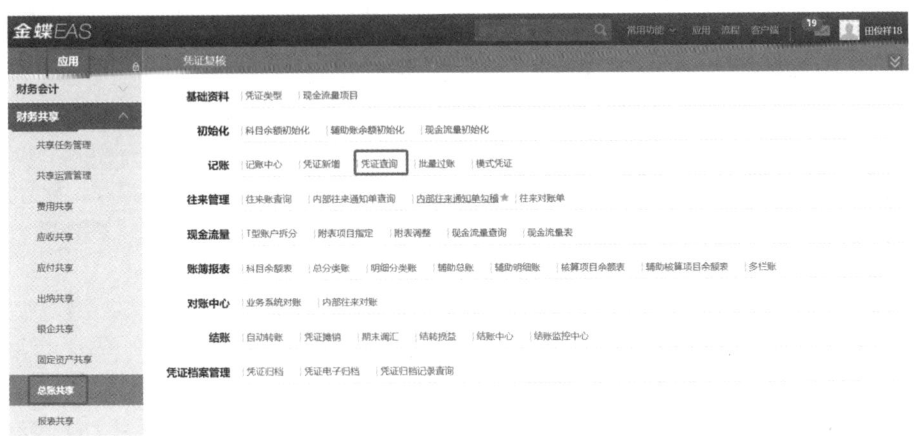

图 10-34　凭证查询

图 10-35 凭证复核

图 10-36 凭证复核

图 10-37 凭证审核

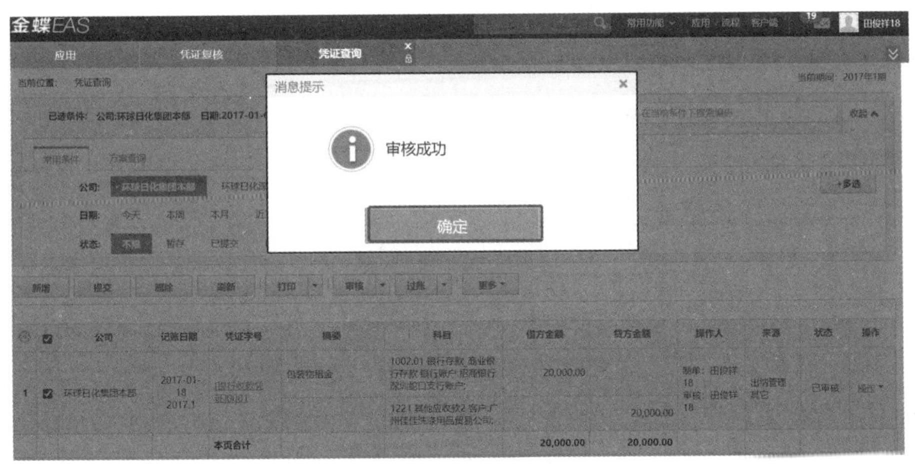

图 10-38　凭证审核

（四）实践平台案例规则——出纳付款并生成凭证

适用范围：财务共享服务中心集中结算付款业务时，填写付款单，自动生成记账凭证并指定现金流量后提交、复核、审核。

主要审批规则：如有合同，需要上传盖章生效的合同扫描件。

（五）实践平台案例二

1 月 5 日，财务共享服务中心集中结算支付给深圳市元动化工有限公司的经营租入厂房租金 20 000 元，出纳田俊祥进行付款处理并生成凭证，将生成的凭证指定现金流量并复核，会计进行凭证审核。

（六）案例二操作指导

1. 出纳总账共享案例——出纳付款并生成凭证之付款单录入

操作步骤：【应用】→【财务共享】→【出纳共享】→【收付款处理】→【付款单新增】→（资料录入）→【保存】→（复制单据编号并保存答案）→（返回 EAS）→【提交】，如图 10-39 至图 10-43 所示。

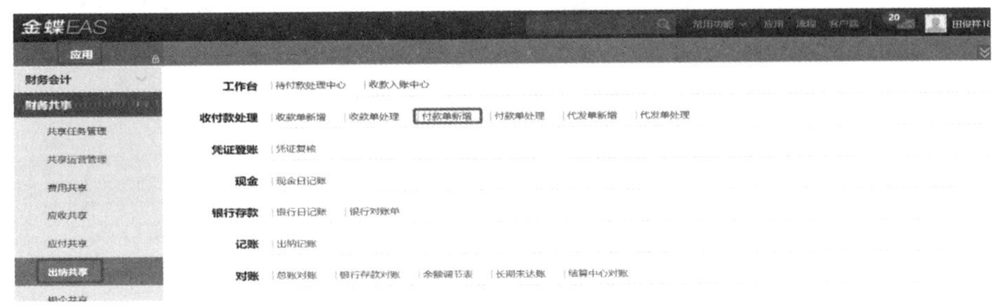

图 10-39　付款单新增

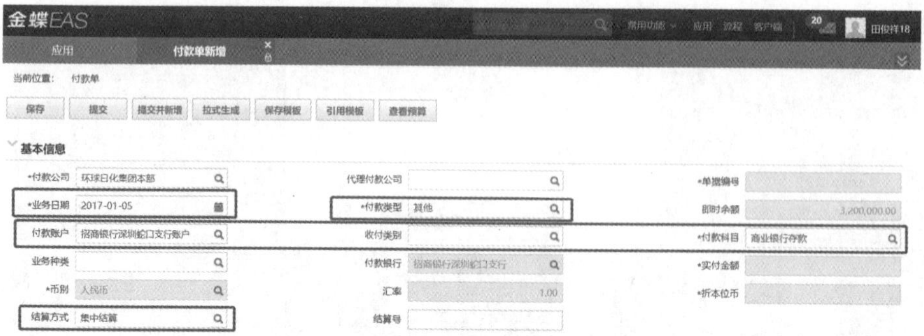

金蝶EAS

应用　付款单新增

当前位置：付款单

保存　提交　提交并新增　拉式生成　保存模板　引用模板　查看预算

基本信息

*付款公司	环球日化集团本部	代理付款公司		*单据编号	
*业务日期	2017-01-05	*付款类型	其他	即时余额	3,200,000.00
付款账户	招商银行深圳蛇口支行账户	收付类别		*付款科目	商业银行存款
业务种类		付款银行	招商银行深圳蛇口支行	*实付金额	
*币别	人民币	汇率	1.00	*折本位币	
结算方式	集中结算	结算号			

图 10-40　付款单录入

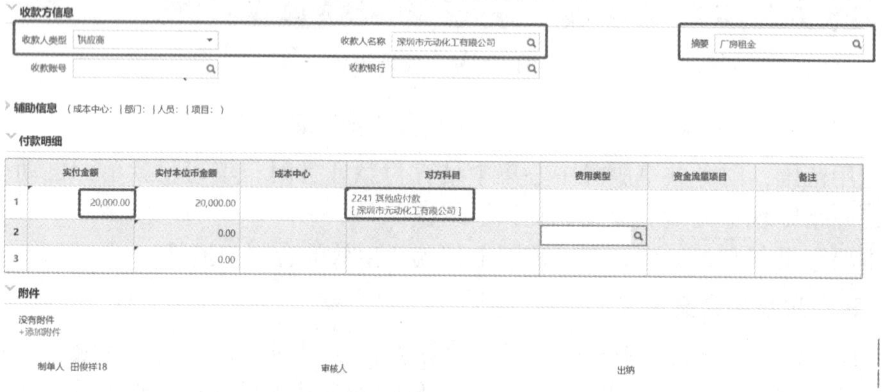

收款方信息

收款人类型　供应商　收款人名称　深圳市元动化工有限公司　摘要　厂房租金

收款账号　收款银行

辅助信息（成本中心：|部门：|人员：|项目：）

付款明细

	实付金额	实付本位币金额	成本中心	对方科目	费用类型	资金流量项目	备注
1	20,000.00	20,000.00		2241 其他应付款 [深圳市元动化工有限公司]			
2		0.00					
3		0.00					

附件

没有附件
+添加附件

制单人 田俊祥18　审核人　出纳

图 10-41　付款单录入

金蝶EAS

应用　付款单新增

当前位置：付款单

新增　保存　提交　提交并新增　删除　保存模板　联查

基本信息

复制单据编号

*付款公司	环球日化集团本部	代理付款公司		*单据编号	AP-00000010
*业务日期	2017-01-05	*付款类型	其他	即时余额	3,200,000.00
*付款账户	招商银行深圳蛇口支行账户	收付类别		*付款科目	商业银行存款
业务种类		付款银行	招商银行深圳蛇口支行	*实付金额	20,000.00
*币别	人民币	汇率	1.00	*折本位币	20,000.00
结算方式	集中结算				

保存成功！

图 10-42　复制单据编号

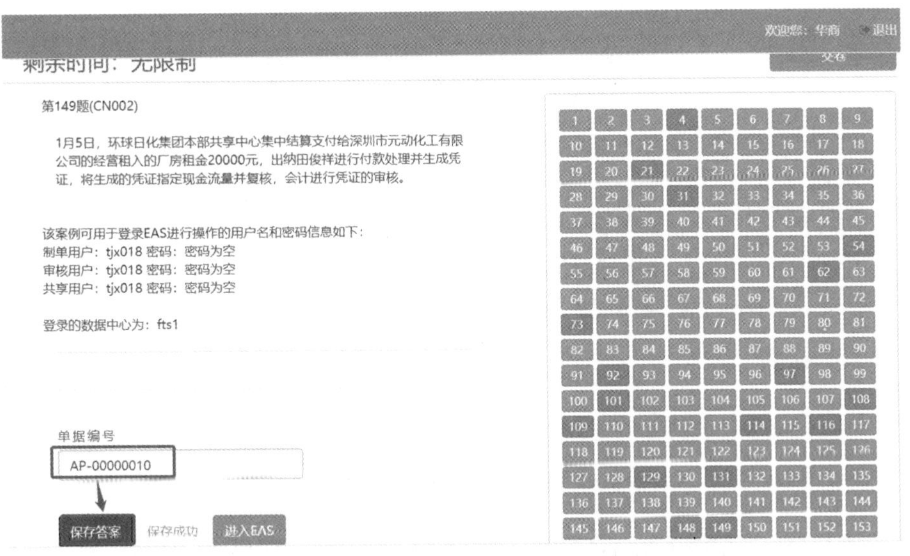

图 10-43　保存单据编号

2. 出纳总账共享案例——出纳付款并生成凭证之付款单分配与审批

操作步骤：【应用】→【财务共享】→【共享任务管理】→【共享任务处理】→【共享任务池】→【待分配】→（找到目标单据并勾选）→【更多】→【分配人员】→（搜索待分配人员）→【分配】，如图 10-44 至图 10-47 所示。

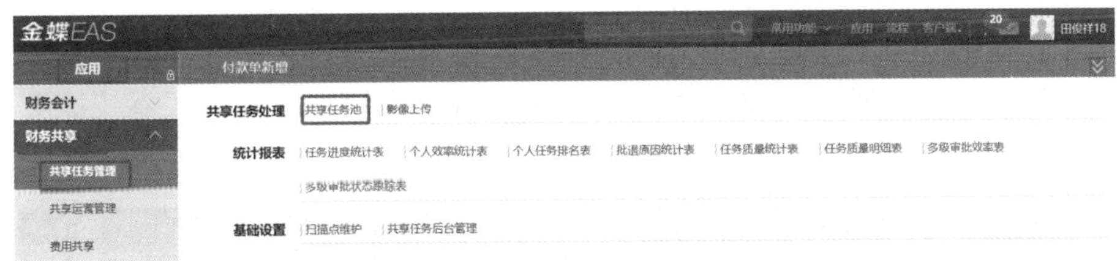

图 10-44　进入共享任务池

图 10-45　待分配任务

图 10-46　任务分配

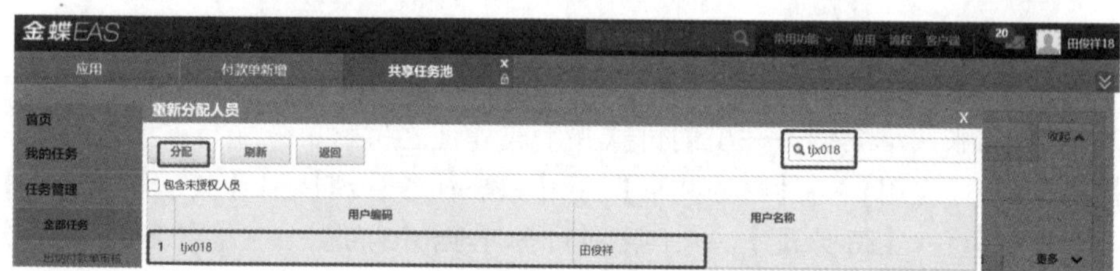

图 10-47　任务分配

操作步骤：【共享任务池】→【我的任务】→【全部任务】→（找到目标单据点击进入）→【审批通过/不通过】→（审批不通过需写处理意见）→【提交】→【确定】，如图 10-48 至图 10-50 所示。

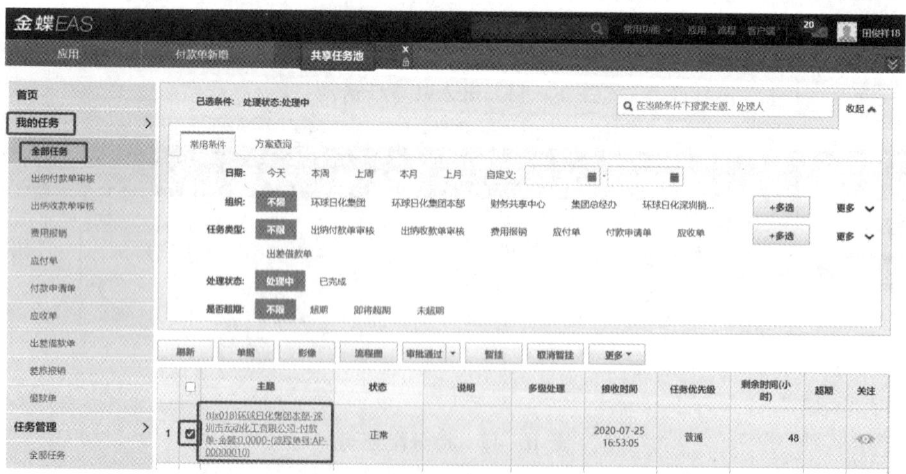

图 10-48　共享任务池全部任务

图 10-49　共享审批

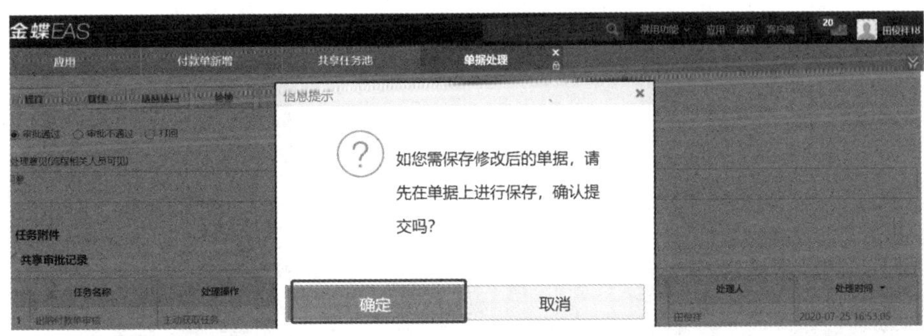

图 10-50　共享审批

3. 出纳总账共享案例——出纳付款并生成凭证之付款

操作步骤：【财务共享】→【出纳共享】→【收付款处理】→【付款单处理】→（找到目标单据并勾选）→【收款】→【确定】，如图 10-51 至图 10-53 所示。

图 10-51　付款单处理

图 10-52　付款单付款

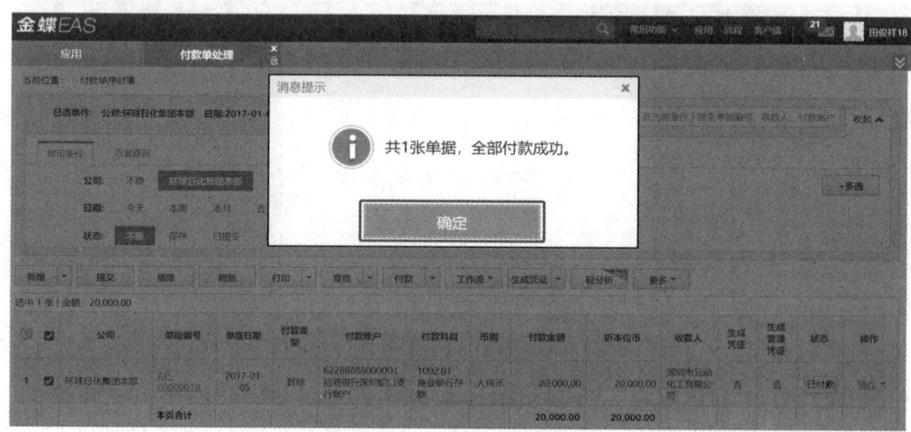

图 10-53　付款单付款

4. 出纳总账共享案例——出纳付款并生成凭证之生成凭证

操作步骤：在当前界面→（找到目标单据并勾选）→【生成凭证】，如图 10-54 所示。

图 10-54　生成凭证

5. 出纳总账共享案例——出纳付款并生成凭证之指定现金流量

操作步骤：【现金流量】→【主表项目】→（资料录入）→【确定】→【保存】，如图 10-55 至图 10-57 所示。

图 10-55　指定现金流量

图 10-56　凭证录入

图 10-57　凭证保存

6. 出纳总账共享案例——出纳付款并生成凭证之凭证处理

操作步骤：【财务共享】→【总账共享】→【记账】→【凭证查询】→（找到目标单据并勾选）→【提交】→【确定】→【更多】→【复核】→【确定】→【审核】→【确定】→（重新保存答案），如图 10-58 至图 10-64 所示。

图 10-58　凭证查询

图 10-59　凭证提交

图 10-60　凭证提交

图 10-61　凭证复核

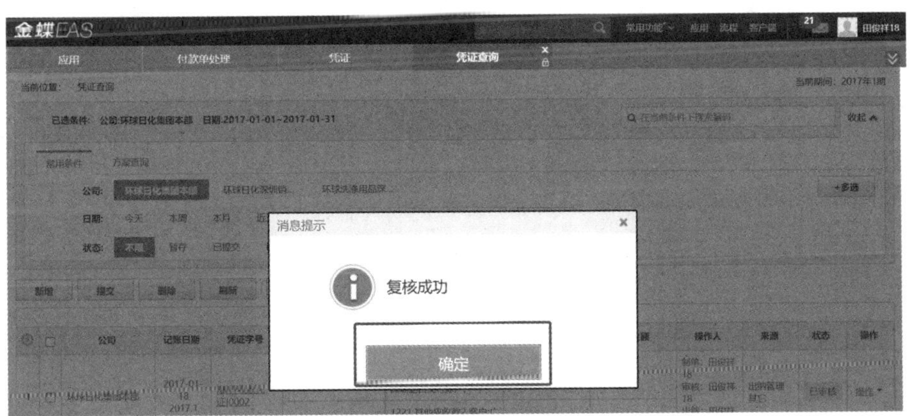

图 10-62　凭证复核

图 10-63　凭证审核

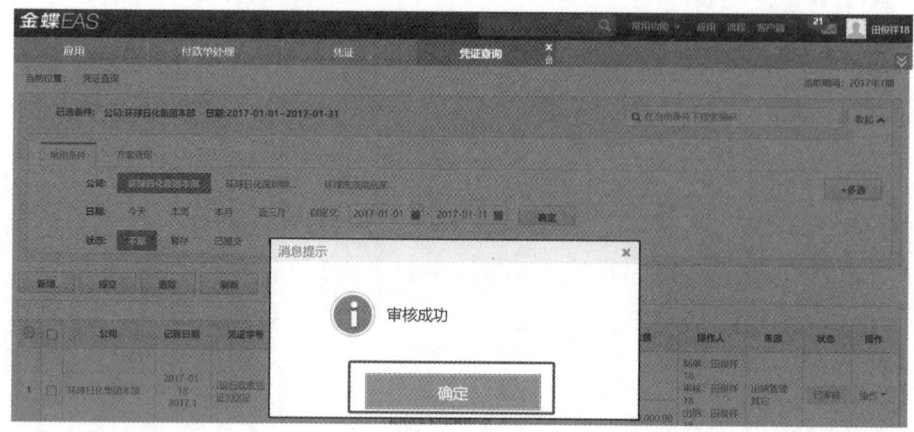

图 10-64　凭证审核

图书在版编目(CIP)数据

财务共享服务/陈平主编.—2 版.—成都:西南财经大学出版社,
2022.8(2024.2 重印)
ISBN 978-7-5504-5241-1

Ⅰ.①财…　Ⅱ.①陈…　Ⅲ.①企业管理—财务管理—研究
Ⅳ.①F275

中国版本图书馆 CIP 数据核字(2022)第 012492 号

财务共享服务(第二版)

主　编　陈　平
副主编　周思达　蔡花艳　刘　倩

责任编辑:李晓嵩
责任校对:王甜甜
封面设计:何东琳设计工作室
责任印制:朱曼丽

出版发行	西南财经大学出版社(四川省成都市光华村街 55 号)
网　　址	http://cbs.swufe.edu.cn
电子邮件	bookcj@swufe.edu.cn
邮政编码	610074
电　　话	028-87353785
照　　排	四川胜翔数码印务设计有限公司
印　　刷	四川煤田地质制图印务有限责任公司
成品尺寸	185mm×260mm
印　　张	23.375
字　　数	546 千字
版　　次	2022 年 8 月第 2 版
印　　次	2024 年 2 月第 3 次印刷
印　　数	10001— 11000 册
书　　号	ISBN 978-7-5504-5241-1
定　　价	49.80 元